これならできる！

DIYでマンション・リフォーム

山田芳照［著］

ナツメ社

はじめに

本書では、これからマンションリフォームをDIYで始める方のために、DIYでできる作業内容とリフォームのアイデア、さらに施工プロのアドバイスも含めて、ていねいに解説しています。

マンションのリフォーム作業は、それぞれのマンションに管理規約やルールがありますので、その範囲内で行ってください。一般的に、共用部分はDIYでできないことが多いので、事前に確認してください。

室内の壁や天井、床などの模様替えは、DIYでリフォーム可能な部分です。リフォームをする部屋の家具やインテリアを移動して、作業空間を広くとり、しっかり養生をして作業を進めてください。

和室の畳を撤去してフローリングにするのは、戸建てよりも難しくありません。押し入れの改造やふすま・障子のリメイク、壁の模様替えなどで、洋風なデザインにすることができます。

本書では、大掛かりな室内壁の撤去や、水道・ガスが関係するキッチンや浴室のリフォームはDIYでは難しいので除外しています。

これならできる！DIYでマンション・リフォーム

CONTENTS

INDEX

01 マンションリフォームの基礎知識

02 和室のリフォーム

03 リビングのリフォーム

鋭意リフォーム中の音楽教室用スペース。
すっかり洋風に変わり和室の面影はほとんどありません。

元々このような和室でした。
床は畳で壁は砂壁という懐かしさを感じる室内です。

ＤＩＹなら良い材料が使えて、節約ができる。学ぶことも多く、大きな達成感が得られます。

バイオリン教室再開のため和室の居間のリフォーム開始

都心から少し離れた、緑と水に恵まれた文教地区のベッドタウンにお住いの稲場さん。とある目的から半年ほど前より本格的に自宅のＤＩＹリフォームを実践されています。

「この自宅は父が40数年前に購入しました。その父が身体を悪くして介護のために仕事を辞め、自宅に戻ってきたのが２０１６年ごろ。その後、ご存じのように新型コロナ渦となり、２年ほど前には父が亡くなってしまったんです」

それから時が流れ、最近になって本格的な自宅のＤＩＹリフォームを始めたといいます。

「最初は設計士の方にリフォームをお任せしたのですが、どうにも納得がいかなくて、それなら自分でいろいろやってみようとリフォームについて勉強しました。知識が増えれば工務店や業者に吹っ掛けられる心配も減りますし。その後、直接工務店さんと契約してショールームに連れて行ってもらい、自分好み

after

まるで売り物のようなきれいな仕上がりの扉つきの大きな棚。恩師から受け継いだ大量の楽譜を収納するために必要で作ったものだそう。作りもしっかりしていて、もちろん収納力も抜群です。

before

右の写真は棚のリフォーム作業中の風景。一見作りつけに見える大きな棚もすべて稲場さんが DIY で製作したものだということがわかります。

棚の後ろの壁は、棚を固定するためのビスなどが打てるよう、下地用合板にしています。DIY リフォームを見越して、工務店にこのようにしてもらったとか。

よく見ると棚の上部にはきれいなモールが使われています。稲場さんはディテールにもこだわっており、売り物の家具のように美しく仕上げています。

棚の下部にはプリンターが収納されています。中の棚板はスライドレールが使われており、使用するときには手前に引き出すことが可能です。

のシステムキッチンや設備を選びました。また、作業も相談して、壁は耐震工事をやってもらって、キッチンはリフォームを行い、玄関の壁やシューズボックスもその時工務店さんに取り壊してもらいました」

そして、自宅でバイオリン教室を開くことを目的に、和室の居間の本格的なリフォームを始めたといいます。

「和室の砂壁や畳だと音が響きませんし、ピアノを設置するのも強度的に厳しい。だから工務店さんに和室の居間の床を補強してもらい、畳はフローリングにして、壁も音が反響しやすい漆喰壁にしてもらいました」

ＤＩＹの先生は動画サイト 半年で数々の作品が完成

その頃から稲場さんは動画サイトで海外のＤＩＹ動画も見始めたといいます。

「海外のＤＩＹ動画を見始めたら次々と関連動画が出てきて、見ているとこれなら自分でも何か作れるかな、と思ってＤＩＹリフォームも始めました。以前壁紙貼りはやったことがあ

プロフィール

趣味は登山とテニスという都内在住の稲場朋子さん。バイオリンの巨匠ハイフェッツの孫弟子で、以前は英語を生かした仕事や通訳の傍らバイオリンを教えていました。しかし、介護と新型コロナウィルスで仕事を一時中断。その後自分のイメージに合う素敵な空間でバイオリン教室を再開するため、父親のそろえた工具を使い、試行錯誤しながら本格的なDIY リフォームを実践しています。

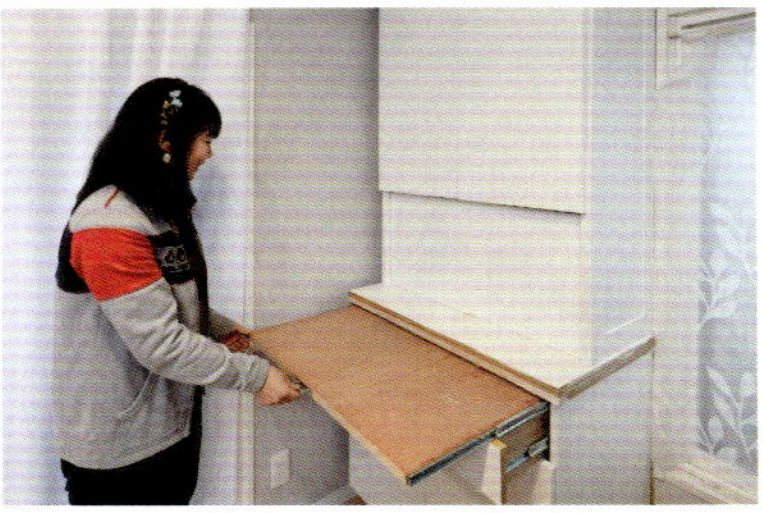

このように引き出し式のテーブルが組み込まれています。新たにスライドレールが使われており、動きはとてもスムーズです。

天井にはオシャレなシーリングファンが。家具や漆喰壁のイメージに合わせて色はホワイトを選択。天井フックはハンモックを吊るすためのものです。

よく見るとエアコンも普通とはちょっと違っています。色が部屋の雰囲気と合わないということで、上から漆喰壁に似合う化粧フィルムを貼っています。

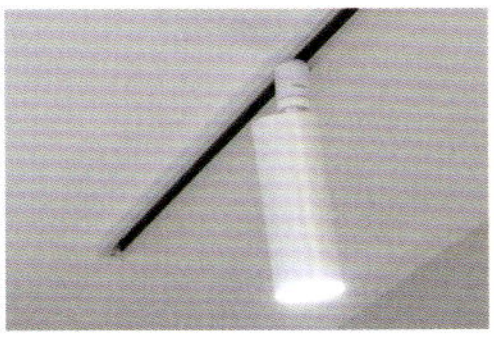

こちらの照明用ダクトレールは工務店に設置してもらったもの。このオシャレな照明は稲場さんが選んで設置しています。

引き出し式テーブルは稲場さんが愛用するバイオリンのケースなどが置けるように計算して作ったのだそうです。

稲場さんの愛猫。実は稲場さんがDIYで初めて作った作品は、かわいい猫のためのトイレなのだそう。とても気に入っているそうです。

かつて一流音楽家に師事し、現在は音楽教室を開く稲場さんのバイオリンの腕前はプロ顔負け。取材中にもその腕前を見せてくれました。

りましたし、父が遺してくれた電動工具や大工道具もいっぱいあって、それが役に立つかなと思ったこともDIYリフォームを始めたきっかけです」

父親はDIYが好きで、DIYの書籍を買っては新しい道具を購入、気が付いたらたくさんの工具類がそろっていたそう。それらを無駄にしたくないという思いがあったといいます。

「それに、DIYでリフォームをすれば、節約になるというのも大きな理由ですね。自分の好きなデザインのアイテムや材料を使い、部屋にぴったりの寸法で自分好みの家具を作ることができる。それがとても魅力的でした」

CDなどが収納できる棚は大型の回転式ヒンジが上部に取りつけられており、重い棚でもスムーズに開閉できるように工夫されています。

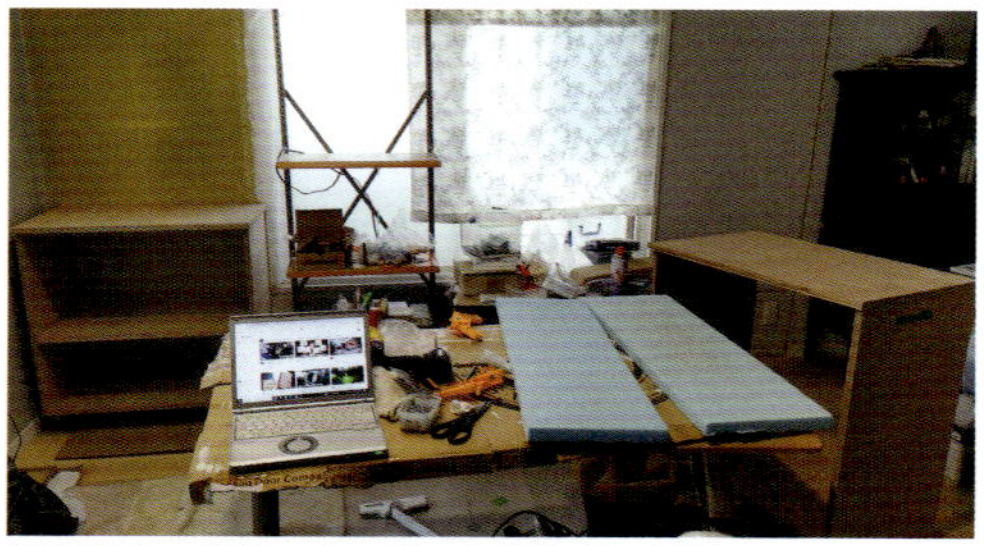

製作途中の状態です。棚の板材などの材料には厚みのあるしっかりしたものが使用されています。材料選びにもこだわり、用途に合うものを工務店などに相談しているといいます。

居間の窓は楽器の演奏ができるように、音漏れ対策として二重窓になっています。こちらの窓も稲場さんがDIYで取り付けたものです。

こちらの大きな棚もDIYで製作されたもの。一見ただの棚に見えますが、実は扉のように回転する仕掛けがあります。左下にある金具は回転をロックするためのものです。

旺盛な学習意欲から動画サイトで技術を学び、楽譜を収納するための大きな棚や玄関のシューズボックス、キッチンドアなど、次々とDIYで完成させました。さらにピアノを置いた居間の窓もご自身で二重窓にリフォーム。また、壁紙の貼り替えやトイレの装飾といったリフォームなども行いました。これらをわずか半年で仕上げたというのは驚きです。

「キッチンや居間のリフォームを依頼した大工さんがとても親切な方で、いろいろ教えてくれました。ここはどういう風にすればいいのか、材料や道具は何が必要なのか、また丸ノコの使い方なども教えてくれましたね。ただ電動工具はまだ怖くて、その怖さと戦いながらいろいろと作っている状態です」

DIY好きだったという父親が遺してくれた工具に、自身で便利な電動工具類を追加して作業効率の向上を図っています。

DIYでリフォームを見越して壁を指定

居間に作りつけられている大きな2つの棚。こちらは楽譜を収納するための棚で、どちらも稲場さんが手掛けました。

「壁に作りつけの棚の後ろですが、工務店さんに壁をリフォームしてもらう際にビスなど打ち込めるよう、石こうボードではなく下地用合板にしてもらいました。DIYでのリ

稲場さんが DIY によるリフォームで最初に行ったのがこちらのキッチンの壁紙貼り。輸入品の壁紙で価格もそれなりに高価だそうですが、DIY で施工したのでその分お得にリフォームできたとのこと。

キッチンの扉も稲場さんが DIY で製作した作品です。壁を撤去した際に、扉の位置も変更（間柱が見えている部分に元々の扉がありました）しています。

フォームを見越してですね。それに石こうボードだと地震の時に危ないですし」

稲場さんのバイオリンの恩師が亡くなった際に、段ボール箱15個分にもなる楽譜を譲られたといいます。その楽譜を収納するために大きな棚が必要になり、作ったのが扉つきの棚でした。

「このサイズの棚の製作をオーダーメードで依頼すると、数10万円にもなっちゃいます。だったら自分で作ろう、となってDIYで作っちゃいました」

扉など大型の木材のカットはホームセンターを利用。その際、手書きの設計図を持ち込んで正確にカットしてもらいます。細かな調整は自宅で電動工具を駆使して行っています。

DIY を本格的に始めてからまだ半年とのことですが、電動工具も見事に使いこなしています。

便利なホームセンターは車がなくても問題なし

作品を作る際、使用する材料はどのように入手されているのでしょうか。

「つき合いのある工務店さんや、ホームセンターを使い分けています。工務店さんでは、木材の種類や特徴を色々相談しながら購入することができます。ホームセンターは、車がなくても配達サービスを利用すれば大きな材料を買っても問題ありません。無料カットサービスが利

こちらは以前に知り合いから譲ってもらったという高級感あるスツール。座面クッションの取りつけと塗装は稲場さんが手掛けました。

スツールの座面カバーは、稲葉さんが一つ一つ丁寧に鋲留めされています。稲場さんの物作りへのこだわりがうかがえます。

玄関も元の姿がわからないほど美しくリフォームされています。大きなシューズボックスも姿見も、すべて稲場さんの手によるものです。壁に施されたモールディングの飾りもその仕事はプロ並みでとてもていねいです。

用できるところなら、設計図を用意しておけば、後々の作業も効率化できます。作品の大きさや、作業の都合に合わせてそれらをうまく使い分けています」

作品を作るうえで稲場さんがこだわっているのが、まるで売り物のようなきれいな見た目に仕上げるということ。

「DIYだと風合いを残した木目そのままというものも多いですが、私はペンキを塗り、飾りのモールディングを施して、まるで市販の家具のように仕上げています。いかにもDIY、という作品も素敵ですが、他のインテリアと統一感がなくなってしまうのがあまり好きではないんです。ペンキを塗って、小口テープでフチをキレイに処理するだけでもずっと素敵に見えます」

DIYによるリフォームを存分に楽しんでいる様子がお話からうかがえます。

「DIYリフォームの作業は楽しいです。作品ができあがるとすることがなくなってしまうのは残念ですが、今後は大きな家具や扉などの大物だけでなく、小さな作品作りも楽しんでみたいですね」

シューズボックスは容量も大きく収納力抜群です。棚板なども、あとから自由に移動できるように調整できる棚柱と棚受ブラケットが使われています。

作業途中の玄関の様子。シューズボックスも扉以外はすべて稲場さんが一から製作したものだというのが、この写真からわかります。

姿見の中央にもモールディングによる装飾が施されています。モールディングは電動工具を駆使し、正確にカットしてつなぎ模様にしています。鏡にはアクリルミラーを貼りつけています。

よく見ると壁と天井の境目にある廻り縁にもていねいにモールディングが施されています。木製のモールディングを正確にカットしてつないでいます。

キッチンもリフォーム済み。ただしこちらの施工は工務店によるもの。このときお世話になった大工さんに、稲場さんはDIY作業のコツや工具の使い方などを教えてもらったそう。

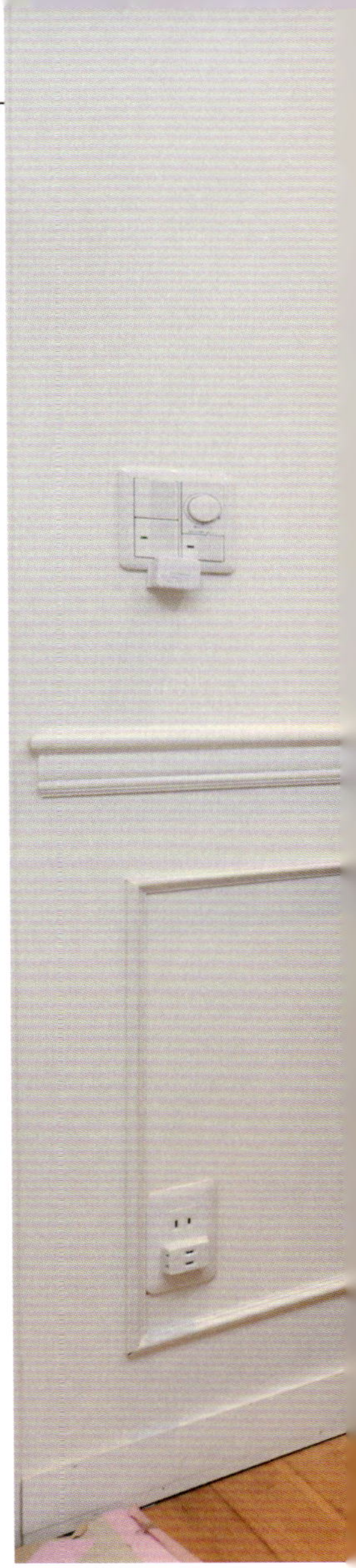

作品完成時の達成感は山登りに似ています

最後にこれからDIYでリフォームを始めてみたい方へのアドバイスと、稲場さんが思うDIYの魅力ついて伺いました。

「はじめてDIYリフォームをするなら、壁紙や障子がおすすめです。どちらも貼るだけで簡単ですし、部屋の雰囲気もガラッと変わります。輸入物の壁紙ならのりしろがないので柄合わせがしやすいですし、キレイに並べるだけでOKです。DIYならちょっと高めの壁紙を使えるのも魅力ですね。DIYのよさは、なんといっても材料も寸法もデザインもすべて自分の自由に作ることができるとい

after

トイレも DIY できれいにリフォームされています。右のリフォーム前のトイレも清潔感がありますが、リフォームを行ったことでとてもオシャレな空間になっています。

before

こちらがリフォーム途中のトイレの様子。すでに壁紙が貼り替えられ、腰壁などが設置されています。

市販の扉にしか見えないクオリティ。右の白い扉は一から稲場さんが製作した作品です。壁に穴を開けてドアの位置も変更しています。

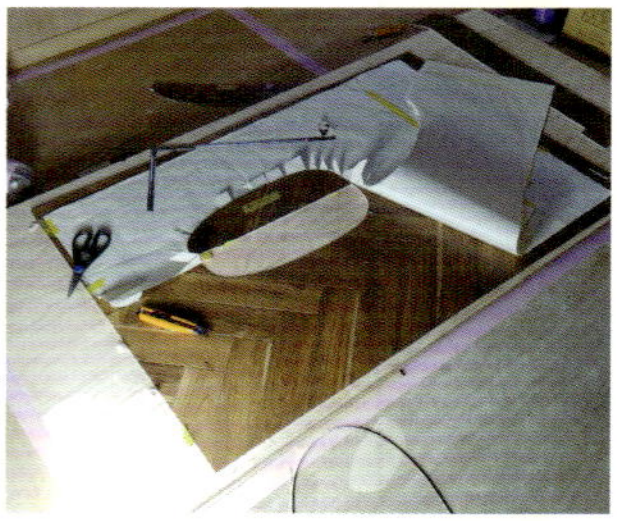

このようにトイレの床の型紙を取り、木目のクッションフロアをていねいに切り抜いて、すき間なく貼っています。床が変わることで上品で落ち着いた印象になっています。

腰壁にも玄関の壁と同じようにモールディングを使った額縁状の装飾が施されています。

このように取っ手やラッチなども工具を駆使して自身で穴をあけ、丁寧に取りつけられています。

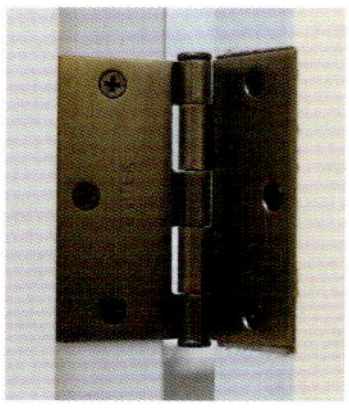

丁番も手作業で溝を加工し取りつけたもの。こちらの製作当時はトリマーがなかったため、ノミを使って堀り込んでいます。

知り合いから譲ってもらったという取っ手。このようなデザインの凝ったお気に入りのアイテムが使えるのも、DIY リフォームならではです。

すでにかなり作業は進んでいますが、DIY リフォームの作業はまだ途中だという稲場さん。いずれは生徒を募って、こちらのリフォームされた部屋で音楽教室を始めたいということ。完成が楽しみです。

うこと。それに買うよりも節約ができますし、モノづくりから多くのものを学ぶこともできます。また、完成した時の達成感も格別です。私は登山が好きなのですが、DIYの達成感は山登りで山頂に到達した時の達成感にとても似ていると思います。これからDIYでリフォームをしてみたいという方にも、そんな達成感を味わってみてほしいですね」

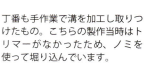

01

マンション
リフォームの
基礎知識

マンションDIYリフォーム できること、できないこととは

費用を少しでも抑えつつマンションをリフォームしたいという方にとって、DIYリフォームはとても魅力的です。しかし、そのマンションが分譲で自分の所有だとしても、すべて好きなようにリフォームできるわけではありません。では何がOKで何がNGなのか、マンションにおけるリフォーム可否の基本的なルールを紹介します。

DIYなら見た目も機能も自分好みに仕上げられる

マンションに長く住んでいると生活に伴い、壁紙や床、ドアや設備などが徐々に傷んできます。また、家族構成が変われば間取りも合わなくなり、少しずつ住み心地が悪くなることもあるでしょう。そんなときの効果的な解決法といえば、やはりリフォーム（リノベーション）です。

ただ、業者にリフォームを依頼すると、部分的でも数十万円以上しますし、フルリフォームなら一千万円を超えることも珍しくありません。

リフォームはしたいけれど、できるだけ費用を抑えたい、そうお考えなら、おすすめはDIYリフォームです。見た目も機能も自分好みに仕上げられますし、費用を節約することも可能です。

しかし、分譲マンションといえども所有者がすべて好きなようにリフォームをできるわけではありません。なぜなら、マンションは管理規約でリフォームが可能な部分とそうでない部分が決まっているからです。

どの部分ならDIYリフォームできるのか？

分譲マンションなど1棟の建物に複数の所有者がいるものを「区分所有建物」といいます。そして、そのマンションの中で独立した住居を所有している人が「区分所有者」です。

マンションは「建物の区分所有等に関する法律」で、専有部分と共用部分に分けられており、リフォームが可能なのは区分所有者が区分所有権を有している（所有している）専有部分のみなのです。おおまかに部屋の居住スペース内の床や壁、天井や設備機器などがそれに該当します。

それ以外の共有部分は、原則としてリフォームすることはできません。具体的にマンションでリフォームできるポイントは、主に以下のようなものです。

■ DIYリフォームが可能な場所とは

- ●天井／塗り替え、クロスの張り替え、板張り
- ●壁／壁紙貼り、塗り替え、板張り
- ●床／フローリングやフロアタイルへの変更
- ●室内ドア・ふすま・障子／交換、塗装、リメイク
- ●押入れ／棚の設置、クローゼットへのリメイク
- ●キッチン周り／水栓の交換、カウンターや扉の塗り替え
- ●照明／工事を伴わない照明器具の交換
- ●トイレ周り／温水洗浄便座への交換、壁紙貼り、床のリメイク

分譲マンションでもリフォームできない部分とは

では、リフォームができないのはどんなところなのか。まず、構造上重要なコンクリート壁など躯体。また、玄関ドア、窓のサッシ、共用配管といったものはそのマンションの共用部分なのでNGです。

部屋の床に関してもマンションごとに細かな管理規約があり、畳からフローリングへのリフォームが可能な場合と、不可の場合があります。

さらに可能であっても、LL-45あるいはLL-40といった遮音等級基準を満たしたフローリングのみOKというケースや、1階のみ可能（階下への騒音の心配がないため）というケースもあります。フローリングにしたいなら、まずはマンションの管理規約をしっかりと確認しましょう。

ほかにリフォームがNGとなるのは以下のような場所です。

■ DIYリフォームができない場所とは

- ●マンションの外壁、廊下、階段（共用部のため）
- ●壁式構造の壁（耐震性や耐久性に影響を与えるため）
- ●バルコニー・ベランダ（防火に関わる共用部のため）
- ●玄関扉
  （共用部分である玄関扉の外側はNG。室内側の塗り替えはOK）
- ●窓サッシ（建物の外側になる窓サッシは共有部のため）
- ●キッチン、風呂、トイレ周り
  （共有部の排水管の工事が必要な設備はNG）

資格のいる作業はDIYリフォームは不可

トイレやキッチン、水道設備などの交換、電気工事が必要な照明の設置など、作業に国家資格が必要なものもDIYでは基本的にリフォームはできません。

個人でこのような国家資格を取得しているのであれば別ですが、電気配線に手を加えるには電気工事士という国家資格が必要ですし、水道やトイレ、キッチンなどのリフォームで給排水の配管に手を加えるような作業にも資格が必要です。

電機工事や水道工事などが伴うリフォームは、必ずプロにお願いするようにしてください。

騒音や振動、作業時間は細心の注意を払う

ほかにもマンションによってはリフォームに独自の禁止事項を設けていることもあるので、くれぐれも注意してください。

管理規約に沿った形でDIYリフォーム作業をする場合でも、騒音や振動への気遣いも欠かせません。作業は早朝や夜を避け昼間に行いましょう。木材などの大きな資材は、あらかじめホームセンターでカットをしておくのがおすすめです。

いずれにしても、リフォームを始める前は、近隣の方にしっかりあいさつをして、ご近所トラブルになるようなことは絶対に避けるようにしましょう。

工務店社長に聞く現場からのアドバイス

マンションリフォームはここに注意!!

「専有部分と共用部分の境界はどこ?」「部屋の中はどこまで改装できる?」など、わからないことが多いマンションリフォーム。ルールを守ってスマートに実施するために知っておきたい疑問の答えを、これまで数多くのマンションを手掛けてきたリフォームのプロに聞きました。

アドバイス1

外側に面している場所は原則としてリフォームNG

ＤＩＹでリフォームできないのはマンションの共用部分です。わかりやすく大雑把な言い方をすると、壁の内側か外側か。外側に面しているものは、原則としてすべてリフォームできないと思ってください。具体的には、玄関ならドアの内側にペンキを塗ることはできますが、外側を勝手に塗ることはできません。通路についている各戸の外灯やインターホン、網戸なども、管理組合に確認をとって許可が出た場合に交換が可能になります。

中古マンションを購入すると、セキュリティのために玄関ドアの鍵をつけ替えたい方が多いと思います。しかし、鍵はあくまでも管理者の所有物になるため、交換には許可が必要です。まずは管理組合に相談して方法や費用の負担を確認してください。

判断するのが難しいのは、玄関ドアのドアクローザーなどです。内側についているので勝手に交換してしまう人がいるようですが、マンションによっては認めていない可能性があるので注意しましょう。

マンションではベランダにデッキパネルなどを設置するお宅が多いですが、敷くものは固定しない置き型に限定されます。ベランダの敷物は管理規約によっては一切を認めていない場合もあるので、置き型を設置したい場合でも念のために規約を読むなど確認するほうがよいでしょう。

物干し竿などをかける金具は、網戸と同じ扱いになっていることが多いと思います。許可を得て金具の交換をすることはできますが、新たにボルト打つ必要があるつけ替えはできません。言うまでもありませんが、避難口を隠すようなことは、置くだけでも一切が禁止です。

株式会社ベル興産代表取締役

鈴木雅博

プロの視点からDIYを基礎から指導しつつ、DIYも取り入れた楽しいリノベーションを提唱。古民家のリノベーションを得意とする。日本テレビ「幸せ！　ボンビーガール」で森泉さんの古い木造住宅リノベーションを監修、NHK-Eテレ「住まい自分流」のDIY講師など、テレビ番組出演や技術指導によるサポートなどテレビ制作への協力経験も多数。

アドバイス2
交換できない場合は工夫して解決する方法も

　古いマンションでは、窓の結露や冷えを気にして断熱効果が高いサッシ窓への交換を相談されることがよくあります。自治体によっては補助金が出るので、それを利用してリフォームしたいと考えるようですが、共用部分の工事になるのでこれも個別にはできません。居住者の多くが希望するなら、改修工事のときに全戸で交換するという方法があります。

　私は個別にできる二重窓化として、内側にアクリル板を張る簡易リフォームを提案しています。ガラスに比べて熱伝導率が低いアクリル板を張ると、部屋の空気が冷えにくくなる。予算をかけずに簡単に行えるので、ＤＩＹでの冷え対策としておすすめです。

　ただ、アクリル板と窓枠のすき間にしっかりシリコンを塗って密閉しないと変なところに結露が発生するので、よく調べてていねいに作業する必要はあります。このように目的によっては共用部分に手を加えないで解決できる場合があるので、簡単に諦めないでＤＩＹで使えるアイデアや方法を探してみるといいでしょう。

アドバイス3
コンクリート壁は構造壁 穴あけも撤去も不可

　住戸内の壁は、構造によって扱いが異なります。外周壁や一部の戸境壁は、コンクリート壁が採用されています。マンションの躯体であるコンクリート壁に傷をつけることは許されませんから、コンクリートに届くような穴をあけることもアンカーを打つこともできません。ペンキを塗ったり、壁紙を貼ったりする表面の改装までにしてください。コンクリートの上に石こうボードを張ってあれば、石こうボードにアンカーを打つことまでは可能です。

フルリフォームをするために、間仕切りと押し入れ、壁材を撤去した部屋。コンクリートの壁や梁の入り方がよくわかります。

コンセントやスイッチ、照明の移動や追加などの際に発生する配線の工事は、専門業者の領域。DIYでは行うことができません。

工務店が行う床養生は、専用の資材を 1mm のすき間もなく敷き詰める徹底ぶり。インテリアに少しの傷もつけたくない場合のお手本です。

電動工具を使う場合は騒音トラブルに注意

　住戸内で部屋を区切る仕切り壁も、マンションの構造によって『軽量鉄骨 ＋石こうボード』の場合とコンクリート壁の場合があります。軽量鉄骨を使っている壁にはネジやアンカーを打ってもかまいませんが、間仕切り壁でもコンクリート壁には触ってはいけません。天井もコンクリートを傷つけて照明を取りつけることはできません。

　壁の構造は間取りの変更にも関係します。軽量鉄骨の壁は取り払って部屋をつなげたりできますが、コンクリート壁は建物の構造壁なので残念ながら撤去して間取りを変えることはできません。

アドバイス4
不確実な水まわり作業は専門業者に依頼する

　室内の水まわりは漏水などのトラブルがあったときに階下を巻き込んで補償問題になるので、中途半端な知識で器具を交換することはおすすめしません。

　以前、うちのお客さんが自分で交換しようとしてインターネットで水栓を買ったところ、取りつけることができなくて連絡してきたことがありました。部品を確認すると、そもそも径のサイズが合っていなかった。これではつくわけがありません。どうやらサイズの種類があることも知らなかったようです。

　しっかり調べさえすれば、水栓の交換はＤＩＹでもできる軽い作業です。ただし、中古マンションはついている器材が古い場合がありますから、適合するものを選ぶように気をつけてください。

　トイレでは便器の交換となると、やはり漏水が心配です。排水アジャスターを使えば新しい便器と排水する穴の位置を調整して取りつけられることになっていますが、排水アジャスターにはいくつも種類があって便器によって対応するものが違います。プロの場合は何回も試行錯誤を重ねて、コツみたいなものでカバーしながらやっています。「ＤＩＹでできます」と簡単に言えるものではないので、このレベルの工事はプロに任せるのが無難でしょう。

　ＤＩＹで交換するなら、温水洗浄便座までにするのがいいと思います。

アドバイス5
コンセントの位置変更は延長コードで解決

　屋内配線の工事をするには電気工事士の資格が必要です。ＤＩＹで変えられるのは、壁から外側で配線を触らずに交換できるところまで。壁内の配線をつなぎ替えて、２口のコンセントを３口に増やしたりすることはできません。照明器具やコンセント、スイッチのプレートをつけ替えるのは問題ありませんから、模様替えをするときに好きなものに交換するといいでしょう。

　仮にＤＩＹでコンセントの位置を変えるとしたら、延長コードを使って電源タップをコンセント代わりに使う方法があります。壁設置のコンセントのようにすっきり見せたければ、一手間かけてモールでコードを隠すように設置するといいでしょう。ホームセンターを探すとＤＩＹで使える材料がいろいろと見つかるので、工夫しながら対策してください。

アドバイス6
近隣トラブルを防ぐには申請とあいさつが必須

　私たちがリフォーム工事に入るときは、必ず工事の申請をします。ＤＩＹでも突然、音を立てて作業を始めたらご近所を驚かせるでしょうから、いつ、どんな作業をするのかは管理組合に伝えておくほうがいいでしょう。

実際には工事が始まる何日か前までに、上階の３戸と下階の３戸、両隣を基本として、通路を養生する関係でエレベーターから部屋前までの通路に面した部屋には全戸にあいさつします。工事内容や日程を入れた紙をプリントして、あいさつするときに直接配ったり、掲示板に貼ってもらったりするのが通常です。

音や振動を出さない静かな作業なら必要ないでしょうが、音が出る作業の場合は、管理人にどの範囲にあいさつをしておくとよいか相談するといいでしょう。

とくに気をつけたいのが電動工具を使う作業があるときです。金属音がとても響くため、マンションで使うと驚くようなところからクレームが入ることがあります。私が２階の部屋で工事をしていたら、17階に住んでいる人が「うるさい！」と怒鳴り込んできたことがありました。

ちなみに私たちが工事をする場合は、時間は９時から17時まで、土日は休みにするのが基本です。ただ、ＤＩＹでは土日に作業することも多いでしょうから、電動工具を使うときはあいさつをするときにちょっとうるさくすることを伝えておきましょう。

部屋によっては、この曜日のこの時間だけは音を出さないでほしいなど、それぞれに事情があります。自分から配慮できれば、何かあったときに大きなトラブルになりにくいでしょう。

通路を養生するかどうかに

まるで新築マンションのように見えるフルリフォームの完成状態。プロはこれを一気に完了させますが、DIY の場合は気長にコツコツ進める方がよいようです。

システムキッチンの交換は、設置場所の変更がなければ DIY でも可能とのこと。しかし、アイランドキッチンに変更したいなど移動が伴う場合は、DIY にこだわるにしても給排水やガスの配管工事を専門業者に依頼する必要があります。

あわてず、時間をかけて理想のリフォームを

ついてはとくにルールはありません。ただ、大きい材料を運んだりするとエレベーターや廊下を傷つける可能性があるので、管理組合に工事内容を伝えて共用部分の養生がどこまで必要かを確認して指示に従いましょう。共用部分に傷をつけてしまって、後からクレームを受けることになったら面倒ですから。

アドバイス7

全体のプランを決めてから時間をかけて実行する

ＤＩＹでリフォームするのなら、自分の好きなようにやるのがいちばんです。ただ、目先の一部分だけしか考えていない状態で始めると、部屋がしっちゃかめっちゃかになってしまいます。居室全体とか、部屋単位などでリフォームの内容やデザインを決めてから始めるのがいいと思います。いまはネットで何でも調べられますから、全体のイメージや場所ごとの材料、仕上げ方などを仕様明細として最初に作っておきましょう。スケッチを描いてもいいですし、図面にメモを書き込むのでも十分です。そこまでしておけば、時間があるときに少しずつ作業を進めてもおかしなことにはなりません。

リフォームについて最後にアドバイスしておきたいのは、焦って進めないでほしいということです。日本人はやると決めたら一気に全部をリフォームしたがりますが、そうすると一度の出費が大きくなって予算に収まりきらなくなりがちです。けっきょく費用を抑えるために一部の工事を諦めたり、材料の質を落としたりして、当初のイメージと違う仕上がりになってしまうことが多いのです。

アメリカ人などは、まとまった予算がないときには長期でプランを立てて今年はキッチン、来年はリビングという具合に場所ごとにリフォームしていきます。全部のリフォームを終えるまでに時間はかかっても、最初のプラン通りに満足できる仕上がりになります。中古マンションのリフォームはＤＩＹでもお金がかかることなので、プランを立てて予算組みをしておいてから、じっくりと時間をかけて自分のやりたいことを実現するほうがいいというのが私の考え方です。

私はセルフリフォームを、ＤＩＹではなくて『Ｄ・Ｉ・ｍｙ』、マイセルフだと言っています。多少曲がっても、ズレてもいいんです。お金や時間がかかっても、自分が楽しくやって納得できる仕上がりになることが大事だと思います。

壁や床、建具などを撤去するリフォームでは、廃材が山のように積み上がります。住まいながら行うDIYでは、簡単にまねすることができません。やはり少しずつ進めるのが現実的でしょう。

02
和室のリフォーム

畳をフローリングに張り替える

下地作りが作業の8割
ミリ単位の調整でフラットに

利用頻度が低い和室から洋室へ変更するリフォームのなかで、もっとも大掛かりな作業となるのが畳からフローリングなどの洋風床材への張り替えです。このリフォームでは使用する床材の厚みが3～5㎝ほど変わるため、床下地の高さを調整する必要があります。敷居などと高さを合わせ、なおかつ傾きや不陸《ふろく》がないように新しい下地を作らないと歩いたときに違和感のある床になるので、スペーサーを使っててていねいに調整するのが作業のポイントです。

床材は木質のフローリングに根強い人気がありますが、DIYでの張り替えには安価で作業の手間も抑えられる、樹脂素材のフロアタイルやクッションフロアなどがおすすめです。デザインや加工技術が向上して質感が高くなっているので、チェックしてみるとよいでしょう。ここでは、はめ込みながら張るタイプのフロアタイルを使って、下地作りから仕上げまでの作業手順を解説します。

作業のながれ

畳を撤去する → 根太を設置する → 合板を張る（下地仕上げ） → 床材を張る

材　料

- ■根太（角材）
- ■合板（厚さ12mm以上、910×1820mm）
- ■床材
- ■木ネジ
- ■コンパネビス
- ■スペーサー

道　具

- ■電動ドリルドライバー
- ■丸ノコ
- ■金づち
- ■インテリアバール
- ■カッター

和室→洋室リフォームのおすすめ床材

クッションフロア

塩ビ素材のシート状の床材で、文字通りクッション性があるのが特徴です。一昔前に比べて最近はプリントやエンボス加工の技術が高くなり、質感が向上しています。カーペットのように大きいシートをつないで張るので、小さい材料を一枚一枚張るフローリングやフロアタイルに比べて張り替えはとても簡単です。価格も断然安価なので、安く手間を掛けずに張り替えたい場合に向いています。

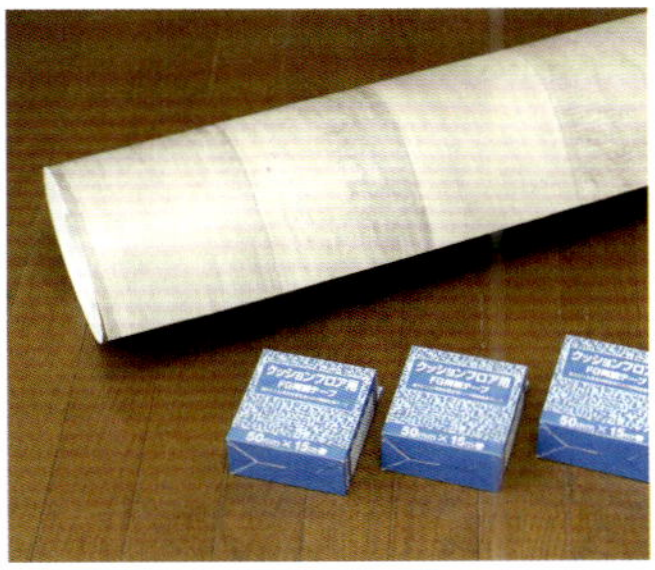

フロアタイル

硬質の樹脂を素材としてプリントとエンボス加工によって表面を立体的に仕上げた床材で、木目柄のものは一見しただけではフローリングとの見分けが難しいほどリアルです。耐久性が高く、傷や水、汚れに強く、メンテナンス性に優れています。厚みは2～3mmのものが多く、置くだけタイプやシール貼りタイプは作業性もよいので、DIYで安価にフローリング調の床を張りたい場合におすすめです。

フローリング

フローリングは、天然木の1枚板で作られた無垢フローリングと合板の上に化粧板を張った複合フローリングに分けられます。無垢フローリングは木材本来の温もりがあり、樹種によって異なる色味や木目を楽しめます。複合フローリングは耐久性が高く、無垢材に比べて安価なのが特徴です。どちらの場合も接着剤とピンネイル、ネジを使って下地に固定するため、張り替えに手間が掛かります。

6畳部屋の下地配置例

畳の厚さは5㎝程度、フローリングなどの床材は厚くても1.5㎝程度なので、畳を張り替える場合には下地を上げて高さを調整する必要があります。新しい下地は、角材の根太に合板を張って作るのが一般的です。6畳部屋の場合、根太と合板の配置は概ね左図のようになります。畳のサイズには種類があるので、実際にリフォームする和室の寸法を測り、必要な材料を用意しましょう。

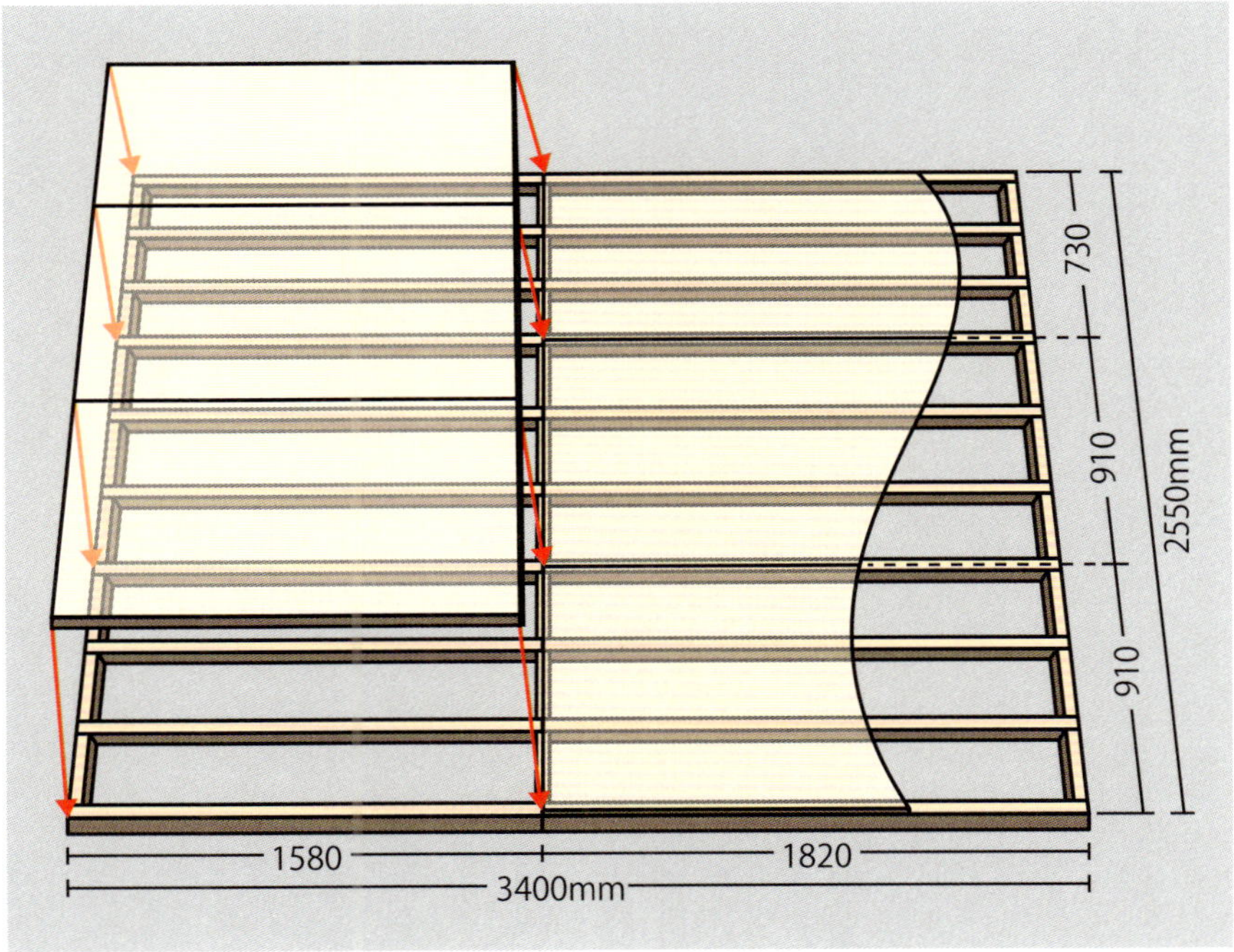
730
910
910
2550mm
1580
1820
3400mm

フロアタイルに張り替える

畳を撤去する

1

先端が薄いインテリアバールやマイナスドライバーを、畳の縁に奥まで差し込みます。

2

バールでこじって持ち上げた畳の縁を、落とさないように手で持って支えます。

3

長い方の縁を持って畳を引き起こします。保管スペースへ移動して、残りの畳も１枚ずつ取り外します。

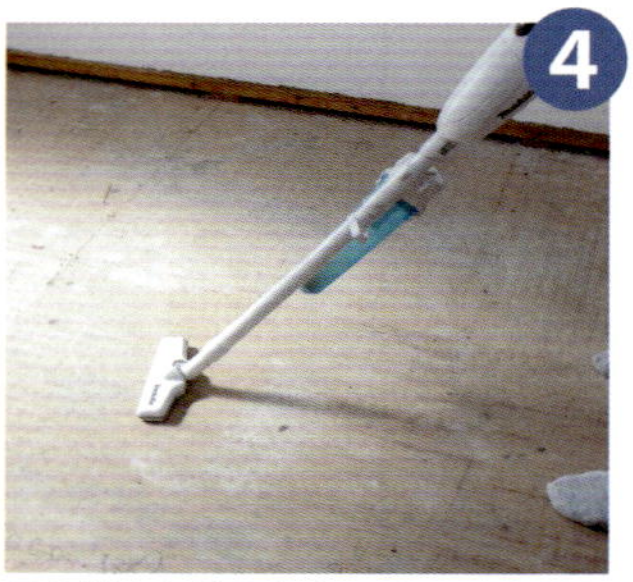
4

畳を撤去し終えたら、ホコリや畳から出たゴミなどを掃除して、下地の上をきれいにしましょう。

5

既存の下地の状態をチェックして、腐ったり傷んだりしているところがあれば、この機会に張り替えましょう。

インテリアバールは、こじって持ち上げたり、はがしたりする作業に最適。内装リフォームにあると便利な道具です。

事前に床下地を確認する

リフォームを決めたら、事前に畳を持ち上げて下地を確認しましょう。マンションの場合、コンクリートの上に直に畳を敷いているケースと、根太や支持ボルトで下地を上げて合板などを張っているケースがあります。新しい根太の固定方法が変わるので、まず既存下地の種類を確認します。また、使用する根太と合板の寸法を決めるために、既存下地から敷居などの仕上り面までの高さを測っておきましょう。

床の構造を確認する

畳を上げると下地が現れます。この現場は、古いマンションに多い合板を張った根太張りです。新しい根太はこの上に木ネジで固定します。下地がコンクリートの場合は、コンクリートビスや接着剤で根太を固定します。

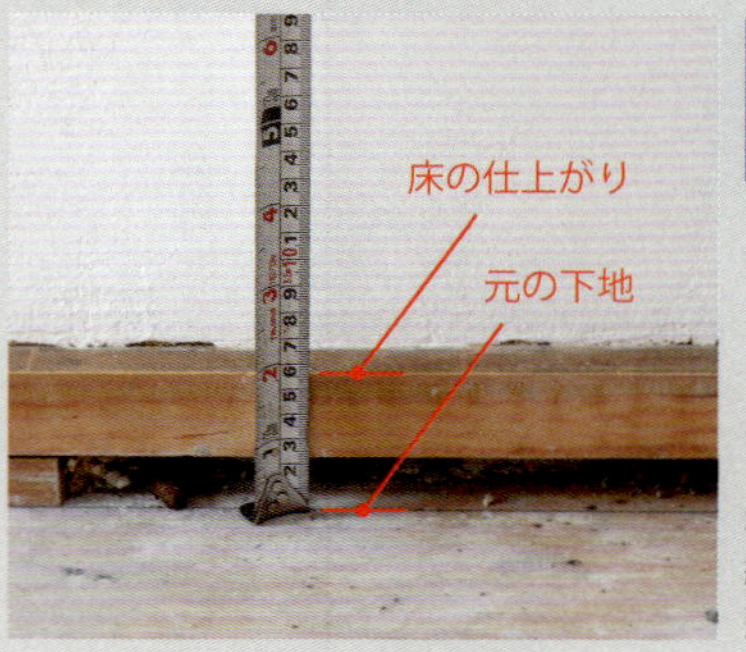

床の仕上がり
元の下地

新しい下地の高さを出す

畳を取り外した状態で、既存下地から床材の仕上り面までの寸法を測ります。この寸法から使用する床材の厚みを差し引いた数値が新しく作る下地の高さです。根太と合板、スペーサーを組み合わせてこの高さを調整します。

下地の根《ね》太《だ》を用意する

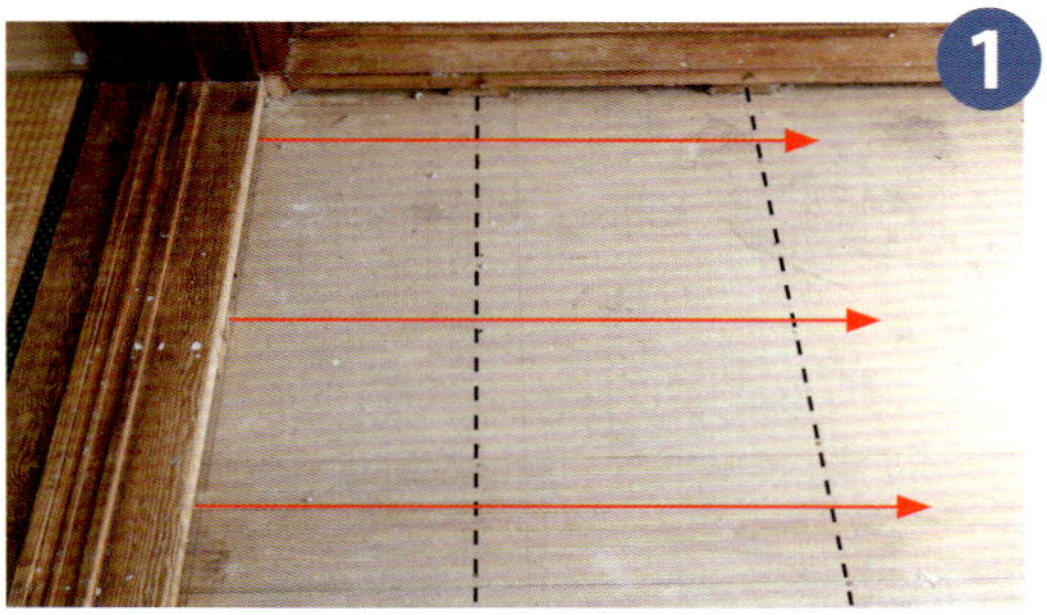

1

新しい下地を組むために根太を入れる向きを決め、床の寸法に合わせてカットした角材を用意します。

ポイント

根太の向きに注意

既存下地が根太張りの場合は、合板と根太を固定しているクギや木ネジの打ち方から下の根太の向きを確認します（黒い点線）。新しく組む根太は、強度の確保と床鳴り防止のために下の根太と直交する向き（赤い矢印）で設置してください。

2

床の寸法が約3400mmなので4000mmの角材を用意しています。材料が寸法より短い場合はつないで使いましょう。

3

部屋の端から端までの寸法を測って、設置する根太の長さを確認します。

4

少しの歪みはあるものなので、部屋の寸法は数か所で測って歪みの程度を確認しておきましょう。

5

測った寸法の長さに合わせて、根太として使う角材をカットします。

6

6畳のスペースに対して約300mm間隔で配置するため、10本の根太を用意します。

7

両端の根太は敷居や畳寄せ（畳を囲む壁際の木部）にぴったりと寄せておきます。

根太を設置する

1

既存の下地は歪んでいる可能性があります。［床材＋合板］と同じ厚みの木材を使って両端の根太の高さを確認しましょう。

2

確認して根太が低くなっているところは、根太の下にスペーサーを入れて高さを調整します。

ポイント

1mm、2mm、3mmなど厚みの異なるスペーサーをたくさん用意しておき、根太の高さ調整に使用します。

3

既存の根太まで打ち込める長さの木ネジ（半ネジタイプ）を使い、根太をスペーサーごと下地に固定します。

4

両端の根太を調整して固定したら、その間に糸を張って高さの基準を作ります。

5

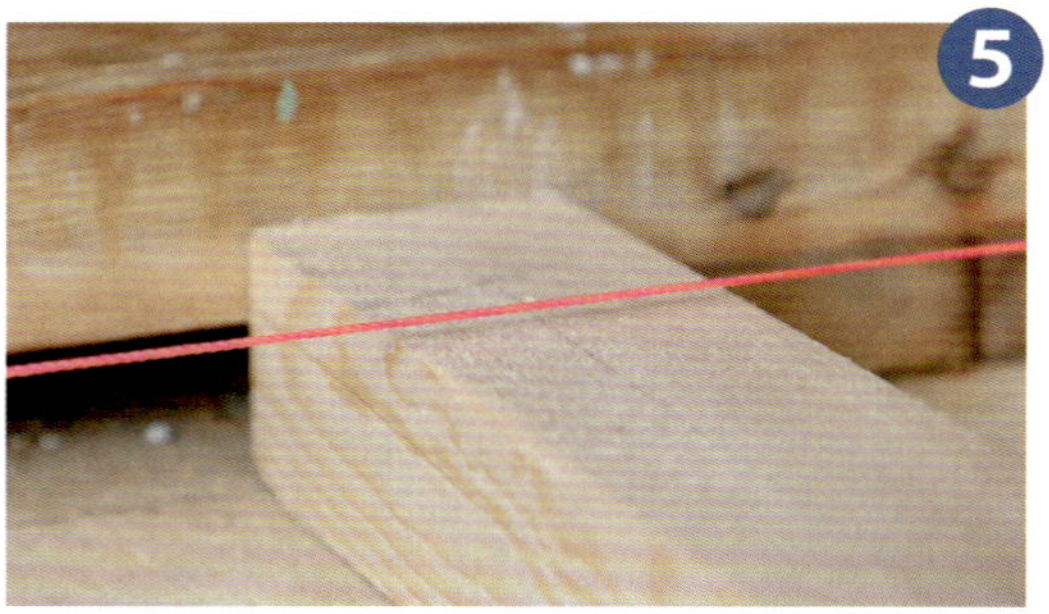

中間に設置する根太は、糸に合わせて高さを調整しながら固定します。

6

合板の短い辺（910mm）に合わせて根太の間隔が均等（約300mm）になるように調整します。

7

中間に設置する根太は、最初に両端の高さを調整します。低いところはスペーサーを入れて根太を上げます。

補強の根太を入れる

固定した根太の両端に補強の根太を入れます。すき間に合わせて角材をカットし、高さを調整してネジどめします。

上に敷く合板の縁がかかるところにも、同じように補強の根太を固定します。

新しい根太の設置が完了しました。

ポイント

上に敷いた合板をネジどめする際に根太の位置が分かるように、周囲の木部に印をつけておきましょう。

高さを調整した根太の両端に木ネジを打って、既存の下地に固定します。

順に糸を移動して張り直します。糸は既存の根太が入っているところに張るようにしてください。

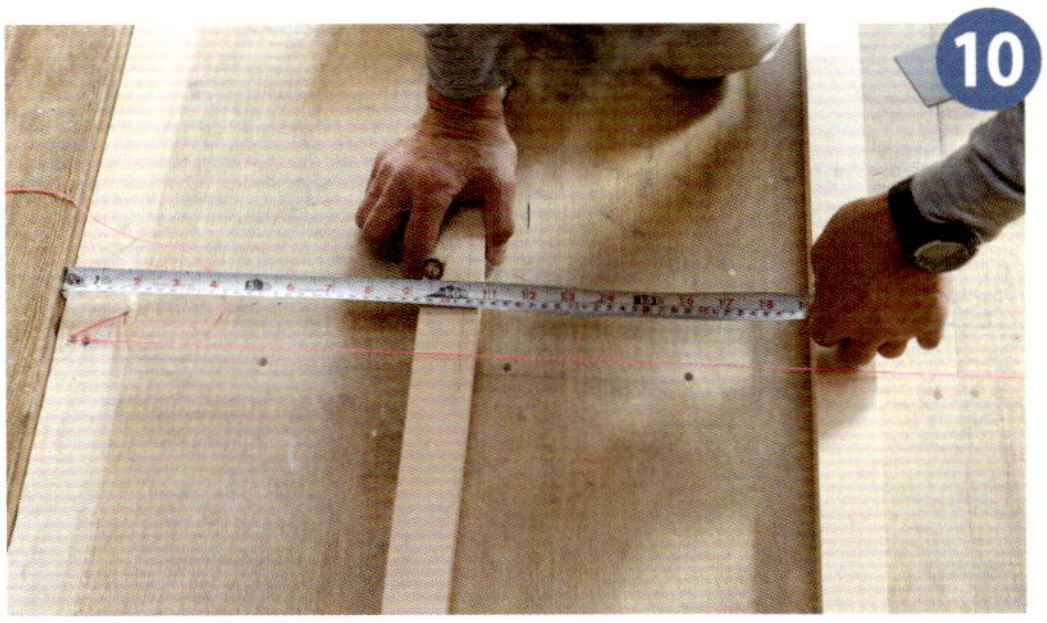

根太を平行に設置するため、固定する場所ごとに間隔を確認してそろえます。

高さと間隔を調整し終えたところをネジどめします。根太の曲がりはできるだけ修正して固定しましょう。

合板《ごうばん》のサイズを調整する

1

根太の上に、1列目に敷く3枚の合板を端から順に置いていきます。

2

2枚は新しい合板をそのまま敷き、最後の1枚は残った幅に合わせてカットします。

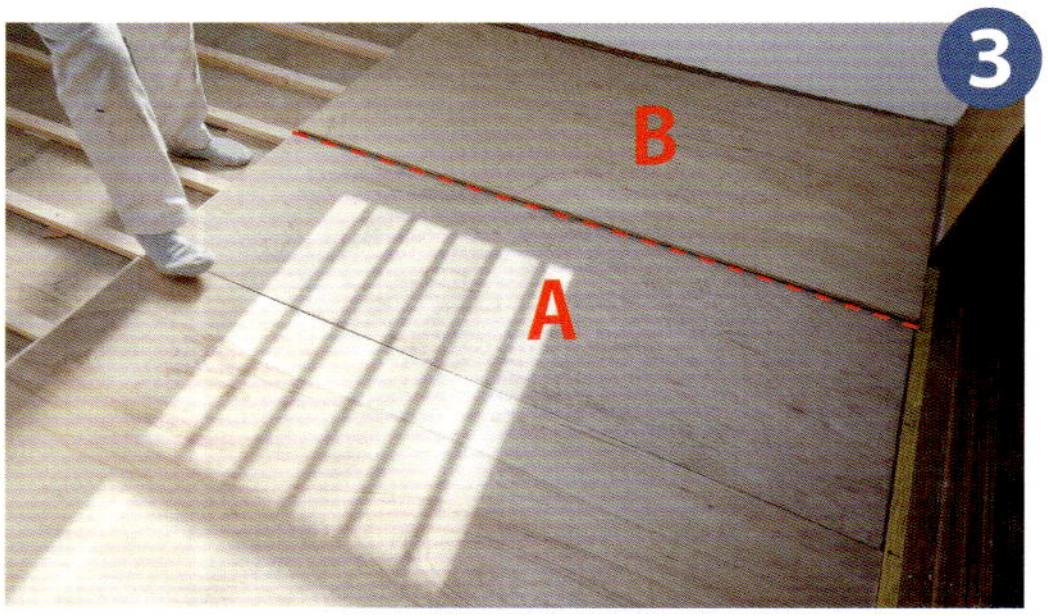
3
B
A

3枚目の合板(B)を壁際に合わせて2枚目(A)の上に重ね、縁に沿って線を引いて寸法をとります。

4
丸ノコ定規

合板(A)を線に沿ってカットします。

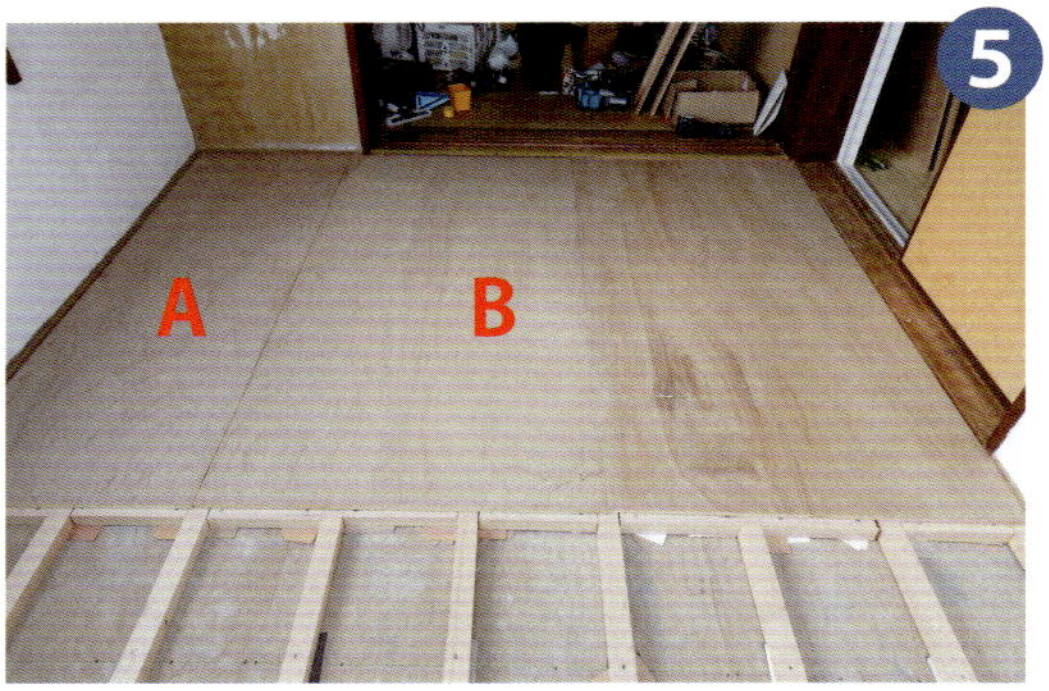
5
A
B

それぞれの合板の縁が根太にかかるように(A)と(B)を並べます。

6

合板の縁がそろわずに段差ができる場合は、はみ出す部分をカットして調整しましょう。

ポイント

コードレス 丸ノコ 定規
この寸法を使用する
丸ノコに合わせる

❹の写真中で使っているのは合板用に作った丸ノコ定規です。長辺方向にカットした合板の上に、丸ノコの刃とベース端の距離に合わせて木材を固定したもので、カット線に合わせて定規を置くと板材が丸ノコのガイドになって直線カットをサポート。大きな板をきれいにカットできます。

合板を張って下地を仕上げる

合板の端材を定規代わりにして、根太の入っているところにネジを打つためのガイド線を引きます。

合板がずれないように、最初に4つの角にコンパネビスを打ちます。ビスは合板の厚みの2倍の長さのものを使用。

先ほど引いた線に沿って、根太の入っているところすべてに約300mm間隔でコンパネビスを打って固定します。

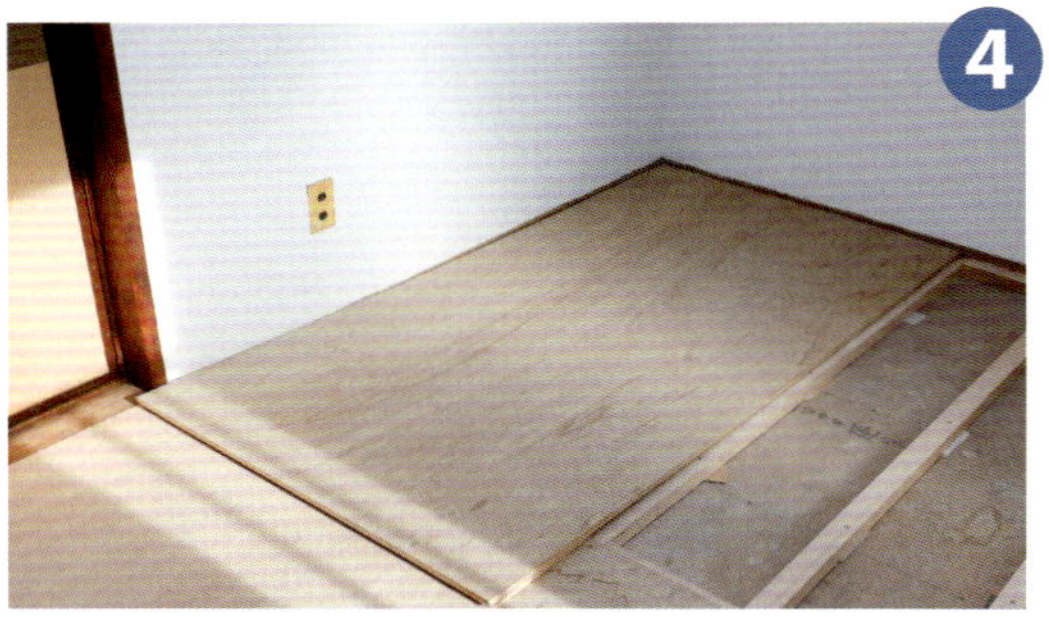

2列目に敷く合板は長さの調整が必要なので、前ページ❸と同様に合板を重ねて現物で寸法をとります。

定規代わりの合板に沿って使用する合板に線を引きます。

丸ノコで寸法をとった合板をカットして、スペースに合わせて長さを詰めます。

2枚目までは長さだけを詰めた合板を敷きます。

最後の1枚は長さと幅を調整カットして敷き、1列目と同様にすべての合板をコンパネビスで固定します。

床材を張る

1

張る向きの通りに床材を仮置きして、最終列の幅（半端なスペース）を確認します。

ポイント

最終列の幅が床材の半分以下になる場合は、１列目と最終列をカットして幅をそろえると見栄えよく収まります。

2

入口のところから壁に突きつけて１列目を張っていきます。今回使用したはめ込みタイプは接着剤不要で置くだけです。

3

先に置いた床材に、長辺と短辺の２面の連結部分をはめ込みながら張っていきます。

4

連結部をはめ込みながら床材を置き、列の最後は長さを調整カットしてはめ込みます（カット方法は次ページ参照）。

5

２列目以後は、前列で調整カットした余りを入れて張り始めます。１枚目はカット面が壁側に向くように置きましょう。

6

最終列を残して床材を張り終えたところです。最終列は残ったスペースに合わせて床材を幅カットして張ります。

7

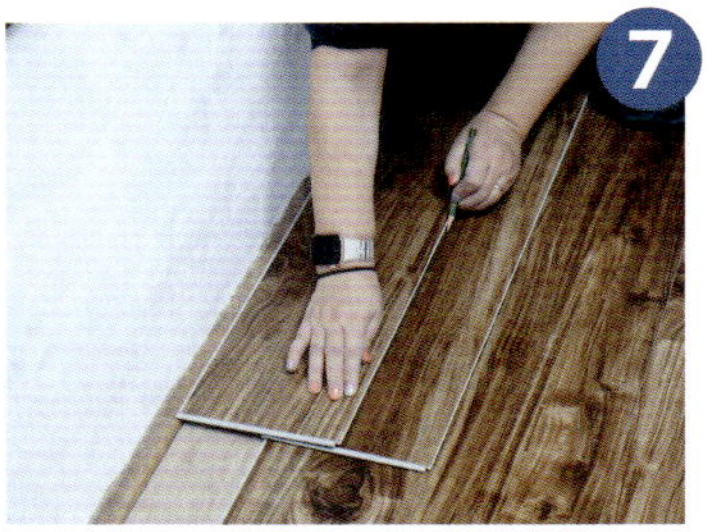

カットする床材の上に定規の床材を重ねて線を引き、残っているスペースの寸法をとります。

8

線に沿って床材をカットします。幅の調整はノコギリか丸ノコを使ってカットしましょう。

9

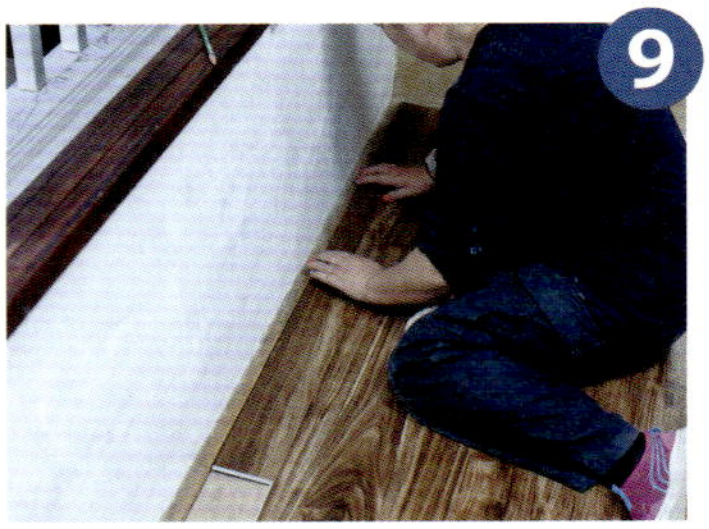

幅を調整カットした床材を残ったスペースにはめ込みます。

10

最後の１枚は幅と長さを調整カットしてはめ込みます。

11

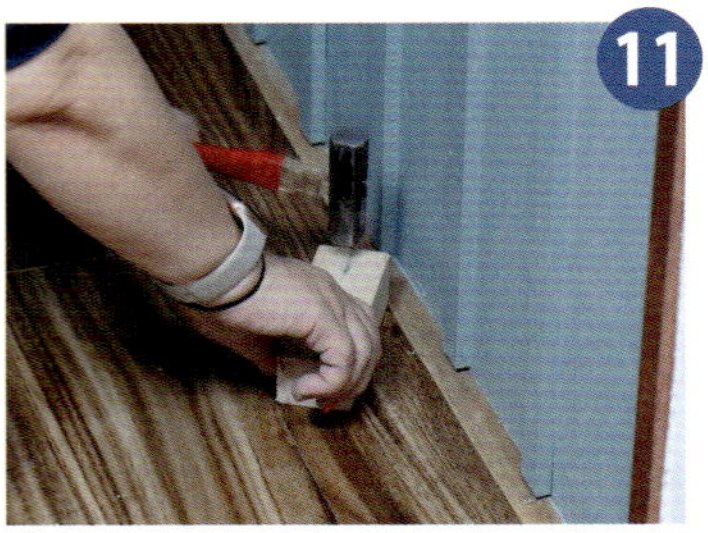

床材がうまく入らない場合は、当て木をして軽く叩いてはめ込んでみましょう。

床材の寸法どりとカットの方法

床材の設置では、列の最後は長さを調整するために床材をカットする必要があります。残りの長さをメジャーで測ってもよいですが、床材を定規代わりに使って寸法をとると手間なく簡単です。フロアタイルのカット方法と合わせて紹介します。

床材を使った寸法のとり方

列の最後は中途半端なスペースが残るので、長さを合わせてカットした床材を入れる必要があります。

カットする新しい床材Aを、手前に敷いた床材の上にぴったり重ねます。

定規として使用する床材Bを壁に突きつけて床材Aに重ねます。床材Bは連結部分をカットしておきましょう。

床材Bの端に沿って線を引くと、重なっていないA′の部分が残りスペースと同じ長さになります。

フロアタイルのカット方法

線に沿ってカッターでカットします。一気に切ろうとせず、何度も刃を入れて切り口を深くしましょう。

厚みの半分程度まで切れたら、床材を裏返して勢いよく折ります。

裏面のクッション材をカッターでカットして折り目から切り離します。

カット面が壁側になるようにして床材A′をはめ込みます。カットの端材を次列の先頭に敷きましょう。

難易度 ★★☆☆☆

砂壁《すなかべ》を塗り替える

薄汚れた砂壁をモダンな壁に再生

比較的新しいマンションでは、和室にも壁紙を貼って仕上げることが多くなっていますが、古いマンションには戸建てさながらに砂壁を塗った和室が残っています。

砂壁は石材や鉱物、貝殻などを砕いた色砂をのりで練り合わせた材料を塗って仕上げた壁です。調湿作用や耐火性・防火性など自然素材ならではのメリットがありますが、劣化が進むとデメリットが目立ってきます。

元々、耐久性が低くてもろいのに、劣化が進むと何も触れないのにボロボロと砂が落ちる症状が見られます。また、黒ずみやシミ、キズなどが目立ってきて、きれいに保つことが難しくなります。薄汚れて掃除やメンテナンスが難しくなったら、塗り替えのタイミングです。

もろい砂壁でも適切に下地処理をしておけば、塗装や左官による塗り替えが可能です。漆喰や珪藻土といった塗り壁材を使った塗り替えなら、和室はもちろん洋室へのリフォームにも雰囲気はぴったりです。家族でわいわいと遊び感覚で、コテで塗る左官作業を楽しんでみてはいかがでしょうか。

材　料

- シーラー（下塗り剤）
- 塗り壁材（漆喰、珪藻土）

道　具

- コテ
- コテ板
- おたま
- マスカー
- マスキングテープ
- ローラー
- ローラーバケット

作業のながれ

壁の周囲を養生する → シーラーを塗る → 下塗りをする → 上塗りをする

砂壁に重ね塗りをする

砂壁は水分を含むともろくなるため、塗料などを重ね塗りすると砂ごとはがれてしまいます。砂壁に浮きやはがれがある場合は、すべてはがしてから新しい材料で塗る必要があります。浮きがない場合は、はがす作業は不要で、砂壁に浸透して素地を固め、アクやヤニを止める効果があるシーラーを塗って下地を整えましょう。シーラーには材料の付着性を高める働きもあるので、塗り壁材がはがれずにしっかり定着します。

古い砂壁はとてももろく、そのまま重ね塗りをすると新しく塗った材料がはがれてしまう可能性があります。

シーラーには下地の状態を整えて塗料の付着性を高める効果があります。必ず砂壁に対応しているものを選んでください。

DIYに適した塗り壁材

漆喰や珪藻土などの塗り壁材は、塗り方で表現できるデザイン性の高さだけでなく、調湿効果、消臭効果、防火性などの機能性を備えているのも特徴です。練り混ぜてあってすぐに使えるDIY向きの材料は、塗りやすく調整されているので、初心者が左官の塗りを楽しむには最適です。

珪藻土

珪藻土は海中の植物性プランクトンの死骸が堆積して土状になったもので、それを高温で熱して粉砕したものが壁材の主原料です。原料そのものに固まる性質がないため、天然素材や合成樹脂素材などの硬化剤を添加して塗り壁材としています。珪藻土のいちばんの特徴は多孔質であることです。漆喰よりも調湿力、消臭力に優れていて、カビや雑菌の繁殖を抑える効果が高いとされています。

材料の珪藻土には骨材が練り込んであり、仕上りはポツポツした「ゆず肌」と呼ばれる表情になります。

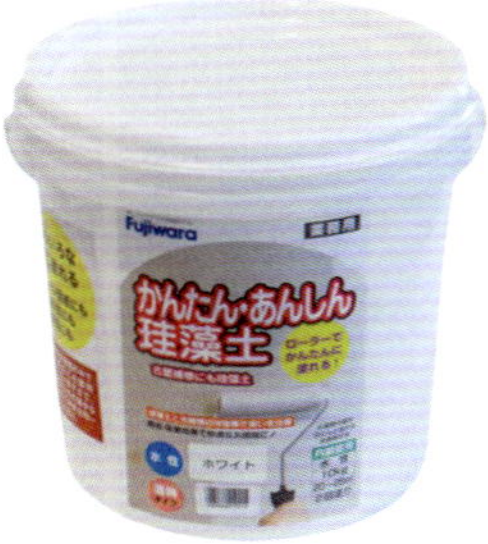

漆喰

主原料は、石灰石を焼いて作った消石灰（水酸化カルシウム）です。消石灰は二酸化炭素に触れると時間をかけて固まる性質がありますが、水で練るだけではあまり粘度がないため壁材として使うために植物繊維を混ぜて塗りやすくしてあります。珪藻土に比べて消臭力、抗菌力に優れていて、空気中の臭いの元やホルムアルデヒトを吸着分解して空気をきれいにする特性を備えています。ただし塗りムラができやすいため、きれいに仕上げるためには技術や経験が求められます。

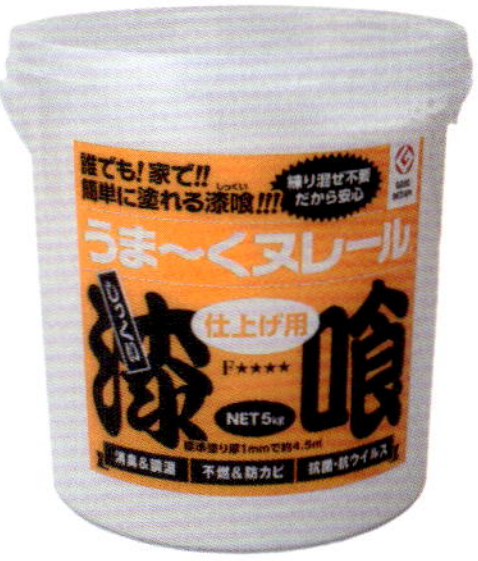

パターンつけも楽しめる

塗り壁をコテだけで思い通りの表情に仕上げるのは、プロでも難しいものです。DIYでは遊びのつもりで壁塗りを楽しみましょう。コテ跡をいかして不規則に模様を描いてもよいですし、ブラシやヘラを使えば簡単にパターンをつけることができます。材料が乾くまでは修正できるので、いろいろ試してみましょう。

小回りが利くゴムベラは、小さい円弧を連ねたパターンつけなどに最適です。

床用接着剤の塗布に使用するクシベラでは、くっきりとした太い筋をつけられます。

ふすま貼りに使う押さえバケを使うと、浅くて優しい感じの筋を入れられます。

漆喰《しっくい》での塗り替え方

壁の周囲を養生する

マスキングテープとマスカーを使って、作業する壁の周囲を養生します。まず境目にマスキングテープを貼ります。

マスキングテープは、これから塗る漆喰の厚みの分、2mm程度のすき間をあけて貼っておきます。

壁に設置されているコンセントやスイッチも、2mmのすき間をあけて覆うように養生します。

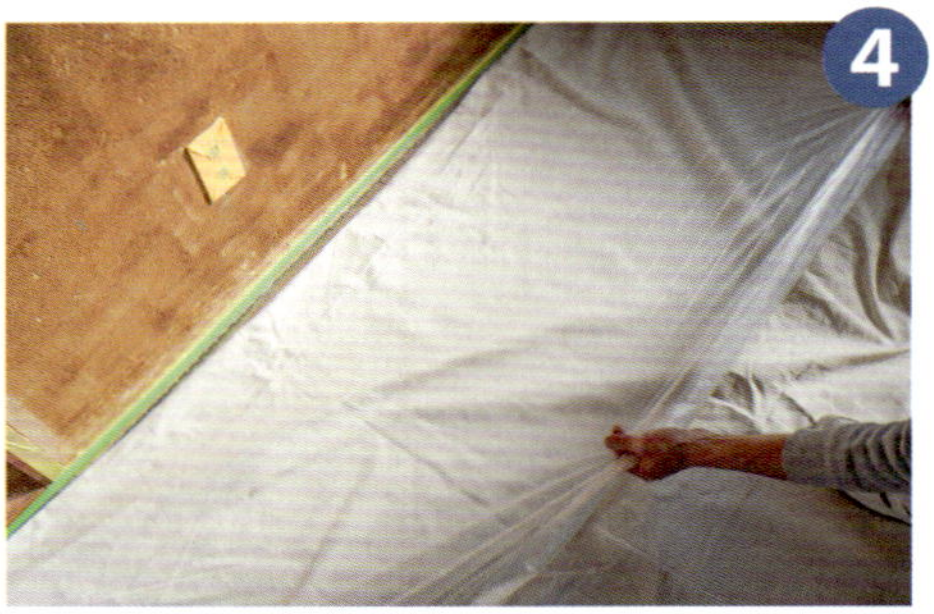

床は、壁際をマスキングテープで養生した上に少しずらしてマスカーを貼り、シート部分を広げます。

塗る前の準備をする

ローラーを使って砂壁の表面にシーラーを塗ります。シーラーは砂壁にたっぷり吸わせるように塗ってください。

漆喰塗りにはコテ、コテ板、おたまを使用。2面以上の壁を塗る場合は、入隅用のコテがあると仕上がりがきれいです。

練り済みのDIY向き漆喰をおたまでコテ板に取ります。慣れるまでは、1度に取る量を少なめにしておきましょう。

コテを使って漆喰を押したりひっくり返したりして、塗りやすい柔らかさになるまで練ります。

漆喰を塗る

1 コテの面の半分程度の量を目安に漆喰を取り、こぼさないように注意してコテの下側を壁にあてます。

2 コテの角度を 20°程度に保ったまま、壁にこすりつけるようにして下から上に向けて塗っていきます。

ポイント

下地が透ける薄さで塗る

漆喰は2回塗りで薄く仕上げると、ムラになりにくく、材料を節約できます。1回目は下塗りのつもりで、ムラがあっても気にしないで下地が透ける程度に薄く塗りましょう。上塗りとなる2回目も、コテ跡の修正などを気にしすぎないで薄塗りで仕上げます。

3 乾燥すると段差やコテ跡の修正が難しくなるので、1度に作業しやすい範囲を区切って漆喰を手早く塗ります。

4 続いてコテを縦方向、横方向に動かして、塗った漆喰ができるだけ薄く均一になるようになでつけます。

5 木部などの境目は、コテの先端を使って塗り残しがないように漆喰をつけます。

6 コテの尻を使って、木部や角（入隅）の際をきれいに均します。

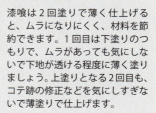

7 1回目の下塗りを終えたら、しばらく乾燥させます。砂壁からアクが出る場合は、上塗りは翌日以降にしましょう。

ポイント

コテに漆喰が付着していると、きれいに仕上げられません。均すときは、小まめにコテを洗って漆喰を拭きとりましょう。

8 2面以上の壁を塗り替える場合、入隅用のコテを使って角を押さえると、丸みのある柔らかい仕上がりになります。

9 下塗りの漆喰が触っても手につかない半乾きの状態になったら、2回目の上塗りをして全面を仕上げます。

10 上塗りが乾く前にマスキングテープをはがします。テープに引っ張られて漆喰がはがれたら、コテで押さえ直しましょう。

難易度 ★★★☆☆

砂壁《すなかべ》に板張り壁を作る

材料

- ■合板　下地材（4 枚）
- ■ヒノキ材
  枠材（4 本）、装飾木枠（8 本）
- ■オイルフィニッシュ
- ■水性塗料

道具

- ■電動ドリルドライバー
- ■ジグソー
- ■レーザー水平器
- ■胴つきノコギリ
- ■ピンタッカー
- ■タッカー
- ■ハケ
- ■ローラーバケ
- ■シリコーン系接着剤
- ■コーキングガン
- ■木工用パテ
- ■ゴムベラ
- ■カッター
- ■金づち
- ■マスキングテープ
- ■コンパス

自然な風合いを出す砂壁は調湿機能に優れ、高い吸湿性を備えています。しかし、長く使用していると経年劣化が進み、手で触れるだけでボロボロと砂や土がはがれ落ちてしまう問題が起きます。さらに、湿度の高い場所ではカビの発生や壁面の劣化を早める可能性もあるのです。

こうした症状が出てくると、リフォームのタイミングです。今回紹介する合板を使った板張り壁は板張りの手法の中でも手軽にできます。

作業のながれ

下地材を下部の壁に張る → 板張りを装飾する → 下地材を上部の壁に張る → 板張りを装飾する → 全体を塗装する

板張りはおしゃれな洋風の部屋に変える

木材を使用した板張り壁は、砂壁の和室からスタイリッシュな洋風の部屋に印象をガラリと変えてくれます。この板張り壁は壁紙・クロスよりも耐久性が高いため、傷つきにくくて汚れが目立たないのも特徴です。

そして板張り壁で使用できる木材の種類も豊富。初心者でも手軽に張り合わせができることからスタンダードな合板を筆頭に、連続して張りつけることができる羽目板や今人気の杉板などを起用したヘリンボーン張りなど、パイン材や集成材などの木材も使えてデザイン性に優れたパターンの板張りを実現します。

羽目板を使った代表的な板張りの腰壁。腰の高さほどの壁の下部に板を張りデザイン性を高めます。腰壁は壁の傷を防ぐ効果もあります。

枠材を下部の壁に取りつける

1

オイルフィニッシュを塗った板張り壁の枠材は、窓枠の上下の見切れる長さにカットし、それぞれ2本ずつ取りつけます。

2

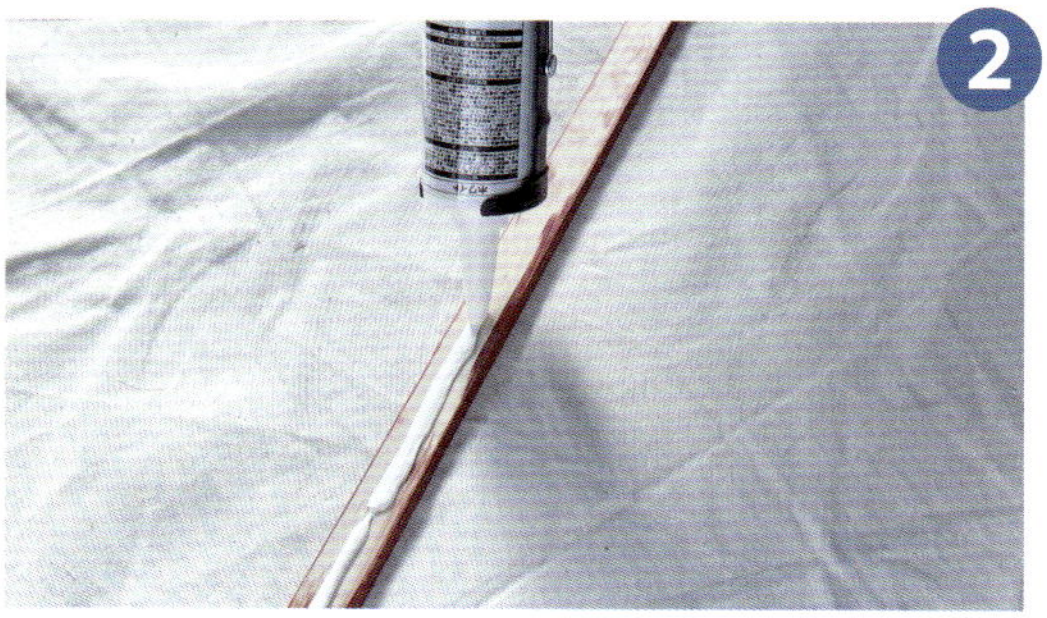
枠材の裏面に、シリコーン系接着剤をコーキングガンで押し出してたっぷり塗ります。

3

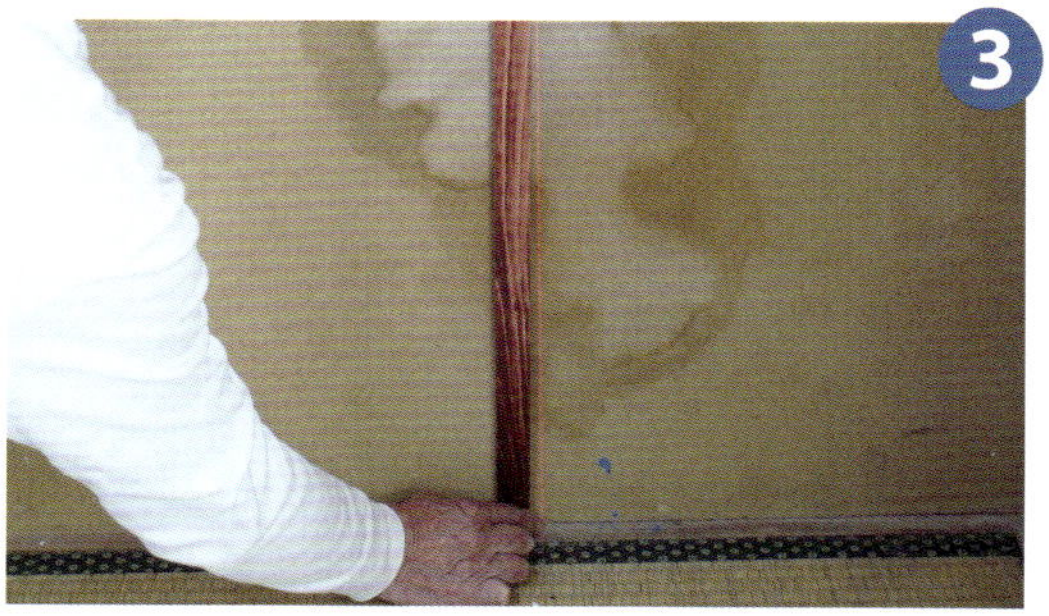
窓枠の端に合わせて枠材を張ります。枠材が歪まないように張るために、レーザー水平器を使って垂直を出します。

おすすめ

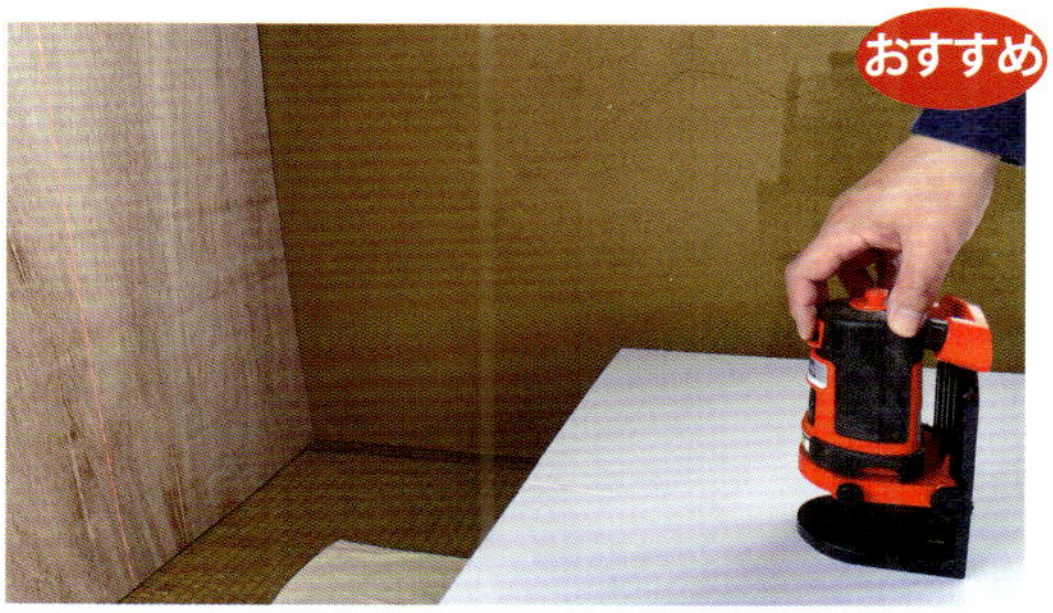
レーザー水平器は、壁や天井に水平・垂直のレーザーのスミ線を照射できます。離れた場所に本体を置いて操作します。

4

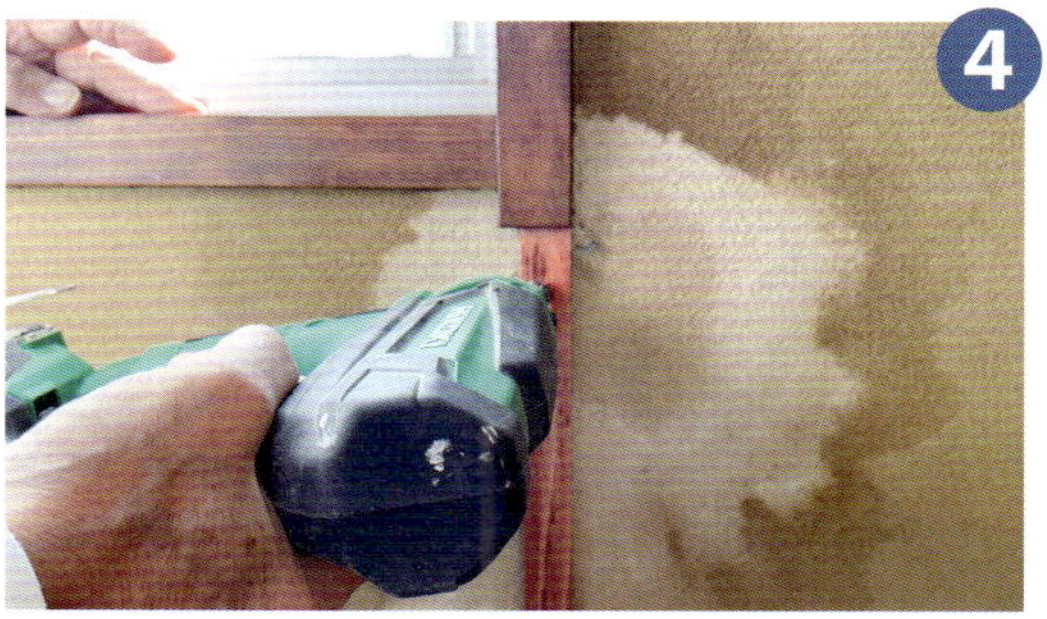
打ち込み跡が見えない仕上がりが特徴のピンタッカーを使って、ピン釘を打ち込んで枠材を固定します。

5

同じような手順の作業で、もう片方の枠材を固定します。

下地材を下部の壁に張る

1

下地材を張る壁のサイズを測ります。

2

廻り縁から床面までの壁のサイズを合板に写し、胴つきノコギリでカットします。

3

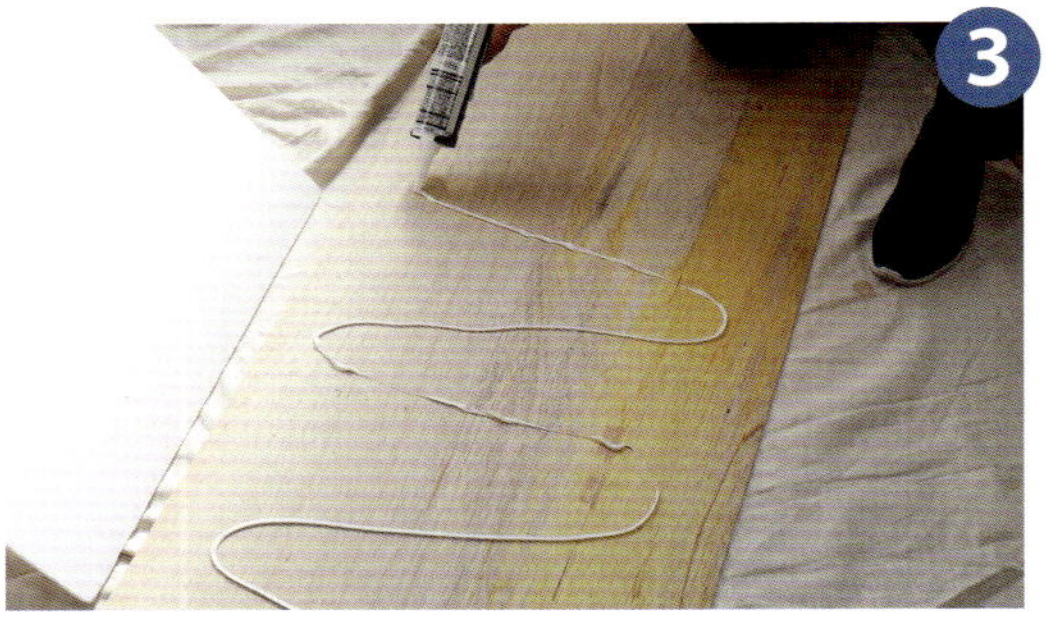

カットした合板の裏面に、シリコーン系接着剤をコーキングガンで押し出してたっぷり塗ります。

4

合板を壁にはめ込んで取りつけます。合板が浮かないように、接着剤が硬化するまでしっかり押さえます。

5

コの字型のホッチキスの針のような形状のものを打ち込めるタッカーを使って、合板を固定します。

6

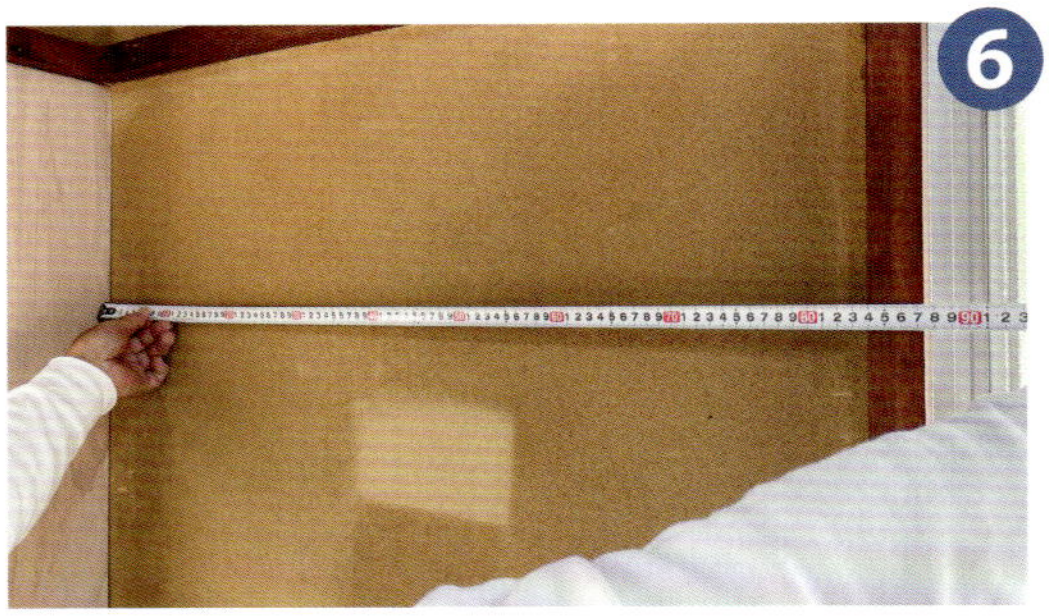

コーナー壁部分の側面のサイズを測ります。片方の合板を取りつけ、残りの壁面を計測するのがポイントです。

7

計測したサイズにカットした合板をはめ込み、タッカーを打ち込みます。

8

下地材の取りつけができました。接着剤が硬化するまでしっかり押さえないと、後日板が浮き上がるので注意してください。

下部の下地材を装飾加工する

1

L字の下地材の継ぎ目を隠すため、裏面に接着剤を塗った木枠を下地材の上からピン釘を打ち込んで取りつけます。

2

装飾の木枠を取りつける位置を決め、マスキングテープで印をつけます。等間隔に配置すると見映えがきれいです。

3

廻り縁と板張りの床面に印をつけた後、木枠を定規代わりにして線を引きます。

4

裏面に接着剤を塗った木枠を線に沿って下地材に取りつけ、ピン釘を打ち込んで固定します。

5

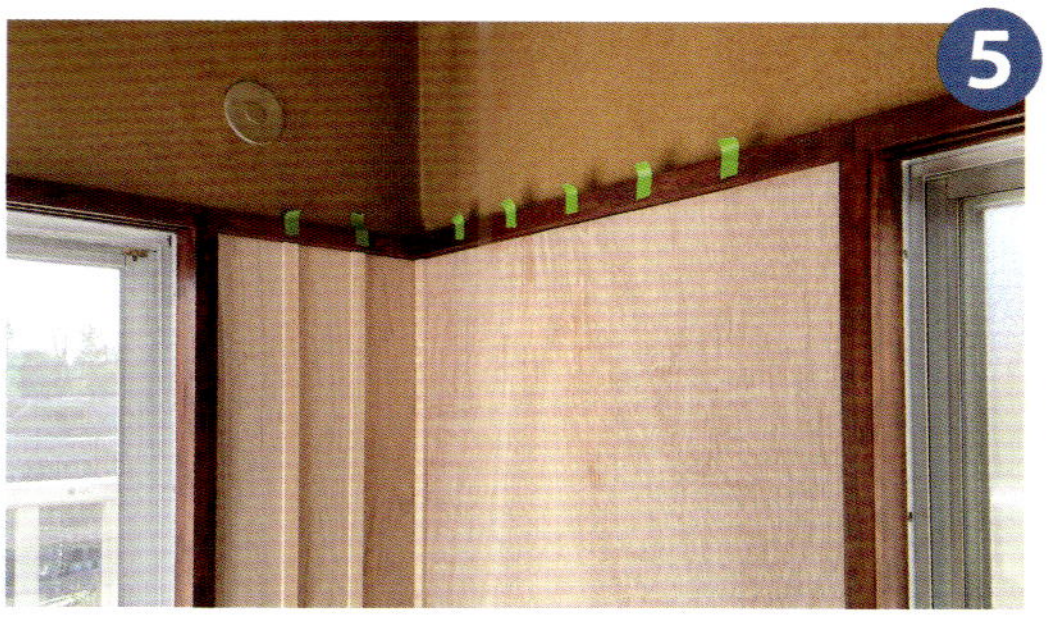

もう片面も同じ幅の寸法を測り、マスキングテープを貼って印をつけます。

6

木枠の間隔と同等の当て木を使い、木枠を垂直に取りつけてピン釘を打ち込んで固定します。

7

繰り返して木枠を取りつけていきます。下地をとめたタッカーの針が見えないように木枠を配置しましょう。

8

すべての木枠を取りつけたら廻り縁などにマスキングテープを貼り、木工用パテを塗って下地のすき間を埋めていきます。

下地材を上部の壁に張る

1 下部に取りつけた板張り壁の枠材と同じ作業手順で、上部にもピンタッカーを使って枠材2本を取りつけます。

2 裏面に接着剤を塗った合板をはめ込んでしっかりと密着させ、タッカーを使って固定していきます。

3 もう片方の上部の壁のサイズを測り、胴つきノコギリで合板をカットしました。

4 接着剤を塗った合板をしっかり密着させてタッカーで固定すれば、上部の下地材の張りつけは完了です。

ヒント

エアコンの壁穴を避けた板張りの方法

エアコンのダクトの穴は、ほとんどがスリーブ・キャップというアイテムで塞いでいます。板張りをする壁にこの穴がある場合の合板を張る方法を紹介します。

1 壁穴の内径を測ってコンパスで合板に円を描きます。一般的には約70mmです。

2 壁穴に被ってしまう装飾用の木枠を置いて、もう一度円を描きます。

3 ドリルビットを使って、円の内側に穴をあけます。

4 ジグソーで線に沿ってカットします。カットした後はサンダーで磨きます。

5 装飾用の木枠も同じように、ジグソーで線に沿ってカットします。

上部の下地材を装飾加工する

1

下地材の継ぎ目を隠すため、ピンタッカーを使って木枠を継ぎ目の上に取りつけます。下地材が浮かない効果もあります。

ポイント

下の木枠と取りつける位置をそろえるようにします。ずれているときは金づちで叩いて微調整します。

2

下部で取りつけた作業手順で木枠を下地材に密着させ、ピン釘を打ち込んで木枠を固定していきます。

3

エアコンのスリーブ・キャップと被る木枠を円に合わせてセットし、ピン釘を打ち込みます。

全体を塗装して仕上げる

1

パテが乾燥したらサンドペーパーなどで表面を磨き、平らにしていきます。その後、マスキングテープをはがします。

2

ハケを使って木枠の縁を中心に水性塗料を塗っていきます。使用した塗料はミルクペイントのピスタチオグリーン。

3

平らな面はローラーバケを使って塗っていきます。木枠の間隔に合うローラーを使うと、塗りやすくなります。

4

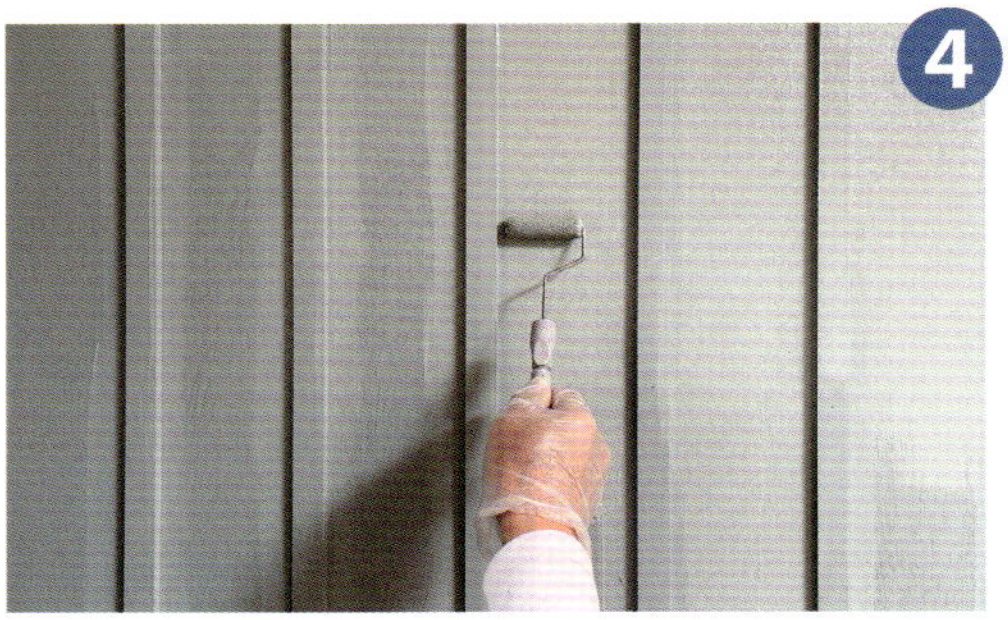

一度塗りの乾燥後、ハケで木枠の縁を塗ってローラーバケで平らな面を二度塗りすれば板張り壁の完成です。

難易度 ★★★☆☆

天井をリフォームする

こちらが元の天井。白い天井が劣化ですっかり黄ばんでいます。

天井のリフォームで心地のよい空間を演出

天井は壁と同様に部屋の中でも占める面積が広く、照明の反射によって部屋全体のカラーにも影響を与えるため、リフォームはとても効果的です。

天井の色を変えるのは塗装ならそれほど難しくはありません。天井のリフォームと合わせて天井用照明も交換すれば、より居心地のよい空間を演出することも可能でしょう。

しかし、天井は高いため手が届きにくく、作業に脚立など足場なども必要ですし、クロスの貼りなどの場合は2人以上の作業者が必要です。リフォームの種類によっては作業には十分な準備と注意が必要です。

なんといっても手軽なのはクロスの塗り替えでしょう。もちろんクロスの貼り替えも手間や技術が必要ですが可能です。さらに天井用パネルを使えば、貼り替えも簡単です。ではDIYでできる天井のリフォームには、具体的にどのようなものがあるのか、おすすめのリフォームタイプ別の特徴や、必要な材料などについて紹介します。

また、DIY初心者におすすめの、水性塗料を使用した天井の塗り替え手順についても詳しく紹介します。

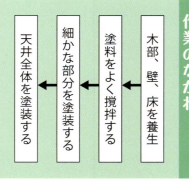

材料

■水性多用途塗料

道具

■すじかいバケ
■ローラーバケ
■ローラーバケット
■筆　■ヘラ
■ローラー継ぎ柄
■壁紙用補修のり
■脚立

作業のながれ

木部、壁、床を養生 → 塗料をよく撹拌する → 細かな部分を塗装する → 天井全体を塗装する

天井リフォームの種類

天井の塗装

天井リフォームの方法として手軽かつ効果的なのがクロスの塗り替えです。塗料ならカラーも豊富なため、塗るだけで簡単にイメージチェンジを図れます。

天井用クロスはビニール製が主流なので、ビニール壁紙対応の塗料を使えば、塗装可能です。ただ、クロスに撥水機能や防汚機能のある場合は塗料がのりにくく、3～4回の重ね塗りが必要なこともあります。

注意点としては広い天井を手作業で塗るには時間も手間もかかること。また、臭いなどが気になることもあります。さらに、塗料によっては下地が透けやすいもの、クロスの上に塗れないものもあるので事前に目立たない場所で試し塗りをしておくといいでしょう。

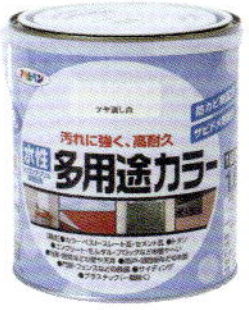

水性多用途塗料
（水性シリコンアクリルエマルジョン塗料）
シリコン配合の水性アクリル塗料。
カビ止め剤配合で対候性も高い

屋内用水性塗料
（水性アクリルエマルジョン塗料）
ビニール製クロスの上から塗ることのできる水性塗料。
水で薄めることが可能。

建築基準法対応品とは
塗料や壁紙など内装用建築資材は、改正建築基準法で、シックハウス症候群の要因とされるホルムアルデヒト放散等級を表す「F ☆マーク」の表示が義務付けられています。☆は 4 段階で「F ☆☆☆☆」がもっとも放散レベルが低く、屋内での使用制限がありません。屋内で使用する資材には「F ☆☆☆☆」マークのついたものを使用することをおすすめします。

クロス貼り替え

天井のクロス（壁紙）の貼り替えは失敗してもやり直しができるうえ、天井は目が届きにくく、多少粗があっても目立ちにくいためさほど難しくはありません。

リフォームの際、既存の壁紙をはがす必要がありますが、古い壁紙の上から重ね貼りできるクロスなどもあります。カラーバリエーションも豊富で、柄のあるクロスなどもあるので、手軽に好みの天井に仕上げることも可能です。

ただし、慣れていないとクロスと天井の間に空気が入ってしまうことや、壁紙がよれてしまうこともあります。また、貼る人と押さえる人の2人以上の作業者が必要です。さらに、生のりつきのクロスは重く、脚立の上での作業も必須と体力的な負担も小さくありません。その点は注意が必要です。

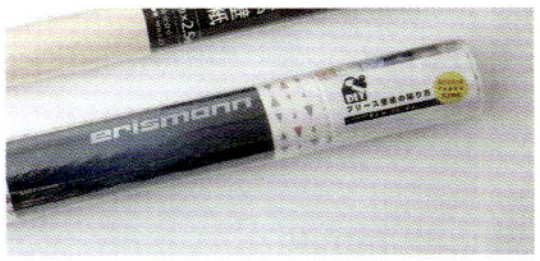

生のりなしビニールクロス
自分でのりを塗るクロス。塗りながら少しずつ作業が進められ粘着力を高めるため多めにのりを塗ることも可能。

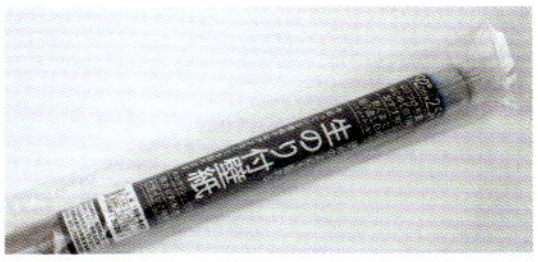

生のりつきビニールクロス
塩化ビニール（PVC）などを素材としたクロスで、生のりがついており簡単に貼れる。価格も安くお手入れも簡単。

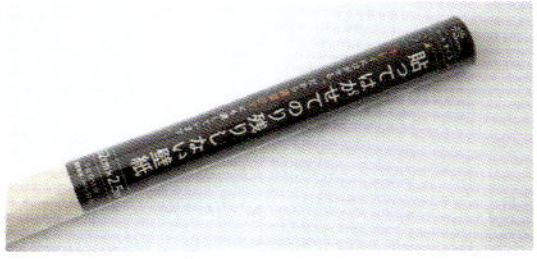

粘着タイプクロス
シールタイプのクロスで、裏紙をはがしても接着剤がすぐに乾燥しない。貼り直しも可能。

紙クロス
紙を素材としたクロス。通気性や吸湿性があり、輸入品には鮮やかな色や柄などのものも豊富。

天井用パネル壁紙

クロスを貼り替えるよりもさらに簡単なのが、元のクロスをはがさずに、その上からタイル状のビニールクロスを貼るという方法です。ビニールクロスほどの商品選択肢はありませんが、元のクロスの汚れを落としたら、壁紙パネルの裏紙をはがし、あとはキレイに並べて天井に貼っていくだけです。

升目状やレンガを積み上げるように並べていくなど、並べ方もある程度アレンジすることも可能です。素材はビニールクロスと同じなので、お手入れも簡単です。

天井にも壁にも貼れる、肩幅サイズのカベ紙。30cm 幅と 46cm 幅があり、特殊粘着剤つきで壁紙の上から直接貼ることができる。

天井用パネル壁紙
粘着タイプで壁紙の上から直接貼れるパネルタイプの天井用壁紙。粘着タイプなので貼り継ぎも簡単。ビニールクロスのほか、紙壁紙やベニヤ板にも貼ることが可能。

養生《ようじょう》する

1

天井のクロスの汚れ具合や状態を確認します。一部がはがれてめくれているところは補修します。

2

クロスの補修には壁紙用補修のりと、ウエス、筆、ローラーを使用します。

3

はがれたクロスを少しめくって裏にのりを塗り、ローラーでしっかり密着。のりがはみ出したらウエスで拭きとります。

4

次に塗装の準備としてマスキングテープやマスカーで木部や窓枠などを養生します。

5

マスキングテープで木部を覆ったら天井と木部のきわはヘラを使ってマスキングテープを密着させます。

6

天井にある照明用の電源コンセントも塗料で汚れないようマスキングテープで養生します。

7

木部に貼ったマスキングテープの上からマスカーのテープを貼り、壁全体を養生します。

8

マスカーの長さが足りない場合は、伸ばしたマスカーにさらにマスカーを貼って室内全体を覆います。

塗料を塗り仕上げる

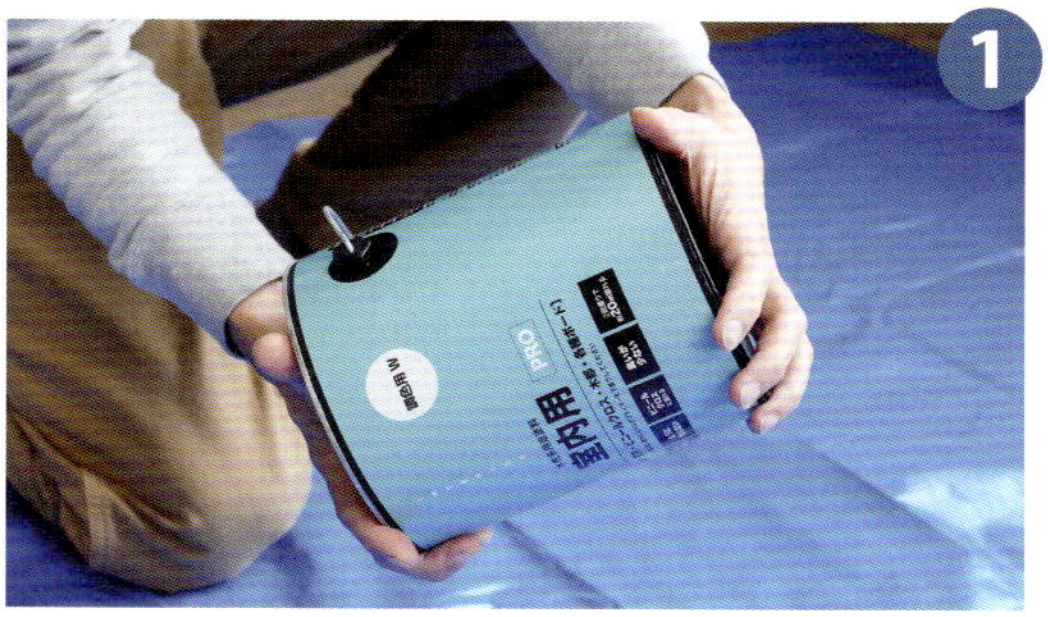

1 屋内用の水性多用途塗料を使用します。使う前に缶をよく撹拌して塗料を均一に混ぜます。

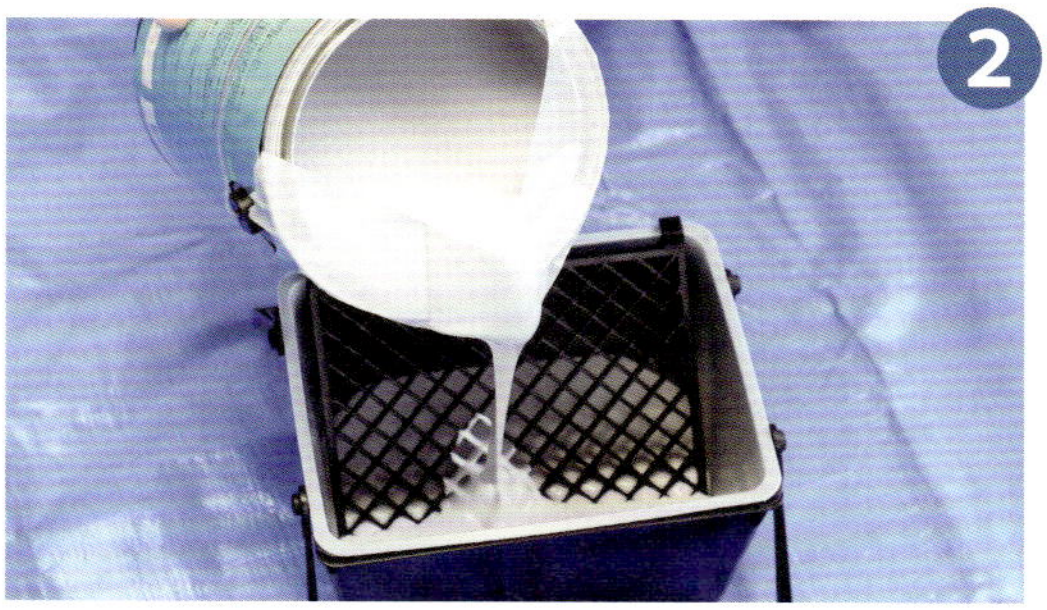

2 作業しやすいように塗料を塗料缶からローラーバケットに注ぎます。

3 天井のきわなど、ローラーでは塗りにくい細部から先にすじかいバケを使って塗っていきます。

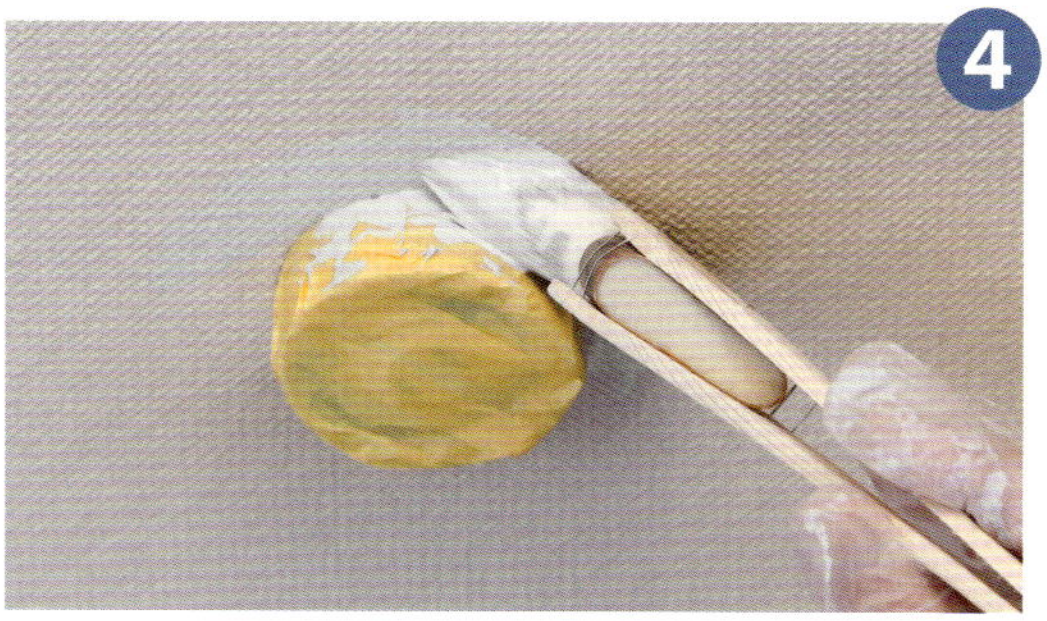

4 天井照明用の電源回りも、塗り残しのないようにすじかいバケで塗っていきます。

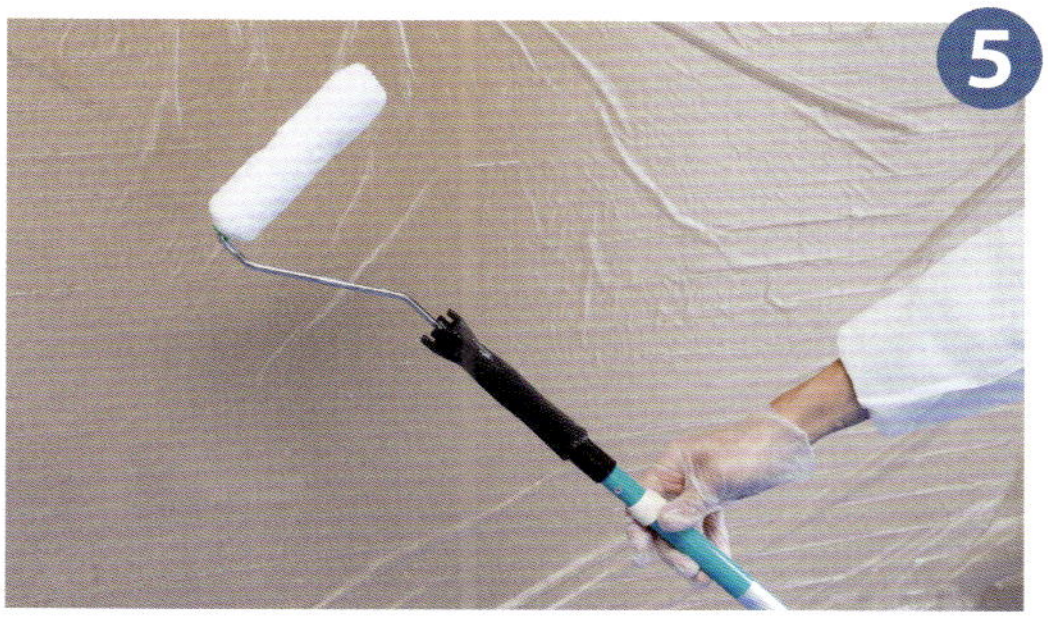

5 広い面を塗るにはローラーが便利です。ローラーのハンドルに継ぎ柄をつなげば、高い天井にもローラーが届きます。

6 ローラーに塗料を染み込ませ、バケットのネットで余分な塗料を落としたらローラーを往復させて塗料を伸ばしていきます。

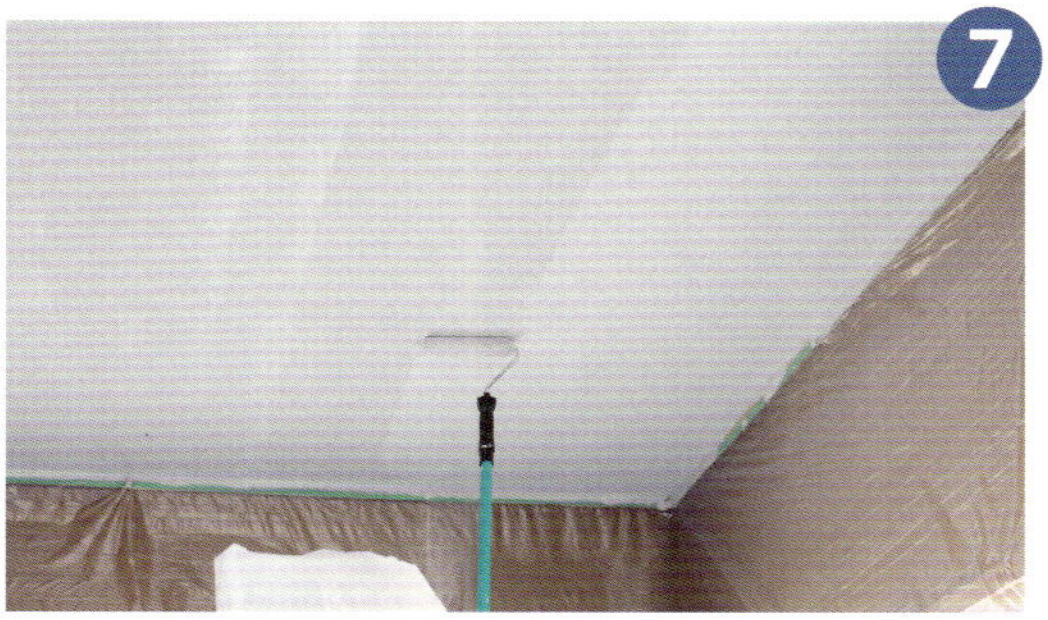

7 塗り終わったら一旦乾かし、乾燥後2度塗りを行います。そうすることで下地の色透けを防ぎ、きれいに発色します。

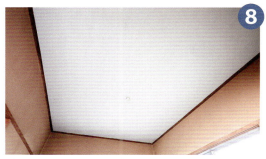

8 2度目の塗装を終え、塗料が乾燥したら、養生に使用したマスキングテープとマスカーをはがして完成です。

難易度 ★★☆☆☆

室内木《もく》部《ぶ》を塗装する

Before

木部の表面が白っぽく色あせ、木の繊維は荒く手触りもガサガサ。再塗装による保護が必要な状態といえます。

木目を生かす浸透タイプと保護効果の高い造膜タイプ

木材は軽くて丈夫なうえ、加工もしやすく断熱効果や調湿効果も期待できます。そのため、住宅用の建材として優れており、マンションの室内でもさまざまな場所で使用されています。

例えば巾木や廻り縁、窓枠にドア枠、敷居や鴨居など、ちょっと部屋を見渡せば、あらゆるところに木材が使用されているのが見つかるはずです。

木部は、木目を生かし表面が露出した状態で使用されていることが多いのですが、表面が露出しているということは腐食や劣化がしやすいという一面もあります。リフォームの際にはくたびれた木部の仕上げ直しや、塗装などでイメージチェンジをすると、よいアクセントになり効果的でおすすめです。

木部の仕上げ方法には大きく分けるとステインなど木目の質感を残した浸透タイプと、木目の上から塗膜などで覆うペンキやニスなどの造膜タイプによる仕上げがあります。どちらにもメリット・デメリットがあります。次のパートでは、浸透タイプの塗料を使った木部仕上げの手順を紹介します。

材料

■オイルフィニッシュ

道具

■木工用パテ
■サンドペーパー
■研磨パッド
■ハケ　■ヘラ
■塗料カップ
■クリアファイル
■ペンチ　■筆

作業のながれ

傷んだ木部を補修 → 汚れた表面を研磨 → マスキングテープで養生 → 木部に塗料を塗る → 乾拭きして仕上げる

屋内の木部とは

木部とはその名の通り建物の中で、木材でできている部分を指します。屋内では主に巾木や廻り縁、窓枠にドア枠、敷居や鴨居、戸袋、柱などがそれにあたります。屋内では雨で濡れるということはありませんが、湿気や乾燥によって木材が収縮と膨張を繰り返すため、経年によって劣化が起こります。

特に表面を保護されていない木部は、傷みやすいので定期的な塗り直しの補修や塗り替えなどのメンテナンスが必要です。

廻り縁

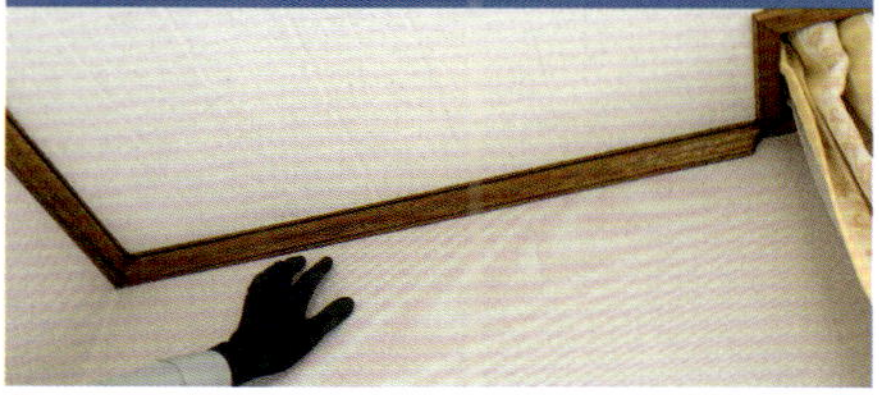

天井と壁の境目に取りつける部材が廻り縁。天井と壁材との境目にできるすき間を隠すためのものです。

巾木

壁と床が接する、壁の下部に取りつける部材。装飾の目的だけでなく汚れや破損を保護する役割もあります。

敷居

ふすまや障子などを建てるための引き戸の下枠。ふすまや障子をスライドさせるための溝が彫られています。

鴨居

ふすまや障子などを建てるための溝のある横木の上部。ふすまや障子をスライドさせるための溝が彫られています。

ドア枠

ドアを取つけるための開口部の枠のこと。

窓枠

窓のサッシ枠を納めるための、部屋内側にある枠のこと。

木部用塗料の種類と選び方

木部の仕上げには、大きく浸透タイプの塗料と造膜タイプの塗料が使われています。木の内部に塗料が浸透して木を保護するのが浸透タイプで、表面に膜を作らないため木目を生かすことができます。一方の造膜タイプの塗料は、表面に塗膜を作って保護します。いわゆるペンキは、塗装の膜で木目を覆い隠すため、木の質感が残りません。しかし、水分などが染み込まないので保護効果として浸透タイプより優れています。

浸透タイプ

塗膜を作らず木材内部に浸透し、保護する機能を持つのが浸透タイプの塗料です。木目を生かした半透明仕上げが可能で、木の手触りや質感がそのまま残ります。耐水性や耐久性は造膜タイプに劣りますが、塗膜のひび割れやめくれなどは起きません。

オイルフィニッシュ
植物油がベースで塗ることで木に染み込み、酸素と反応して木の内部で固まりはっ水効果などを発揮します。

オイルステイン
着色を目的とした塗料で水性と油性があります。塗膜を作らず、ツヤ感や木目の質感が得られるが、保護効果は造膜タイプに劣ります。

造膜タイプ

塗装を行うと、表面に塗膜を作るのが造膜タイプの塗料です。いわゆるペンキやニスがこのタイプ。木材を塗膜で覆うので耐水性があり保護力に優れています。しかし、木の収縮や膨張に耐えられないため、経年でひび割れをおこすことがあります。

ニス
透明の保護膜を作る造膜塗料。アクリル、ウレタン、ラッカーなどの種類があり、透明だけでなく着色剤入りもあります。

水性アクリル塗料
アクリル系の樹脂が使われた水性塗料です。水を溶剤としているため臭いが少なく、扱いが簡単。希釈も水で行えます。

浸透タイプの塗料で木部を塗装する

養生し下地を整える

1

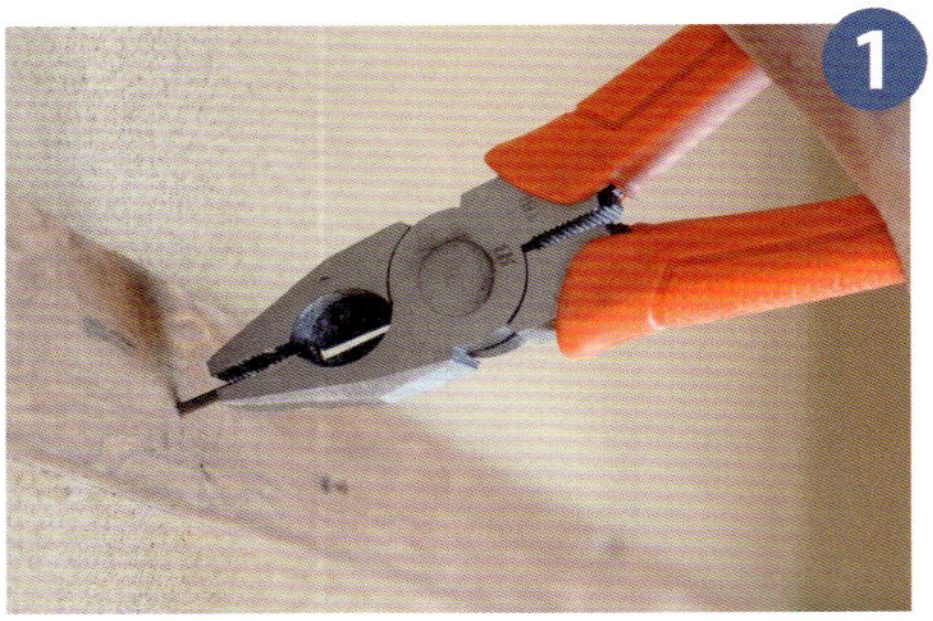

塗装の前にまずは木部の下地を整えます。クギなどが残っている場合はペンチなどで抜いておきましょう。

2

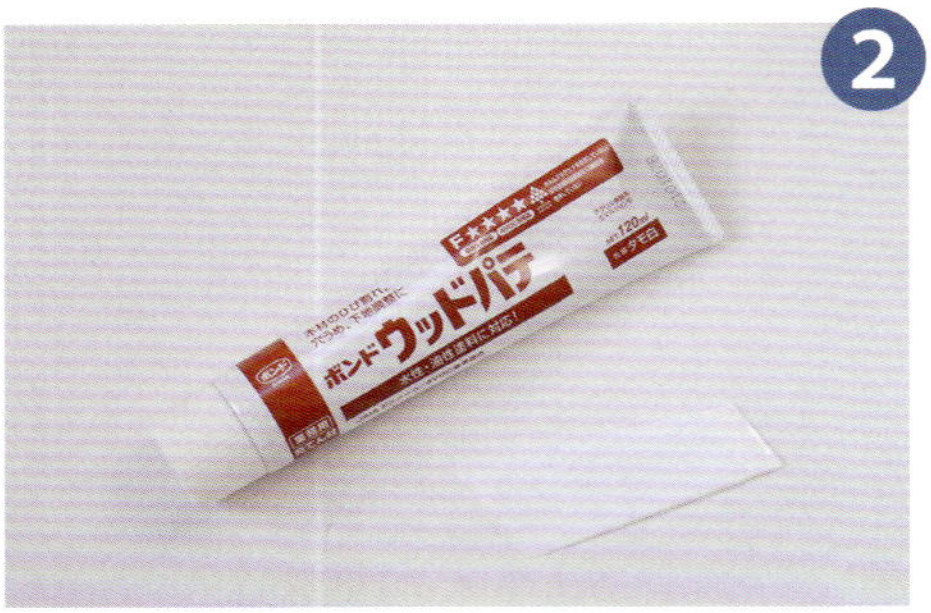

クギを抜いた跡に穴が残っている場合は、木工用パテで穴を埋めておきます。

3

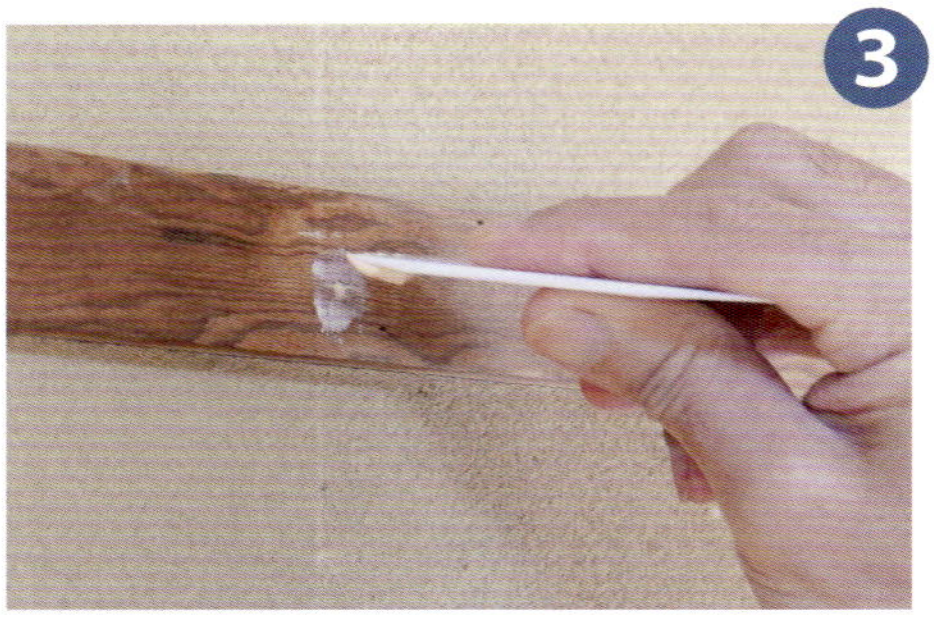

クギ跡に木工用パテを塗って穴を埋めます。

4

パテが乾燥したらサンドペーパーなどで表面を研磨して整えます。

5

240番のサンドペーパーでその他の木部の表面も研磨して汚れを取り除き、ウエスやペーパータオルで研磨くずを拭き取ります。

6

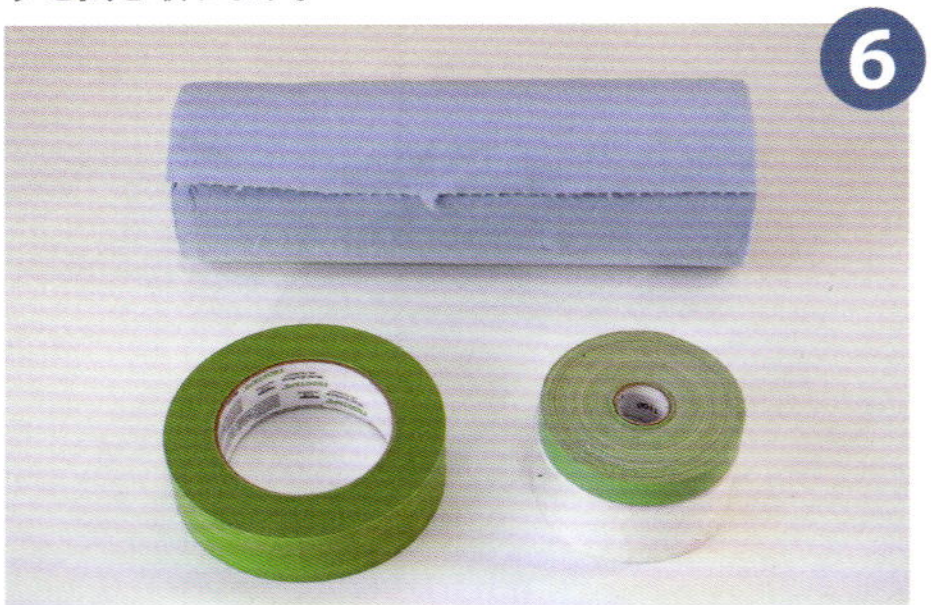

天井などをマスキングテープで保護し、床もマスカーで養生します。

7

天井と廻り縁のきわなどは、ヘラを使ってマスキングテープをしっかり密着させます。

8

窓サッシもマスキングテープで養生します。

塗料を塗り乾《から》拭《ぶ》きで仕上げる

1 オイルフィニッシュで木目の風合いを残しながら落ち着いた色に仕上げます。

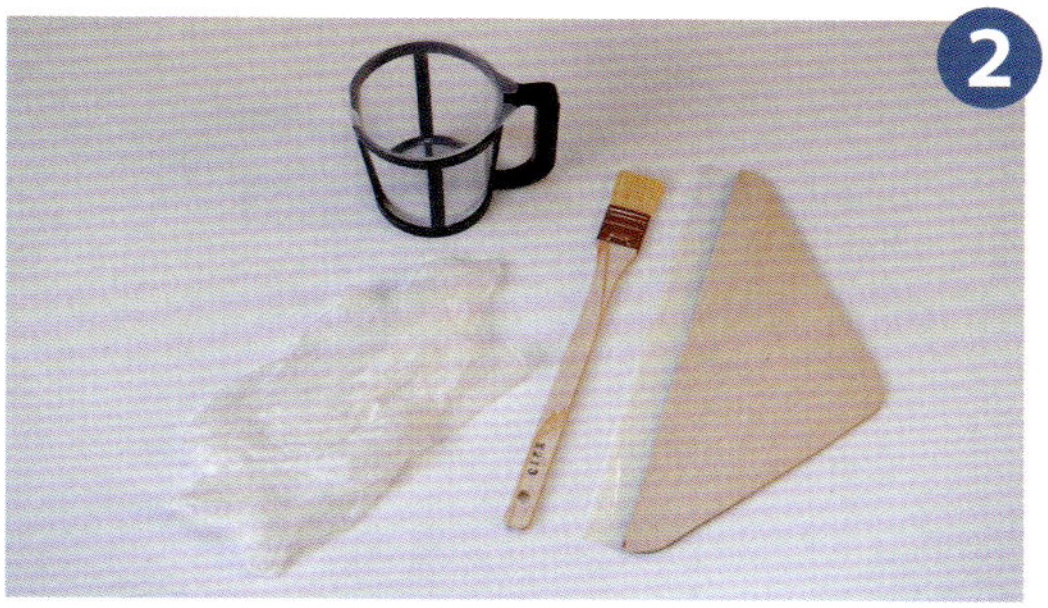

2 手袋と塗料を取るバケツや筆、また、壁とのきわを塗るためのクリアファイルをカットした手製のヘラを用意しました。

3 蓋を開ける前に塗料の缶を両手で持ち、しっかり撹拌して塗料を均一に混ぜます。

4 塗料バケツに適量の塗料を注ぎ、筆で塗ります。塗料をつけすぎないよう木部の表面に薄い膜ができる程度に塗ります。

5 壁と木部のきわは塗料がはみ出しやすいので薄いヘラをあてて塗料がはみ出さないよう慎重に塗ります。

6 オイルフィニッシュは多く塗りすぎると拭き上げがたいへんになるので注意しましょう。

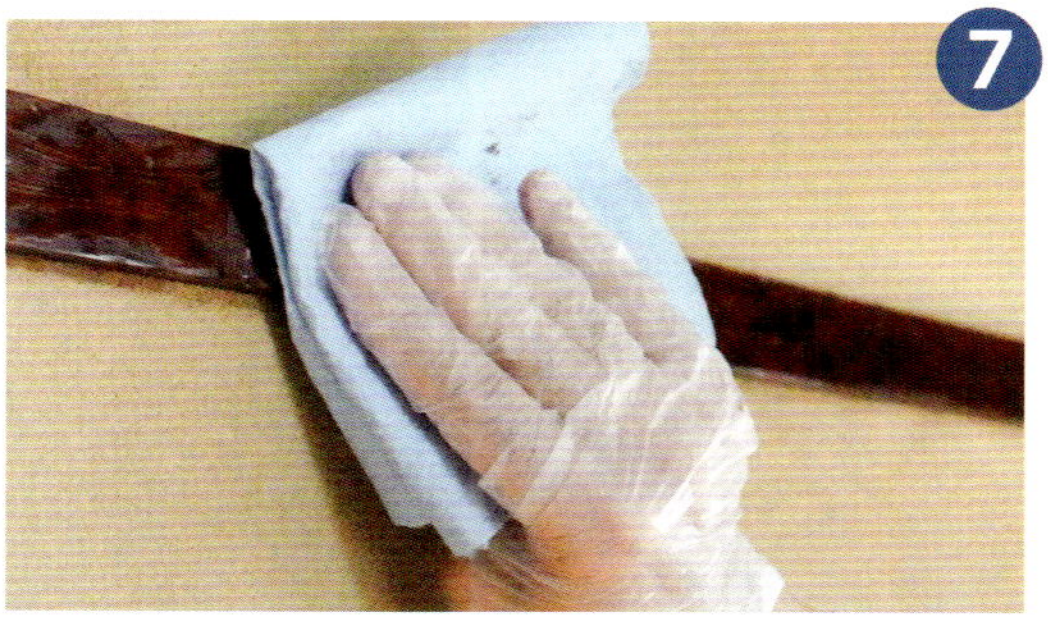

7 15分ほど放置し、残った塗料を拭き取ります。さらに1時間ほど乾燥させ、塗料を拭き取り乾拭きして磨きます。

8 24時間ほど乾燥させたら完成です。より深いツヤが欲しい場合は、乾燥後に2度塗りするといいでしょう。

ふすまのリメイク

洋風へのリメイクで和室の雰囲気を一新

マンションの和室の使い方は家庭によってさまざまです。そのまま客間などとして使う場合もありますが、畳床のままラグやソファーを入れて洋室風に使ったり、フローリングにリフォームして完全に洋室にするパターンも少なくないでしょう。もし和室を洋室風、もしくは洋室として使うのなら、ふすまも雰囲気に合わせてリメイクしたいもの。ふすまは面が広く目に入りやすいので、部屋のイメージチェンジに有効です。

最近は伝統的な和柄のほかに、和モダン柄のふすま紙も増えています。また、ふすま紙の代わりに壁紙を貼ることもできるので、色柄の種類が豊富な壁紙を選択肢に加えれば、より大胆な「和」から「洋」への模様替えやリフォームが可能です。

マンションで使われているふすまは、板ふすまか段ボールふすま、発泡スチロールふすまが多いと思います。貼り替え時には自宅のふすまの種類を確認して、使えるふすま紙を選んだり道具をそろえたりして準備しましょう。

作業のながれ

古いふすま紙をはがす ← のりをつける ← 新しいふすま紙を貼る ← 引き手を取りつける

材料

■ふすま紙
■ふすま用のり（のり貼り）

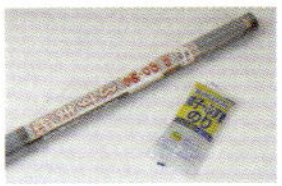

道具

■なでバケ　■カット定規
■ヘラ　■はさみ
■カッター　■押えローラー
■引き手はずし（またはインテリアバール、ペンチ）
■金づち　■クギ打ち　■ペンチ

ふすまの種類と構造

作業の開始前に自宅のふすまを確認する

ふすまには構造の違いによっていくつかの種類があります。ほとんどが洋室で構成されているマンションでは、ふすまは和室と洋室を仕切る役割で使われることがほとんどです。そのため伝統的なふすまが使われることは少なく、裏表で和洋を使い分けるタイプが主流になっています。また、最近は芯材に段ボールや発泡スチロールを採用した、安価なふすまも使われるようになりました。

種類によっては貼り替えに使用できるふすま紙の種類が限定されたり、作業工程が異なったりする場合があります。貼り替えの際には最初にふすまの種類を確かめてから、材料の用意や作業の段取りを考えるようにしましょう。

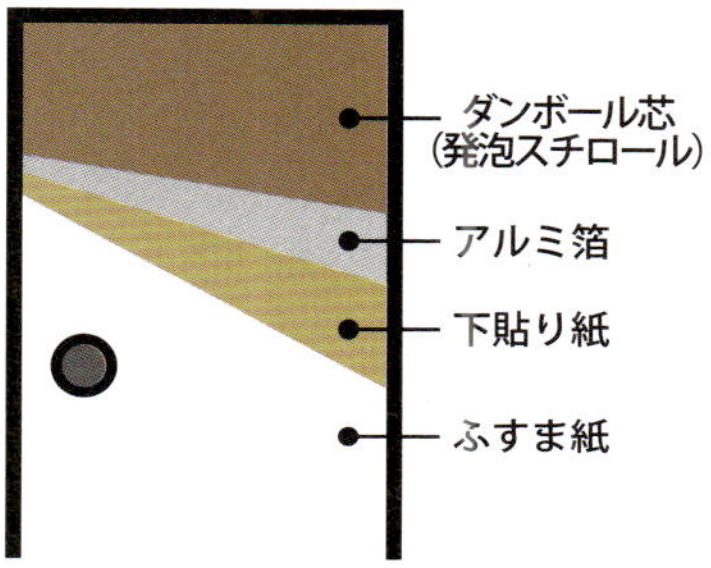

ダンボール芯
(発泡スチロール)
アルミ箔
下貼り紙
ふすま紙

段ボールふすま/発泡スチロールふすま

芯材に段ボールや発泡スチロールを使った安価なふすまで、新しいマンションで使われることが多いタイプです。元のふすま紙をはがすことができず、貼り替えは重ね貼りに限ります。

【見分け方】 とても軽く、叩くとこもった音がします。

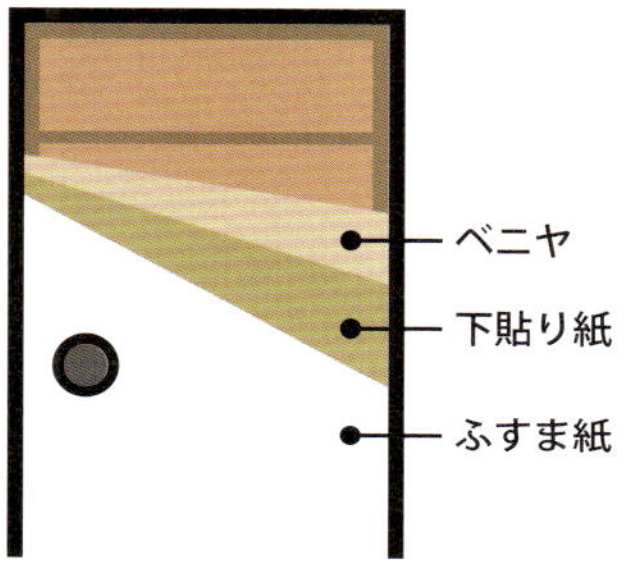

ベニヤ
下貼り紙
ふすま紙

板ふすま

組子の上に紙ではなくベニヤ板を張った構造です。片面にふすま紙、片面に壁紙や板を貼って、和室と洋室を仕切る戸として使われることが多いタイプです。

【見分け方】 しっかりとした重さがあり、叩くと板の音がします。

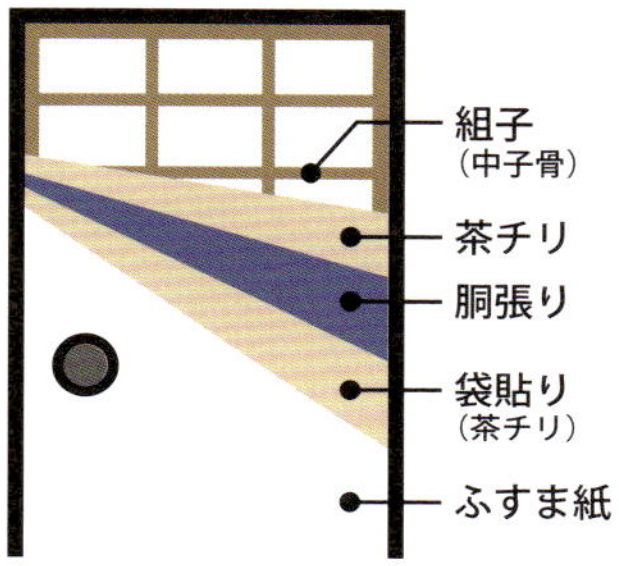

組子
(中子骨)
茶チリ
胴張り
袋貼り
(茶チリ)
ふすま紙

本ふすま

「組子ふすま」とも呼ばれる伝統的なタイプ。クギを使わずに木材を組んだ組子の両側に、何重にも紙を貼って仕上げてあります。

【見分け方】 表面を触ると、障子の桟と同じような骨組みの感触があります。

貼り方で選ぶふすま紙の種類

ふすま紙はのりをつけて貼るタイプのほかに、DIY向けの手軽な貼り方のものが選べます。貼り方によってはふすまの構造と適合しないことがあるので、購入時には必ず確認しましょう。

再湿のりつき

裏面に水で戻るのりがついています。スポンジで水をつけるとのり貼りと同じように貼ることができます。水に弱い段ボールふすまには使えません。

のりなし

のりを水で溶いて塗る手間はかかりますが、乾くまで貼り直しができます。水に弱い段ボールふすまと発泡スチロールふすまには使えません。

シールタイプ

裏面がシール状になっていて初心者が扱いやすいタイプです。ただし、基本的に貼り直しができないので、位置決めや貼りつけを慎重に行う必要があります。

アイロン貼り

裏面に熱で溶ける接着剤がついていて、アイロンを当てて押さえるだけで簡単に接着できます。熱に弱い発泡スチロールふすまには使用できません。

板ふすまを貼り替える

古いふすま紙をはがす

1

引き手はずしやインテリアバールの扁平な部分をクギの近くに差し込んで、引き手を少し持ち上げます。

2

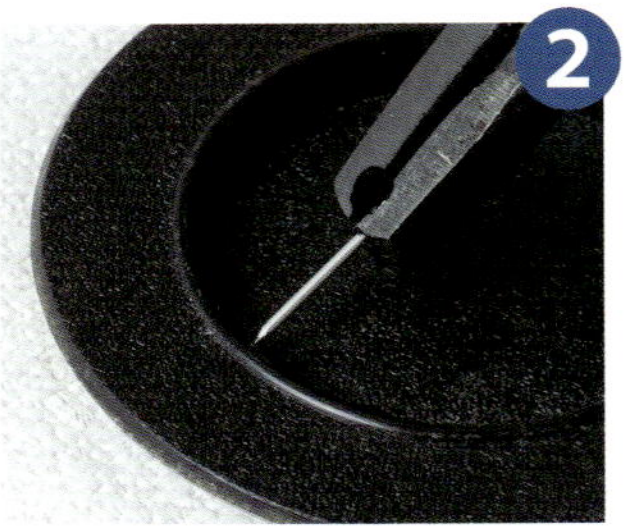

ゆるんで飛び出したクギの頭を、ペンチでつかんで引き抜きましょう。クギは引き手の上下に打ってあります。

3

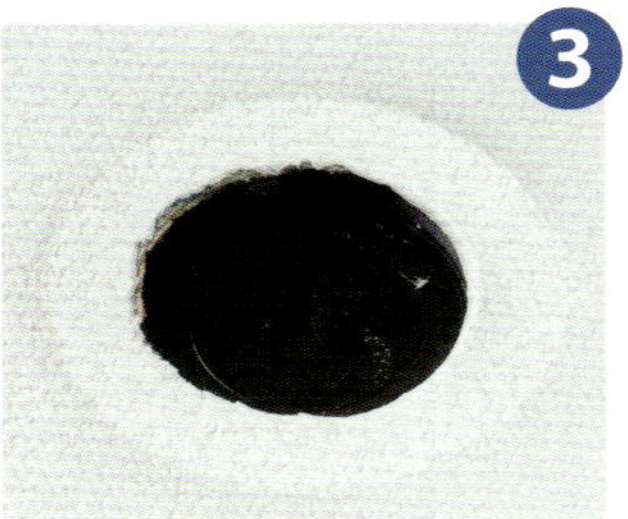

引き手をふすまから取り外します。ここでは枠をつけたまま作業しますが、本ふすまなどは枠を外すことも可能です。

4

古いふすま紙をはがします。枠を外さない場合は、カッターで切り込みを入れてはがしましょう。

5

ふすま紙、下貼りの茶チリをできるだけきれいにはがしましょう。水で湿らせると、はがしやすくなります。

ポイント

重ね貼りも OK

ふすま紙の厚みが枠を越えなければ、古いふすま紙の上に重ね貼りができます。ただし、ふすま紙が破れていると表面に段差が出るので、その場合ははがして貼り替えるほうがよいでしょう。

ふすまにのりを塗る

1

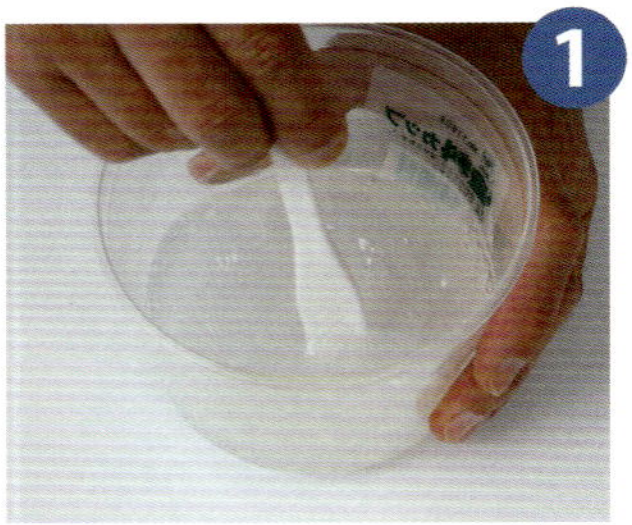

分量の水でのりをよく薄めます。一度に水を入れるとダマができやすいので、少しずつ水を足して溶きましょう。

2

ふすま紙を貼る際にのりで汚さないように、マスキングテープを貼ってふすまの枠を養生します。

3

ふすまの全面に薄いのりを塗ります。のりが少ないと貼るときに空気を抜きにくいので、たっぷりと塗っておきましょう。

4

はがれやすい縁の部分には、接着を強めるために全面に塗るのとは別に濃いのりを作って塗ります。

ポイント

2種類の濃度ののりを使い分ける

全面に塗る薄いのりと縁に塗る濃いのりの2種類を用意します。薄いのりは「のり4：水1」の割合で溶き、しゃばしゃばの液状に作ります。一方の濃いのりは「のり1：水1」の同量で溶いて、塗ったときにハケの筋が見える程度の濃度に作っておきましょう。

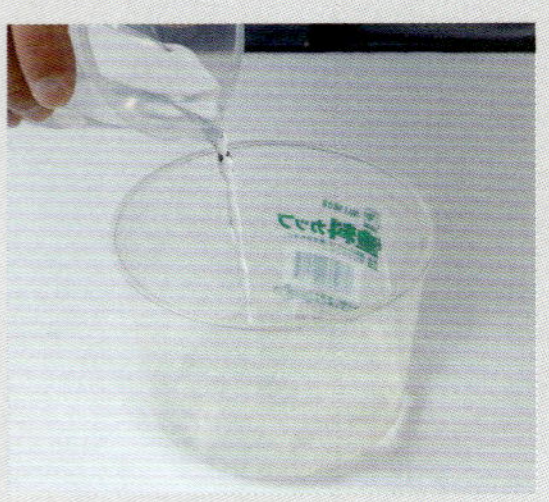

新しいふすま紙を貼る

1

周囲が均等に余るようにふすま紙をふすまにのせます。柄入りのふすま紙は上下の間違えや傾きにに注意してください。

2

なでバケを使って外側へ空気を追い出しながら貼ります。大きなシワができたところは部分的に貼り直してください。

3

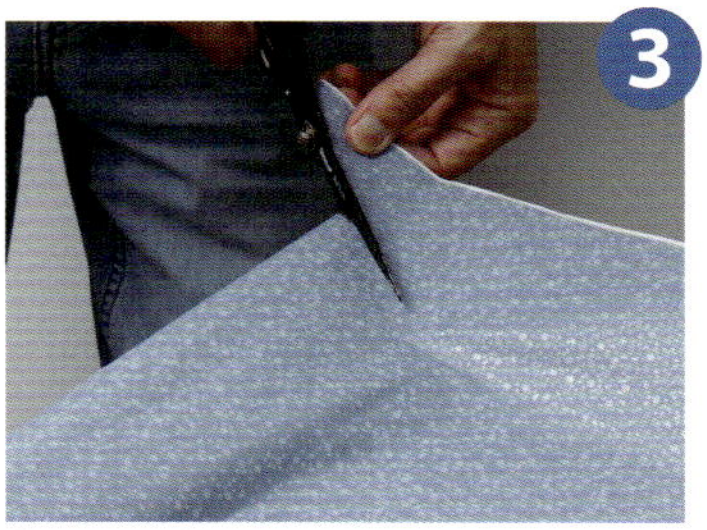

全面を圧着できたら、ハサミを使って角に枠の内側まで切り込みを入れます。

4

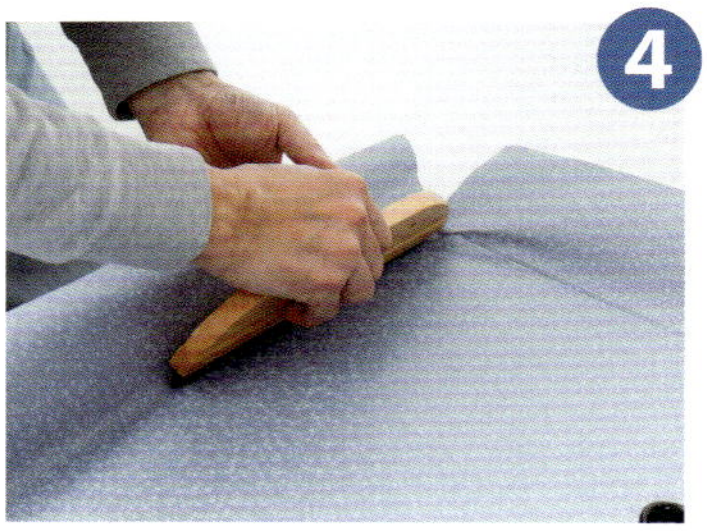

枠とのきわを入念に押さえて角をつけます。ヘラを使う場合は、ふすま紙を破かないように力加減に注意しましょう。

5

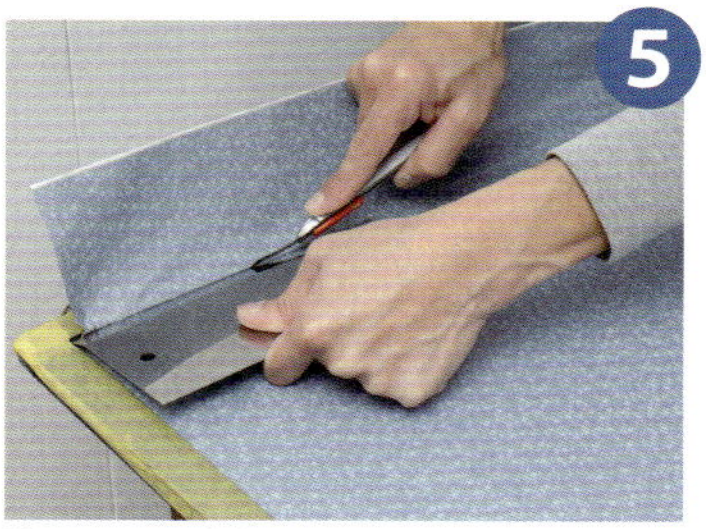

枠にカット定規をあててふすま紙をカットします。下地を切らないように、刃は枠の方に向けて寝かせて使うこと。

6

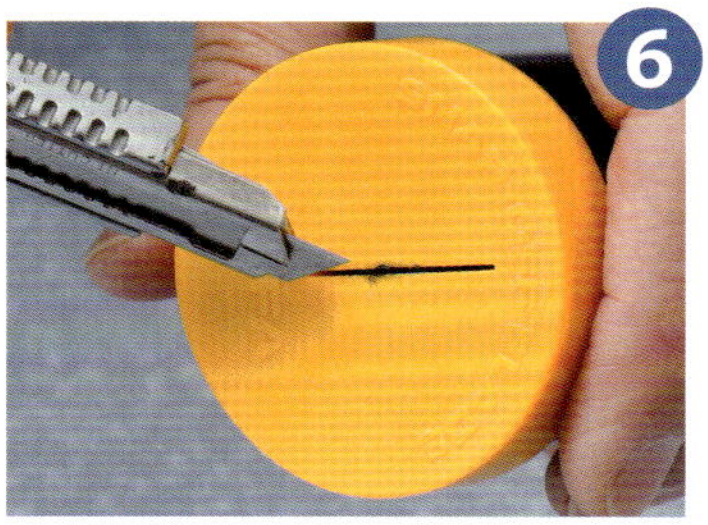

のりが付着すると切れが悪くなるので、カッターは小まめに刃を折って使うのがコツです。

7

最後に周囲をしっかり押さえて圧着します。タオルを使う場合は、擦らずに押さえるようにしましょう。

8

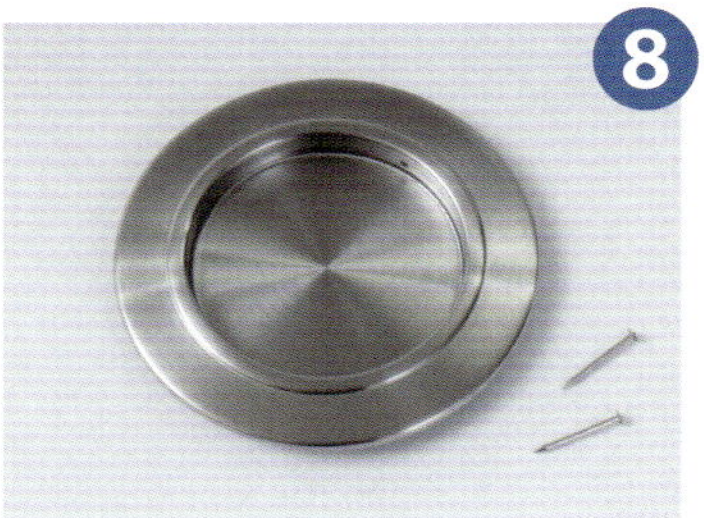

引き手は従来のものを戻してもよいですが、新しい壁紙に合うデザインのものに交換するのもおすすめです。

9

ふすま紙を手で触って引き手の取りつけ穴を探し、カッターで十字に切り込みを入れます。

10

カットした部分の紙は中に押し込んでおきます。

11

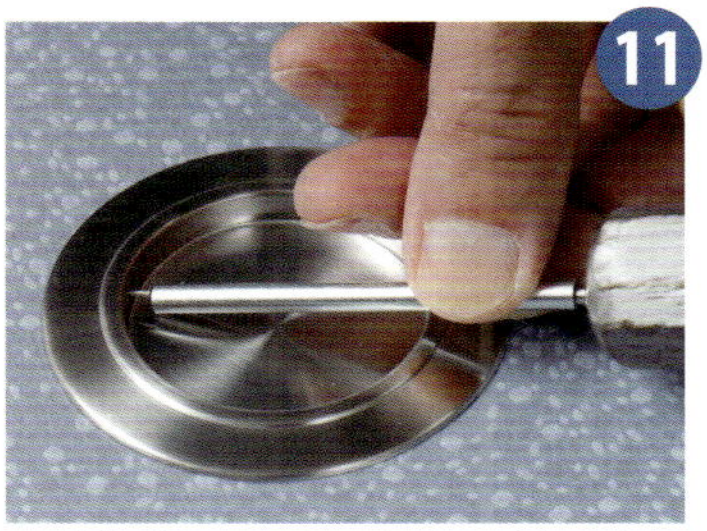

クギ穴が上下にくる向きで引き手をはめ、差し込んだクギにクギ打ちを被せて金づちで打ち込みます。

ポイント

のりで濡れている状態では紙が伸びてシワが残ってしまいますが、心配することはありません。乾燥すると、ふすま紙が縮んでパリッと張ります。

押し入れのリフォーム

オープンタイプならリフォームも簡単

和室から洋室へ部屋をリフォームした際、押し入れも合わせて洋風に変えたほうが、見た目にもマッチしますし、使い勝手も向上します。

押し入れは広くて収納力に優れていますが、洋室での生活スタイルなら布団などを収納する必要はありませんし、コートなどの収納にも向いていません。また、ふすまも洋室にはあまり似合いませんね。

やはり洋風の部屋に合うのはクローゼットでしょう。扉つきではなくオープンタイプのクローゼットなら、ふすまと中段を取り外し、壁紙を貼ってハンガーパイプを取りつけるだけでイメージは大きく変わり使い勝手も向上します。

そんな、押し入れのクローゼット化の方法を、次のパートで詳しく解説していますので、ぜひ挑戦してみてください。

作業のながれ

中段を取り外す → 仕切り板を取りつける → 仕切り板を仕上げる → 床を補強する

押し入れとクローゼットの違い

部屋の収納スペースという意味では押し入れとクローゼットに違いはありません。しかし、厳密には用途が違います。

押入れは主に布団や日用品、家財道具などをしまう場所で、クローゼットは洋服や靴などの衣類をしまう収納スペースです。

大きさも異なります。押し入れは布団が収納できるよう奥行きがある上部と下部に分かれた横型スペースです。一方クローゼットは主に洋服を収納するので奥行きは浅く、洋服がかけられるよう多くは縦長のスペースとなっています。

クローゼット

押し入れ

押し入れは奥行きがあり布団など大きな物も収納できます。クローゼットはハンガーパイプがあり洋服などを吊るして収納が可能です。

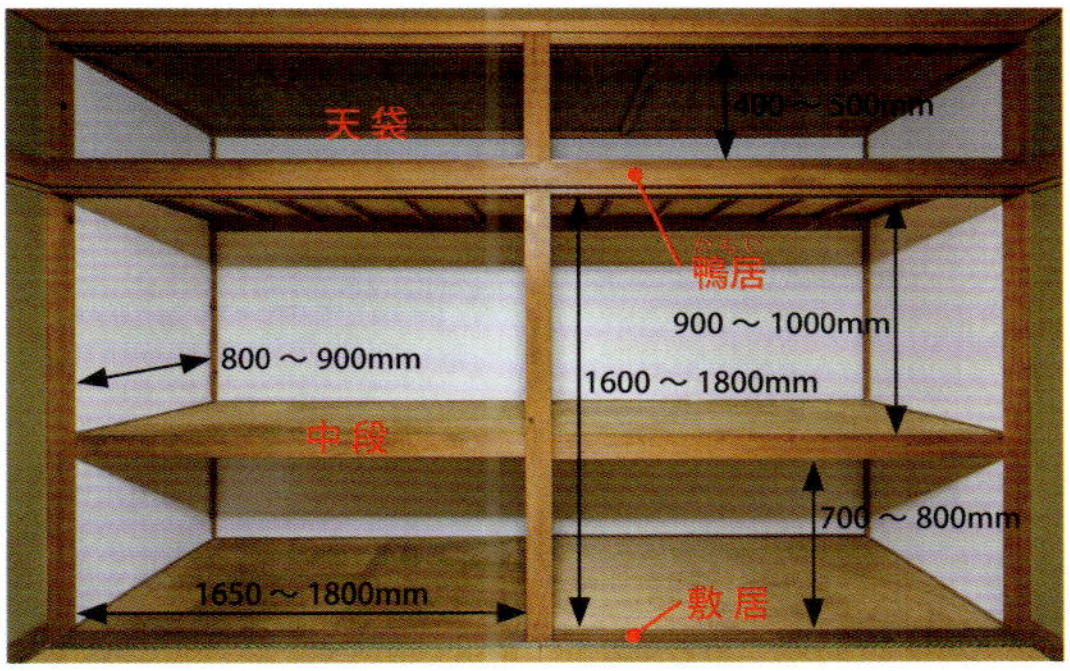
天袋
480～500mm
鴨居
900～1000mm
800～900mm
1600～1800mm
中段
700～800mm
1650～1800mm
敷居

一般的な押入れのサイズ

こちらが一般的な押入れの寸法です。中段で仕切られ上部には天袋があります。クローゼット化には中段をなくすのがポイントです。

オープンタイプと扉つきタイプ

押し入れのクローゼット化では、扉をどうするのかが大きなポイントです。開き戸や折り戸などを取りつけると高級感が増し、フルオープンも可能で使い勝手が増しますが、ＤＩＹで敷居部分に新たに扉を設置するのは簡単ではありません。

おすすめなのは扉のないオープンタイプです。収納した物の出し入れをしやすく、奥行きのある押入れスペースでも風通しがよくなりカビなどの発生も防げるのがメリットです。

収納ボックスなどを併用するのもいいでしょう。ただし、押入れの床は、薄いベニヤ板のみのものが多く、床が荷物の重さに耐えられないこともあります。クローゼット化に合わせて床の補強も行うのがベストでしょう。

ハンガーパイプを取りつけたオープンタイプのクローゼット。内壁を好みの色でペイントしたり、壁紙を貼ったりするとオシャレなインテリアを演出できます。

ふすまの代わりに木製の引き戸を取りつけて洋風のクローゼットに仕立てたもの。

難易度 ★★★★☆

押し入れをクローゼット風に改造

目的に合わせた空間にリメイク

布団の収納を目的としてた押し入れは、奥行きが深くて広々したペースなのに、それが逆効果で収納したものを取り出しづらいなど、使い勝手が悪いと感じる人も多いのではないでしょうか。しかも、中段が邪魔して何を収納していいか分からず、物置状態になりがちです。

そんな悩みを解消してくれるのが、ＤＩＹでクローゼット風に改造するリメイク術です。ポイントは思いきって中段を取り外すこと。収納アイテムも利用できて、スペースを有効活用できます。一般的な押し入れの広さは、間口と高さが１８０㎝、奥行きが90㎝です。アイディア次第でこの空間を、目的に合わせて自由に改造することができます。初心者でも取り掛かりやすいＤＩＹの一つなので、チャレンジしてみてください。

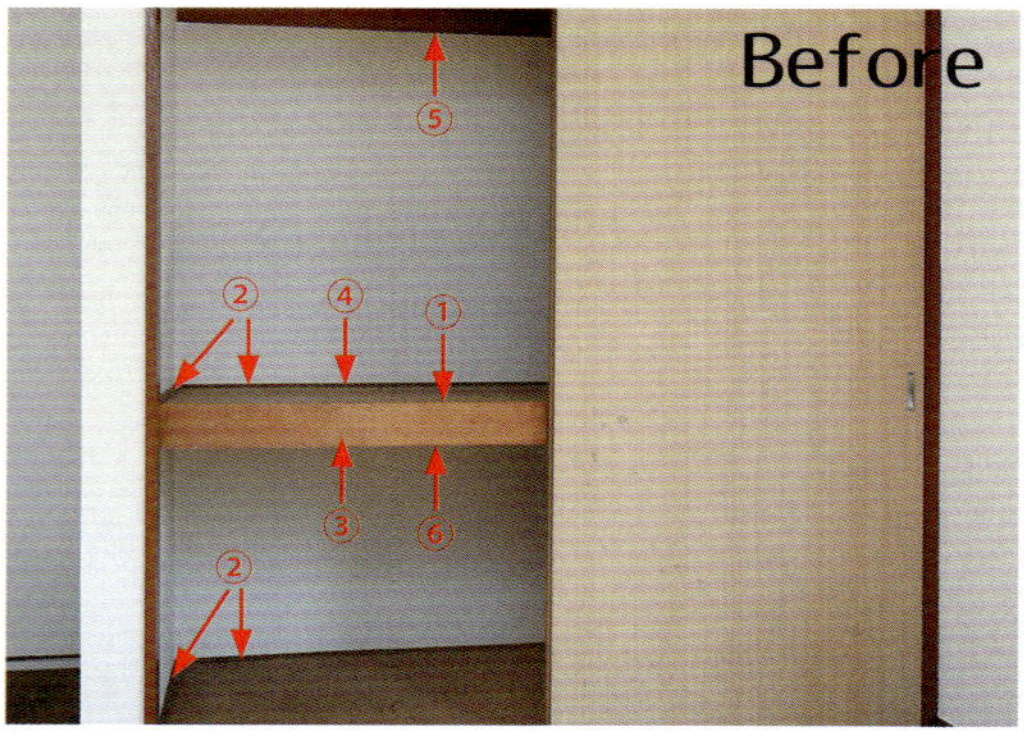

押し入れの構造を理解しましょう。①中段、②ぞうきんずり、③前かまち、④後ろかまち、⑤かもい、⑥根太

道具
■電動ドリルドライバー
■バール
■金づち
■ノコギリ
■木工用接着剤
■ぞうきん

材料
■角材 30 × 30mm 1800mm　8 本
■化粧ベニヤ　2 枚
■木口テープ
■コーナーアングル
■フローリング材
■木ネジ（35mm）

中段を取り外す

1

ふすまを外し、中段を固定している左右、奥に取りつけられた板のぞうきんずりを外します。すき間にバールを差し込んでてこの原理で持ち上げます。

2

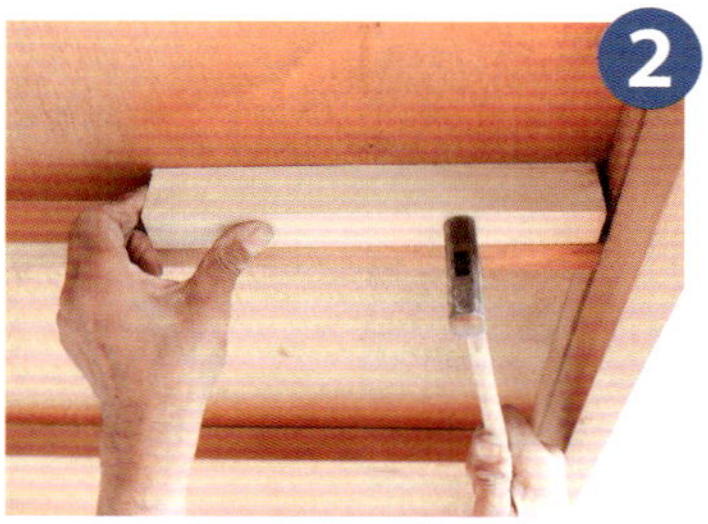

ぞうきんずりのクギを抜いた後、中段の板を外します。下から根太に沿って当て木をあて、金づちで叩きます。中板を浮かせる程度の強さで叩きます。

3

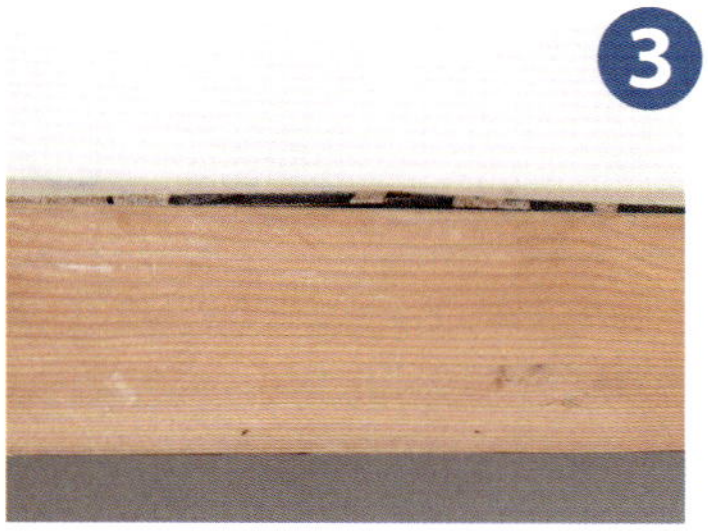

金づちで下から叩くと、中板と同時にクギが浮いてくるので抜きやすくなります。浮いているクギはバールで抜いておきます。

4

ある程度浮いたクギを抜いたら、浮いたすき間にバールを差し込んで、中板を持ち上げます。ぞうきんずりを外したときと同じ、てこの原理を利用します。

5

中板を外します。残ったクギや板をめくる際に手をケガするかもしれないので、初心者の人は軍手などをして作業を行うようにしましょう。

6

残ったクギをバールで抜きます。床は強度が弱いので足元の作業に気を配るようにしてください。

7

クギを抜いて中板を取り外した状態です。中板を支える数本の根太と、前かまち、後ろかまちの太い木材が残った状態になります。

8

根太にあて木を充てて、金づちで下から叩いて根太を外していきます。根太のかまちに近い部分から、金づちで叩いてください。

9

中央の根太を取り外した後、残りの壁際の根太も同様に、金づちで下から叩いて外します。根太についているクギをバールを使って必ず取り除きます。

10

前かまちに当て木をあてて金づちで叩いて外していきます。クギでとめている方向を、押入れの内側から一旦確認して叩くようにします。

11

後ろかまちを外します。後ろかまちは両端に太いクギで打ちつけられているので、バールを差し込んで外します。

12

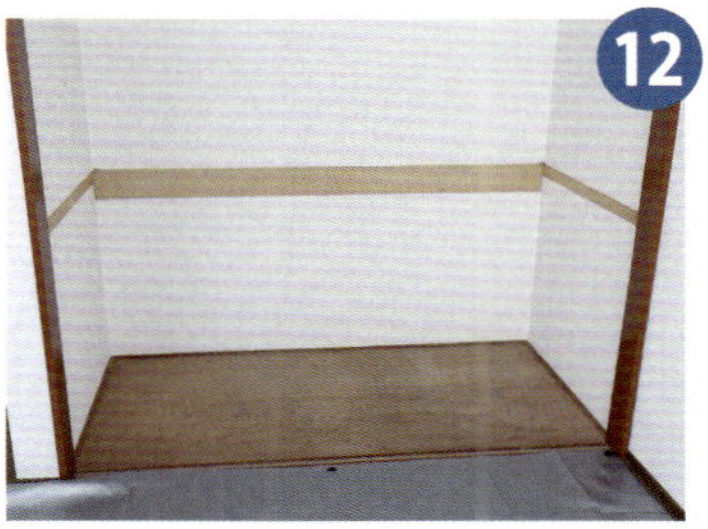

中段が外れた状態です。前かまちに太いクギが打ち込んであって、金づちで外せない場合は、ノコギリや電動ノコギリで切断すると作業がはかどります。

仕切り板を取りつける

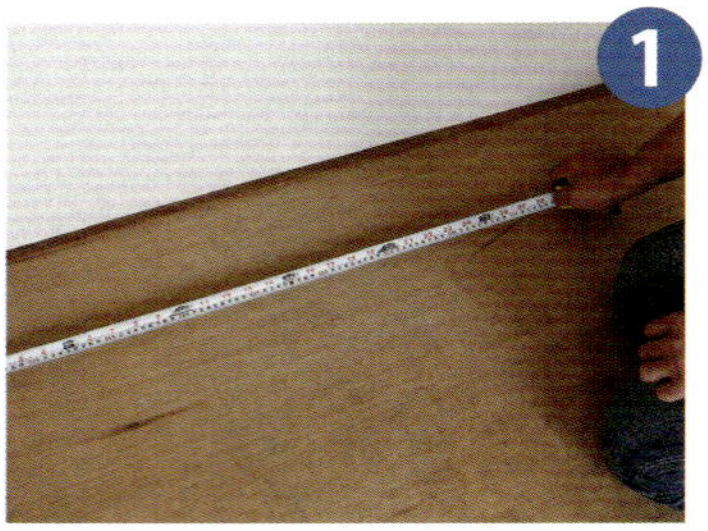

仕切り板を設置する場所を決めます。床と天井に横、高さ、奥行きを測り、印をつけます。テープの上からつけると見やすくなります。

天井の高さに合わせて、仕切り板のフレームの角材をノコギリでカットします。次に仕切り板の支柱や横木などを同様にカットします。

天井部分に取りつけるフレームは、前後のかもい部分に組み合わせるようにします。かもいの高さと奥行きのサイズに合わせてカットしておきます。

床部分のフレームは、巾木を避けるようにして組み合わせます。巾木の長さや高さに合わせてカットするようにしてください。

電動ドリルドライバーを使って、フレームを組み立てます。カットした角材に35mmの木ネジでとめます。床と天井部を間違えないように組み立てます。

組み立てたフレームを設置する場所に仮置きします。そしてフレームの強度を高めるための支柱を取りつける位置を決めます。

電動ドリルドライバーでネジを打ち込み、支柱を取りつけます。次にフレームをネジでとめて設置します。斜め打ちをしてしっかりとめるようにします。

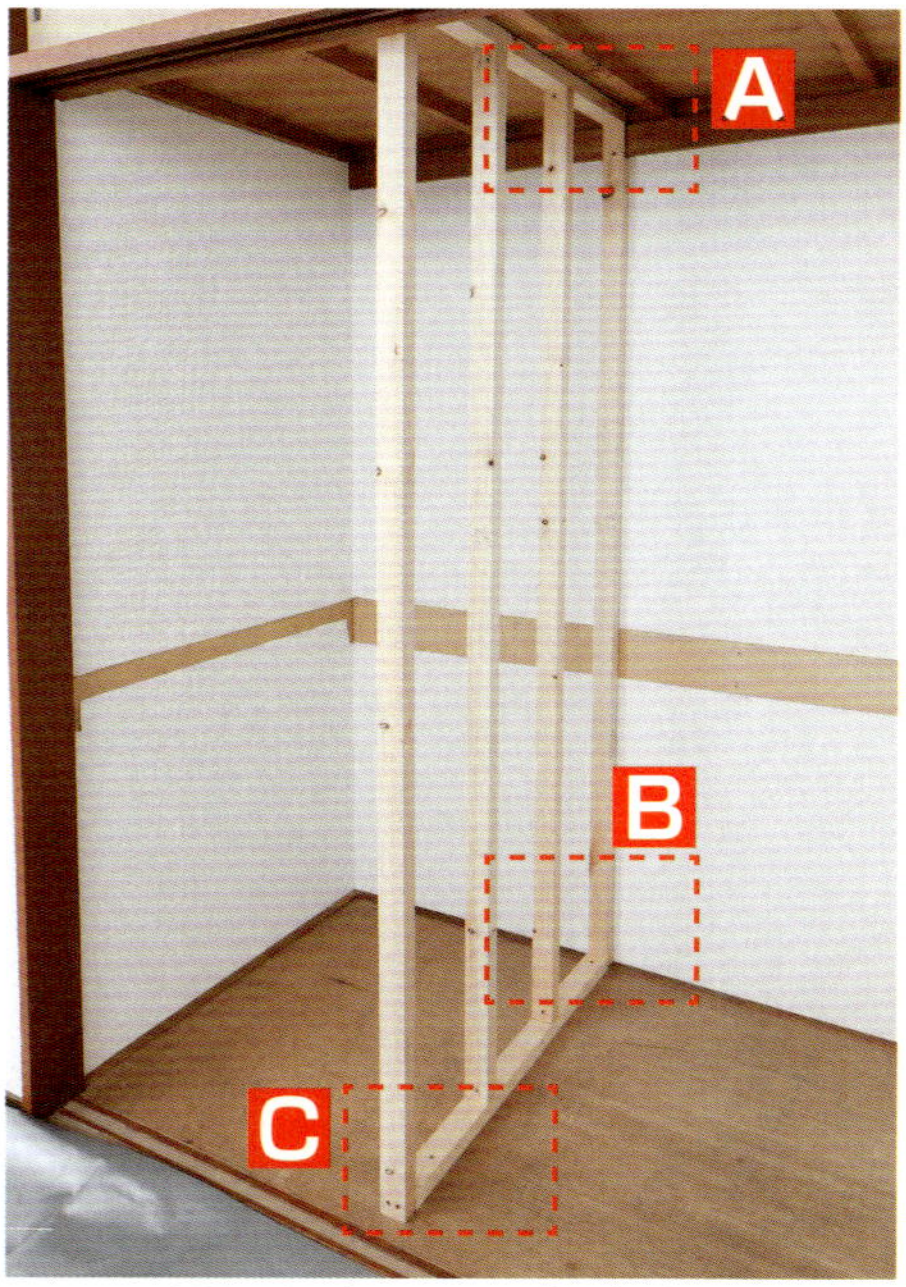

フレームを設置する場所は、天袋の根太を避けるようにします。また、床面は強度が弱いのでネジでとめるところに注意してください。

A根太にあたる部分は切り欠く。
B巾木にあたる部分は切り欠く。
Cフレームの接合は木ネジを2か所でとめます。

壁紙できれいに見せる

中段を取り外したところを目立たなくしたい場合は壁紙を貼ります。初心者でも扱いやすい「生のりタイプ」がおすすめです。裏に生のりが塗られており、保護フィルムをはがして壁に貼ります。

仕切り板を仕上げて、床を補強する

取りつけたフレームの接着面に、木工用接着剤を塗っていきます。ヘラなどで均等に塗ると、張り合わせがきれいに仕上がります。

フレームに化粧ベニヤを張ります。上からフレームに合わせて張っていきます。指でこすってしっかり接着するようにします。

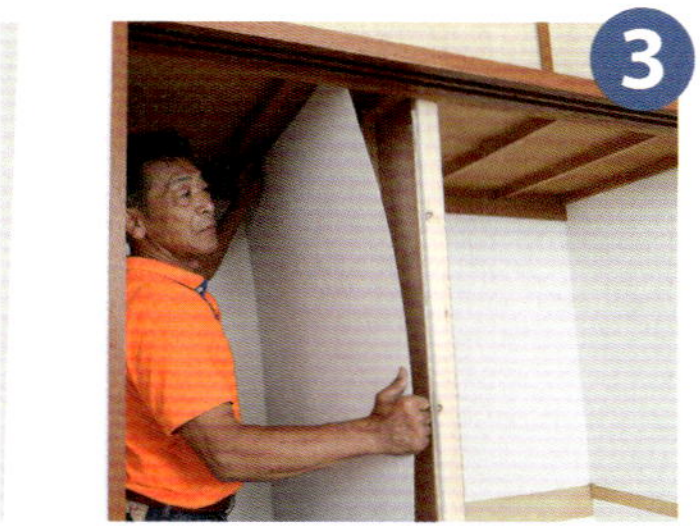

反対側のフレームにも同じ方法で、化粧ベニアを張っていきます。木工用接着剤がはみ出た場合は、ウエスなどできれいに拭き取ってください。

フレームの正面に見える断面に、化粧ベニヤと同色の木口テープを貼ります。貼る前に 400 番台のサンドペーパーで断面を磨くと、きれいに貼れます。

フレームの角の部分に、同色のコーナーアングルを貼ります。天井と床付近はすき間のないように貼ります。余った場合はカッターでカットします。

仕切り板ができあがりました。化粧ベニアがはがれないように、10 分ほど乾かしてしっかりフレームと接着させるようにします。

電動ドリルドライバーで角材にネジを 2 か所に打ち込み、棚板をのせる受け木を取りつけます。棚の高さはお好みで調整してください。

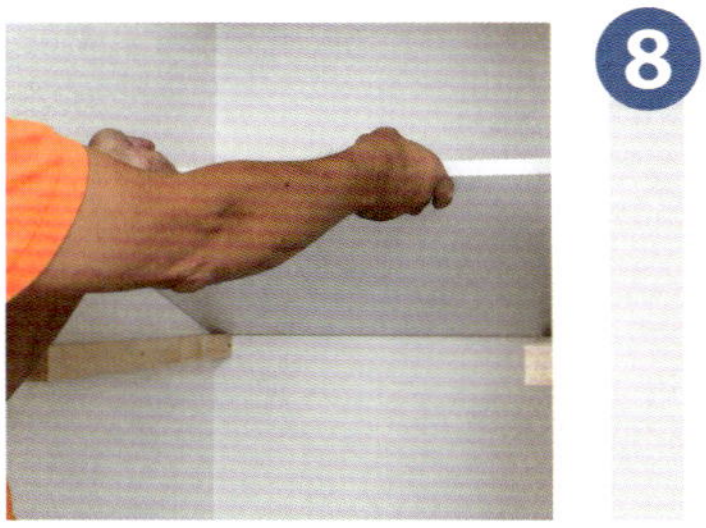

押入れの壁側にも高さを合わせ、電動ドリルドライバーでネジを打ち込んで、受け木を取りつけます。取りつけた後、棚板をのせます。

棚板をのせた状態です。棚板の取りつけは受け木の他に、L 字金具などを使った方法があります。棚板を増やしたい場合は同じ手順で取りつけます。

床にフローリングと同色の床材を張ります。すき間をなくすように差し込んで張るのがポイントです。床材は、床の強度を高める効果もあります。

床材をすべて張り終えたら完成です。見せる収納にしたい場合は、床材の色や柄を代えて部屋の雰囲気に合わせましょう。

フローリングのキズ、えぐれ補修

へこみの補修

1 表面の色がはげていないへこみの場合は、透明スティックで埋めるだけで目立たなくできます。

2 電気ゴテを十分に加熱したら、充填剤スティックを溶かして先端部分にのせます。

3 床面から少し盛り上がる程度まで、へこみに充填剤を繰り返し流し込みます。

4 充填剤が硬化したら、スクレーパーのギザギザの面で大まかに削り、先端部分を使って平らにします。

5 最後にスチールウールで軽くこすってテカリを取り、補修部分を自然に仕上げます。

道具

- ■電気ゴテ
- ■充填剤スティック
- ■木目ペン　■スクレーパー
- ■スチールウール

深いキズの補修

1 キズの輪郭部分にできた盛り上がりを、先が丸くて硬いものを使って内側に押しつぶします。

2 床と同じ色の充填剤がない場合は、少し明るい色を選び、電気コテで溶かしてキズに流し込みます。

3 １色で色が合わない場合は、複数の色をキズのなかで溶かしながら混ぜ合わせて調整します。

4 硬化したらスクレーパーとスチールウールで表面を整え、木目ペンを使って木目を点描します。

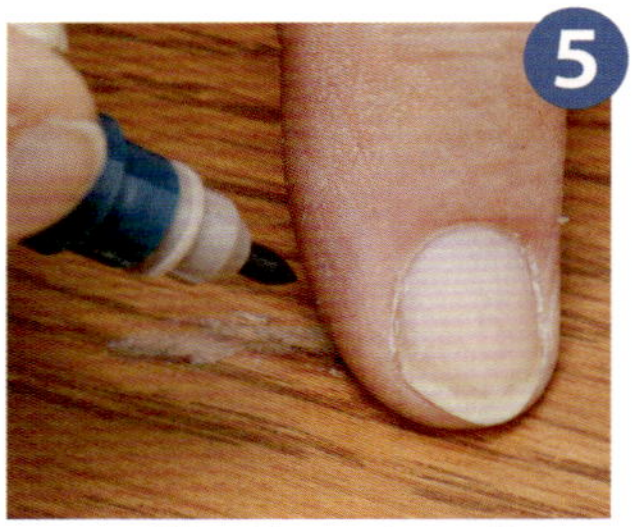
5 インクが乾く前に、木目の流れに沿って指で擦ってなじませると、線で描くよりも自然になります。

6 近くで見れば修復痕はわかりますが、離れると気づかないほどきれいに補修できます。

03

リビングのリフォーム

壁紙を貼り替える

元の壁紙の上から重ね貼りもできる

部屋のイメージを大きく変えるのに、とても効果的なのが壁紙の貼り替えです。壁は面積も大きく部屋の多くの部分を占めるので、デザインが変わるとまったく別の部屋のような印象を与えることができます。

また、作業自体大掛かりなものではなく、平面である壁に好みの壁紙を貼るだけなので、初心者でもていねいな作業を心がければ難しくはありません。

壁紙を貼り替える方法には、元の壁紙をはがしてから貼る方法と、元の壁紙の上から貼る方法の2つがあります。古い壁紙をはがし下地処理をしたほうが仕上がりはきれいですが、元の壁紙に破れやはがれなどがなく、できるだけ手軽にリフォームを行いたいなら、古い壁紙の上から重ね貼りしても構いません。その方法を次のパートで紹介します。

作業のながれ

養生をして垂直をだす
←
のりを準備する
←
壁にのりを塗る
←
1枚目を壁の中央に貼る
←
余分をカットする
←
2枚目以降を貼る
←
養生を取る

元の壁紙ははがす？そのまま？

元の壁紙の表面が、凸凹のある柄であったり、防汚コーティングされていたりするならはがしてしまうのが間違いありません。

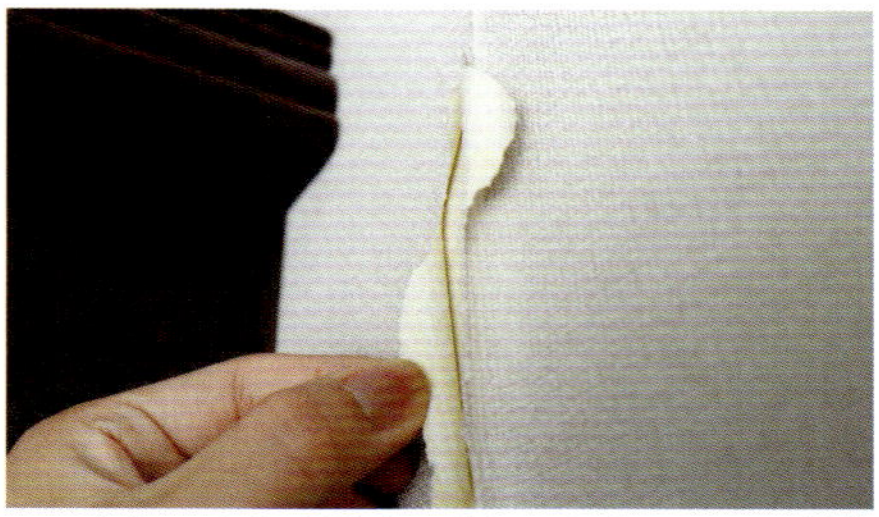

このように大きく裂けはがれてしまっている場合は、補修を行うか完全にはがしてしまった方がよいでしょう。

元の壁紙に裂けやはがれなどがなく、状態に問題なければ上から新しい壁紙の重ね貼りも可能です。

壁紙をはがす場合は、古い壁紙の継ぎ目の角などにカッターの刃を入れ、壁を傷つけないよう慎重にはがしましょう。古い壁紙を完全にはがし、パテなどで下地を処理してから貼り替えたほうが仕上げりはきれいです。ただ、作業に時間や手間がかかるのがデメリットです。

もし、元の壁紙の状態が良好でコーティングもされていないなら、新しい壁紙を重ねて貼っても大丈夫です。その際は、固く絞った雑巾で古い壁紙の表面の汚れをしっかり落とすのがポイントです。

古い壁紙をはがした際に残る薄い裏紙は完全に取り除く必要はなく、上から新しい壁紙を貼っても問題ありません。

壁紙の種類

壁紙にはビニールクロスや紙クロス、織物クロス（布クロス）などがあります。種類も多く比較的安価なのがビニールクロスです。耐水性や耐油性があり、汚れなども落としやすく使いやすい壁紙です。

個性的な柄の多い輸入品には紙製クロスが多いのですが、伸縮性があまりなく施工の難易度は高いのでDIYではじめて壁紙貼りに挑戦するのであれば、ビニールクロスがおすすめです。生のりつきなら作業性も高く簡単に貼ることが可能です。

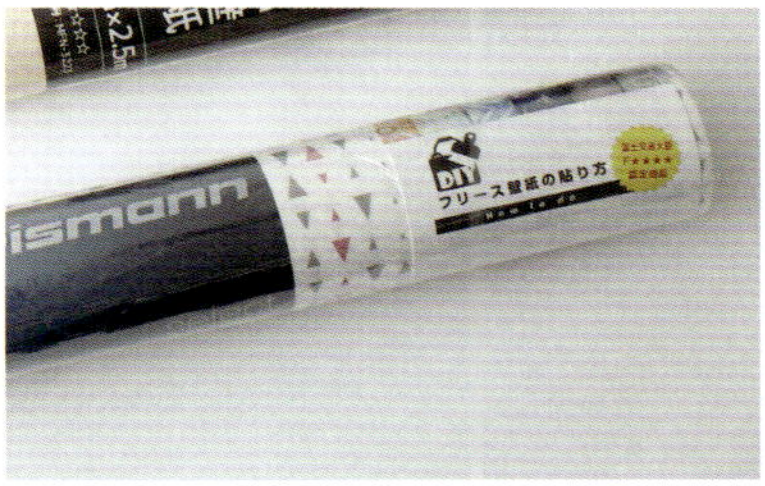

【生のりなしビニールクロス】
自分でのりを塗るタイプ。のりがついていないため軽く、必要な部分にだけのりを塗り少しずつ作業を進めることが可能です。

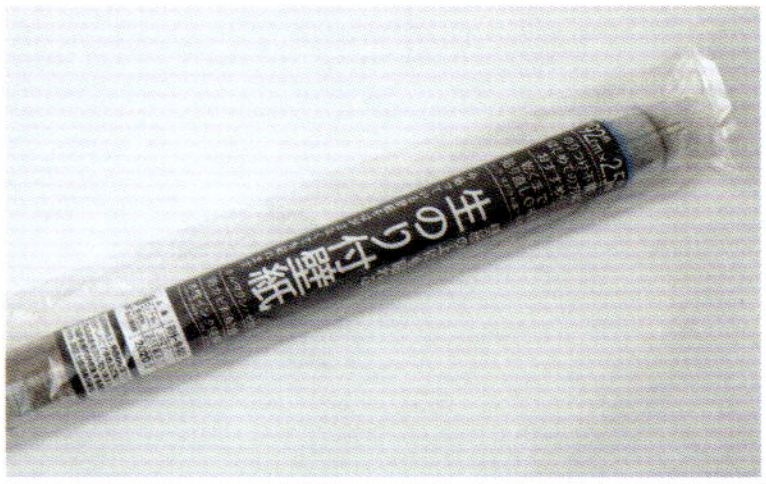

【生のりつきビニールクロス】
塩化ビニールなどを素材としたクロスで、種類も豊富で比較的安価。生のりがついているので簡単に貼れ、価格も比較的手ごろです。

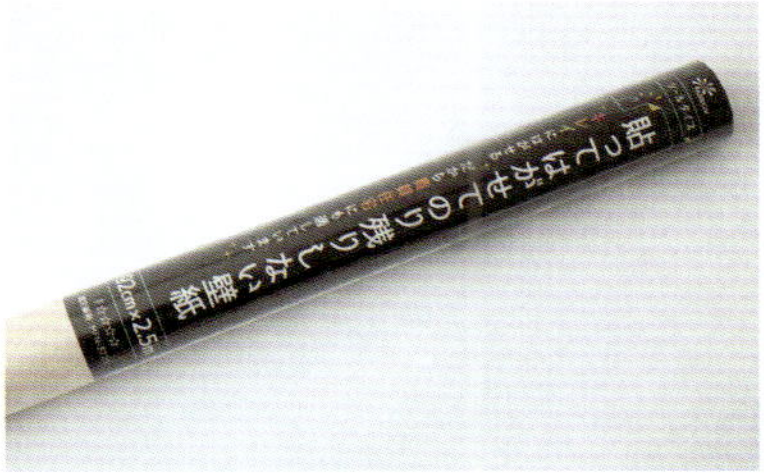

【粘着タイプクロス】
シールタイプのクロスで、手軽に重ね貼りができます。裏紙をはがしても接着剤がすぐに乾燥しないので貼り直しも可能です。

【紙クロス】
輸入品などに多い紙を素材としたクロス。鮮やかな色や柄などが豊富で、通気性や吸湿性も持つが水拭きはできません。

難易度 ★★★☆☆

壁紙の貼り方

デザイン豊富で重ね貼りもできる不織布素材の輸入壁紙

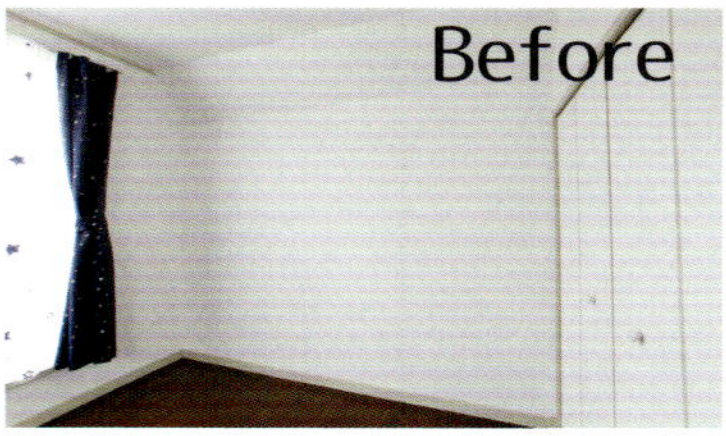

元々は白一色のシンプルな壁。カラフルなチェック柄の輸入壁紙を貼ることで明るい印象に一変しています。

部屋の印象を大きく変える壁紙には柄や素材、貼り方などでさまざまな種類があります。そして壁紙の中でもデザインが豊富ということから人気なのが輸入壁紙です。そんな輸入壁紙には裏が紙のものと不織布（フリース）でできたものがあります。

不織布は丈夫で水に濡れても伸びにくいうえ、柄あわせも端をぴったりつなぎ合わせるだけでよくDIYでの施工も難しくありません。ただし、裏にのりが塗られていないのでのりを塗る作業が必要です。しかし、接着力に優れた専用ののりを使えば、古い壁紙の上から重ね貼りも可能です。

不織布の輸入壁紙は伸びないので扱いが簡単

デザインの種類が豊富な輸入壁紙には、主に裏の材質として紙を使用したものと不織布（フリースを使ったものがあります。おすすめは不織布です。のりを塗ってしっかりと伸ばしながら貼ります。古い壁紙の上からも簡単に貼ることができます。貼ってはがせる専用のりを使えば原状復帰も可能です。

道　具

- ■ローラー
- ■ローラーバケット
- ■筆
- ■地ベラ
- ■竹ベラ
- ■カッターナイフ
- ■押さえローラー
- ■マスキングテープ
- ■ジョイントローラー
- ■なでバケ
- ■マスカー
- ■はさみ
- ■メジャー
- ■下げ振り

材　料

- ■壁紙（不織布タイプ）
- ■壁紙用のり

壁紙を貼る準備

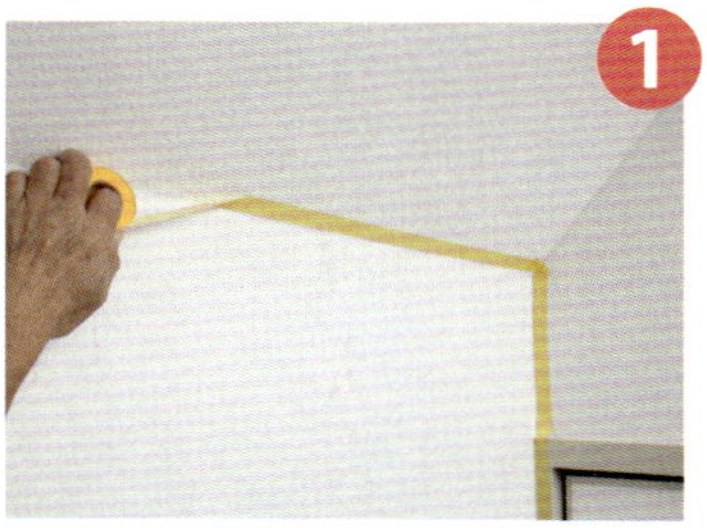

最初に古い壁紙の表面を固く絞った雑巾で拭き汚れを取り除きます。そして天井や床などにのりがつかないようにマスキングテープで養生しましょう。

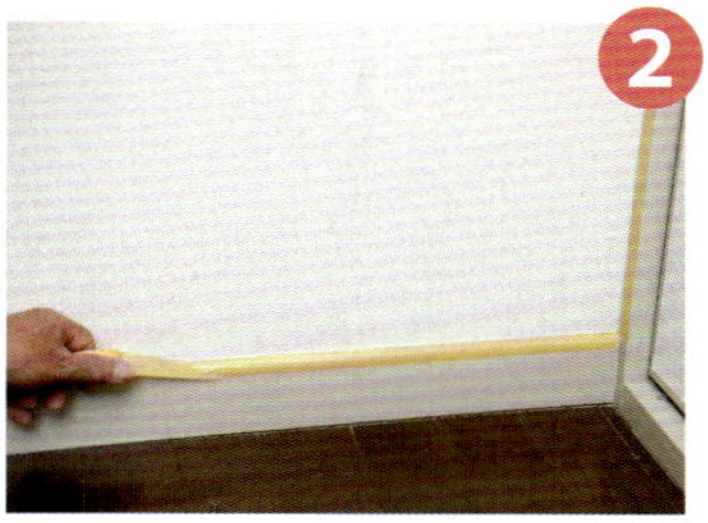

巾木にものりが付着しないようにマスキングテープでしっかりと養生してください。はがれないように上からしっかり押さえて密着させましょう。

次にマスカーを使って床部分にのりが付着しないように養生します。マスカーはマスキングテープの上に貼るようにするとしっかり密着します。

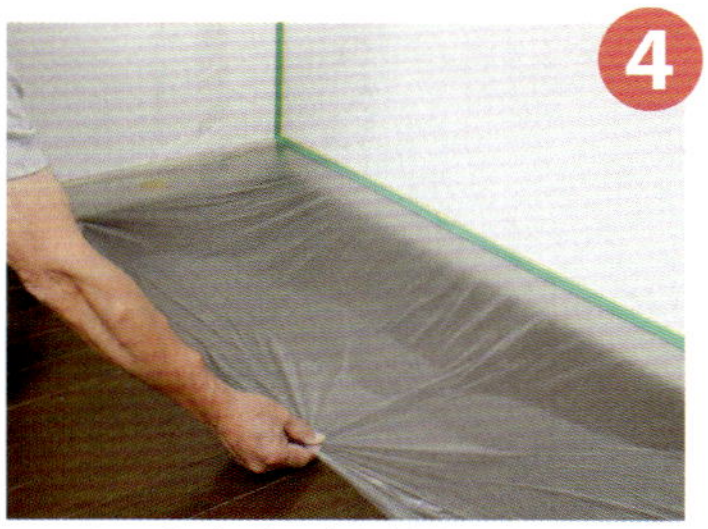

マスカーを広げて床を養生します。のりなどが飛び散る場合も考慮してある程度広い面積をカバーするように大きめに養生してください。

天井部分もマスカーでしっかりと養生してください。このように古い壁紙に貼るのでなく、マスキングテープの上から貼るとしっかり密着します。

広げたマスカーの端はマスキングテープを使って固定します。マスカーが落ちてこないように固定用のマスキングテープは少し多めに使用しましょう。

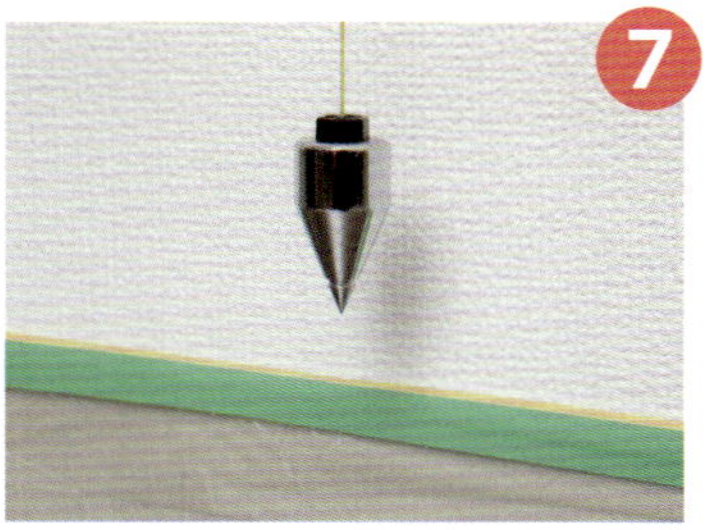

最初に貼る壁紙が真っ直ぐに貼れるように、下げ振りを使って床と天井に対して垂直なラインをしっかりと出しておきましょう。

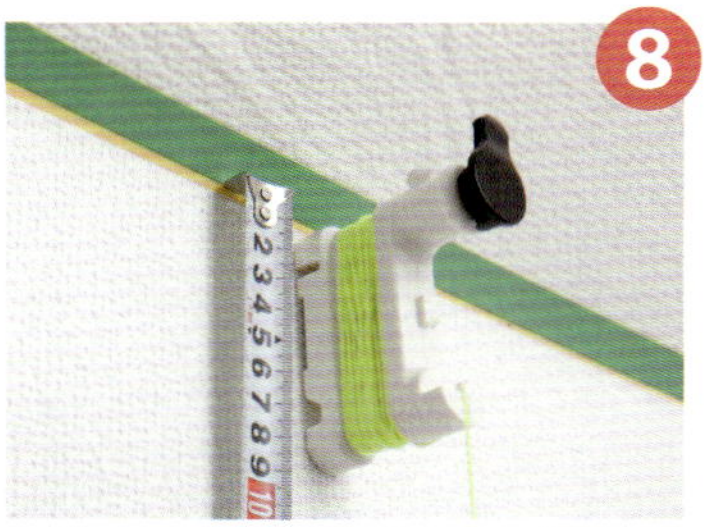

下げ振りの垂直線を目印にして必要な壁紙の長さを測ります。壁紙は壁の中央部分から貼っていくので計測も壁の中央で行ってください。

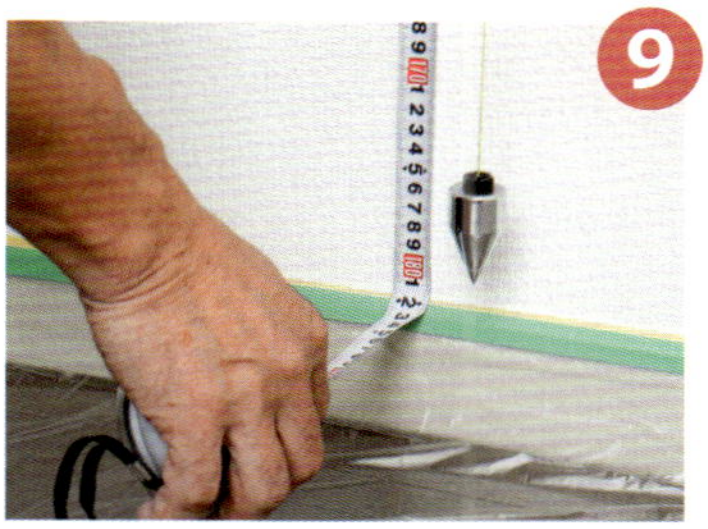

壁紙の長さは実際に貼るために必要な長さよりも上下 5cm ずつ長めにします。つまりプラス 10cm ほど長めにします。

必要な長さが分かったら壁紙をカットします。メジャーを使い正確に長さを測ります。カットの際は裏に書かれているマス目を目安にしてください。

輸入壁紙の幅は基本的に 50cm と国産のものよりも細くできています。壁全体に貼るには何枚必要になるかはあらかじめ計算しておくといいでしょう。

カットできたら裏に壁のどこに貼るためのシートなのか迷わないように "右 1" などメモを書いておきます。柄の上下にも注意が必要です。

1枚目の壁紙を中央に貼る

ローラーバケットに壁紙用ののりを入れます。希釈が必要なのりの場合は、作業前に水を混ぜしっかりと攪拌して少し時間をおいて置きます。

壁紙の幅である 50cm を測り、壁の中央にマスキングテープで目安となる印をつけておきます。この幅の中をはみ出さないようのりを塗っていきます。

ローラーバケットにローラーを浸してのりをとります。ローラーに必要以上ののりをとってしまうと塗る際に床などに垂れてしまいますので注意して下さい。

ムラにならないように注意しながら印をつけた幅分だけ壁にのりを塗っていきます。のりはできるだけ均一に薄く塗り伸ばしてください。

のりがまんべんなく塗れたら、一枚目の壁紙を貼っていきます。切りしろを壁の縁より 5cmほどはみ出させながら、垂直を確認しつつ貼っていきます。

壁紙は上から下に貼っていきます。なでバケで中央部の空気を押し出し、壁面に密着させていきます。

中央から左右になでバケで空気を押し出してください。上から下まで空気を押し出してしっかりと密着させます。

巾木との境界部分は竹ベラを使ってしっかりと密着させます。巾木との境界部分は竹ベラで強くなぞって切り取るための折り目をつけておきます。

天井との境界部分にも同じようにカットラインとなる折り目をつけます。竹ベラを使って密着させまっすぐな折り目をつけてください。

折り目ができたら地ベラにカッターの刃を当て壁紙をまっすぐに切り取ります。途中刃を浮かすと切り口がガタガタになるので、浮かさず切り進めます。

カット作業の際、カッターナイフに壁紙ののりが付着すると切れ味が鈍ってしまいます。こまめに刃を折りながら作業を進めるようにしてください。

カットができたらカットした端部分をジョイントローラーでしっかりと密着させます。空気が入った場合はハケなどで慎重に押し出しましょう。

2枚目以降の壁紙を、柄を合わせて貼る

壁の中央部分に1枚目の壁紙が貼れました。まっすぐ貼れているかどうか確認してください。この一枚目を基準に左右に2枚目以降の壁紙を貼っていきます。

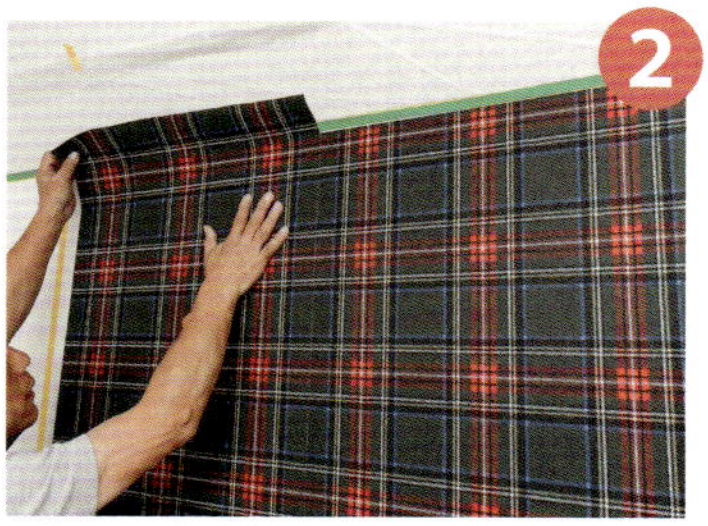

2枚目に貼る壁紙は中央部に貼った壁紙の柄と合うように貼っていきます。輸入壁紙は端部分をぴったりと合わせるだけで柄が合うので簡単です。

壁ののりを壁紙の幅分だけまんべんなく塗ったら、1枚目の壁紙と同じように上から下へ2枚目の壁紙を貼っていきます。余分な壁紙を同じように切り取ります。

巾木との境界部分もまっすぐ切り取ります。地ベラを使ってしっかりとカットします。柄が上下にずれていないか確認してください。

なでバケやジョイントローラーで密着させます。合わせ目部分はしっかりと密着させておかないと後ではがれる原因になるので入念に密着させましょう。

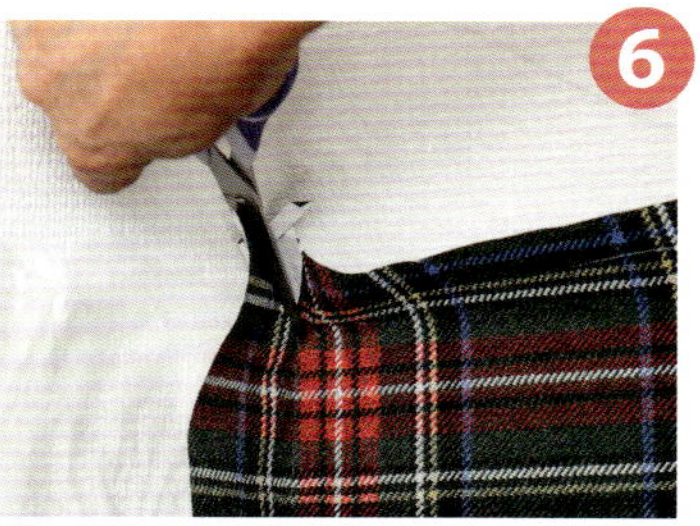

壁の隅や、天井部分などの角に壁紙が当たって密着できない場合は、一度壁紙の上の余分な角に当たる部分のまん中にはさみで切り込みを入れます。

切り込みを入れたら壁紙を角部分にしっかりと密着させます。竹ベラを使って角に押し込むようしながら強く密着させてください。

角までしっかり密着できたら余った部分を切り取ります。地ベラをガイドにしながら真っ直ぐにカッターで切り取りましょう。

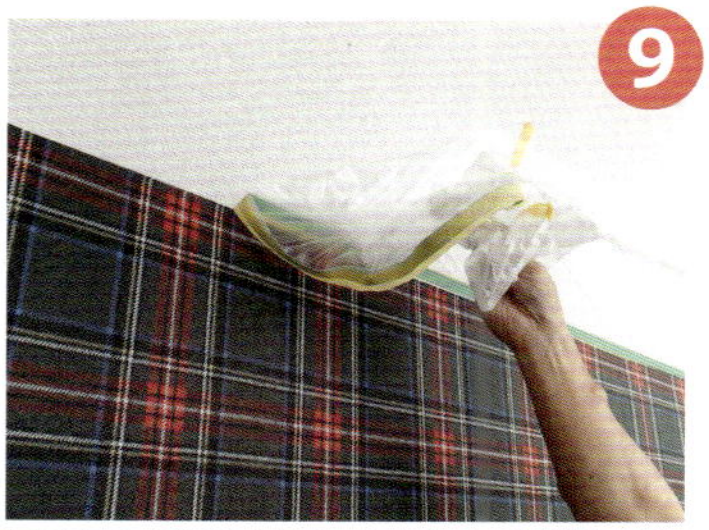

壁全面に貼り終えたら空気などが抜け切れているか確認します。また端部分がはがれていないかもチェックしましょう。問題なければ養生をはがします。

これで壁紙貼りは終了です。壁一面を変えただけですが、海外の伝統的なタータンチェック柄にしたことで部屋の印象がシックな雰囲気になりました。

ここがポイント!

端の部分がはがれたら筆を使って補修しよう

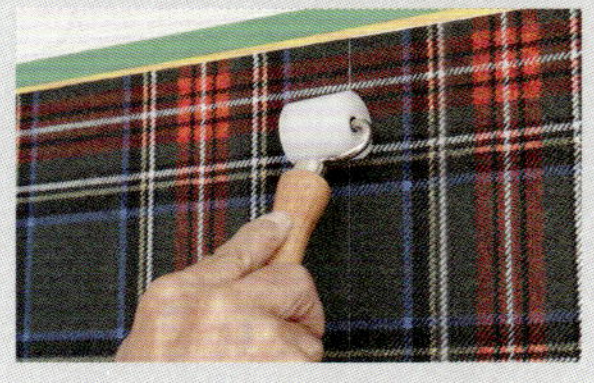

壁紙と壁紙の境目部分は作業中にヘラやハケなどがあたりめくれてしまうことがあります。そんな場合は筆で補修しましょう。少量の専用のりを筆ではみ出さないように壁に塗り、壁紙を貼り直したら空気を抜いてローラーでしっかり密着させます。のりがはみ出したら固く絞った雑巾で拭き取りましょう。

壁紙補修

小穴も大穴も目立たないよう元どおりに

小穴を埋める

画びょうやネジを抜いてできた小穴は、小さいものでも目立ちます。壁紙の色にあわせて選べる専用の補修剤を使って埋めておきましょう。小穴のほか、尖ったもので引っかいた小キズ、つなぎ目のすき間などを目立たなくすることができます。

穴埋め補修材

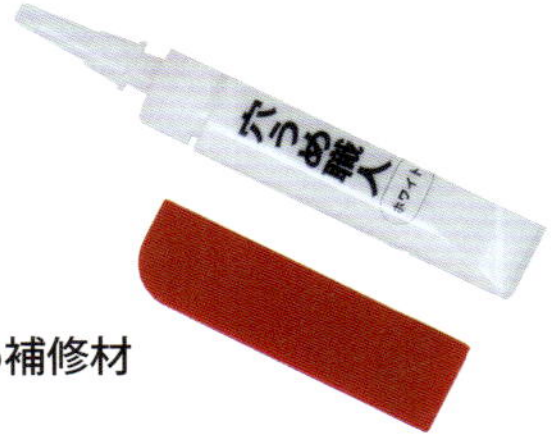

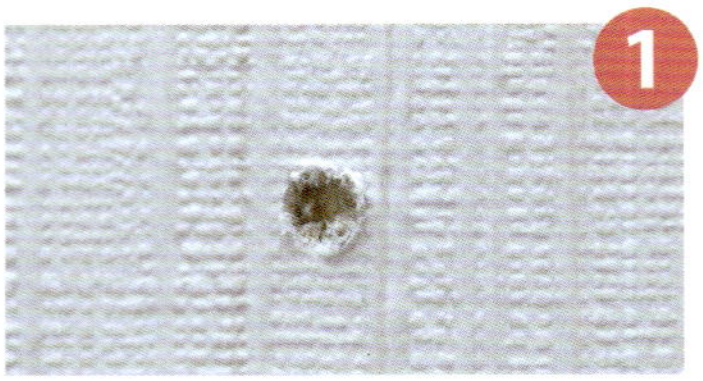

数色ある種類のなかから、壁紙に近い色を選ぶのが跡を隠す上手なポイントです。

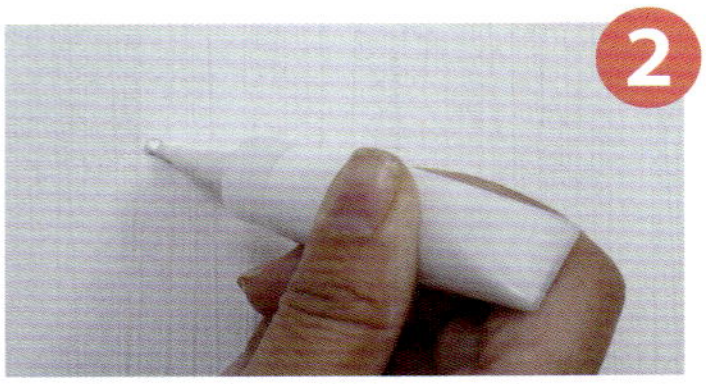

補修材のノズルの先端を穴にあて、少し盛り上がるくらいまで押し出します。

付属のヘラを使って凸凹をつけたりして、壁紙の表面となじむように整えます。

シミ・汚れを隠す

壁紙の表面についたシミ、落書きなど、通常の拭き掃除では落とせない汚れには、塗って隠す補修材が有効です。つや消しタイプで色の透けも押さえられるので、周囲と比べて違和感がない状態に補修できます。

着色補修材

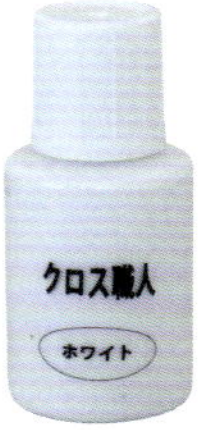

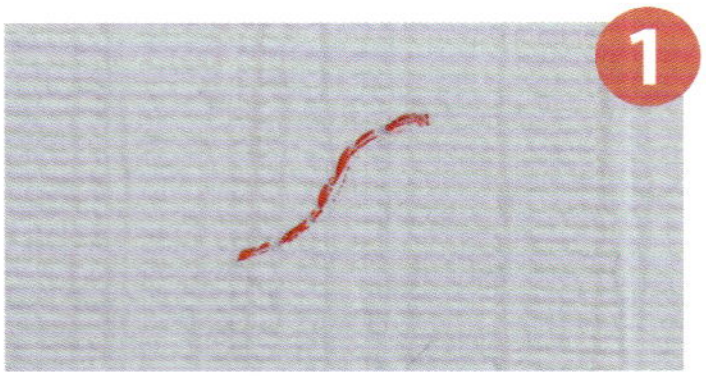

油性ペンやクレヨンなどの汚れは、洗剤を使ってもきれいに落ちない場合があります。

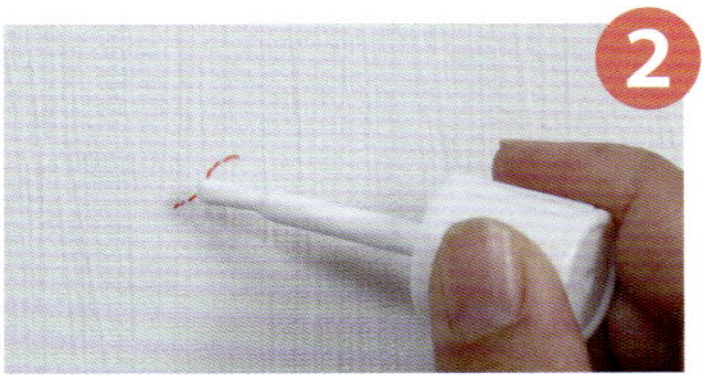

フタについているハケを使い、汚れの上に置くようにして均一に色をのせます。

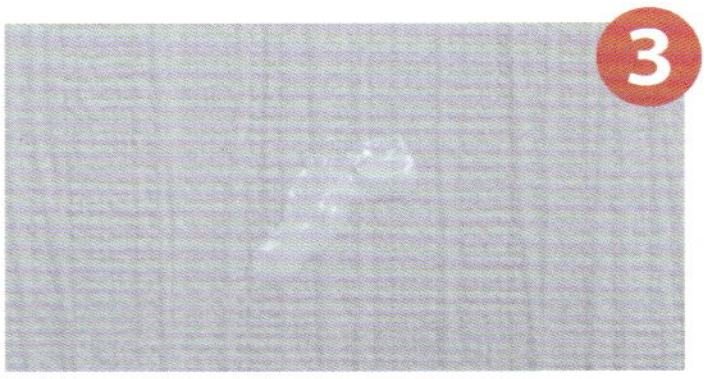

透けやすい濃い色の汚れでも、3～4回重ねて塗ると、隠すことができます。

はがれを貼り直す

壁紙がはがれてきたのを、そのまま放っておくと、どんどん範囲が広がってしまいます。人がよく通る場所の場合、引っかけて破いてしまうこともあるので、気づいたら壁紙用接着剤を使って早めに補修しましょう。

はがれ補修キット

はがれた壁紙が反ったまま硬化している場合は、霧吹きなどで湿らせて柔らかくします。

接着面についたホコリを取ってから壁紙の裏側に接着剤を塗り、2～3分乾燥させます。

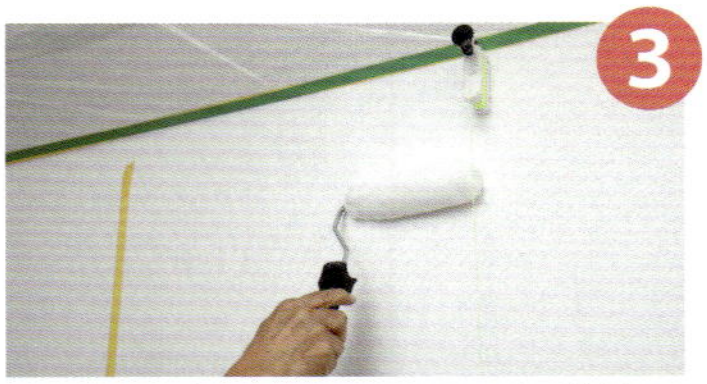

貼り直した部分にローラーをかけて接着し、はみ出した接着剤は拭き取っておきます。

壁にあいた大きな穴を補修する

補修シートで直す
石こうボードの穴をふさぐ

壁材の石こうボードが破損している場合は、まずその穴をふさぐ必要があります。

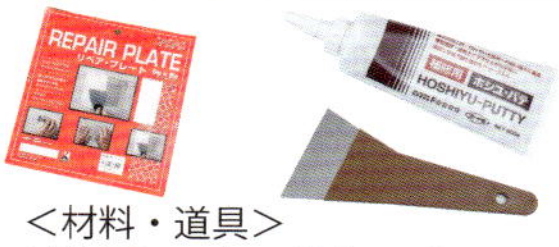

＜材料・道具＞
補修用シート、補修用パテ、ヘラ、地ベラ、カッター、ローラー、サンドペーパー

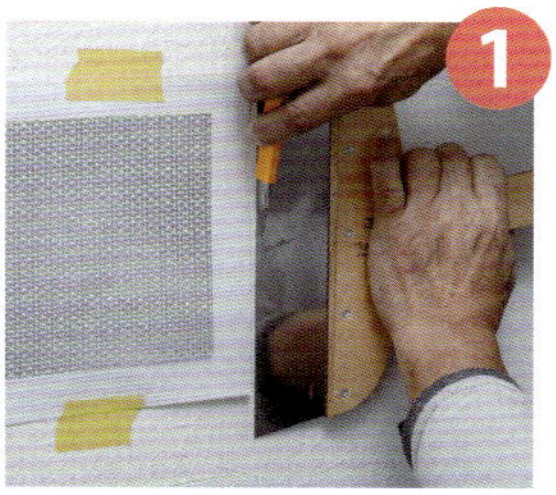

1 穴をカバーするように補修用シートを仮どめし、その縁に沿って下の壁紙をカットします。

2 カットした部分の壁紙をはがし、破損した石こうボードを取り除きます。

3 補修用シートを貼り、ローラーをかけてよく接着します。

4 シートの周囲をマスキングテープで養生し、厚みが均一になるように補修用パテを伸ばします。

5 半日以上パテを乾燥させ、凹凸がなくなるようにサンドペーパーで磨きます。

壁紙を貼り直す

壁紙が破れただけの場合も同じ方法で補修できます。

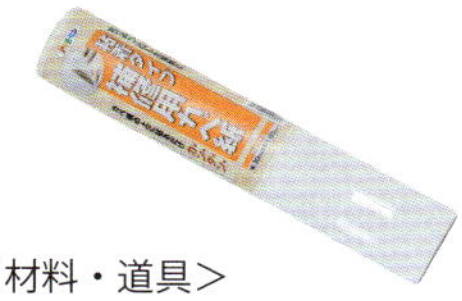

＜材料・道具＞
補修用壁紙、壁紙用接着剤、地ベラ、カッター、ローラー

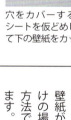

1 補修する場所が分かるように、マスキングテープを貼って目印をつけます。

2 補修箇所より一回り大きくした補修用壁紙を仮どめし、下の壁紙と重なる部分をカットします。

3 既存の壁紙のカットした部分をはがします。

4 補修用壁紙のはく離紙を上から10cm程度はがし、位置を合わせてから全体を貼ります。

5 壁紙の端が浮かないように、ローラーをかけてしっかり接着して補修は完了です。

石こうボードを補修する

固いものをぶつけて下地の石こうボードまで破損してしまった壁の大穴も、自分で補修できます。補修には、壁に使われているのと同じ厚さの石こうボードと同じ柄の壁紙が必要です。定番以外の壁紙は入手しにくい場合があるので、貼り替えのときなどの余りをストックしておくことをおすすめします。

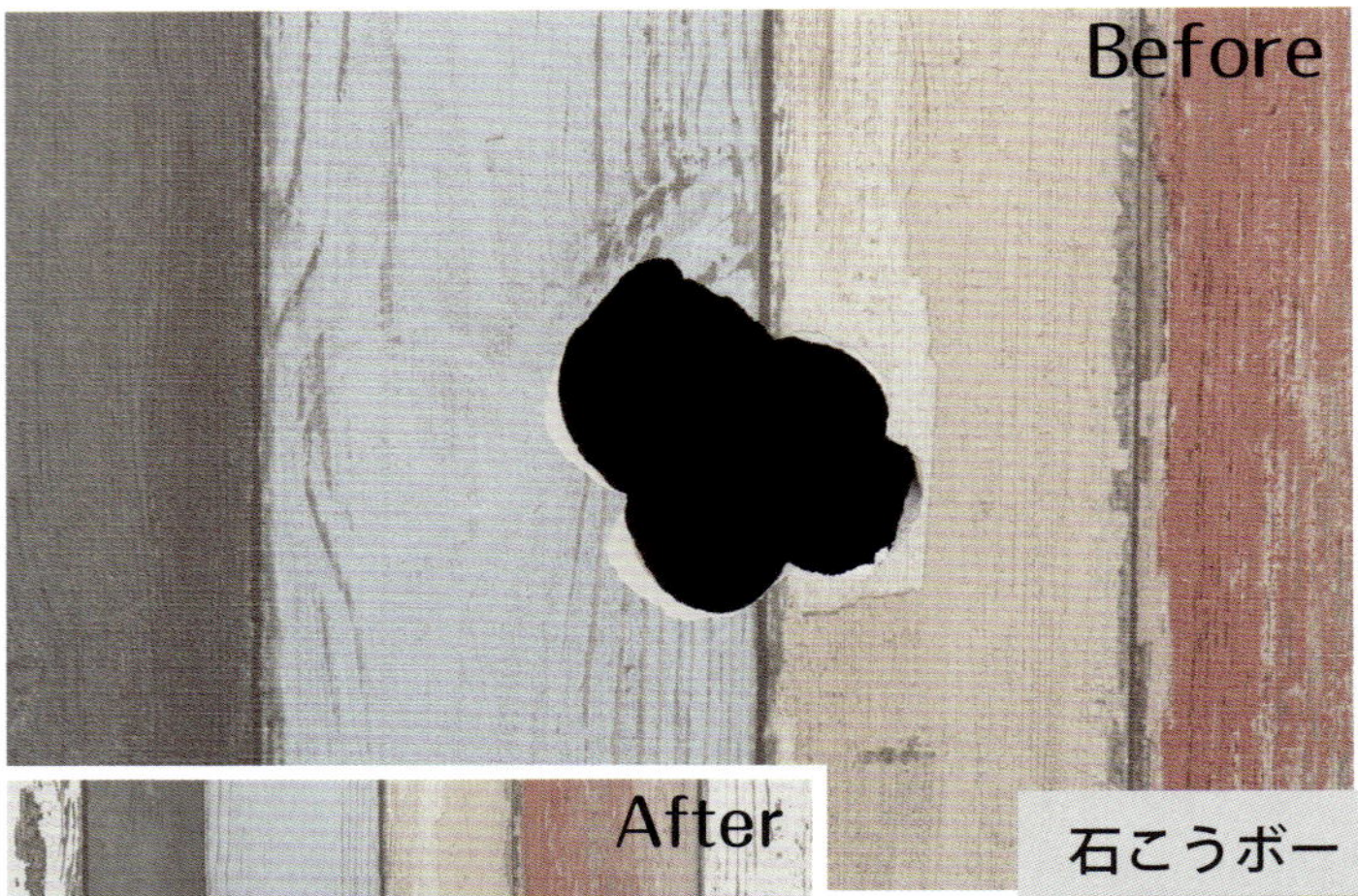
Before

After

石こうボードの裏側を見てみると

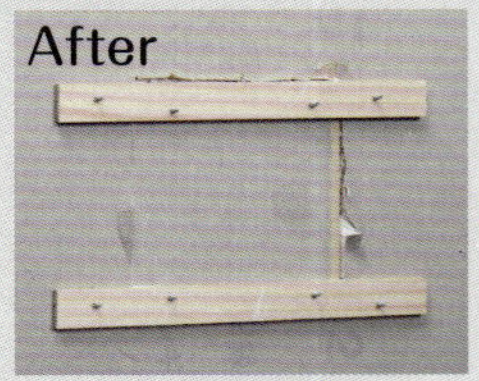
After

強度がない部分を含めて大きめに切り取り、新しいボードに貼り替えます。

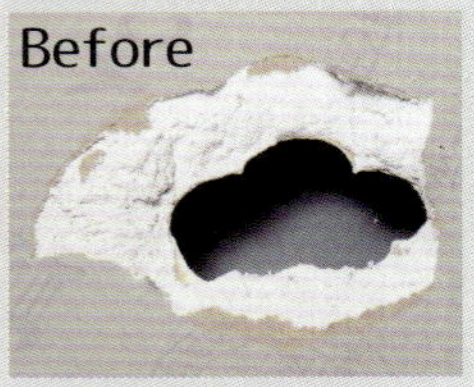
Before

表面の紙が残っていても、穴の周囲は石こうが崩れていることがほとんど。

石こうボードで穴をふさぐ

1

石こうボードを切り取る線を、マスキングテープで引きます。穴の縁から5cm程度の余裕があるようにし、角を直角にしておきましょう。

2

定規とカッターを使い、マスキングテープに沿って石こうボードをカットします。切りにくい材料なので、繰り返し刃を入れて切り取りましょう。

3

補修用の石こうボードを穴より2mm程度小さいサイズに切り出し、縁を斜めに切り落とします。つなぎ目にV字溝ができるように穴の縁も斜めにします。

4

石こうボードを固定する当て木を用意します。幅3cm×厚さ1cm程度の木材を、穴の横幅より4～5cm長い寸法で2本カットしておきます。

5

切り出した当て木を石こうボードの裏に当て、石こうボードビスを打って穴の上下端に固定します。ビスはボードの表面よりも少し深めに打ち込んでおきます。

6

補修用のボードをはめ込み、石こうボードビスを打って当て木に固定します。穴とボードの角を直角にしておくと、形を合わせやすく、簡単にはめ込めます。

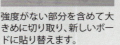

パテを塗って下地を整える

1 ボードのつなぎ目やビス頭のへこみを、下地用パテで埋めます。パテ埋め作業ができるように、補修範囲よりひと回り大きく壁紙をカットします。

2 つなぎ目の溝、ビス頭の段差を埋めるように、パテを出します。部分的な補修には、練り済みでチューブからそのまま使える補修用パテがおすすめです。

3 ヘラを使ってパテを伸ばします。パテは乾燥するとやせるので、少し盛り上がるくらいにしておき、段差ができないようになだらかに仕上げましょう。

4 パテが完全に乾燥したら、100 ～ 240 番程度のサンドペーパーで研磨して、平滑な面を作ります。サンドペーパーを端材などに巻くと作業しやすくなります。

ここがポイント!

パテでの段差処理は少し盛り上げ気味に

壁紙をきれいに貼るには、平滑な下地づくりが肝心です。そのため下地用のパテを使って段差をならすのですが、塗る段階でボードの表面と平らにすると、乾燥したときに少しへこんで段差ができてしまいます。最終的にサンドペーパーで研磨して平面に整えるので、ヘラでならすときには、埋めたところがなだらかに盛り上がるくらいにしておきましょう。

壁紙を貼る

1 新しい壁紙を重ねたときに補修範囲がわかるように、マスキングテープなどを使って、上下、左右の端に目印をつけておきます。

2 補修用に用意した壁紙から、補修箇所と同じ柄の部分を少し大きめに切り出しておき、柄を合わせてマスキングテープで仮どめします。

3 目印を参考にして、２枚の壁紙が重なっている部分にマスキングテープで切り取り線を引き、カッターで２枚を一緒にカットします。

4 上側の壁紙を一旦外してから、カットした線に沿って下側の壁紙をはがします。貼り直しに使う壁紙には、上下がわかる目印をつけておきましょう。

5 すき間ができないように注意して、先ほど切り出した壁紙を貼ります。最初に位置を合わせて上部を貼ってから、シワができないように全体を貼ります。

6 つなぎ目をジョイントローラーでしっかり押さえて圧着します。のり貼りタイプの壁紙の場合は、濡らしたスポンジではみ出したのりを拭き取りましょう。

壁紙のはがし方

壁紙をはがす際、石こうボードの下地を傷めないように注意

壁のリフォームを行なう場合、古い壁紙の上から新しい壁紙を貼ることも可能です。しかし、仕上がりの美しさや耐久性を考えると、古くなった壁紙はいったんはがし、下地を整えてからリフォームを行うのがベストです。

きれいに整えた下地の上からなら、新しい壁紙貼りや塗装、漆喰塗りでもより美しい仕上がりが期待できます。

ただし、古くなった壁紙はそのままはがすと裏紙ごとはがれたり、石こうボードの下地ごとはがれてしまうことがあります。誤って石こうボードの下地をはがしてしまうと補修作業という余計な手間もかかり面倒です。

そうならないよう壁紙をきれいにはがす正しい手順と方法を紹介します。

壁紙の裏紙は残す

古い壁紙をはがすと、裏紙がついています。フリースと呼ばれる薄い紙です。これは、基本的に残します。石こうボード表面を傷めないための裏紙でもあります。裏紙ごとはがれる場合もあるので、その場合は、裏紙のある部分とない部分をパテで平らに処理してください。

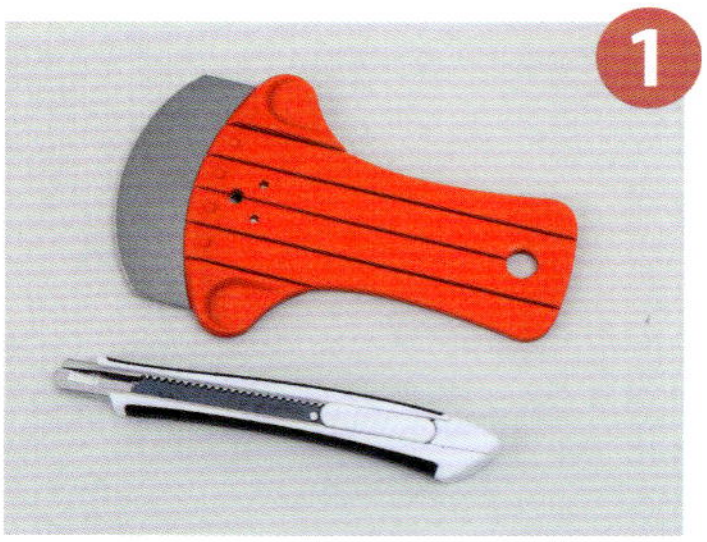

1 壁紙はがしに使う道具はとてもシンプルです。古い壁紙をカットするカッターと壁と壁紙の間に差し込んで壁紙をはがし取るスクレーパーです。

2 まずはスクレーパーやカッターで傷などがつくのを防ぐため、コンセントのカバーを取ります。端にマイナスドライバーを入れると簡単に取れます。

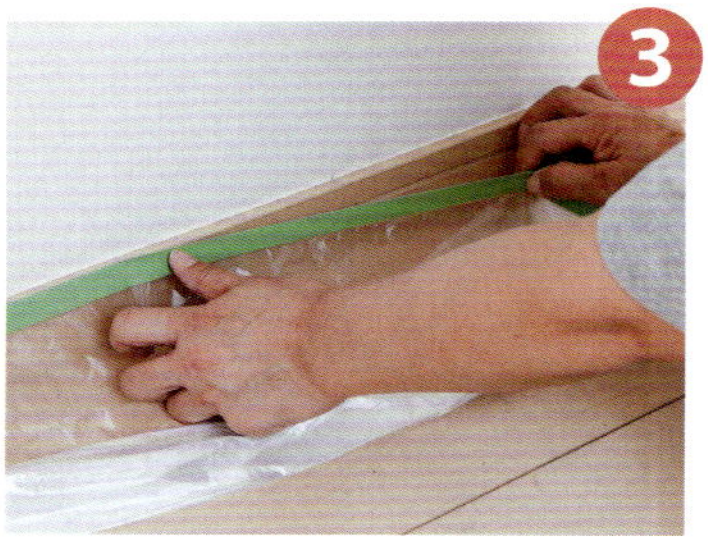

3 次に床などを養生します。広めにマスカーなどで床を覆っておき、そこにはがした古い壁紙などをまとめます。こうするとあとで処分するのが楽になります。

4 壁の角など、端部分にカッターで浅く切り込みを入れます。あまり深く切らないよう注意してください。石こうボードなどの下地を傷つけてしまいます。

5 切り込みから壁紙の端をつかみゆっくりはがします。スムーズにはがれるようならそのまま引っ張りましょう。

6 部分的に壁紙が残ってしまった場合はスクレーパーでていねいにこそぎ取ります。裏紙は残すようにしてください。

難易度 ★☆☆☆☆

クレセントの交換方法

クレセントの経年劣化が窓のガタつきやすき間風の原因に

クレセントとは窓のサッシに取りつけてある締め金具のことです。

このクレセントはシンプルな構造で壊れることはあまりありませんが、長期間使用していると少しずつ締まりが悪くなり、窓のガタつきやすき間風の原因となってしまう恐れがあります。

そんな場合はクレセントの修理や交換が必要です。クレセントはいわゆる錠にあたるものなので専門的な知識や道具が必要と思われがちですが、実はポイントを抑えればＤＩＹでも交換することは難しくありません。

また、古いタイプのクレセントで、同じものが手に入らない場合でも、さまざまなサッシに取りつけ可能な万能クレセントを使うことで代替も可能です。

そんなサッシのクレセント交換方法について紹介します。

古いサッシ窓でも大丈夫 万能クレセントとは

クレセントが古く、交換用のクレセントが用意できない場合は、万能クレセントで代用しましょう。万能クレセントはさまざまなタイプのクレセントと互換性があり、既存のネジ穴に取りつけられる交換用クレセントです。

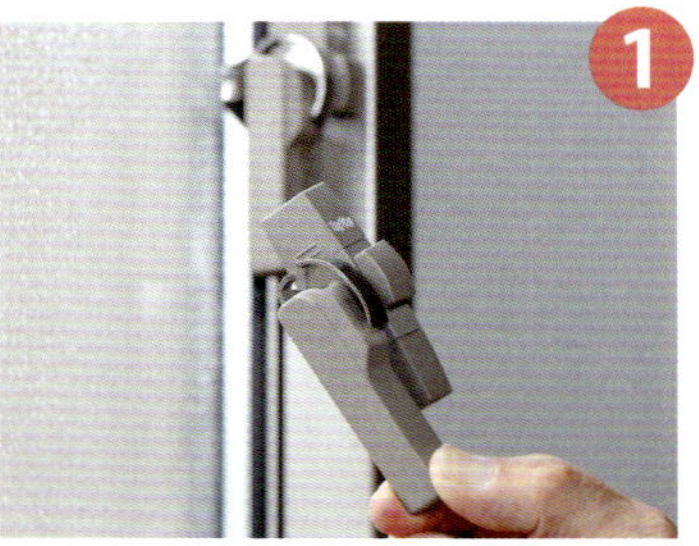

ビスの取りつけピッチや、金具がサッシとサッシを引き寄せる距離（引き寄せ寸法）などを測り、純正もしくは代替可能な万能クレセントを用意します。

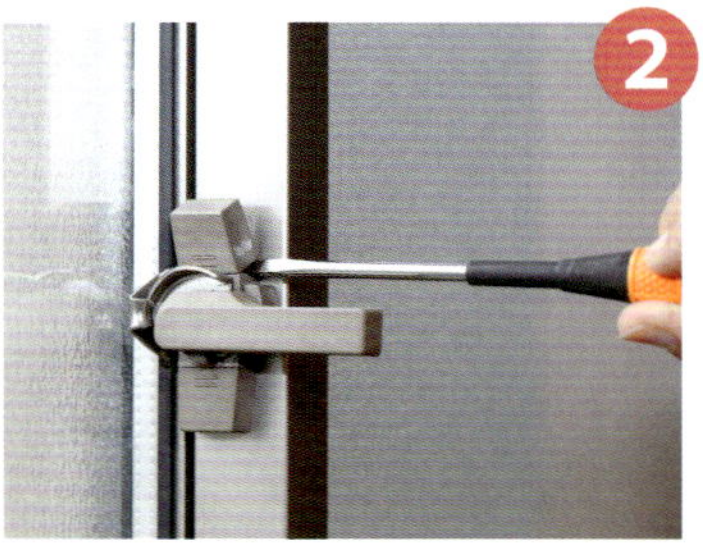

クレセントの取り替えは基本的にドライバー１本で可能です。ドライバーでカバーを外したら、クレセント本体のネジを取り、古いクレセントを外します。

次に用意した新しいクレセントをサッシに仮どめします。ネジはクレセントの下側から取りつけます。微調整をするのでネジはまだ本締めしないでください。

クレセント上側のネジも同様に仮止めします。これで大まかなクレセントの取りつけ位置が決まりました。この時点ではまだ完全に固定されていません。

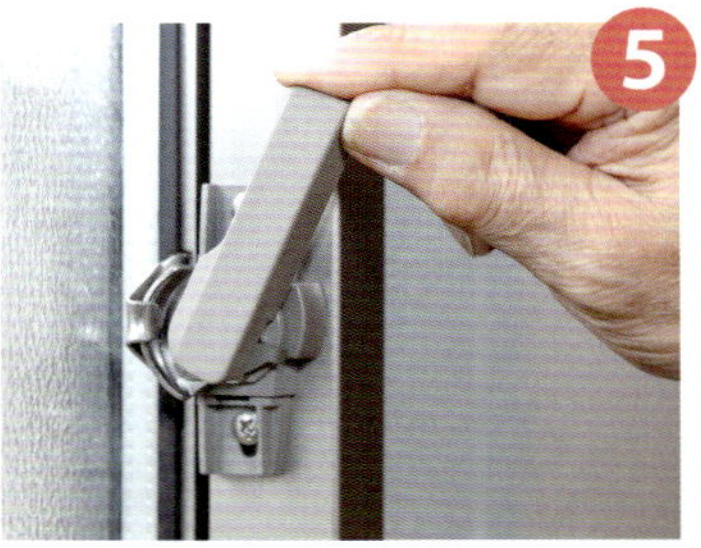

金具を回し、鍵をかけた状態にしてみて問題がないか確認します。動きがスムーズでない場合やサッシが密閉されない場合は、高さや引き寄せ幅を調整します。

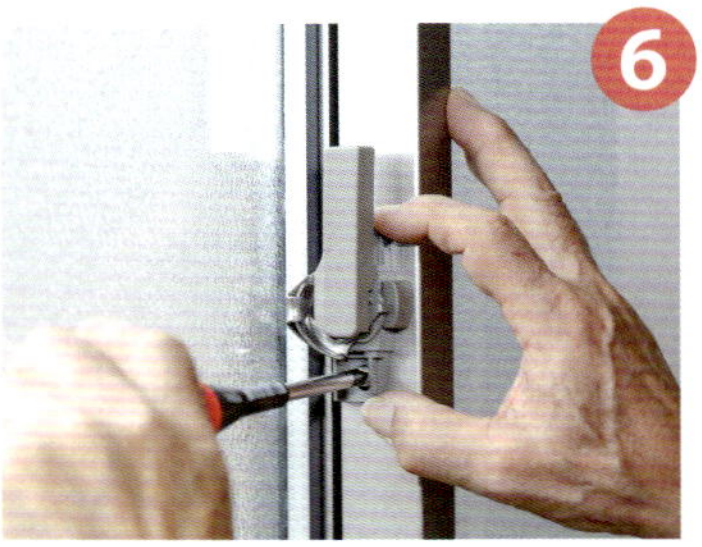

最後にビスを下側から本締めしてクレセント錠を固定します。再度鍵をかけてみてガタつきがないか、施錠解錠がスムーズかなどを確認したら完成です。

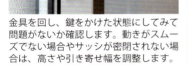

フローリングのリフォーム

既存のフローリングをはがす張り替えは、作業が大がかりになるハードルの高いリフォームです。DIYでは、リフォーム床材を使う簡単な重ね張りをおすすめします。好みの床材を選んで、傷んだ床を手軽によみがえらせましょう。

作業のながれ

床の状態を確認する → 床材を加工・準備する → 床を掃除する → 両面テープを貼る → 床材を貼る → 端をカットする

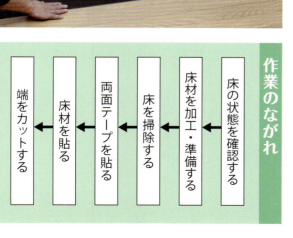

リフォームに重ね張りをすすめる理由

木材フローリングは、20年以上経って傷や色あせが目立っていても問題なく使える場合がほとんど。全部をはがして張り替える必要はありません。表面をきれいにする張り替えでは、上に薄いリフォーム床材を張る『重ね張り』が手軽でおすすめです。上を歩くとたわんだり、ギシギシと大きい音がする場合は床材や床下地をやり直す必要があるので、作業前に床の状態を確認しましょう。

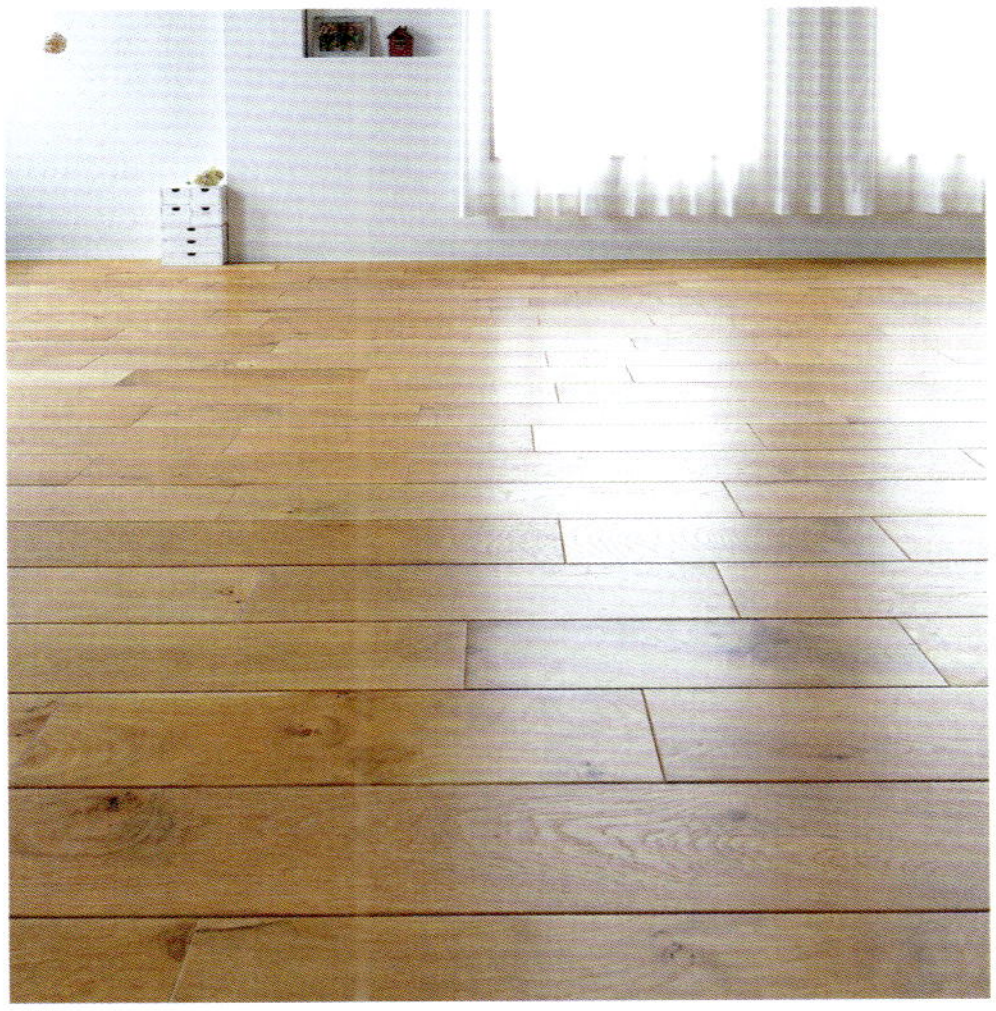

作業が簡単

既存のフローリングをはがす大変な作業を省くことができます。フロアタイルやクッションフロアなどのリフォーム床材は、両面テープで貼るタイプや置くだけで設置できるものがほとんどなので、未経験者にも作業が容易です。

廃材が出ない

既存のフローリングをはがして張り替える場合には、6畳サイズの部屋でも大量の廃材が発生します。既存の床に手をつけない重ね張りでは、廃材が出ないので作業がクリーンで処分のことを考える必要もありません。

費用を削減できる

リフォーム床材は、木材フローリングに比べて価格がずっと手ごろです。カッターやハサミで加工できるので、工具を買い足す必要もありません。また、廃材の処分費用が不要なのも大きな差になります。

重ね張りに適した床材の選び方

重ね張りのリフォーム床材としてよく使われるのが、フロアタイルとクッションフロアです。どちらもDIYで扱いやすいものですが、それぞれ特徴が異なります。また、製品ごとに厚みや施工方法、機能性に違いがあるので、自分のリフォームに向いているものを選びましょう。

厚み

重ね張りをすると床の高さが上がるため、ドアやクローゼットの扉が引っかかる場合があります。リフォーム床材は厚みが2mm以下からあります。床と扉のすき間を確認し、張っても干渉しないものを選びましょう。

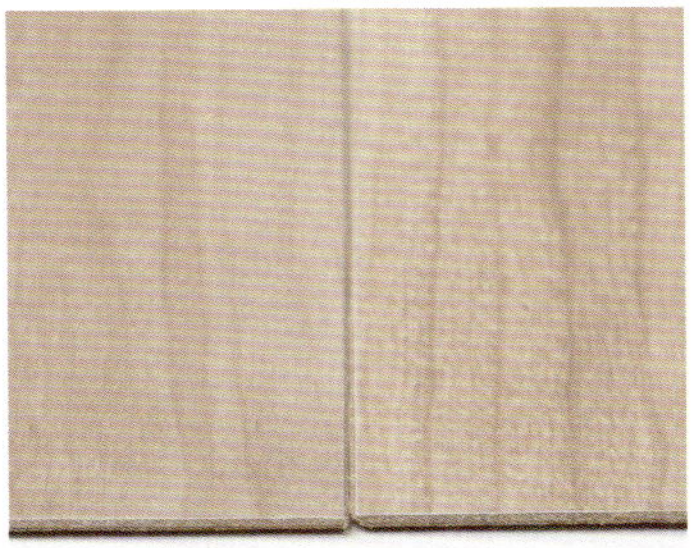

作業性

小さいパネルを並べて張るフロアタイルに比べて、シート状で大きいクッションフロアは作業の手間が格段に少なくなります。フロアタイルのなかでは接着しない置くだけのタイプを選べば、何度でもやり直しができて安心です。

デザイン性

好みの色や模様を選べるのはもちろんですが、表情がリアルで質感が高いことは大切な条件です。1枚が小さくて硬い材質のパネルを貼るフロアタイルのほうが、クッションフロアに比べて仕上りはよりリアルです。

難易度 ★★☆☆☆

フロアタイルを張る

天然木の味わいを感じられる床に

フロアタイルは、傷んだフローリングや板張り床のリフォームに適した樹脂素材の化粧シートです。この床材の特徴は、1.5〜5㎜程度と薄く、今までの床に重ね張りができる点です。古い床材をはがさなくていいため、作業時間が短く、廃材を処分する必要もありません。また、カッターで切って張るだけと、作業性がいいところも、ＤＩＹでのリフォームにぴったりです。

通常のフローリングのように、板状にカットしてある床材を順番に張っていくため、クッションフロアに比べると、作業の手間はかかります。ただその分、継ぎ目や木目模様がフローリングに近い雰囲気になるため、本格的な仕上がりを望む場合におすすめです。

耐久性や防汚性、防音性などの機能のほか、固定方法の違いで選ぶことができます。

材料

■置き敷きフローリング用床材
■専用両面テープ

道具

■カッター ■メジャー
■定規 ■サンドペーパー
■ウェス

ここがポイント！

張り方もチェック

フロアタイルは、張り方の違いにより、両面テープや接着剤で張るタイプ、裏面に粘着剤がついているシールタイプ、滑り止め加工がしてある置くだけタイプがあります。浮かないようにしっかり固定したい場合は両面テープなどで張るタイプを、賃貸住宅などの模様替えには置くだけタイプを選ぶといいでしょう。

薄型の両面テープ張りタイプは、張り直しができず、作業の難易度が高くなります。

両面テープで床材を張る

1

ホコリやゴミがないように、床をきれいに掃除します。ワックスが塗ってある場合は、クリーナーで取り除きましょう。

2

床材を仮置きして、短い方の継ぎ目がそろわないように、列の両端が短くなりすぎないように位置を調整しましょう。

3

列の端で、短い床材を張る必要があるところは、その場所に床材をあててカットする位置に印をつけます。

4

印のところに線を引き、カッターで切り込みを入れます。カッターの刃をこまめに折るのが、きれいに切るコツです。

5

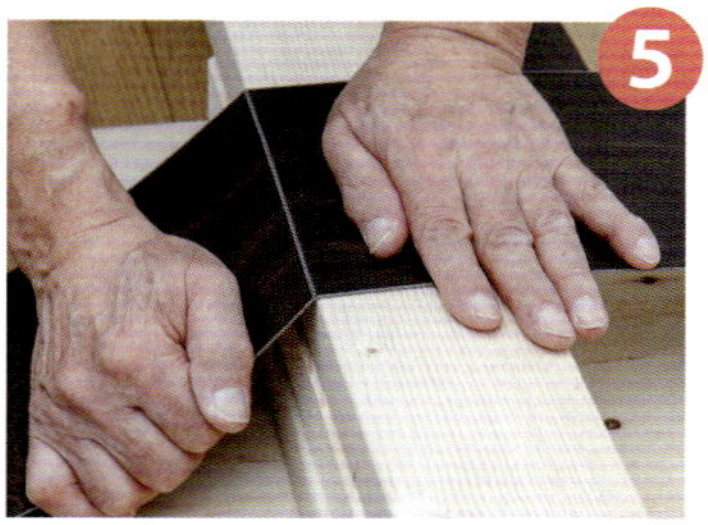

切れ目を上から折って切り離します。切り口をサンドペーパーで磨き、バリを落としておきましょう。

6

部屋の周囲の壁際すべてに、両面テープを貼ります。この時点では、はく離紙をはがさないでおきます。

7

床材の継ぎ目がわかるように印をつけておき、長い方と短い方、すべての継ぎ目のところに両面テープを貼ります。

8

部屋の隅から、１枚ずつ床材を張っていきます。両面テープのはく離紙を１枚分だけはがします。

9

端同士を重ねて張るように、フロアタイルの床材には、「サネ」という重ねシロがついています。

10

張り進めていく方向の２辺に下側のサネがあるように、床材の向きに気をつけて張り始めてください。

11

２辺のサネを重ね、浮きがないように確認しながら張り進めます。粘着力が強いので、慎重に位置合わせをしましょう。

12

全体を張り終えたら、浮いているところがないように、上から足で踏んで床材を圧着してください。

難易度 ★★★☆☆

クッションフロアを張る

水に強くお手入れも簡単
重ね張りもできて、

ハサミやカッターなどで簡単に切断でき、両面テープで貼りつけるだけで施工ができるということから、リフォームや模様替えの際の床材として人気が高いのが塩化ビニール製のクッションフロア。

値段も比較的安価で足で触れた感触は木材よりもずっとソフトです。また、樹脂でできているので水にも強く、水拭きができるのでお手入れも簡単。加えて模様のバリエーションも豊富というのも人気の理由です。

古いクッションフロアの上からでも重ね張りができますが、きれいな仕上がりには模様をぴったりと合わせるのがポイントとなります。

クッションフロアの上に重ね張りもできる

クッションフロアは重ね張りすることが可能です。床の厚みが増すのでドアなどの開閉に問題がないか確認は必要ですが、重ねることでクッション性も増し、床の感触はさらにソフトになります。浮きや、凹凸ができないよう下地の補修やしっかりと密着させる必要があります。貼ってはがせる両面テープなどを使うと原状回復も比較的簡単です。

材 料

■クッションフロア
■クッションフロア用両面テープ
■シームシーラー

道 具

■幅定規
■カッター
■ハサミ
■目打ち
■定規
■マスカー
■メジャー
■油性ペン
■ぞうきん
■マスキングテープ
■ジョイントローラー

仕上がりを左右する大切な下準備

作業の前に床を掃除してください。古くなった床の表面の汚れを住宅洗剤などでしっかり落とし、水拭きをしてから完全に乾かします。

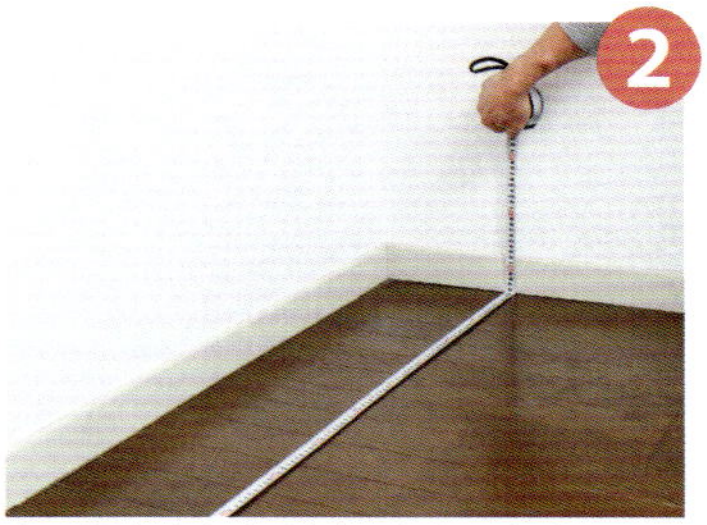

床の幅と奥行きを測ります。床全面に張るには何枚必要となるか計算しましょう。模様合わせや切りシロのために幅、長さ共5cm程の余分をとっておきます。

クッションフロアの裏面に測ったサイズ通りに正確な線を引きます。裏紙のマス目を目安にハサミかカッターで正確にカットします。

必要枚数をカットできたら、次は床にクッションフロア用両面テープを貼ってください。はじめは壁ぎわに添って床の端を囲むように貼っていきます。

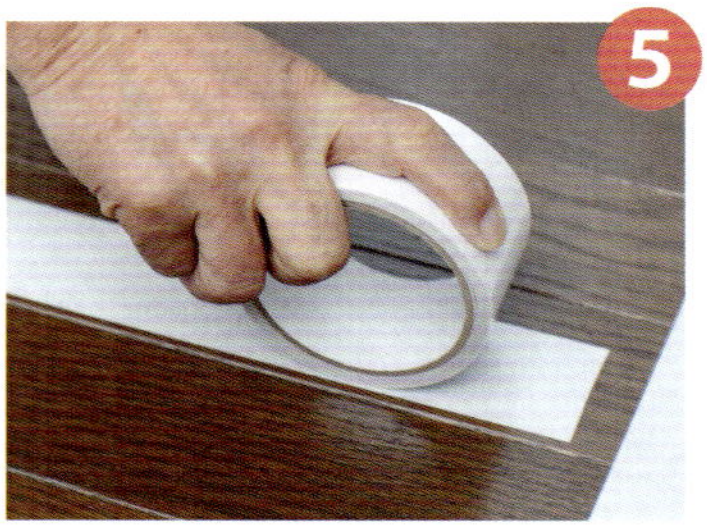

両面テープははがれないようにしっかりと床と密着させてください。このように両面テープのロールを使い、はく離紙の上からこすると簡単です。

両面テープは床の全周と、その内側に並べるクッションフロアと平行になるように貼っていきます。浮きがないか確認してください。

クッションフロアを床に仮置きしてください。カットしたサイズであっているか、必要枚数が足りているかなどをここでチェックしましょう。

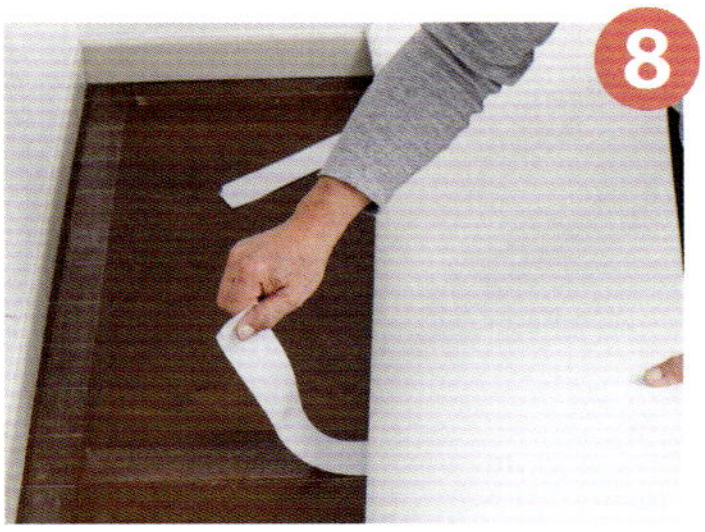

仮置きしたクッションフロアがずれないように注意しながら両面テープのはく離紙を奥から手前に向かって少しずつはがしていきます。

クッションフロアの幅分の両面テープを20~30cmほどはがします。クッションフロアをめくる際、壁に引っかからないように注意しましょう。

めくったクッションフロアを慎重に戻します。あとでカットする5cmほどの切りシロを余らせるようにしてください。

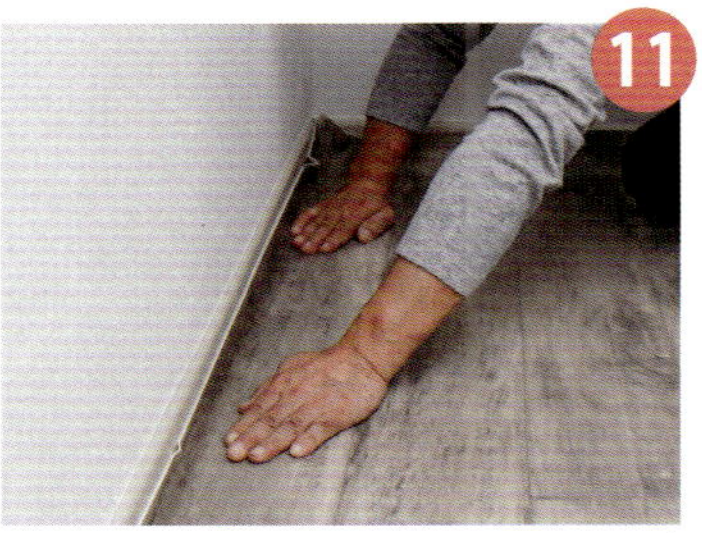

壁際に向かって押し込むようにしながら、手を使って両面テープにクッションフロアをしっかりと密着させてください。

端部分を固定できたら、同じように両面テープの、はく離紙を少しずつはがし、クッションフロアが浮かないよう注意しながら続きを張っていきます。

しっかり密着させ、余分をカットする

1

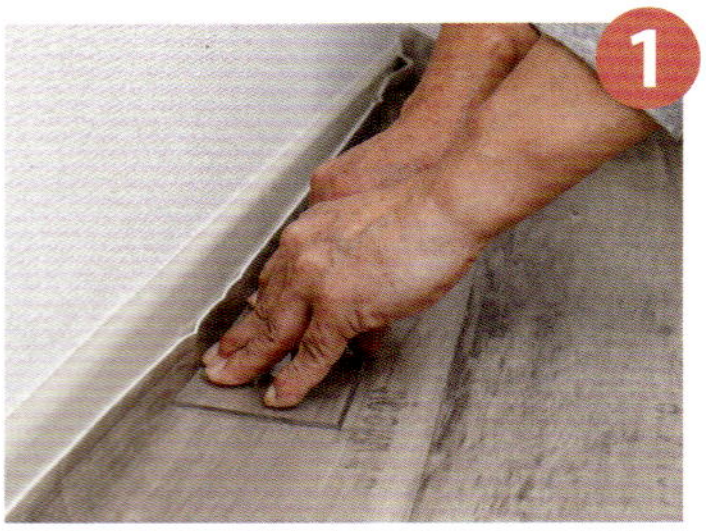

クッションフロアを張ったら、床と壁の境目に幅定規をしっかりと押し当て密着させて、カットするラインの型をつけます。

2

壁と床の間にクッションフロアの浮きができないように幅定規や地ベラなどを使ってしっかりと力を入れ押し込み折り目をつけてください。

3

部屋の隅にはこのように余った部分が浮いています。上から角をしっかり押さえて型をつけたら、浮かないように角の頂点に目打ちを打ち固定します。

4

角を決めたら、余っているクッションフロアの角に、目打ちを打った部分に向けて斜めの切り込みを入れます。

5

さらに同じようにもう一方からも目打ち部分に向かってハサミで切り込みを入れ、V字に切り取ります。

6

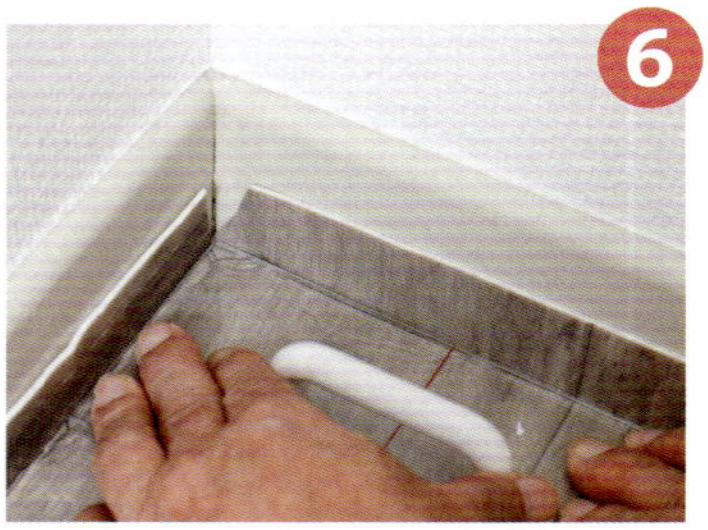

カットラインを作るために幅定規を使って部屋の隅にクッションフロアをしっかり押し込みながら密着させて折り目をつけます。

7

幅定規とカッターを使って余分なクッションフロアの端をていねいにカットします。カッターの刃は寝かせすぎないように注意してください。

8

端部分がギザギザにならないようカットするには、途中で刃を切り口から離さないで最後まで切り進めるのがポイントです。

9

余分な部分をカットできたら、ジョイントローラーで周囲をしっかりと押さえ、クッションフロアを両面テープにしっかり密着させてください。

10

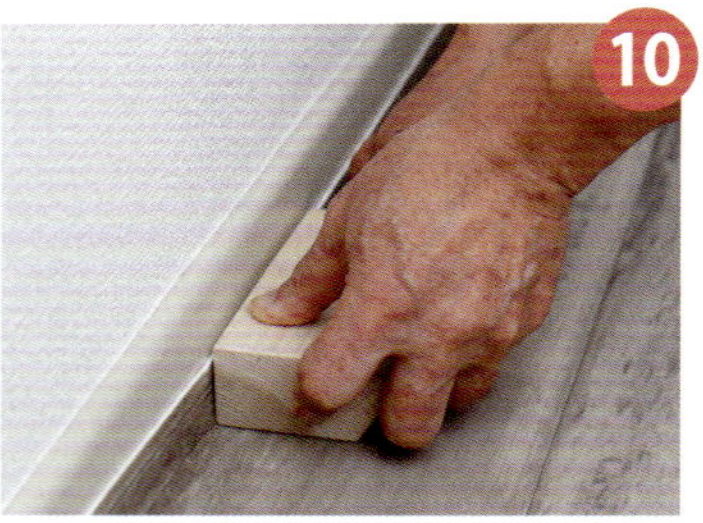

幅定規と文房具のカッターでもクッションフロアはカットできますが、専用のクッションフロアカッターを使用すると簡単かつきれいに仕上がります。

クッションフロアカッターとは

クッションフロアをカットする専用の道具がCF（クッションフロア）カッターです。床と壁の境目に押しあてながらスライドするだけで真っすぐにクッションフロアをカットできます。刃は市販のカッターの刃を折って使うので交換も簡単に行えます。

シームシーラーでつなぎ合わせる

ドアのフレームや柱などが出っ張っている場合は部屋の隅と同様に余った部分にハサミを入れ、カッターで切り取ります。

壁際ギリギリになるように飛び出した形に細かく切り込みを入れカッターでていねいに切り取ります。切り取ったらジョイントローラーで密着させます。

柄が連続しているクッションフロアは、ぴったりととなり合わせにすることで柄がつながります。つなぎ目の下には両面テープが入るようにしてください。

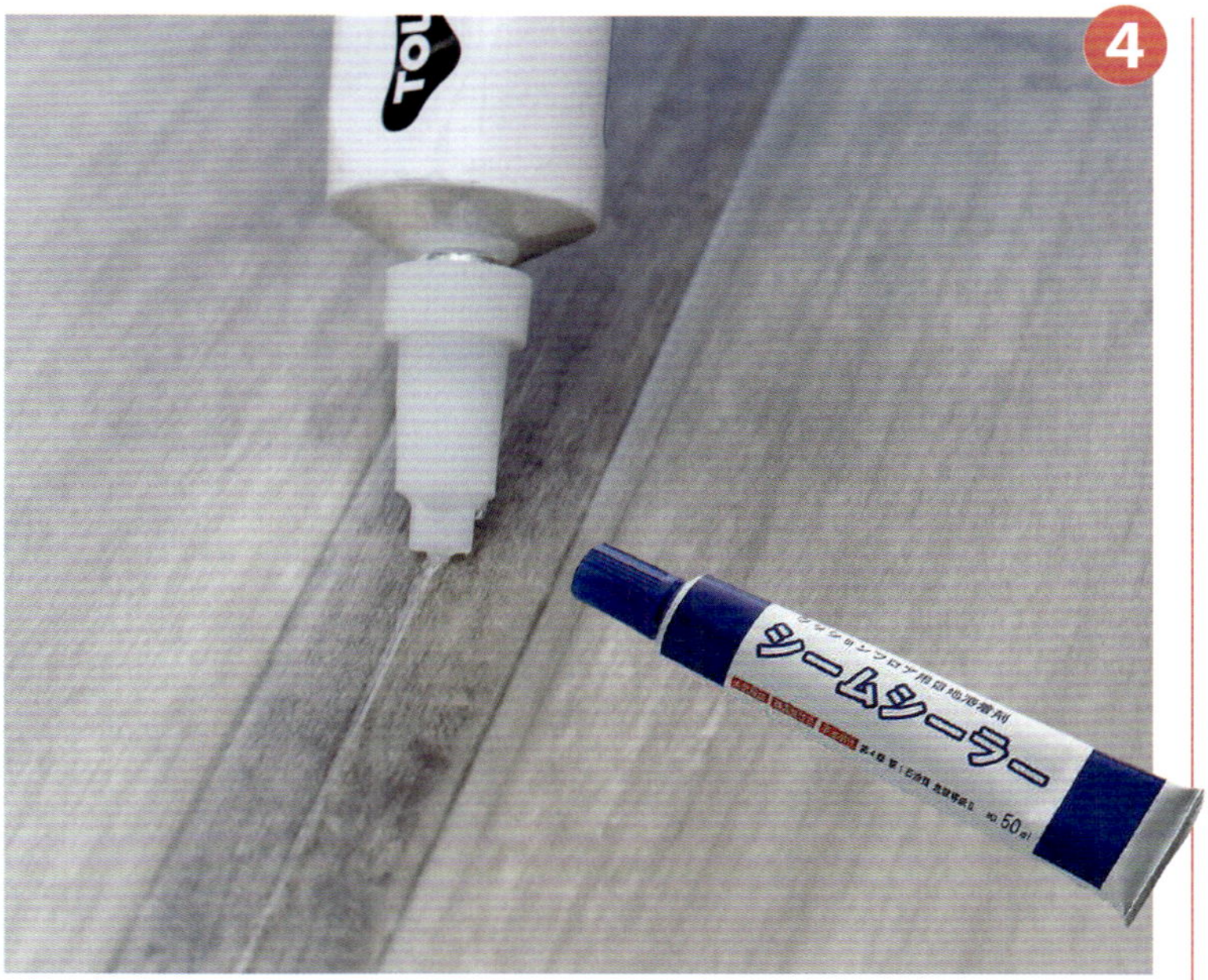

2枚のクッションフロアをぴったりと並べ、柄を合わせたら、つなぎ目をシームシーラーで溶着します。シームシーラーは専用の接着剤で、チューブの先端がＴ字になっています。このＴのタテの棒をつなぎ目に合わせ、液が1.5㎜から2㎜程度浸み出すくらいに流し込みます。シームシーラーはクッションフロアを溶かしてしまうので表面など余計な部分にこぼさないように注意してください。

うまくつなぎ合わせると、一枚のクッションフロアのようにきれいに仕上がります。シームシーラーは1時間ほどで乾燥します。それまでつなぎ目に乗らないでください。

床全面にクッションフロアを張り終えました。これで完成です。

ここがポイント！

クッションフロア購入の際に気をつけるべきこと

クッションフロアは、通常ロール状で販売されています。幅は狭いタイプから広いタイプまでさまざまですが、182㎝幅のものが一般的です。クッションフロアを部屋に張る場合、メジャーなどで部屋のサイズを計測しておき、どれくらいの枚数が必要となるかは計算しておきましょう。

目安として4.5帖なら1.8m×6mほど、6帖なら1.8m×6～8m、8帖なら1.8m×7～12mぐらい必要です。クッションフロアを張る際には、上下左右に10㎝ほどの切りシロや、つなぎ合わせのために柄のリピート（柄の繰り返し）分も必要です。それらも考慮して、少し多めに用意しておきましょう。

難易度 ★★☆☆☆

壁の塗り替え

室内用塗料は色の種類が豊富にそろい、白や青という系統のなかからさまざまなトーンの色を選ぶことができます。インテリアを好みの雰囲気に整えたいなど色にこだわりたいリフォームには、壁の塗り替えがおすすめです。

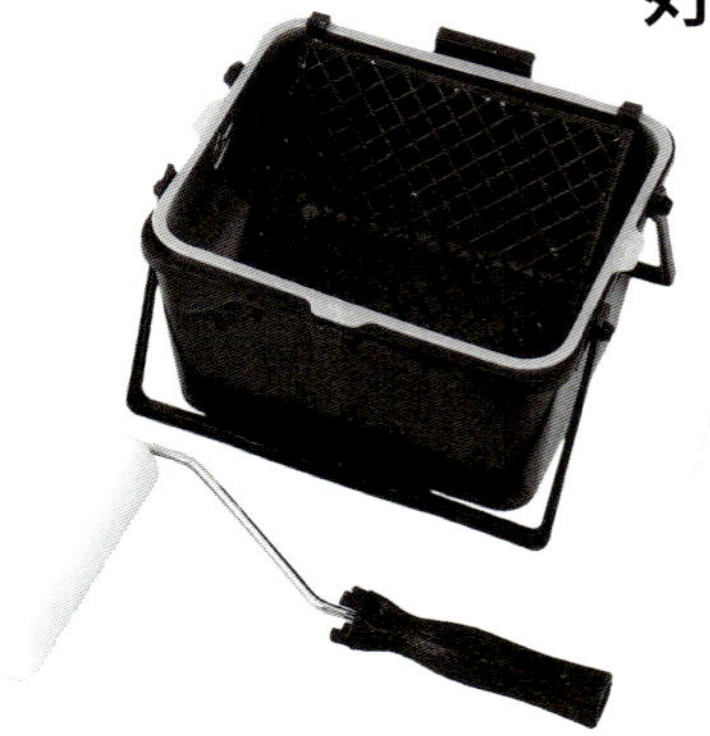

作業のながれ

壁を掃除する → 養生をする → 下塗りをする → 上塗りをする → 養生をはずす

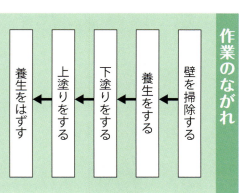

下地の種類と処理の方法

室内壁の塗り替えで仕上りを左右するのが、塗装の下地となる壁の処理です。下地は壁に使われている材料やその状態によって適切な処理方法が異なります。塗装の前に部屋の壁を確認して、作業の流れを組み立てましょう。

塗装壁

以前に塗装をした壁には、重ね塗りができます。水性塗料で塗ってある壁なら、同じ水性で塗ってください。油性の上に水性を塗ると、塗料がうまくのらなかったり、後から塗膜がひび割れたりする可能性があります。下地の塗料の種類がわからないときは、目立たないところで試し塗りをして確認しましょう。濃い色の上に薄い色を塗ると下地が透けやすくなりますが、塗る回数を増やせばきれいに仕上げられます。

壁紙

一般的なビニール壁紙であれば、対応した塗料をそのまま上に塗ることができます。下地の壁紙の模様が表面に出ますが、細かい地模様であればほとんど気になりません。少しのはがれや破れがあっても、補修して塗ることができます。ただし、はっ水加工や防汚加工をしてある壁紙は塗料を弾く場合があるので、事前に目立たないところを塗って確認しましょう。

コンクリート

表面を触ってみて、ボロボロと崩れたり粉が手に付着したりしない良好な状態を保っていれば、上に塗ることができます。塗料の種類によっては直接塗れるものもありますが、専用シーラー（下塗り剤）が必要なものもあるので作業の前に確認しましょう。

壁紙をはがした場合

壁紙の浮きやはがれ、破れが広範囲にわたっていて補修が難しい場合は、壁紙をはがしてから塗装することになります。壁紙をはがすと薄い裏紙が残ってしまいますが、その上に塗料を塗ると水分を吸って浮いてしまいます。面倒でも裏紙をすべてはがしてください。その後、壁紙の下地だった石こうボードや合板の表面にパテを塗って平らにしてから塗装しましょう。

室内壁に適した塗料

室内壁に使用する塗料は、安全性が高くて人体への影響が少ない水性のものを選びましょう。水性塗料は換気していれば気にならないほど臭いが少ないうえ、汚れた道具を水洗いできるなど、DIYで塗り替えをする場合にぴったりです。室内壁への塗りやすさ、安全性に優れ、『インテリアペイント』と呼ばれる水性室内用塗料がおすすめです。

室内壁用塗料のポイント

【ビニール壁紙に塗れる】

水性室内用塗料は、ビニール壁紙をはじめほとんどの壁材に対応していて、インテリア用らしく色の種類が豊富です。抗菌や防汚などの機能を備えるタイプもあります。屋内外用の水性多用途タイプは、ビニール壁紙に対応していないものが多いので、用途や使用部位の項目を確認しましょう。

【安全性が高い】

塗料の安全性は、ホルムアルデヒドの発散量がわかる『F★』表示が目安になります。発散量がとても少なく、室内で安心して使える最高等級『F★★★★（エフ・フォースター）』表示があるものを選びましょう。

ビニール壁紙に塗装する場合は、素材に対応している水性室内用塗料を使いましょう。

コンクリートや合板、石こうボードなど、吸い込みの多い下地には、素材に対応した下塗り剤を使う必要があります。

壁紙を塗る

ムラなく、残さず、ていねいに塗ることが重要

壁の塗り替えは、汚れた壁を一気に刷新するのに最も有効な作業です。古い壁紙をはがしたりする工程もなく、万が一仕上がりの色や質感が気に入らなくても改めて塗り直すことが可能なため、比較的気軽に行うことができます。しかも、壁紙の貼り替えよりもローコストで済ませられます。注意するポイントは、液状の塗料で部屋や家具を汚さないよう、しっかりと周辺を養生をすることです。そして、作業中は定期的に換気をすることです。室内壁用の塗料は臭いもなく安全なものがほとんどですが、念のためにこまめに空気の入れ替えをしてください。

材　料
■室内壁用塗料
道　具
■ダスターバケ
■ローラー
■ローラー用バケット
■ハケ
■マスキングテープ
■マスカー

高い所を塗るときは…

長い柄のローラーを使ったり、脚立に乗ったりしながら、天井に近い部分もしっかりと塗ります。

塗料を扱いやすくする

塗料缶の開口部に養生テープをＶ字に貼り、注ぎ口を作れば、塗料が缶の側面などに垂れるのを防げます。

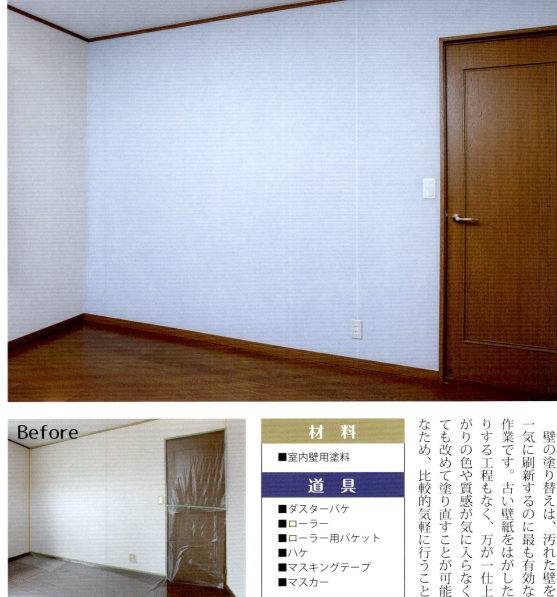

養生《ようじょう》し、壁を塗り替える

1

ダスターバケを使って、壁の表面に付着しているほこりなどを落とします。固まった汚れがある場合は、濡れた雑巾などで拭き取っておきます。

2

壁とその周りを養生します。壁の縁に沿ってマスキングテープを貼ります。巾木がある場合は、その面に沿ってすき間なくテープを貼っておきます。

3

マスキングテープの上からマスカーを貼り、塗料で床を汚さないように養生します。天井部分も同様にマスカーを広げます。

4

周辺のドアなど、作業空間はもれなく養生を。スイッチプレートやコンセント周りには、縁に沿ってマスキングテープを貼っておきます。

5

塗料をよく振って混ぜてから、適量をバケットに移します。

6

最初にマスキングテープが貼ってある壁の縁、プレート周りから、縁取りをするように塗っていきます。

7

壁を囲むようにすべての縁を塗ります。これによって、全体を塗る作業の際に細かな部分を気にせず、効率よく塗っていくことができます。

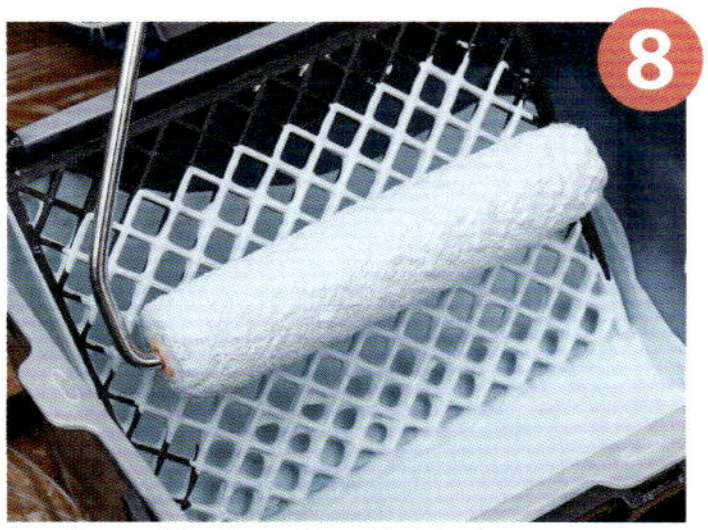

8

スポンジ部分にだけ塗料がつくようにローラーに塗料を馴染ませます。バケツ内で軽く絞り、スポンジの表面が薄っすら見える程度の量を含ませます。

9

あらかじめ塗っておいた縁付近から、ローラーを使って全体を塗っていきます。塗料によって凹凸ができないよう、均等に塗っていきます。

10

塗るスペースを、手が届く範囲に区切りながら作業すると効率的。目の届きにくい高い所も脚立などを使って塗り、塗り残しのないようにします。

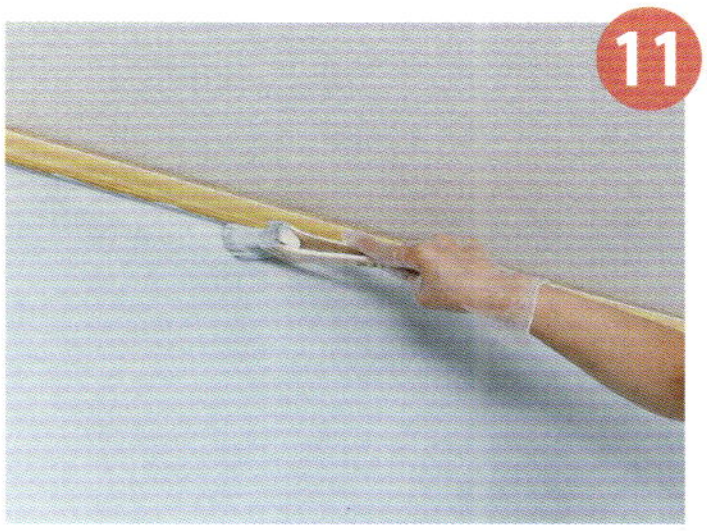

11

1度全体を塗り、表面のテカリが取れるまで乾かしたら2度目を塗ります。1度目と同様に縁から塗りましょう。

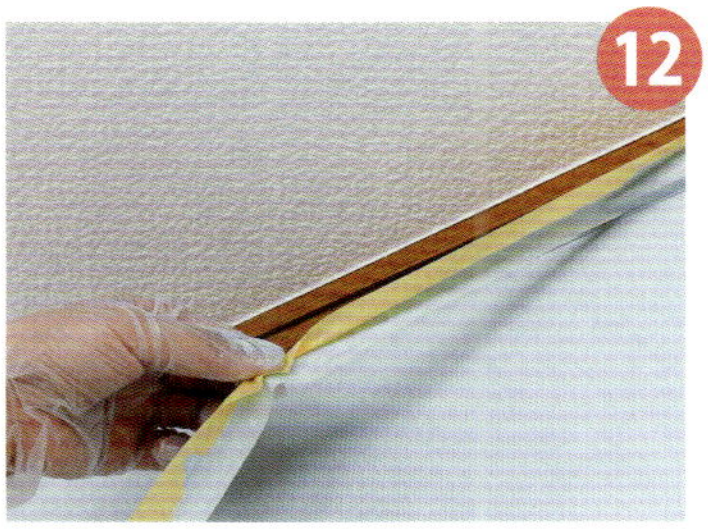

12

全体をくまなく2度塗りしたら、塗料が乾く前にマスキングテープなどをはがしておきます。しっかりと乾燥させたら完成です。

難易度 ★☆☆☆☆

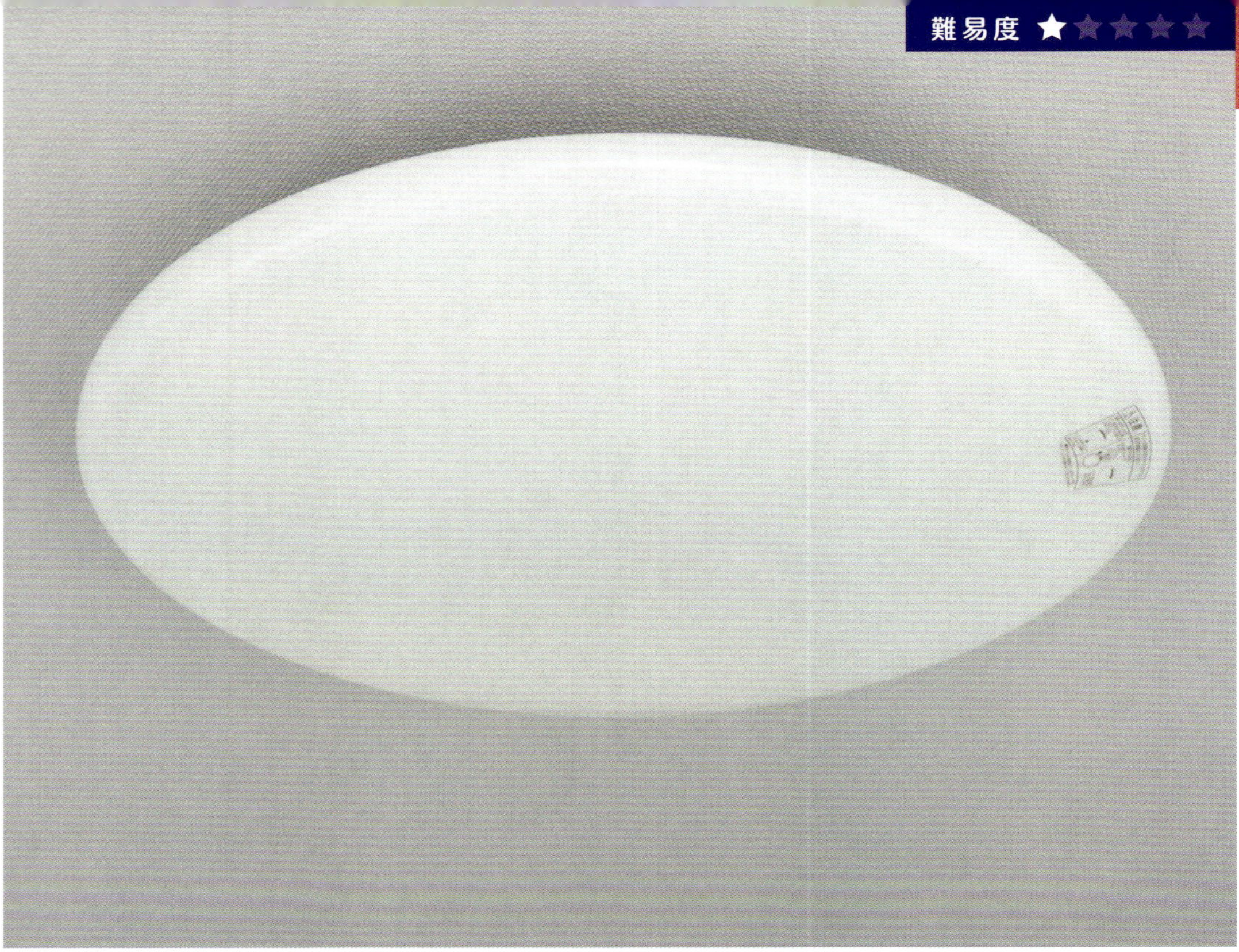

天井照明の交換

LED化で消費電力を抑えつつ明るさをアップ

和室の照明といえば、以前は天井から吊り下げられた蛍光灯のペンダントライトが一般的でした。しかし、今はLEDを使用したシーリングライトが主流となっています。

天井に直接取りつけるシーリングライトは照らす位置がより高くなり、部屋全体を満遍なく照らすことができます。LEDなら蛍光灯より消費電力を減らすことが可能です。

また、すっきりとしたデザインやリモコンによる調光機能もとても魅力です。もし部屋の照明のリフォームを検討中ならLEDシーリングライトへの交換をおすすめします。

交換の際に気をつけることは、天井の照明用配線器具です。配線器具にはいくつかタイプがありますが、配線器具が天井に設置されていれば、DIYでも簡単に照明の交換が可能です。

配線器具がない場合は設置を電気店に依頼しましょう。ペンダントライトからシーリングライトへの交換方法はとても簡単ですので、その交換手順を紹介します。

角型引掛シーリング

照明の配線器具には、角型引掛シーリングや引掛ローゼット、引掛け埋込ローゼットといったものがあります。基本はどれも引掛金具を配線器具に差し込み、回転して固定するだけです。

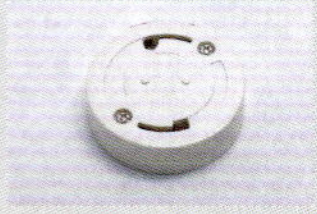

丸型引掛シーリング

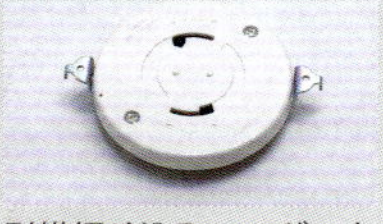

引掛埋め込みローゼット

作業のながれ

ペンダントライト取り外す → 配線器具に本体を固定する → カバーを取りつける → 点灯を確認する

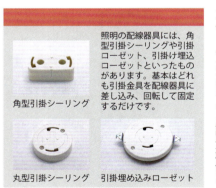

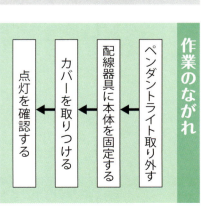

ペンダントライトからシーリングライトに交換する

以前は一般的だった、蛍光灯のペンダントライトです。これをLEDシーリングライトに交換します。脚立を用意します。

照明の電源を落とし、ペンダントライトの電源コードの根元をつかみ、左方向にひねってからコードを抜き取ります。

配線器具は丸型引掛シーリングでしたので、このままLEDシーリングライトを取りつけることができます。

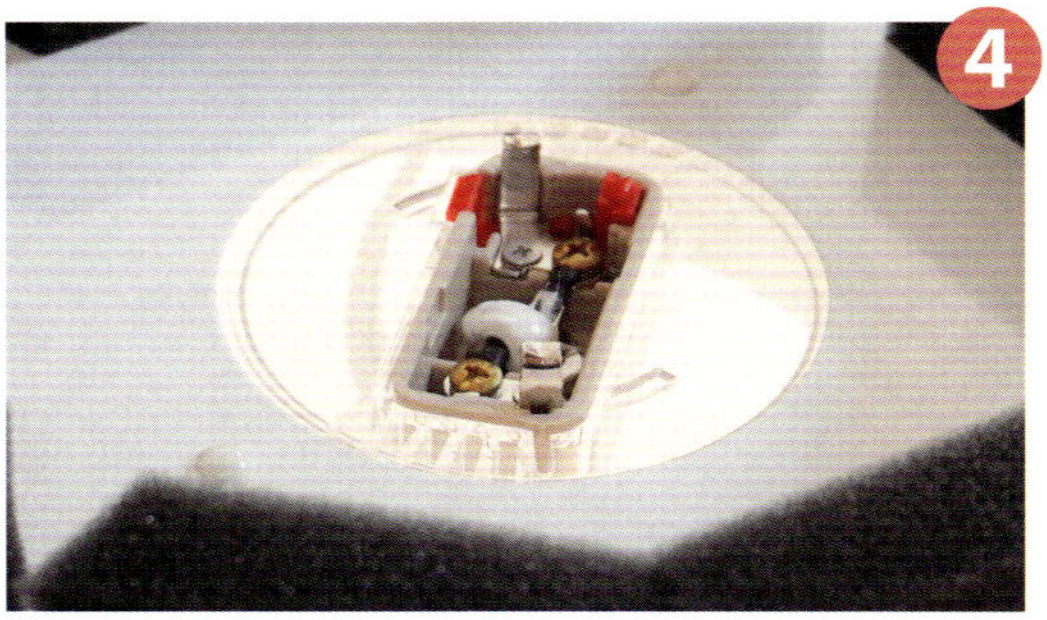

今回使用するのは一体型です。LEDシーリングライト本体の裏には引掛爪が飛び出しています。

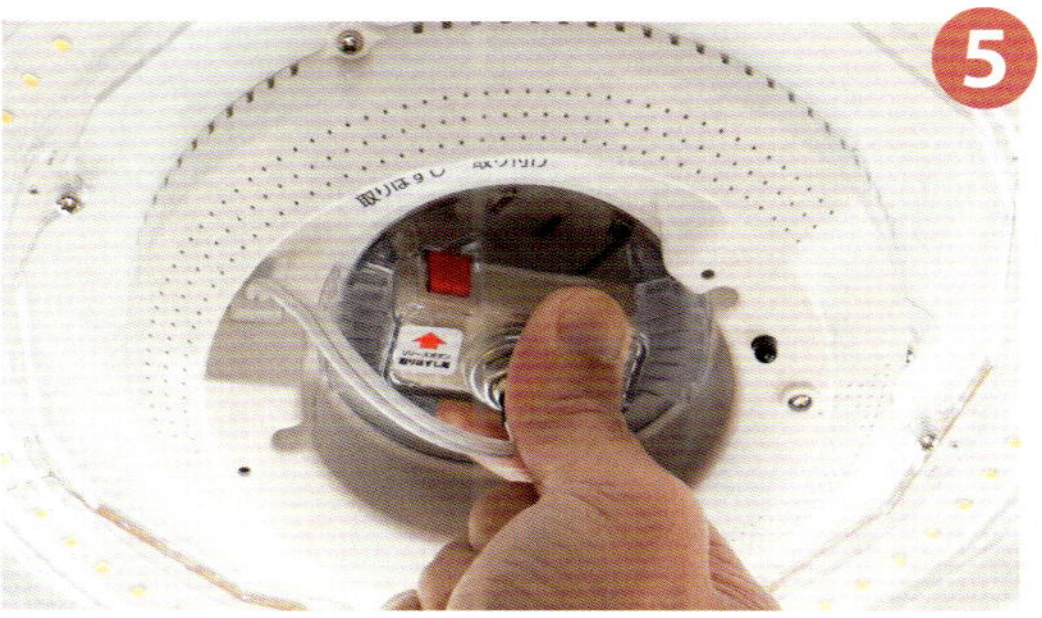

本体を水平に持ち、本体の引掛爪を配線器具に差し込んだら、中央の回転部分を右（時計回り）にカチッと音がするまで回します。

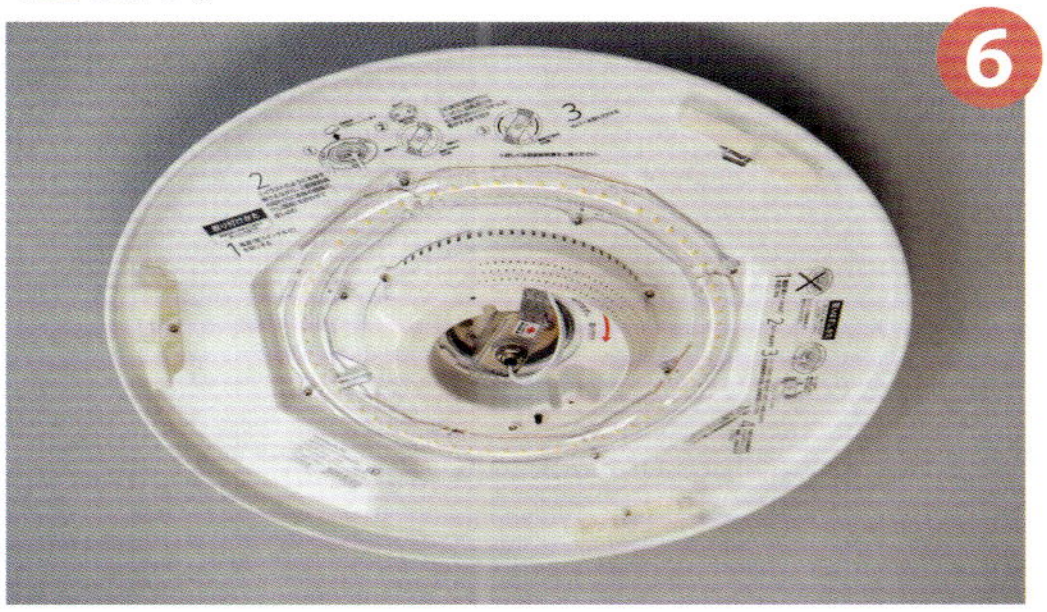

本体の取りつけができました。水平になっているか、しっかり固定されているかを確認しましょう。

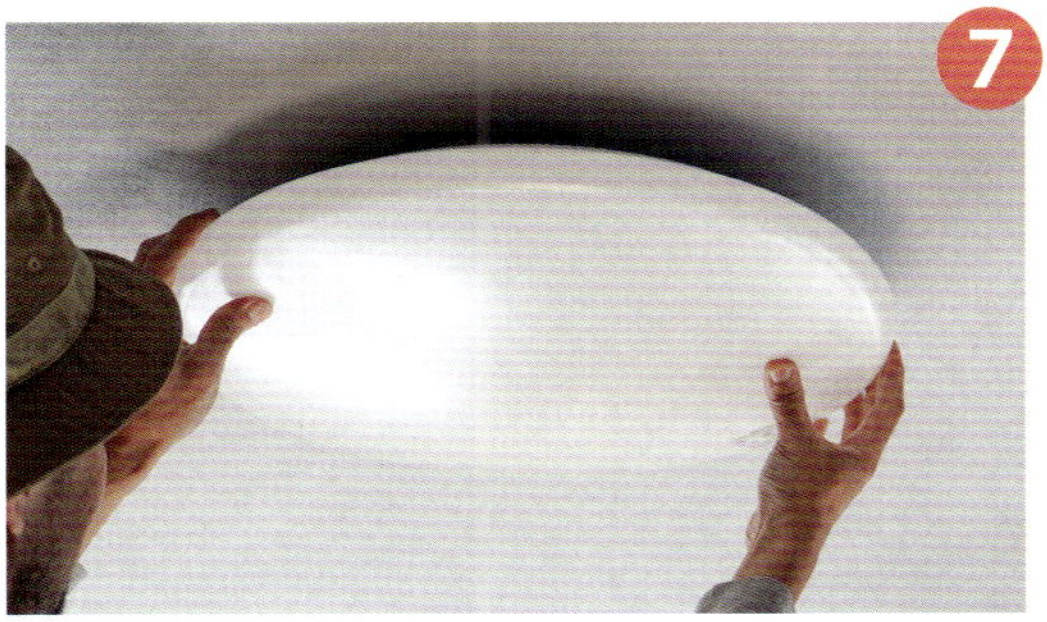

カバーを本体に押しつけるようにして取りつけます。製品によっては押し上げながら回転させるものなどもあります。

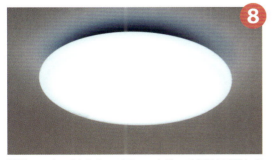

照明のスイッチを入れ、リモコンを使って点灯を確認しましょう。調光機能なども確認して交換完了です。

ウォールシェルフの設置

手つかずだった壁を素敵に活用しましょう。
ウォールシェルフは収納としてもインテリアのアクセントとしても有効です。

作業のながれ

壁裏下地を探す → 棚の位置を決める → 棚受けを取りつける → 棚板を取りつける

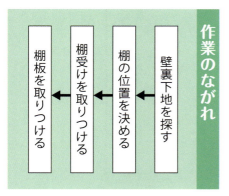

室内壁の構造

壁に設備を取りつけるとき、見えない柱や間柱に対してネジを打つのは不安なものです。確実に作業ができるように、事前に壁裏の構造を知っておきましょう。

住宅の室内壁で多いのが、石こうボードや合板の壁材に、壁紙を貼って仕上げたものです。この場合、壁の内部は空洞になっていて、縦方向に下地材が入っている構造が一般的です。

壁に収納棚や手すりなど、荷重のかかるものを取りつける場合は、これらの下地材を探してネジで固定する必要があります。あらかじめ下地材がどのような間隔で入っているかがわかっていると、取りつけ位置を決めるとき、下地を探すときに役立ちます。作業をするときは、おおよその位置関係を頭に入れて取り掛かりましょう。

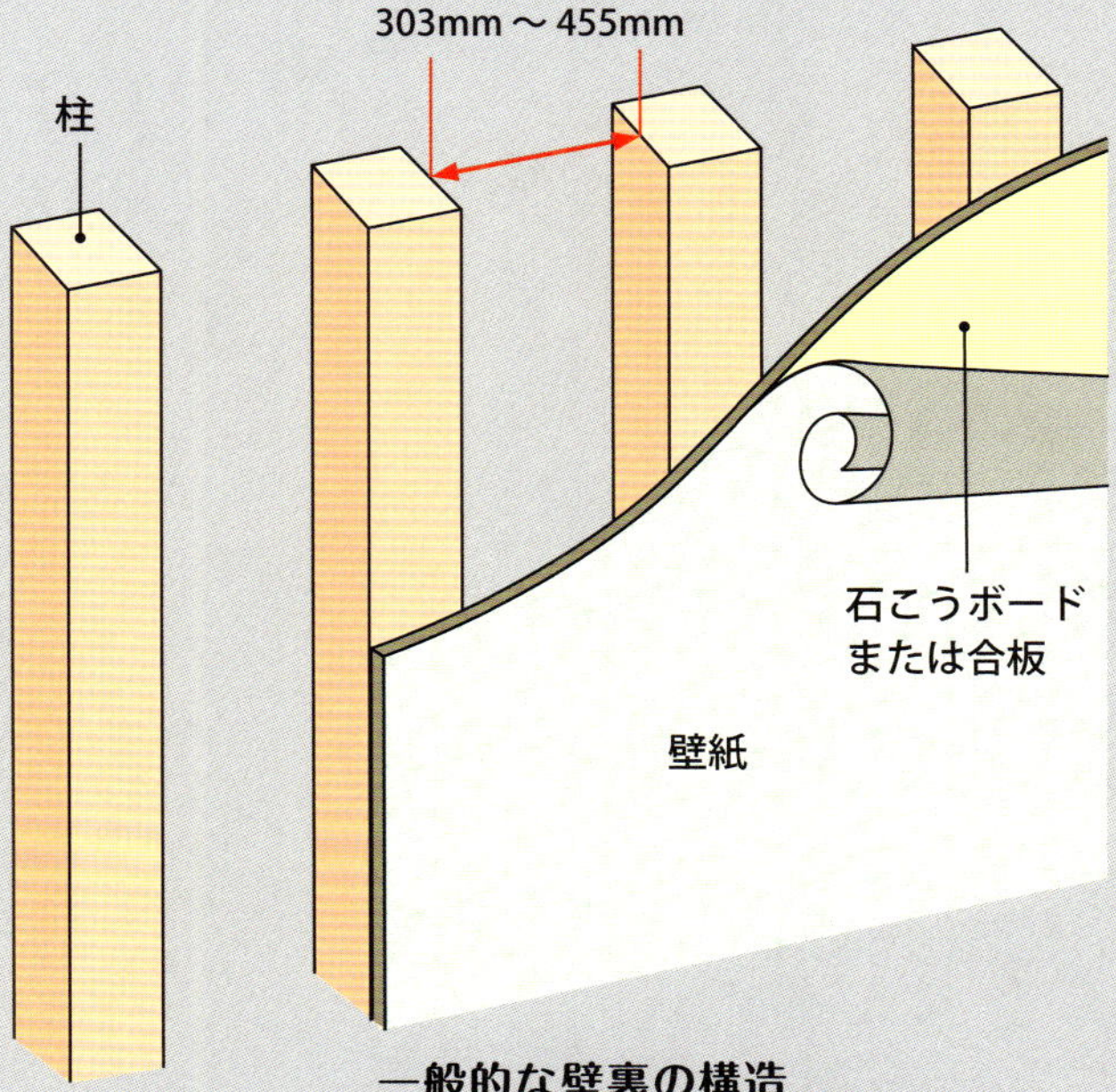

一般的な壁裏の構造

木造在来工法の場合、壁裏の柱と間柱はおよそ450mm 間隔で立っています。マンションなどのコンクリート住宅では軽量鉄骨の柱が使われていることが多く、壁材がコンクリートに直接張られていることもあります。

補強板の利用方法

棚などを取りつけたい位置に柱がない、また手すりのブラケットを取りつけるために柱の幅が足りないといった場合は、補強板を利用する方法があります。まず下地のあるところに必要な長さの補強板をネジで固定し、その板に棚などを取りつければ、下地からはずれた場所でもネジどめが可能です。

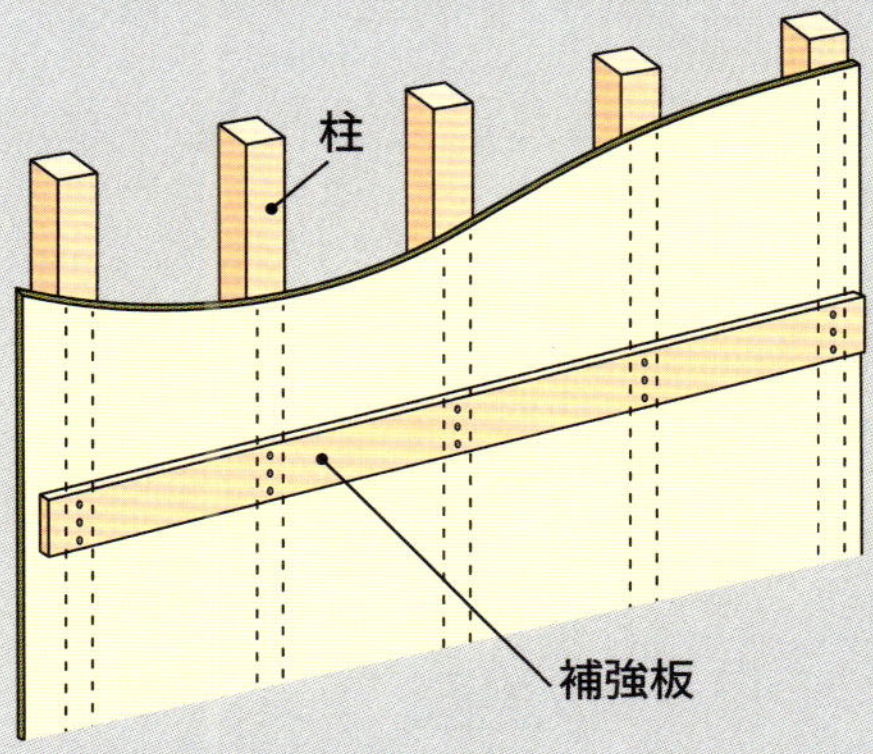

壁に棚をつける

好みや用途に合った棚を設置して、整理整頓《せいりせいとん》を快適に

部屋の壁の空いている部分に、棚を設置することで、デッドスペースを有効活用。プラスアルファの収納を手に入れることができます。新しい棚は、部屋の雰囲気にアクセントを加えてくれるでしょう。

ここでは、基本となるシンプルな棚、コンパクトに折りたためる棚、デザイン性のある箱型の棚といった使い勝手や見た目の印象の違う3種類の棚を設置する工程を紹介します。日用品を整理して収納するもよし、飾り棚としてデコレートするもよし。最も必要としている用途のため、最適な棚を設置しましょう。

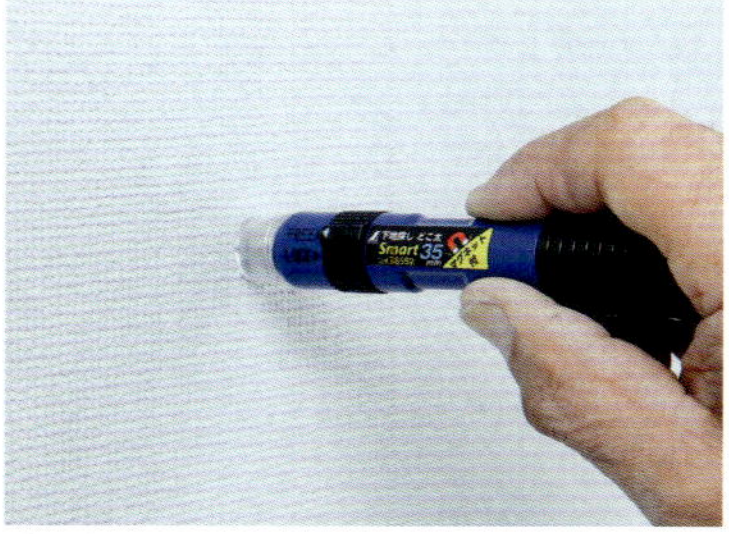

壁に棚を設置する際は、壁の裏にある柱を探し、そこに木ネジを打ちます（詳細は次ページ）。隠れた柱を見つけるために必要なのが、下地探し工具。電子センサーで探すタイプ（上写真）のほか、針を壁に刺して探すタイプもあります。

材　料

棚 1
■棚受け金具
■棚板

棚 2
■折りたたみ式棚受け金具
■棚板

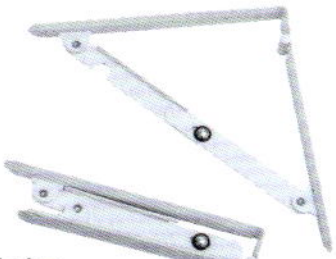

棚 3
■棚受け
■棚板
■側板／前板／底板

共通
■木ネジ
（棚受け金具に付属のものでは長さが足りない場合もあるので注意）

道　具

■下地センサー
■マスキングテープ
■ドライバードリル
■水平器

下地の柱を探し、棚を設置する位置を決める

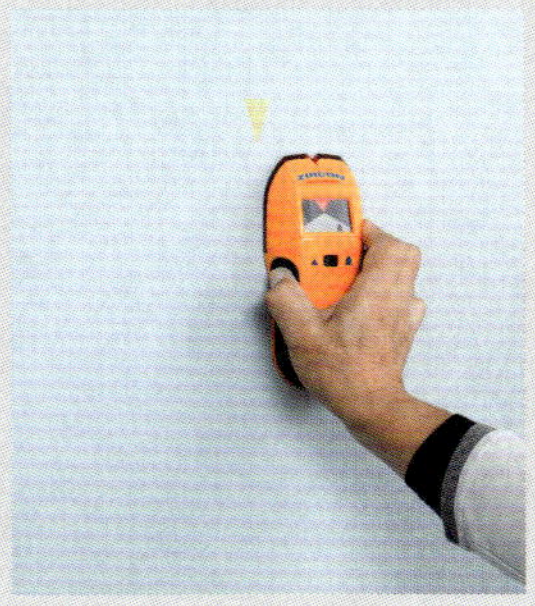

下地の柱は、部屋の角や扉の縁から約45㎝間隔で設置されていることがほとんどです。

下地センサーなどを用いてその位置を特定し、マスキングテープで印をつけておきます。その位置が、棚受けを設置するために木ネジを打つ場所になります。

壁に石こうボードが張られている場合はコンセントプレートなどを外してボードの厚みを確認し、最適な長さの木ネジを選んでください。

棚 1（基本の棚）

1

柱の位置を確認したら、設置したい高さを決め、片側の棚受け金具を木ネジで固定します。

2

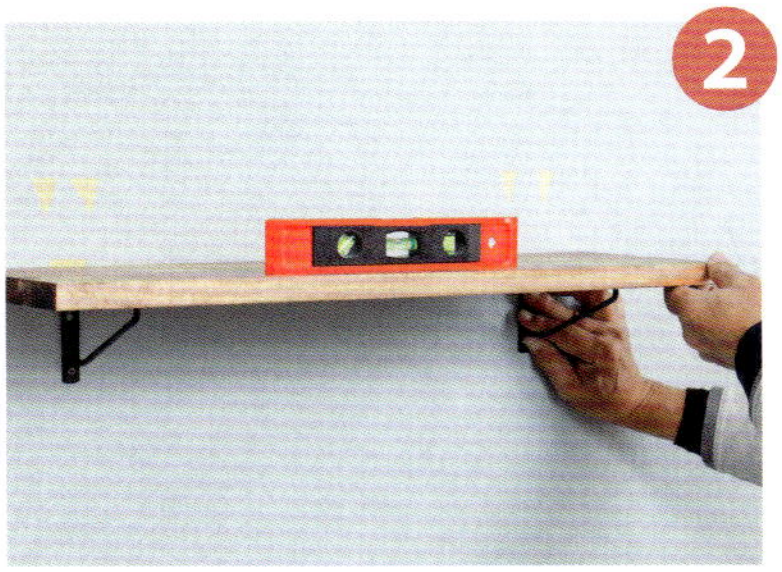

柱の間隔に合った幅の棚板を用意し、棚受け金具に片端を乗せ、水平を取りながらもう片方の金具の位置を決めます。

3

左右両方の棚受け金具を壁に設置したら、木ネジで棚板を金具に固定して完成です。

棚 2（折りたたみ式棚）

1

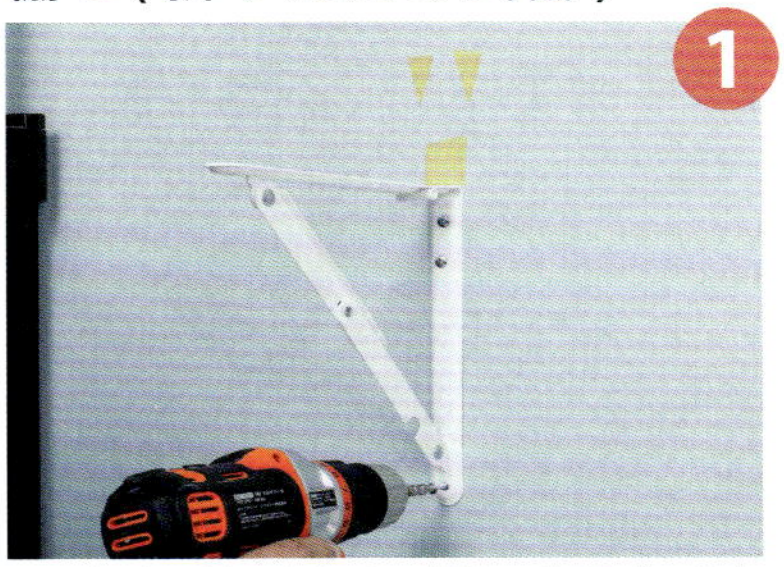

不要な時は折りたためる棚を、簡易デスクとしても使えるよう、床から 70㎝程の高さに設置します。

2

基本の棚と同様、水平を取りながら棚受け金具を設置し、棚板を固定します。

3

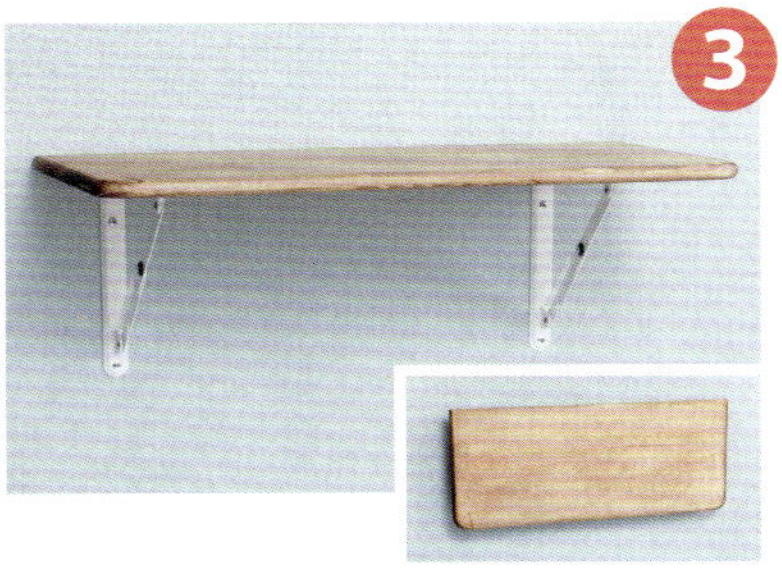

完成です。折りたためるタイプの棚は、不要の時は周辺スペースを広く使えるため便利です。

棚 3（箱型の棚）

1

柱の間隔に合った幅の棚板に、側板、前板を木ネジで固定します。

2

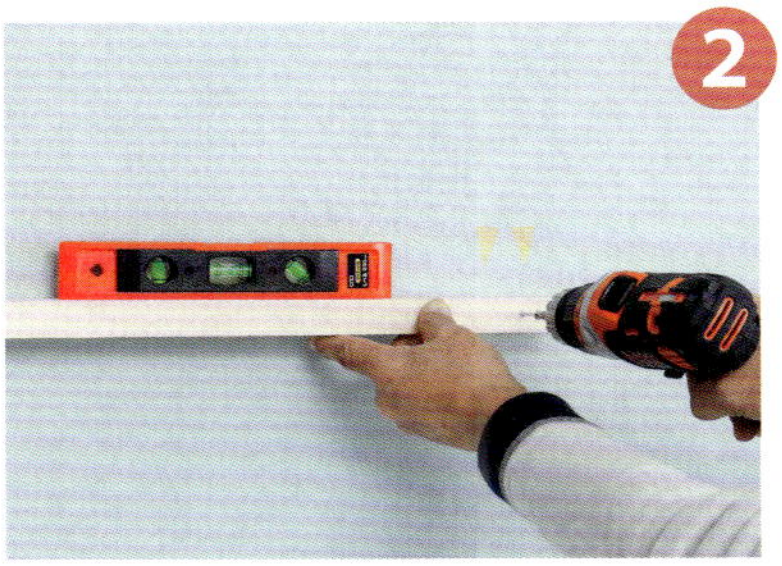

棚受けとなる材を柱と柱の間に渡し、水平を取りながら設置。木ネジで固定します。

3

棚板を棚受けに被せ、棚板の上から木ネジで固定します。

4

棚板と同サイズの底板を下からフタをするように木ネジでとめれば完成です。木ネジは、側板、前板、棚受けとの接合面に打ちます。

扉のリメイク

リフォームするには大掛かりでたいへんそうだと
尻込みしてしまう室内扉も、
実はＤＩＹでおしゃれに変えることができます。

作業のながれ

扉のリメイク

ドア扉を取り外す → 扉の装飾を決める → 装飾の加工をする → 補強して塗装する

室内ドアを作る

枠を作る → パネルを取りつける → 金物用の加工をする → ドア錠を取りつける

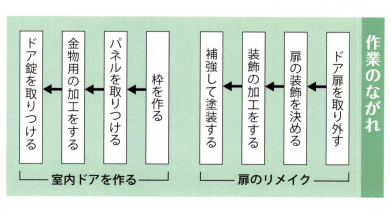

扉の種類

空間を仕切ったり人や物の出入り、換気や採光などの目的で用いられる室内ドアは、部屋には欠かせない建具です。扉の開閉のスタイルは、基本的に「開き戸」「引き戸」「折れ戸」の3種類に分けられます。

折れ戸

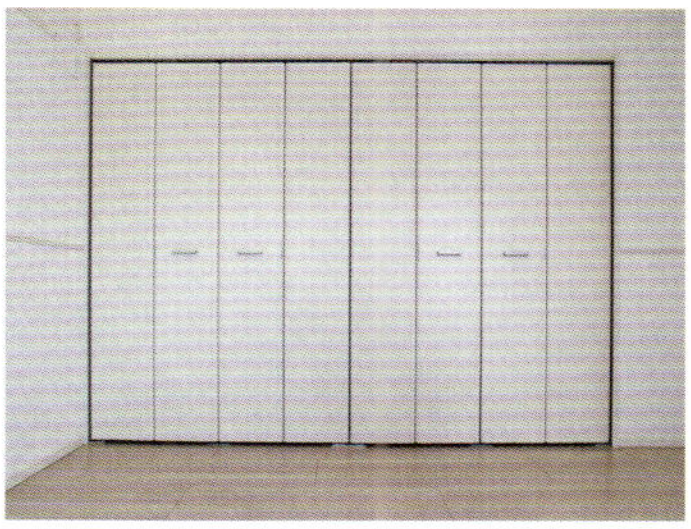

2枚以上の扉を折り畳む中折れ式のタイプ。折れ戸は「折戸ドア」「間仕切戸」「クローク折戸」に分類され、用途によって仕様が異なります。
主に室内ドアに使われている折戸ドアは扉を折り畳むようにして使うため、省スペースで開閉できます。一方、間仕切戸は開口部の左右に大きく扉を開きます。そしてクローゼット扉としてよく使われるクローク折戸は、2組の折れ戸を中心から左右に押して開きます。

【メリット】

開閉用のスペースがなくても、開口部を大きく開くことができます。左右がフルオープンになるため、物の出し入れにも最適です。

【デメリット】

ほかの扉よりもコストがかかります。開閉時に中折れ部で指を挟んでしまうケースもあります。

引き戸（吊り戸）

敷居やレールを使って壁と同一方向のみにスライドさせて左右に開閉します。レールなどを設置してスムーズに開閉できるようにします。扉上部のレールだけを吊り戸と呼びます。引き戸には「片引タイプ」「引分タイプ」「引違タイプ」の3種類があります。片引タイプは扉1枚をスライドさせ、引分タイプは2枚の扉を左右にスライドさせて開閉します。そして引違タイプは、2枚以上の扉をすれ違わせるようにして開閉します。

【メリット】

部屋と部屋を一体にして広く見せることができます。室内の風通しがよく、小さなお子さんでもスムーズに開閉でき、段差がないのでロボット掃除機も活躍してくれます。

【デメリット】

横に控え壁や戸袋と呼ばれるドアを収納するスペースが必要です。

開き戸

ドアのタイプの中では、最もスタンダードで多くの間取りに採用されています。特徴は扉に設置されているドアノブを回して前後に押したり引いたりして、丁番を軸に扉を開閉します。
開き戸は扉の枚数で種類分けされ、1枚の扉を開閉する「片開きタイプ」と大小2枚の扉で仕切る「親子タイプ」に分かれます。親子タイプは普段は大きい扉だけを使用し、大きな荷物の搬入のときに両方の扉を開閉します。

【メリット】

3種類のタイプの中で最もシンプルな構造で価格がお手頃です。また、ほかのタイプよりも遮音性が高く気密性にも優れています。

【デメリット】

扉の開閉時のスペースに家具などの配置ができません。

リメイクに役立つ材料

扉をリメイクするには、一般的には木材を使って一から作る方法から塗装やリメイクシートによって既存のデザインをがらりと変える方法があります。賃貸物件に住んでいる人は、退去する際に入居時の状態に部屋を戻す原状回復を見込んで、リメイクシートを使った方法をおすすめします。

木材

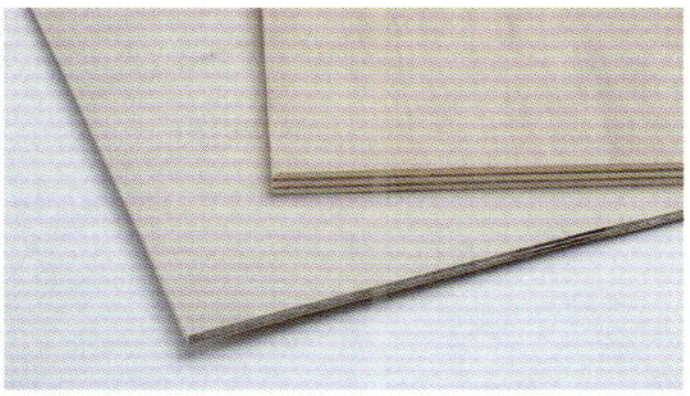

扉の枠組みの製作に角材などがよく使われます。現状の扉に新たな木材で少し手を加えて表情を変えたいなら、厚み2～3mm程度のMDFや合板を使います。

塗料

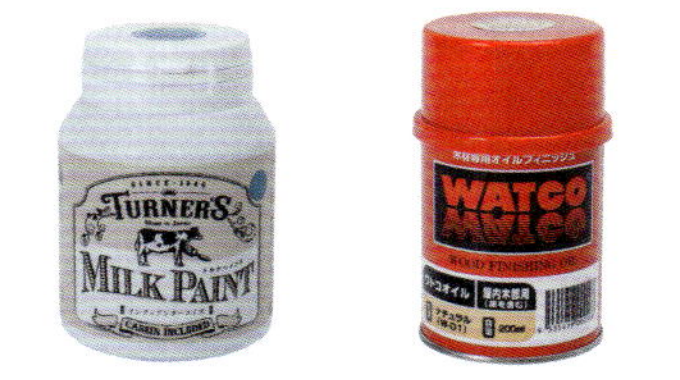

扉によく使われているプリント合板に塗装する場合は、塗料だけだとはがれてしまうため、プライマーなどで下地処理をして塗装するようにしましょう。

リメイクシート

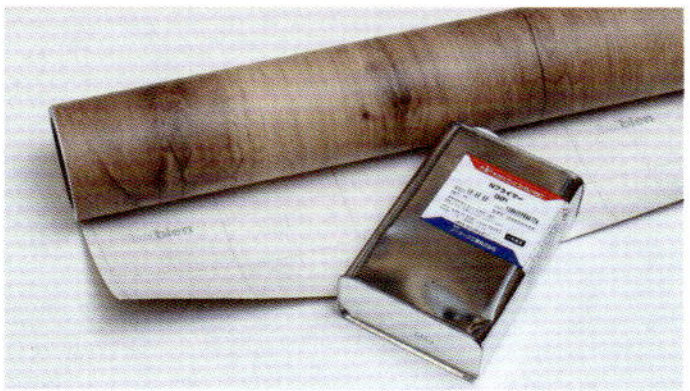

塗装と同じようにプライマーなどで下地処理をしてシートを貼ります。シートは木目調からタイルなど、さまざまな種類があるので気分によって変えることもできます。

おしゃれなドアにリメイク

難易度 ★★★☆☆

子供部屋のドアをリメイク。女の子が好きなピンクを基調に、花柄のイラストをアクセントに散りばめて、かわいいデザインに仕上げました。部屋の模様替えも楽しくなります。

材　料

- ■ MDF（表面材）1800 × 900 × 4mm 厚 1 枚
- ■隠しクギ
- ■水性塗料

道　具

- ■電動ドリルドライバー
- ■胴つきノコギリ
- ■サンダー
- ■ドライバー
- ■さしがね
- ■メジャー
- ■金づち
- ■ペンチ
- ■くしベラ
- ■ローラー
- ■木工用ドリル 120mm
- ■木工用接着剤
- ■ローラーバケット
- ■マスキングテープ
- ■ビニール手袋
- ■マスカー

板を一枚張るだけで おしゃれなドア表情を実現

部屋に入るときに最初に目に入り、インテリアの入口ともいえるドア。部屋づくりのテーマを決めて、お気に入りの家具や小物などをそろえて自分好みの空間にしたとき、ドアも同じインテリアスタイルにしたいと思うものです。

ドアもちょっとしたアイディアで、おしゃれに変身できます。それが、DIYによるリメイクです。さまざまなリメイクの中から、今回は薄い板を一枚張るだけで好きなデザインに変えることができ、ドアの表情を劇的に変身させるリメイク術です。身近な道具で手軽にできるのが魅力です。

板を張ることで立体感のあるデザインになります。さらに、部屋に馴染む色をペイントすれば、部屋全体のおしゃれ度がグッとあがります。

ドア本体を取り外す

1

ドアを開ききった状態にし、ドア側にある上下の丁番のネジをドライバーでゆるめて取り外します。

2

ドア下部に取りつけられているドアストッパーを、ドライバーを使ってネジをゆるめて取り外します。マグネットタイプの場合も同じ方法で取り外します。

3

ドアに固定しているレバーハンドルの丸座にある上下のネジをドライバーを使って外します。ラッチのフロント板は取り外さないので、ネジをゆるめなくて大丈夫です。

4

反対側のハンドルも同様にドライバーでネジをゆるめます。円筒錠のノブの場合は、丸座の切り込みにマイナスドライバーを差し込み、丸座を起こして外します。

5

内側のレバーハンドルを引き抜いた後、外側のレバーハンドルを引き抜きます。ドアノブの取り外しは、内側からの作業が基本です。

6

ドア本体にリメイク用の表面材を張り合わせるため、ドア本体の縦と横のサイズを測ります。マスカーで床を覆い、作業しましょう。

7

表面材をカットします。薄くて反りがないため、装飾加工に適している MDF を使用します。ホームセンターなどでカットしてもらうと便利です。

8

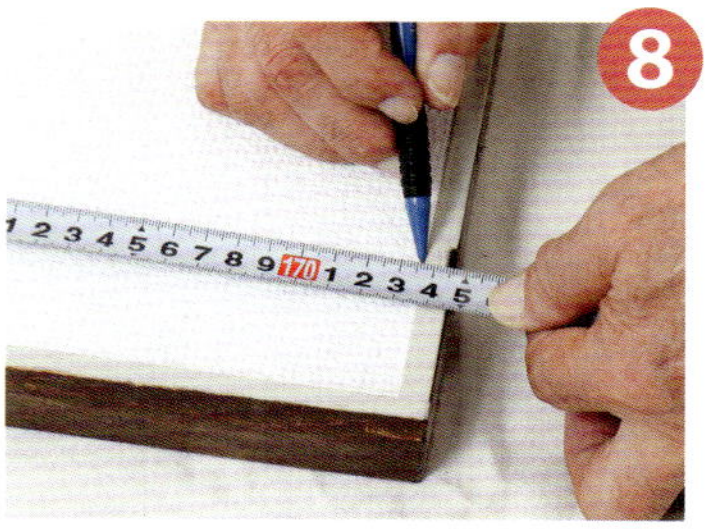

ドアに枠木がある場合は、枠木の内側からの実寸を測るようにしましょう。リメイク用の表面材を張り合わせたとき、浮かないようにするためです。

9

レバーハンドルの位置をさしがねで測ります。そして表面材に同じ位置のところに印をつけます。表面材をドアと重ねると、印をつけるのが楽です。

10

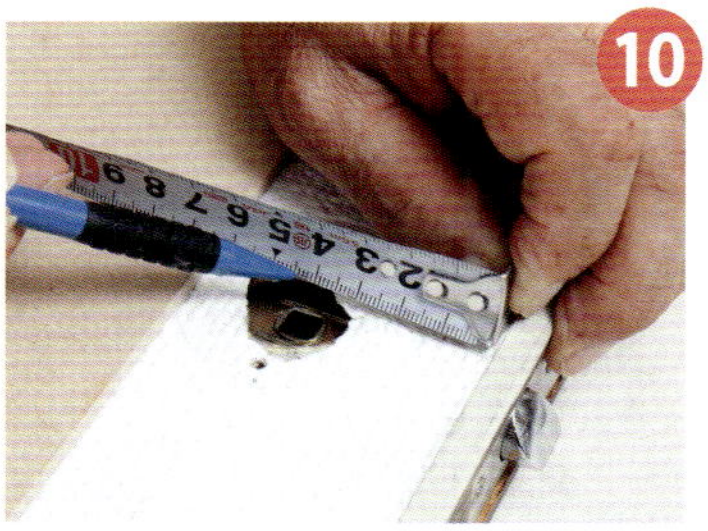

ドアの角からドアノブの中心までのバックセットを測った後、丸穴の径を測ります。径の中心の大きさは 20mm です。円を表面材に描きます。

11

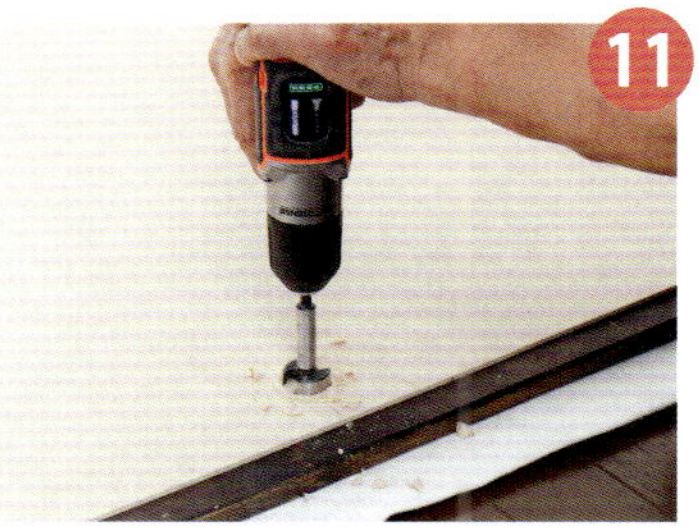

木工用ドリルで表面材に穴をあけます。ドリルビットは丸穴と同じ径 20mm のものを選びます。

装飾のデザインを決めて加工する

1

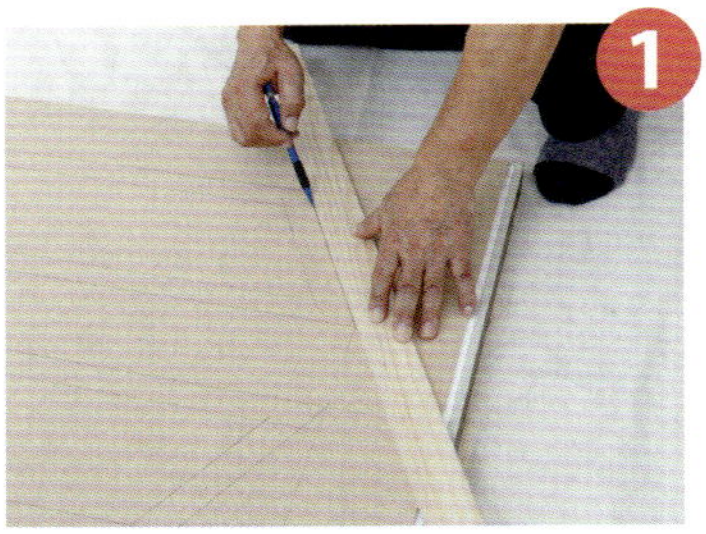

表面材に平面窓の 4 つのデザインをペンでラインを引きます。凹凸の立体感を出すために、窓枠は内側に 30mm のラインを引きます。

2

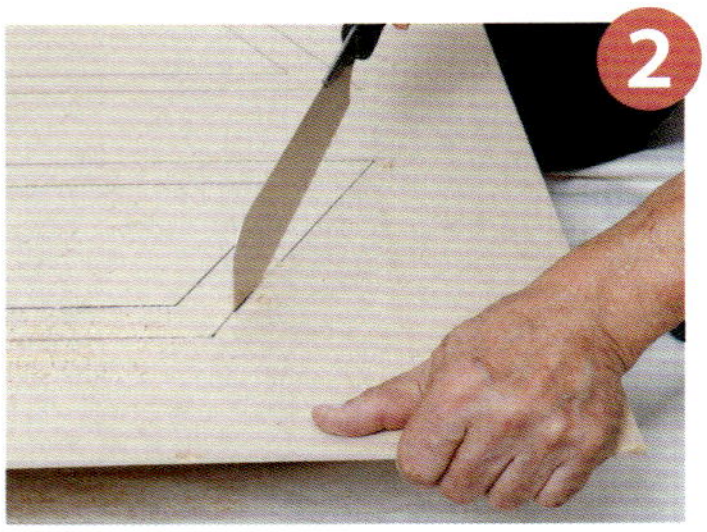

外側のラインに沿って、ノコギリでカットします。先端に穴あけ用の刃がついていると、板の途中から切り始めることができます。

3

平面窓の加工で注意することは、切り込みがラインを越えないことです。上手く切るコツは、ノコギリを垂直に立てて角で止めるようにします。

4

カットした平面窓の内側のラインを胴つきノコギリでカットします。胴つきノコギリの刃は細かいため、薄い板を切るときの精密な細工に適しています。

5

表面材の切断面をサンダーで磨きます。切断面のバリを取り、丸みを持たせます。同じように、カットした平面窓の切断面もサンダーで磨きます。

6

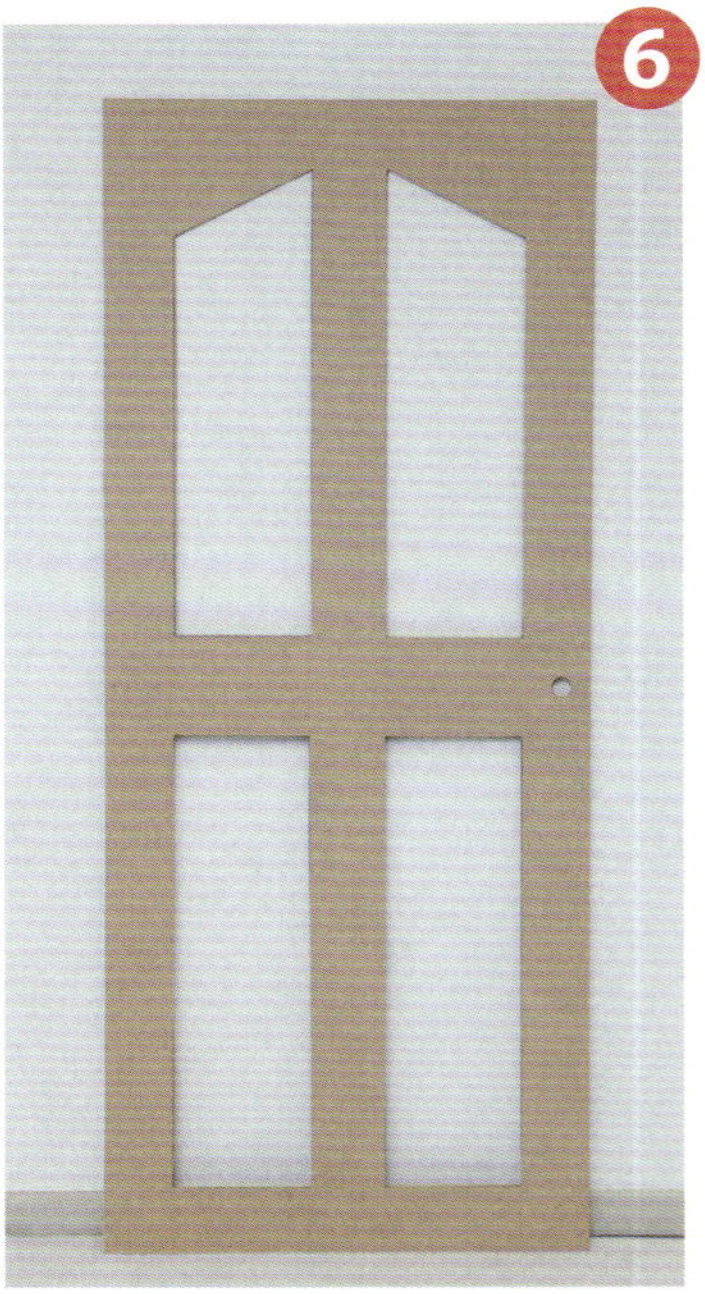

平面窓を切り出した状態の表面材です。窓枠は、左右対称になるようにしましょう。見栄えもよく、美しい印象に引き立ててくれます。

7

切り出した平面窓はあとでドアに取りつけます。そして平面窓を切った際の外側の切れ端は、取りつけるときにガイドとして使うので捨てないようにしましょう。

8

ドア本体に張り合わせる表面材の接着面に、木工用接着剤を塗ります。接着剤はたっぷり塗ってください。

9

表面材の全体にたっぷり塗った接着剤を、くしベラを使って伸ばします。ヘラの代わりにハケを使っても OK です。接着剤は薄く均等に伸ばすときれいに張れます。

10

表面材をドア本体に張ります。このとき、ドア本体の丸穴と表面材に開けた穴の位置を合わせるようにします。ズレた場合は、接着したまま微調整します。

11

表面材とドア本体を張ったときに、はみ出してしまった接着剤は、ぞうきんやウエスなどを水に濡らしてきれいに拭き取ってください。

張り合わせで補強し、ペイントで仕上げる

1

張り合わせの補強には、クギ跡が目立たない隠しクギを使用します。金づちで打ち込み、プラスチック部が少しつぶれる程度まで打ち込みます。

2

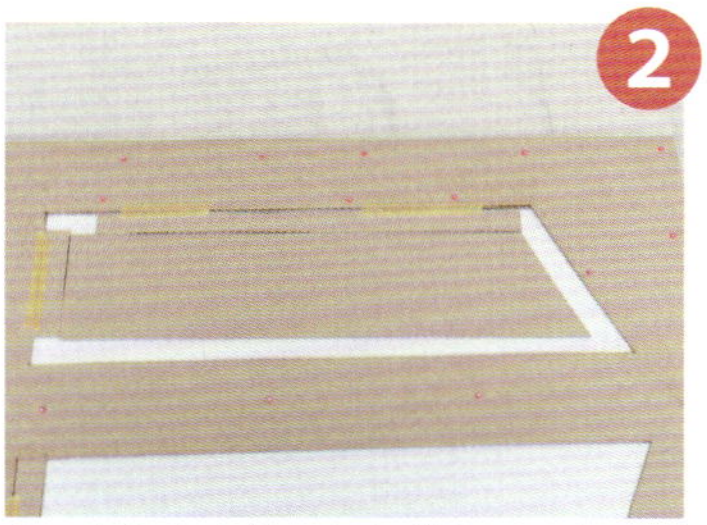

カットした窓枠の切れ端をマスキングテープで張り、ガイドにします。平面窓を仮置きして張る位置を確認し、木工用接着剤を塗って張ります。

3

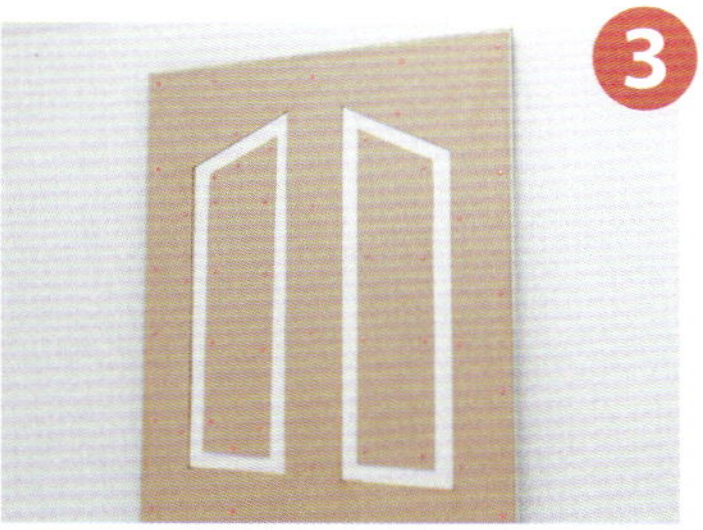

平面窓にも金づちで隠しクギを打ち込み、補強します。隠しクギは接着の強度を高めるため、全体にまんべんなく打ちます。そして接着剤を乾かします。

4

乾燥後、金づちでプラスチック部を横から叩いてクギの頭を飛ばします。当て木を使って叩けば、頭部を飛ばしやすくなり、表面材を傷つけるのを防ぎます。

隠しクギは曲がりやすいので要注意

隠しクギは、一般のクギに比べてクギの太さが細いため、金づちで打ち込んだときに斜めになって、曲がったり折れたりすることもあります。このようなケースは、ペンチなどで隠しクギをつまんで引き抜きます。上手に打ち込むコツは、金づちをクギの頭部に垂直に当てることです。また、キリで少し穴をあけてから打つと、クギが打ちやすくなります。クギの長さは板の厚さの2〜3倍がおすすめです。

5

ドアの枠木にペイントがつかないように、マスキングテープをまっすぐに貼って保護します。テープの上から指でしっかり押してすき間をなくして密着させます。

6

ローラーバケットに水性塗料を注いで塗装します。はじめに窓枠部分をハケで塗り、その後にローラを使って全体を塗ります。ムラが出ないように均等に塗りましょう。

7

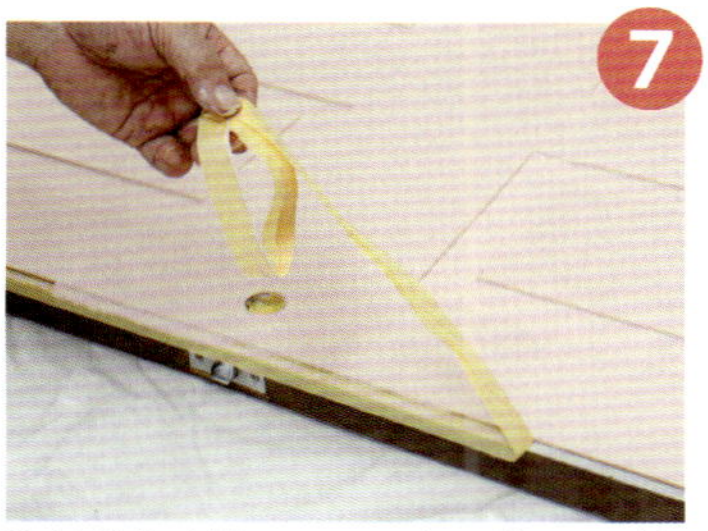

塗料が乾く前に、マスキングテープをゆっくりとはがします。

8

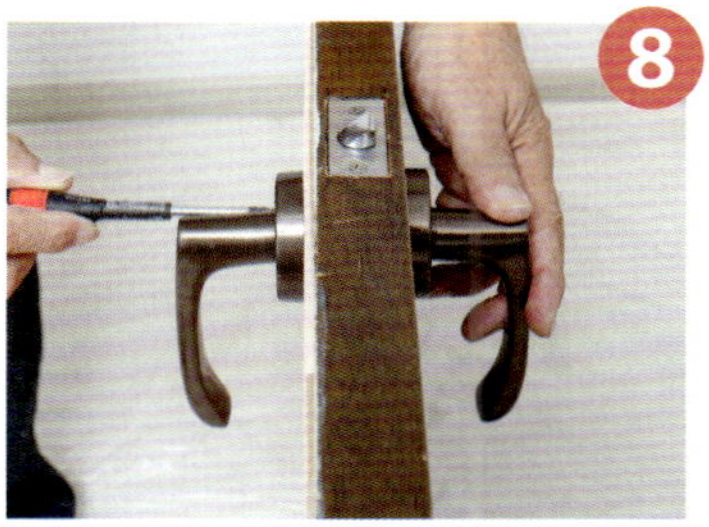

ハンドルレバーを戻します。ハンドルレバーは水平の位置に合わせて内側と外側に取りつけ、丸座のネジを締めます。

9

ドアの上下に丁番を合わせ、ドライバーを使ってネジで締めて固定します。ドアにがたつきがでる場合は、ネジを緩めて調整してください。

10

ドアの開け閉めが、スムーズにできるのを確認して完成です。カラーリングは部屋の雰囲気に合わせて、ナチュラル、モダンなど好きな色で塗ってください。

難易度 ★★★★☆

室内ドアの作り方

フラッシュ構造で、軽くておしゃれなドアパネルを作る

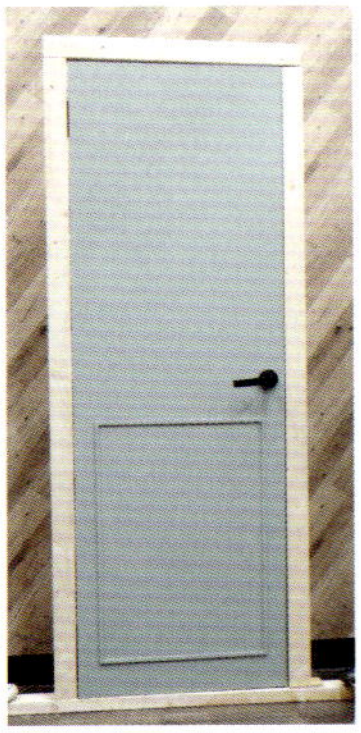

室内ドアを自作する際におすすめなのが、フラッシュ構造と呼ばれるタイプです。これは角材で組んだ骨組の両面に、合板を接着するもので、内部が空洞の軽いドアを作ることができます。実用性を重視し、あまり費用をかけずに作りたいドアに適しています。

フラッシュドアの主な製作工程は、「骨組の組み立て」「パネル材の接着」「部品の取りつけ」となり、特殊な工具や難しい加工技術は必要ありません。

既存ドアにつけ替える場合は、取り外すドアの各部の寸法を測ります。ドアの幅、高さ、厚さのほか、ハンドルや丁番の取りつけ位置を測り、同じ寸法で新しいドアを作ります。

ドアを新設する場合は、取りつける枠の内寸を測り、その寸法を基にドアの幅、高さを決めます。幅や高さは、ドア枠より7～10㎜程度小さくするのを目安に作りましょう。

道具

■電動ドリルドライバー
■サンダー
■金づち
■ノコギリ
■ノミ
■メジャー
■さしがね
■木工用接着剤
■ローラーバケット
■ローラー

材料

完成サイズ：（約）幅600×高さ1820×厚さ36mm

■ツガ材（厚さ30×幅40mm）
枠材：長さ1820mm/2本、長さ520mm/6本、力板：長さ200mm/2本
■ラワン合板（厚さ3mm）：幅600×長さ1820mm/2枚
■ヒノキ材（厚さ４×幅10mm）　モールディング：長さ1820mm/2本
■室内ドア錠　1セット
■木ネジ90mm
■隠しクギ
■室内用水性塗料

枠を作ってパネルを取りつける

1

長短２本ずつの枠材を使って外枠を組み立てます。木材の割れを防ぐため、まず1820mm の枠材の上下に２か所ずつ下穴を開けます。

2

ネジで固定したときの接合強度を高めるために、520mm の枠材の木口に木工用接着剤をつけます。木材の接合面はすべて同様に処理しておきましょう。

3

枠材の面をぴったり合わせ、90mm の木ネジで固定します。位置がずれるときれいな長方形になりません。必ず広い平らな作業台を使って行いましょう。

4

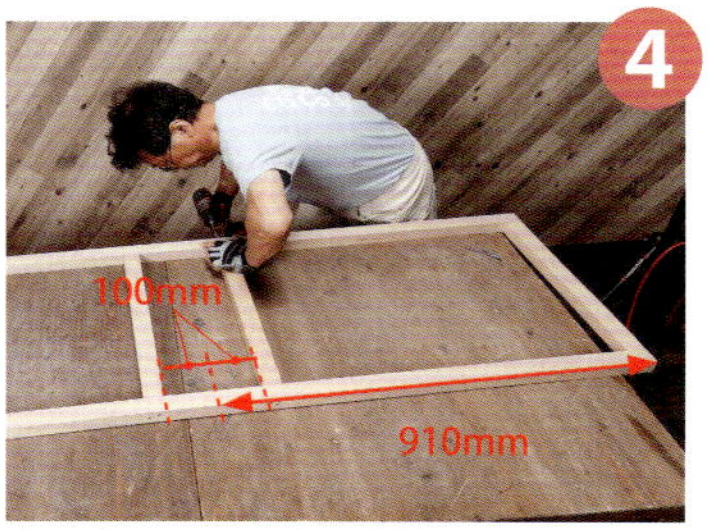

まん中よりの２本の内枠を固定します。枠の下側から 910mm を測って印をつけ、そこから上下に 100mm ずつあけて520mm の枠材を固定します。

5

ドア錠を取りつけるところに、枠材と同じ厚さの力板という補強材を入れます。今回は２枚並べて使いますが、大きい板を１枚入れてもＯＫです。

6

３本の枠材との間にすき間ができないように、力板をきっちりはめ込みます。きつくて動かない場合は、金づちで叩いて端まで寄せます。

7

内枠のほうから 90mm の木ネジを打って、力板を固定します。木ネジは上下に４本ずつ打って動かないようにしましょう。

8

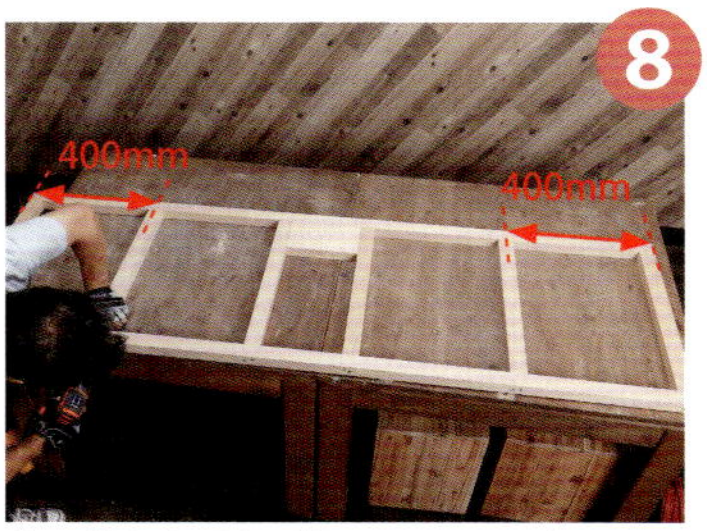

上下端からそれぞれ 400mm のところに木ネジを打って、520mm の枠材を固定します。これでフレームの組み立てが完了しました。

9

すべての枠材の上に木工用接着剤を塗ります。

10

枠と位置を合わせて、パネル材のラワン合板をのせます。

11

枠材の位置がわかるようにパネル材に線を引き、約 100mm 間隔で隠しクギを打ってパネル材を圧着します。反対の面にもパネル材を取りつけましょう。

12

接着剤が硬化するまで２～３時間待ち、材料を傷つけないように当て木をして、隠しクギの頭を折ります。これでドア本体のできあがりです。

ドア錠の取りつけ部分を加工する

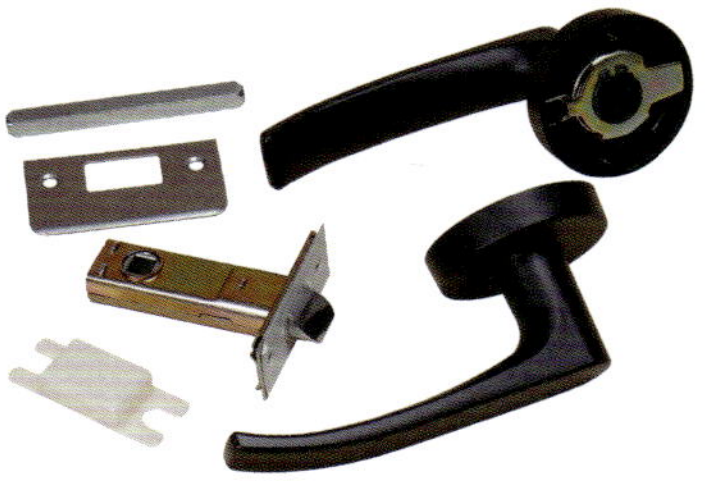

ドア錠は、ハンドル（ノブ）、ハンドルに連動して出入りするラッチ、ドア枠に取りつけるストライクといった部品がセットになっています。パッケージや説明書には、ドアを加工するために必要な以下の情報が書かれているので、必ず確認してください。

■バックセット
　ドアの端からハンドルの中心までの距離。
■フロントサイズ
　ラッチをドアに固定するため、側面につける金具の寸法。
■本体穴、ラッチ穴のサイズ
　レバーやラッチを取りつけるためにあける穴のサイズ。

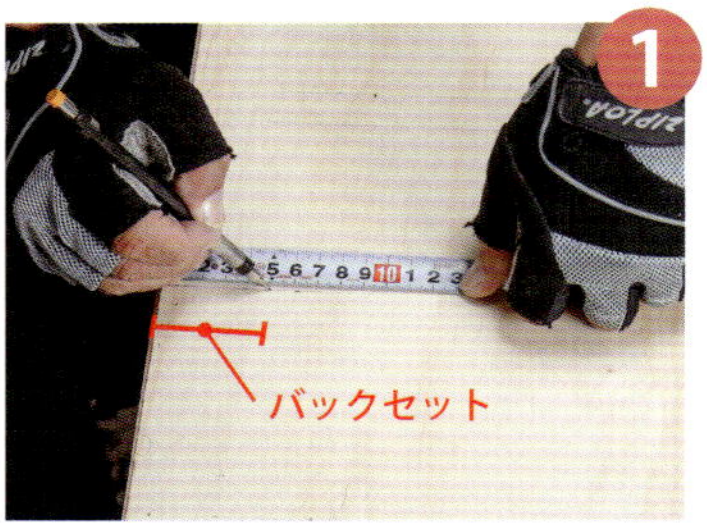

ハンドルを取りつける高さ（今回は中心が下端から910mm）で、ドアの端から垂直に線を引き、バックセットの距離を測って印をつけます。

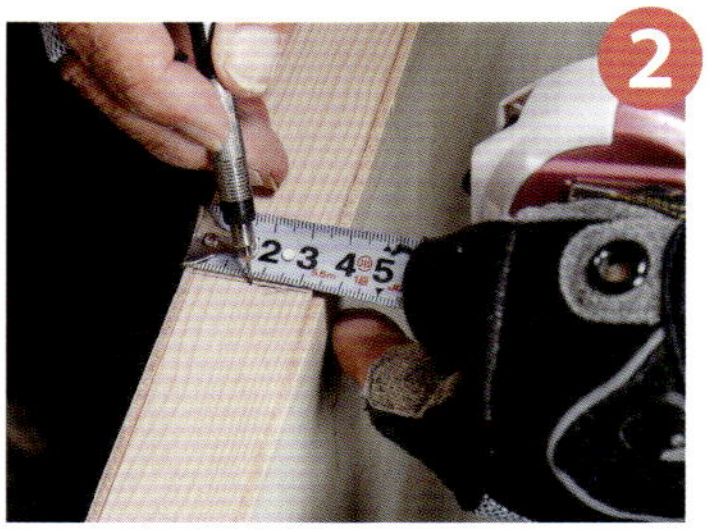

同じ高さ（下端から910mm）のところで、ドアの厚みのまん中にあたる位置に印をつけます。

ハンドルの取りつけ位置に穴をあけます。反対側まで達する貫通穴を一気にあけるので、下に捨て木をあててドアとともに固定しておきましょう。

本体穴用に指定されたサイズのドリルビットを取りつけ、ドリルビットを垂直に立てて、反対側まで貫通する穴をあけます。

ドアを横向きに立て、ラッチ穴をあけます。製品に指定のあるサイズのドリルビットを使い、指定された深さのラッチ穴を垂直にあけます。

本体穴、ラッチ穴の穴あけ加工が完了しました。念のためラッチを差し込んで、まっすぐに奥まで入ることを確認しましょう。

フロントの金具を収めるくぼみを彫るため、ラッチ穴を中心に指定されたサイズで線を引きます。

ノミを使って、フロントをはめ込むためのくぼみを彫ります。最初はノミの刃を内側に向け、刃を立てた状態で線のやや内側に刻みを入れます。

続いてノミの刃でさらうように、線の内側を少しずつ彫ります。指定された深さまで、全体を均等に彫っていきます。

最後に縁や底をていねいに整えておきましょう。以上でハンドルとラッチを取りつけるための本体加工は完了です。

ドア錠を取りつける

1

外観が単調にならないように、好みで縁飾りのモールディングを施します。市販のモールディング材などを、自由なデザインで接着して取りつけてください。

2

室内用水性塗料でドア全体を塗装します。広い面はローラーバケを使うと、ハケ跡が残らずにきれいに塗ることができます。

3

既存のドアについている丁番の高さと大きさを測り、ドア側の取りつけ位置がわかるように線を引いて、ノミで同サイズのくぼみを彫ります。

4

ドアの側面からラッチを差し込んで、付属のネジで固定します。ドアを閉める方向にラッチの丸い方が向くように、取りつけ方に注意しましょう。

5

ハンドルの角芯をラッチの穴に通し、両側からドアをはさむようにハンドルを固定します。ハンドルとラッチが連動して動くことを確認しましょう。

6

ドア枠の丁番に、ドアをネジどめして取りつけます。先に位置を合わせてネジの下穴をあけておくとよいでしょう。

お好みで窓を作る

1

作りたい窓の位置と大きさを決めて線を引き、目の細かい細工ノコギリなどを使って、線に沿ってパネルと内側の枠材を切り取ります。

2

開口部の周囲に、窓枠を固定するための補強を入れます。枠材と同じ厚さの材料を周囲の寸法に合わせてカットし、パネルの上から細ネジを打って固定します。

3

開口部の寸法に合わせて木材で窓枠を組み立て、その内側に幅 10mm 程度の木材を接着します。これがアクリル板を支える内枠になります。

4

塗装した窓枠は、補強材にネジを打って固定します。内枠に両面テープを貼り、窓枠の寸法に合わせてカットしたアクリル板を貼って取りつけます。

5

両面テープで桟をつけるとおしゃれなアクセントになります。装飾とネジを隠す目的を兼ねて、窓枠の周囲にモールディングを貼って作業は完了です。

column
コラム

コンセント・スイッチプレートの交換

お部屋のちょっとしたアクセントにおすすめ

お部屋のちょっとしたアクセント作りに意外に効果的なのが、コセントプレートやスイッチプレートの交換です。シンプルで無機質な白一色のパネルを、ちょっとカラフルなものや柄つきのものに変えるだけで壁の印象は変わります。

プレート交換はドライバーだけで簡単にできるので、壁紙などのリフォームと合わせて交換してみてはいかがでしょう。交換作業の際は、念のためブレーカーを落としておくと安心です。

材 料

■スイッチプレート
■コンセントプレート

道 具

■マイナスドライバー
■プラスドライバー

スイッチプレートの交換

1
プレートの上部、または下部にあるすき間にマイナスドライバーを差し、軽くひねってプレートを外します。

2
このようにプレートの枠が現れるので、枠をとめるネジをプラスドライバーでゆるめて取り外します。

3
交換用のプレートに付属の枠をプラスネジで固定したら新しいプレート取りつけて完成です。

コンセントプレートの交換

1
スイッチプレートと同じように表面のプレートを、マイナスドライバーを差し込み外します。

2
新しいプレート用の枠をプラスドライバーで取りつけます。コンセントには触れないでください。

3
上下を確かめ、新しいコンセントプレートをかぶせてしっかり押し込んだら完成です。

04

キッチン

収納扉のリメイク

キッチン周りのリメイクのなかで最もお手軽にできるキッチンの収納扉のリメイク。特にシートを貼るリメイクは、簡単に統一感を持たせておしゃれに変身できます。

作業のながれ

収納扉を外す → プライマーを塗る → シートをカットする → シートを収納扉に貼る → 収納扉を戻す

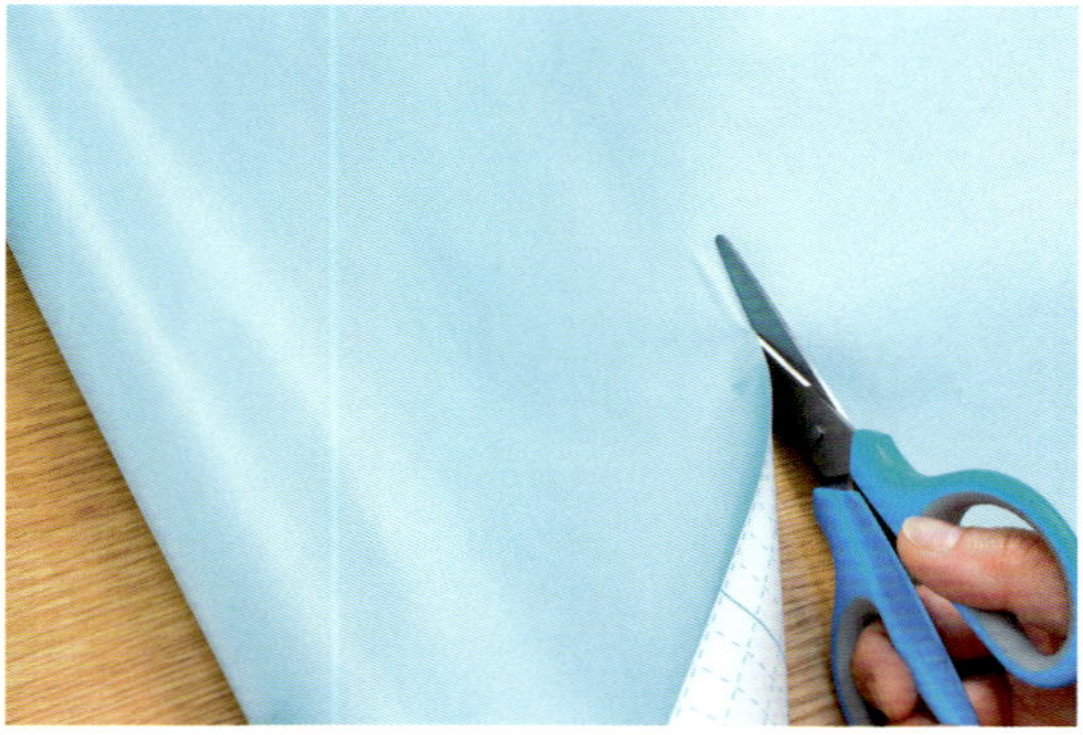

収納扉をリメイクできるキッチンのタイプ

日常的に調理を行うキッチンは、水はねや油汚れによって特に汚れや痛みが激しい場所です。まずはキッチンでリメイクできる収納扉にはどのようなものがあるのかを把握しましょう。そして収納扉のリメイクには、水や油汚れに強い耐水性のシートがおすすめです。シートは手入れのしやすさや、傷をつけてしまった場合も考慮して選ぶようにしましょう。

壁面収納

壁や天井に直接取りつけている収納棚には、吊り戸棚、ウォールキャビネットなどのユニットタイプがあります。キッチンスペースのデッドスペースと呼ばれている上部の空間を有効に使って食器類を多く収納できます。扉は左右の開き扉が一般的です。

床面収納

キッチンの床面に配置されるキャビネットは、フロアキャビネットやシンクキャビネットと呼ばれています。主にシステムキッチンの下にあり、食器類や鍋などさまざまなものを収納できます。扉タイプか引き出しタイプが一般的です。

扉の種類

キッチンの収納扉の素材にはさまざまな種類があります。芯材となる天然木や合板の上から、表面に化粧シートやエッジ材を接着して形成されています。表面材で使われている中で最も一般的なのはデザインが豊富な化粧シートで、その他にステンレスやホーロー、メラミン化粧板などが使われています。

粘着シート

家具や扉に貼るだけで簡単リメイク

粘着シートは裏面に粘着剤が塗布された装飾用シートです。キッチン扉などに上貼りして手軽に模様替えを楽しめます。柄はリアルな木目調、石目調などナチュラルで落ち着いたものから、カラフルな模様まで種類は豊富。素材は塩化ビニールのものが多く、水や汚れに強いのが特徴です。表面がざらざらしたり凹凸のある面にもドライヤーなどで熱を加えると貼れるシートもあります。

粘着シートは、初期粘着力が強いので貼り直すと元の仕上げ材まではがれることもあります。慎重に一度で貼るのがきれいに仕上げるコツです。

ゴムべら

粘着シートを貼るときに使用。シートの空気を追い出すように中央から端に向かって動かします。

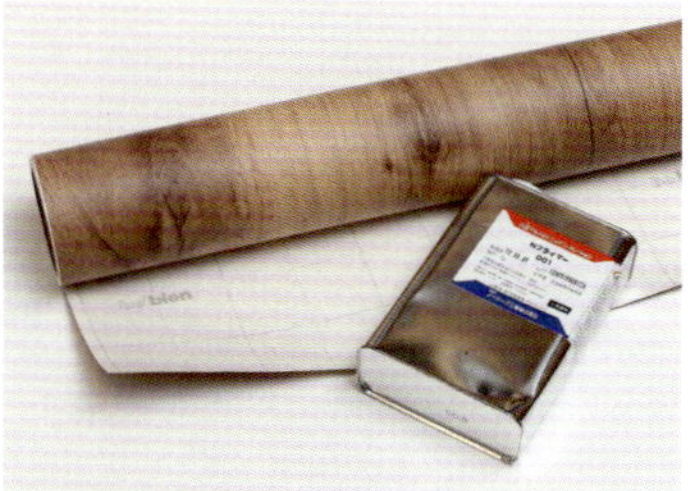

粘着剤つきの不燃化粧シート

専用のプライマーを下地に塗り、その上にシートを貼ると粘着力が強くなります。

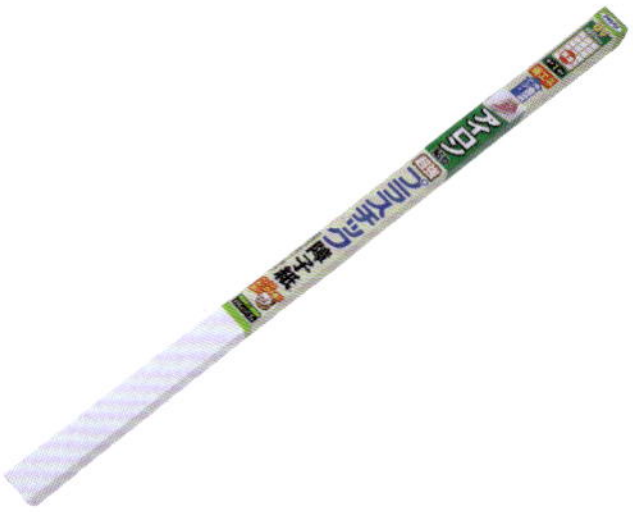

粘着シート

木目柄やレザー風などがあります。切り売りタイプなら必要な長さを購入できます。

難易度 ★★☆☆☆

リメイクシートでキッチン扉をオシャレに

北欧スタイルの洗練されたオシャレなキッチンに変身

Before

キッチンは日々の生活に欠かせない大切な場所です。また、キッチンでダイニングルームの印象が決まるといっても過言ではありません。見た目だけでもオシャレにしたい人におすすめなのが、リメイクシートを使ったＤＩＹです。

　リメイクシートは簡単に貼れてデザインのバリエーションが豊富なことから、さまざまなインテリアのリメイクに使われている人気のアイテムです。しかも、１００円ショップでも購入できるお手ごろさも大きな魅力。リフォームをすると大掛かりなキッチンもアンティーク調のウッドテイストに、華麗に変身させることができます。

道　具

- ■ドライバー
- ■ローラートレー
- ■ハケ
- ■スキージー
- ■カッターナイフ
- ■ハサミ
- ■ドライヤー
- ■定規
- ■ビニール手袋
- ■マスキングテープ
- ■ウェス

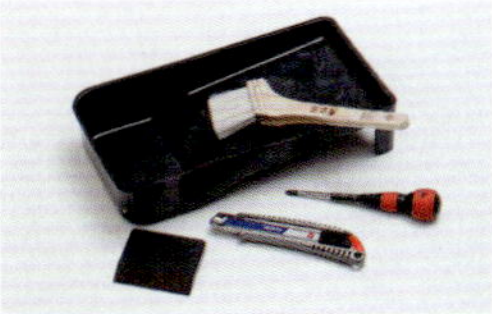

材　料

- ■リメイクシート
- ■専用プライマー

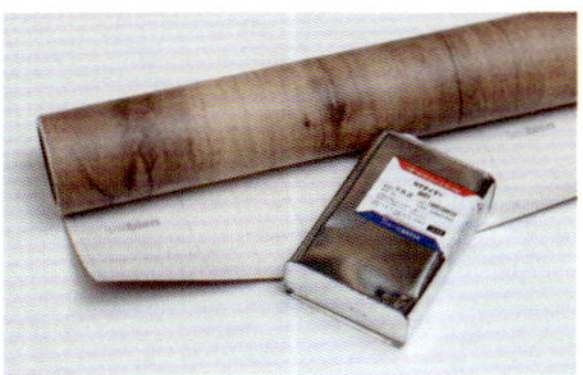

リメイクシートを貼る準備

1

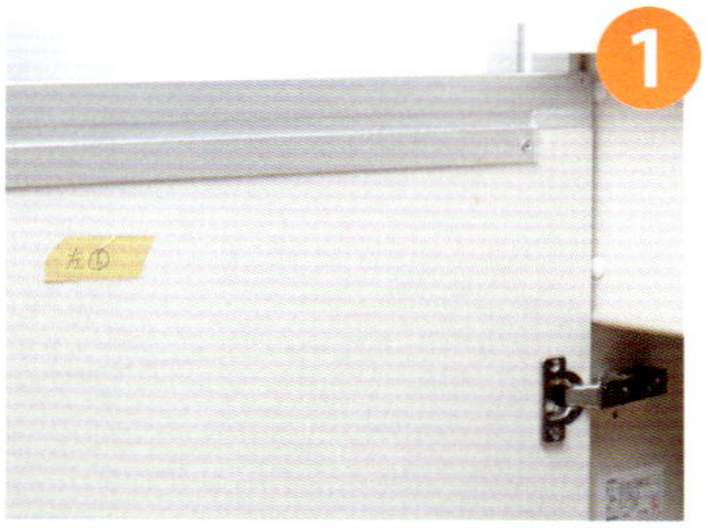

収納扉や引き出しの裏面に扉位置の印をつけておきます。扉を外してリメイクシートを貼り終えた後、取りつける順番の間違えを防ぐためです。

2

ドライバーを使って収納扉側のネジを外します。扉のネジは下部から外すようにします。取っ手がついている扉の場合は、先に外すようにします。

3

扉を外した後、引き出しも取り外します。引き出しに入っている食器類も取り出します。そして扉と引き出しに貼るリメイクシートのサイズを測ります。

4

ローラートレーに専用プライマーを入れます。プライマーはリメイクシートを表面にしっかり接着させ、はがれや浮きを防止してくれます。

5

プライマーには粘着性があります。そのため、裏面にプライマーがついて汚れないように、マスキングテープで養生を行います。

6

表面の金具やネジ穴に加え、側面の密着性を高めるゴムパッキン部などにも、裏面と同じようにマスキングテープを貼りましょう。

7

リメイクシートを貼る扉や引き出しの表面の汚れやホコリを拭き取ります。油などが付着している場合は、洗剤などでしっかり落とします。

8

扉表面にハケでプライマーを塗ります。ハケに垂れない程度にプライマーを含ませ、ムラができないように均一に素早く塗るようにします。

9

引き出し表面にも同じようにプライマーを塗ります。何度も塗らずに一気に滑らかに塗ります。塗った後、乾くまで2時間程度乾燥させます。

10

リメイクシートをカットします。裏面が方眼紙なので、ラクにカットできます。カットする際、実寸よりも4cm程度大きめにカットします。

11

シートのフィルム面をはがします。はがれにくい場合は、裏紙にセロテープを貼り、シートを指で押さえてシートの角を爪で起こしながらはがします。

12

シートは、1/3程度はがすようにします。貼ってはがせるタイプは、何度も貼り直しできますが、粘着力が落ちる場合もあるので注意してください。

リメイクシートを貼る

貼る位置を決めてシートを貼り、スキージーで外に向かってシワや空気を取り除きます。そしてはく離紙をすべてはがして同じ工程を行い全面に貼ります。

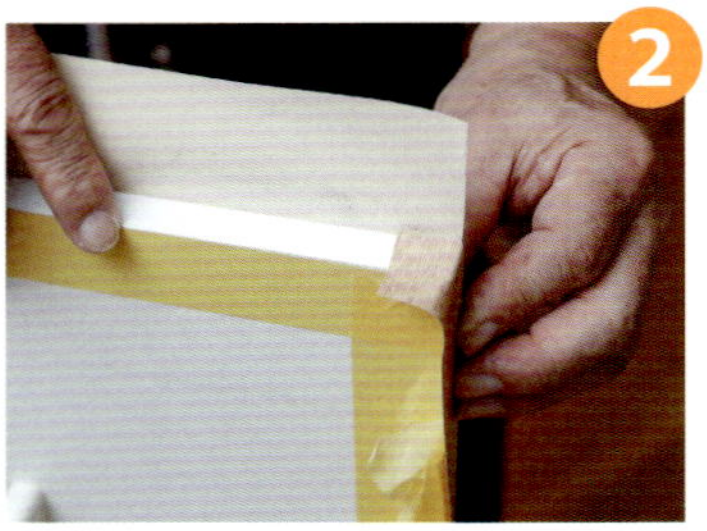

角の処理はシートにハサミで切り込みを入れてシートを折り返して貼ります。角に丸みのある場合は、切り込みを2～3か所増やすと上手に貼ることができます。

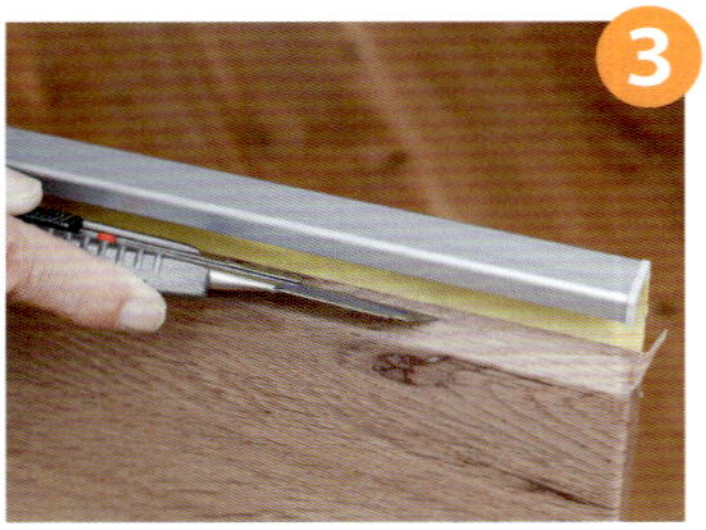

側面の折り返しや表面の余った部分をカッターナイフでカットします。慣れない場合は金属ヘラを押しつけてカットするときれいに仕上がります。

引き出しも扉と同じ工程でシートを貼ります。シワや空気の取り除きを忘れないように。引き出しの側面を貼るのが難しい場合は前面だけでもOKです。

シート表面にドライヤーで熱を当てます。熱を加えることによってシートが密着し、きれいに貼ることができます。折り返しや角にも効果的です。

最後にマスキングテープをはがし、取り外した扉や引き出しを戻して完成です。木目を合わせて貼ると、見た目の印象も引き締まります。

接着剤の種類

シート貼りなどの補修に使える接着剤

酢酸ビニル樹脂エマルジョン系

水性なので臭いが少なく、溶剤タイプより硬化時間がかかります。乾燥すると透明になり、硬化後に切削加工できるため木工によく使われます。

エポキシ樹脂系

2液を混ぜると、化学反応して硬化するタイプ。プラスチックとゴムの接着に適し、耐熱性・耐水性があります。

多用途タイプ

これ1本でさまざまな素材に対応。ただし、ポリエチレン、ポリプロピレンなど、接着できない素材もあるので注意。

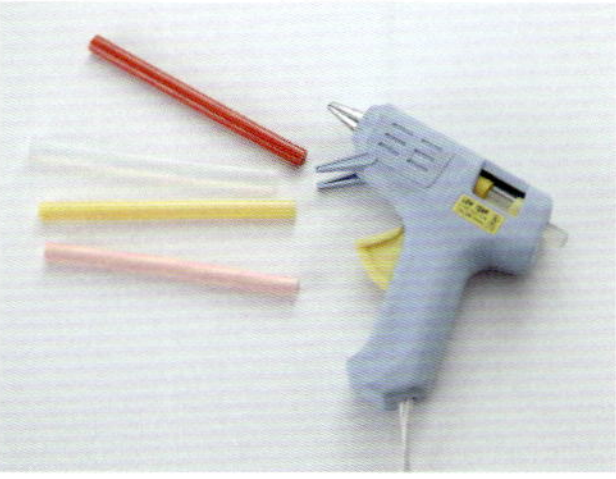

ホットメルト系

水や溶剤は含まず、固形状。加熱して、冷えるときに固化して接着します。透明以外にさまざまな色があります。

シアノアクリレート系

空気中のわずかな水分と化学反応して硬化するタイプ。接着スピードが速く、瞬間接着剤とも呼ばれます。

プラスチック用

付属のプライマーでポリエチレン、ポリプロピレンの素材も接着できます。

床の段差を解消する方法

家の中のちょっとした段差や出っ張りは、転倒やつまづいたりしてケガを引き起こし、ストレスになってしまいます。特に小さなお子さんや体力が低下して足腰の弱い高齢者にとっては、ほんの数センチの段差でも危なくて見過ごせません。

危険な床の段差を解消して、転倒やつまずきを予防してくれるのが、段差スロープです。廊下やトイレ、部屋と部屋の敷居をはじめ、階段や玄関のような大きな段差もカバーしてくれます。

室内・室外の用途に合わせて、多くの種類が発売されていますが、どれも簡単な作業で施工できるのが魅力です。床の段差を気にしなくてすむバリアフリーの空間で、快適に過ごせるようになります。

カーペットタイプ

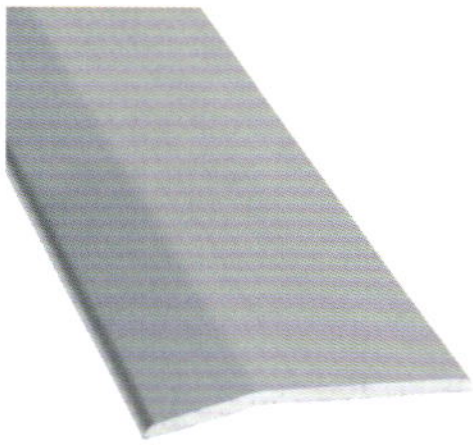

■への字押さえプレート（アルミ製）

カーペットなどの床の仕上げ材とフローリングの段差を解消するプレート。段差の解消に加え、仕上げ材のはがれも防ぎます。同じタイプで「ハの字」の形状は、ドア下に取りつけるのが最適です。

電動ドリルドライバーに皿取りビットを取りつけて下穴を開け、25mm のビスを打ち込みます。

20cm 間隔にビスを打ち込んでいけば完成です。プレートが長い場合は、金ノコでカットして調整してください。

フローリングタイプ（段差大きい）

■やわらか段差スロープ

両面テープで簡単に取りつけられる段差解消スロープ。EVA 樹脂を使用したやわらかい素材なので、素足でも心地よい感触で足のつま先をぶつけたときの衝撃をやわらげ、ケガを防ぎます。

長さに合わせてハサミやカッターでカットします。本体の裏面についている両面テープをはがします。

フローリングに十分に圧着させて、取りつけたら完了です。水気のある浴室では使用しないでください。

ベランダタイプ

■ジョイントタイル用スロープコーナー

ベランダなどの室外で敷設するジョイントタイル専用のスロープ用部材。ジョイントタイルを組み合わせて敷設したコーナーや縁の段差をなだらかにします。連結させるだけなので、作業も簡単です。

敷いたタイルのコーナー部や縁にスロープ用の部材を取りつけます。凹用と凸用があるので連結させてください。

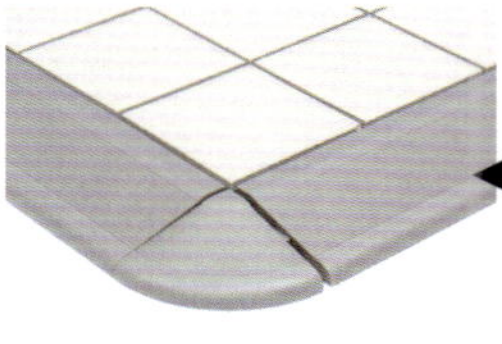

すべて敷いたら、木製のハンマーで軽く叩いて平らに調整して完了です。コーナー部の人工芝は避けてください。

フローリングタイプ（段差小さい）

■段差解消スロープ（木製）

クッションフロアやフロアタイルなどの床の仕上げ材を敷いた時に起きる、小さな段差をなめらかにしてくれます。敷居を平らにすることで直角の段差が足にあたって痛むのを防いでくれます。

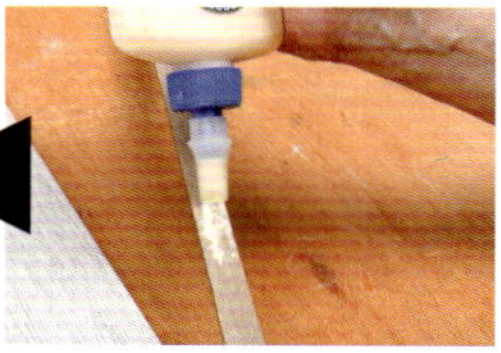

設置する場所の汚れやゴミを取り除き、きれいにします。スロープの裏面に、木工用接着剤を塗ります。

設置する場所にスロープを貼りつけ、十分に圧着させます。長さはノコギリでカットして調整してください。

水《す》栓《いせん》の交換

10年以上同じ単水栓を使い続けているなら、トラブルが起きる前に交換を検討しましょう。

作業のながれ

止水栓・元栓を閉める
↓
配管ホースを外す
↓
古い単水栓を取り外す
↓
新しい水栓を取りつける
↓
配管ホースをつなぐ
↓
止水栓・元栓を開ける

単水栓の構造

単水栓のしくみ

水栓の内部は隔壁で仕切られた2つの部屋からできています。隔壁には水が通る穴があり、ハンドルを締めているときはコマのパッキンが穴をふさいで水を止めています。

ハンドルを緩めるとスピンドルが上がって、水圧でコマが押し上げられ、できたすき間から水が流れ出ます。

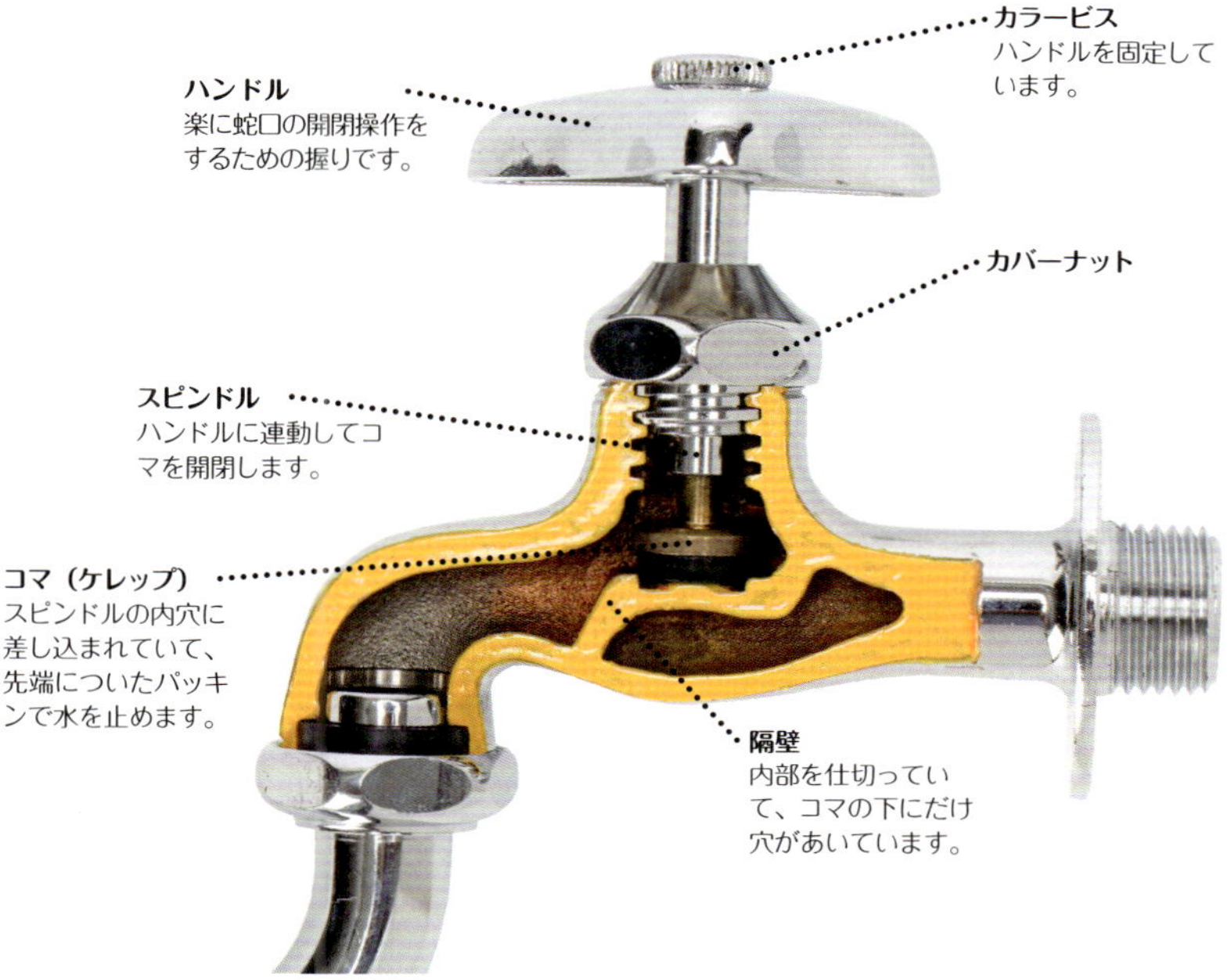
カラービス
ハンドルを固定しています。
ハンドル
楽に蛇口の開閉操作をするための握りです。
カバーナット
スピンドル
ハンドルに連動してコマを開閉します。
コマ（ケレップ）
スピンドルの内穴に差し込まれていて、先端についたパッキンで水を止めます。
隔壁
内部を仕切っていて、コマの下にだけ穴があいています。

オシャレで使いやすいレバー式水栓に交換

キッチンや洗面台、風呂場など水周りに欠かせないものといえば水栓（蛇口）です。水栓はシンプルな構造ですが、水を扱うので長く使うと水漏れなどのトラブルは避けられません。

また、メッキはがれや青サビなど時間と共に見た目にも劣化が進みやすく、徐々に清潔感がなくなってしまいます。

水漏れは分解し、パッキンを交換するなど修理は可能ですが、リフォームを行うなら古い単水栓より使いやすく、デザインにこだわったオシャレな水栓に交換してみてはいかがでしょう。水栓を交換すると使い勝手も向上し水回りの印象も大きく変わります。

水栓の交換はさほど難しくなく、ＤＩＹでも行えます。もし交換するならおすすめは、レバー一つでお湯と水が切り替えられ、デザインもスマートなシングルレバー式水栓です。次のパートではその交換方法について解説します。参考にしてみてください。

水栓の交換作業の際は止水栓や元栓を必ず閉める

水栓交換の際は水漏れを防ぐため、止水栓や水道の元栓を必ず閉めてから作業を行ってください。止水栓はカウンター下などに、元栓はマンションの場合玄関ドアわきのメーターボックスか、共用のメーターボックスの中にあります。

共用部のメーターボックスには複数の元栓があることも多いので、自分の部屋のものかを必ず確認してから、元栓のバルブを閉めるようにしましょう。

難易度 ★★★☆☆

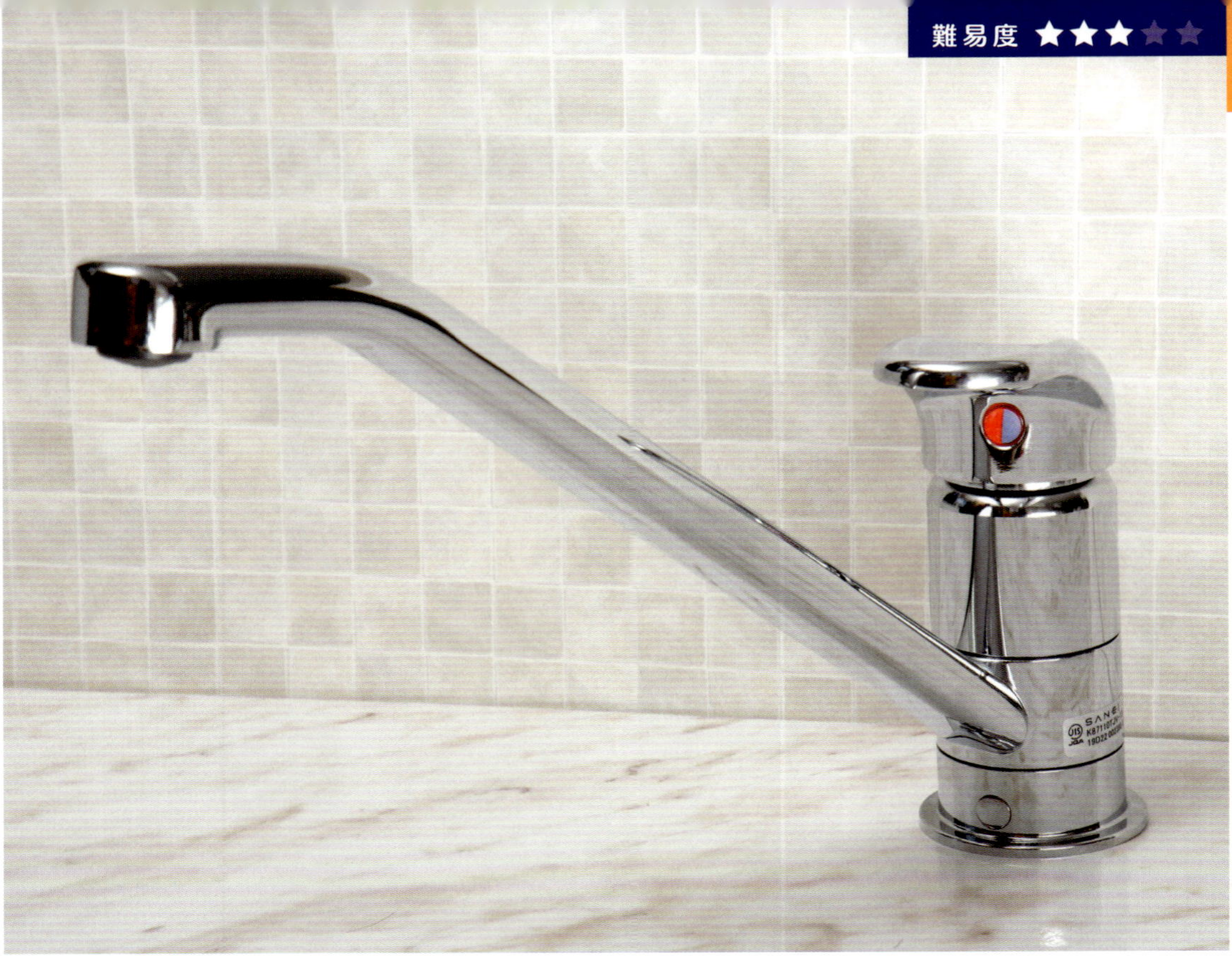

台付きシングルレバー水栓の取りつけ方

一つのレバーで水やお湯の量と温度を簡単に調節可能

一つのレバーハンドル操作だけで、水やお湯の水量を調節できたり、温度の微妙な調節をすることができるのがシングルレバー水栓です。

二つのハンドルを、くるくると回すことで水量や水の温度を調節する従来の混合栓に比べて、シングルレバー水栓はデザイン性が高いうえ、片手で操作することが可能です。

例えばキッチンなら、料理を作りながらでも、簡単に水栓の操作ができ、食材などを水洗いするのもスムーズに行うことができます。

さらに、水の出し止めなども、レバーによりワンタッチで行えるので、使いやすいだけでなく節水効果にも優れています。そのため現在では多くの家庭で、キッチンなどの水栓として使用されています。

そんな便利な台つきシングルレバー水栓の取りつけ方を紹介します。

キッチンの下にもぐらなくても本体を固定できる

ワンホール水栓の固定方法として現在主流となっているのが上面施工です。これは取りつけ時のほとんどの作業でカウンター下にもぐる必要がなく、ラクに水栓を取つけられる施工方法。初めての方でも簡単に取りつけが可能です。

道具

■六角レンチ（付属）
■モンキーレンチ
■バケツ
■ぞうきん

材料

台つきシングルレバー混合栓

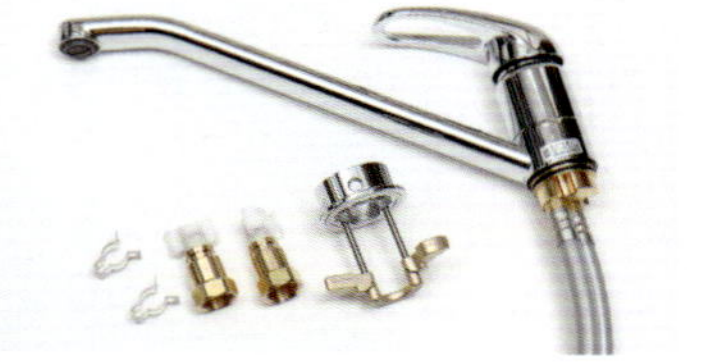

止《し》水《すい》栓《せん》を閉め、適合する混《こん》合《ごう》栓《せん》を設置する

1

作業前にまずは止水栓を必ず閉めてください。キッチンの場合カウンターの下などに止水栓があるはずです。ない場合は元栓を閉めてください。

2

止水栓に繋つながっている配管ホースのナットを、モンキーレンチなどを使って緩めます。水がこぼれるのでバケツやぞうきんなどを用意しておきましょう。

3

ナットが緩んだら配管ホースを外し抜き取ります。取り外す際は、お湯側の配管ホースの残り湯による火傷などに気をつけてください。

4

カウンターの取りつけ穴にフランジを取りつけます。ツメ部分を内側に折りたたんだ状態で穴に差し込み、ネジ穴が正面を向くようにしてください。

5

穴にフランジを差し込んだらフランジの中から指を入れ、ツメを開きます。写真のようにツメが取付金具にはまり動かないことを確認してください。

6

フランジの位置がずれないようにしっかりと手で押さえたら、六角レンチを使ってフランジの内側左右にあるボルトを交互に、均等に締めつけます。

7

水栓本体をフランジに取りつけます。本体から伸びる２つのホースをフランジに片方ずつ通したら、本体とフランジのネジ穴が合うようにはめ込みます。

8
SANEI

フランジと水栓本体をビスで固定します。正面側のネジ穴から六角レンチを使ってネジをとめたら、ビスキャップを取りつけてネジ穴をふさぎます。

9

逆止弁にパッキンを入れたら、止水栓に逆止弁を取りつけモンキーレンチで固定します。逆止弁は水やお湯が互いの配管に逆流するのを防ぐ弁です。

10

給水、給湯それぞれのホースを逆止弁の上からまっすぐに差し込みます。ホースの金具と逆止弁のツバとの間にすき間がなくなるようしっかり差し込みます。

11
水

取りつけたホースが外れないように付属しているクイックファスナーを逆止弁のツバの下側にはめ込みます。これでしっかりとホースの固定ができました。

12

カウンター下にある止水栓か、水道の元栓を開けます。レバーを操作して水栓や配管から水漏れがないことを確認したら、取りつけ完了です。

アイランドカウンターを作る

広い調理スペースで作業が楽しくなるアイランドカウンター。使い勝手に優れて収納力も抜群なことから、キッチン空間の不満を解消してくれるあこがれのアイランドカウンターを作ってみましょう。

作業のながれ

背面の食器棚を作る → 前面の食器棚を作る → 土台を組み立てる → 天板を取りつける → 前面に板張りをする

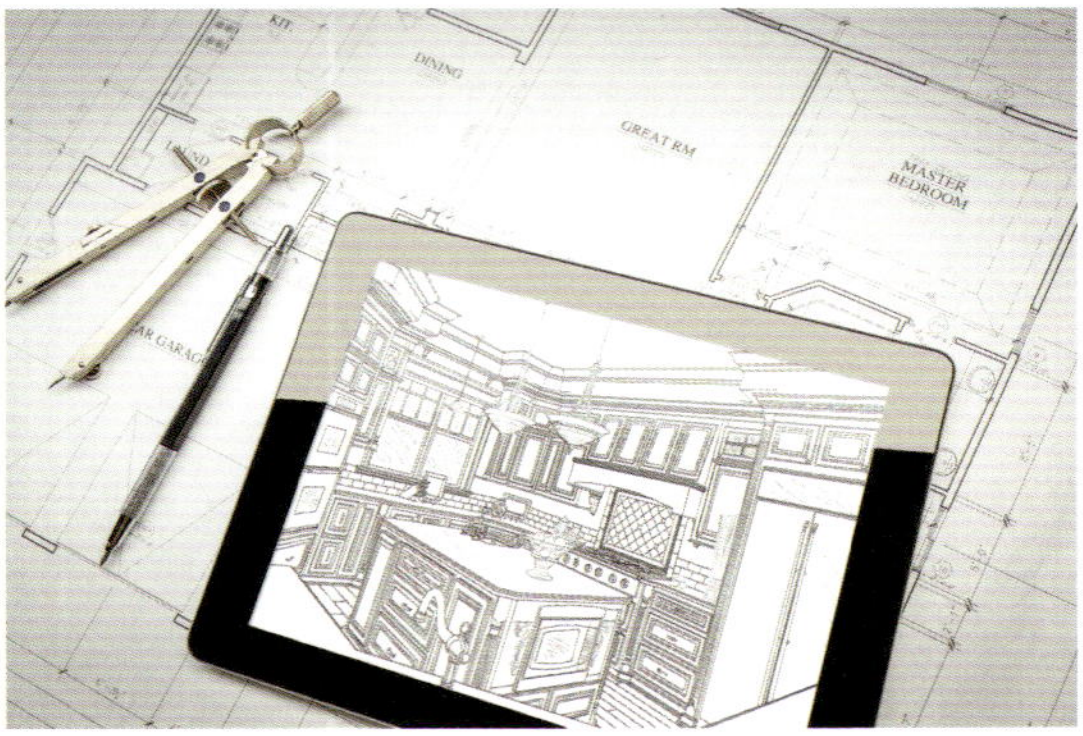

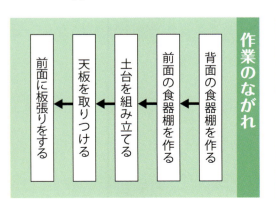

解放的なスペースで調理や家事が楽しくなる

アイランドカウンターは、シンクやガスコンロなどが備わったアイランドキッチンと同様に、四方が壁に面していないためリビングと一体となった開放感が魅力です。マンションの間取りでは、キッチンとリビングダイニングの間仕切りとしても一役買ってくれます。常に視界にリビングで過ごす家族の様子が見えるのでコミュニケーションを取りながら、食事の準備を進めることができて作業の動線もスムーズです。

そして、キッチンでの作業ではシンクやガスコンロの間のスペースだけでは狭かった問題も、調理や作業スペースが広がり有効活用できます。お子さんと一緒に調理を楽しんだり、食器の片づけや配膳などの作業も楽に行えます。

ダイニングテーブルの代用としても使える

アイランドカウンターは調理台として使えるだけでなく、フラットで広い天板をカウンターにして椅子を置けば、ダイニングテーブルの代わりとして活用できます。朝食やおやつのティータイムなど、さっと食べる軽食のスペースにも最適です。

アイランドカウンターは、アイランドキッチンの収納力が少ないという弱点をカバーし、前面や背面、さらに側面にも収納スペースを確保できます。食器やカトラリーはもちろん、サイズによっては鍋などの大物も収納することが可能です。収納スペースに扉をつければ、リビングから見えることもないので見た目もすっきりします。

サイズは目的や作業によって選ぶ

アイランドカウンターの一般的なサイズは幅２４０～３００㎝、奥行きが75～１００㎝といわれています。動線の通路幅の目安は、キッチンと壁の間を最低80㎝は確保するようにしましょう。そして高さはキッチンと同様に、一般的な85㎝前後を目安にし、「身長÷２＋５㎝」で高さを出してください。調理台やテーブル代わりにするなど、目的によって高さを調整しましょう。

アイランドカウンターは設置場所や使い方に加え、デザインを含めてアイデア次第で自分好みに自由にアレンジできます。

サイズが決まれば、木材などの材料はホームセンターでそろえることができます。ＤＩＹなら業者に頼むよりもコストを抑えることができるので、自分の理想とするキッチン空間を実現してみましょう。

難易度 ★★★★☆

アイランドカウンター

見た目がおしゃれなあこがれのキッチンスタイル

毎日立つキッチンは、間取りや用途に合わせてさまざまなタイプがあります。しかし、タイプが多いわりに、調理器具や食器類が増えて収納する場所がなくなり不満を抱くケースが多いスペースでもあります。

キッチンスペースが狭くて料理をするのに不便だと感じてしまう人は、オープンキッチンの代表的なアイランドカウンターをＤＩＹで作ってみませんか。

キッチンとリビング・ダイニングを一体化するアイランドカウンターは、仕切りがないので開放的なのが特徴です。リビングにいる家族の方を見て作業をするので会話も弾みます。

今回作るアイランドカウンターは、本体の前後に食器棚を設けているので収納の問題も解消しています。さらに、ゴミ箱の収納スペースも確保しているので周りからゴミ箱を隠せます。アイランドカウンターは市販で購入すると高額ですが、ＤＩＹで製作するとコストを抑えることができるので、あこがれのスタイルをかなえてくれます。

背面の食器棚には、普段よく使う皿やグラス、箸などを収納します。ゴミ箱のスペースは30Ｌのサイズがベストです。

前面の食器棚は棚と棚の間隔が広いので鍋などの調理器具や深さのある丼などの食器を収納できます。扉にしているので収納しているものを隠せます。

天板を突き出す設計にしたのは、カウンターチェアに座った状態でも足が本体にあたらないようにするためです。

材料

●本体
■SPF材2×2材
土台：1750mm、640mm、
630mm、325mm 3本
■SPF材1×4材
連結背板補強材：810mm　2本
490mm　2本
■メラミン化粧板（15mm厚）
天板：1790×620mm
■シナ合板（15mm厚）
連結用背板：810×480
■無垢杉材（15mm厚）
845×15mm　23本
■サネ木（45mm）
巾木：176.7mm　2本、420mm
●背面食器棚
■パイン材（20mm厚）
扉：774×316mm　2枚
■シナ合板（15mm厚）
上板：405×630mm
底板：405×630mm
側板：775×390mm　2枚
仕切り板：775×360mm
背板：775×630mm
棚板：293×355mm　4枚
●前面収納棚
■シナ合板（15mm厚）
上板：640×385mm
底板：640×385mm
側板：780×365mm　2枚
仕切り板：780×365mm
背板：840×810mm
棚板：360×295mm　2枚
■桧材（9mm厚）
受け木：300×30mm
●小物収納
■シナ合板（15mm厚）
上板：480×230mm
底板：480×190mm
■シナ合板（9mm厚）
側板：160×230mm　　2枚
■木ネジ　75mm、35mm、32mm、
20mm、細ビス20mm
■ウッドワックス（ジャコビーン）
■スライド丁番（カップ径35mm）2個
■棚ダボ
■取っ手　2個

道具

■電動ドリルドライバー
■丸ノコ
■サンダー
■ドリルストッパー
■ダボキリ（径 32mm）
■ボアビット（径 35mm）
■クランプ
■木工用接着剤
■定規
■さしがね
■金づち
■三角定規
■メジャー
■ウエス

展開図

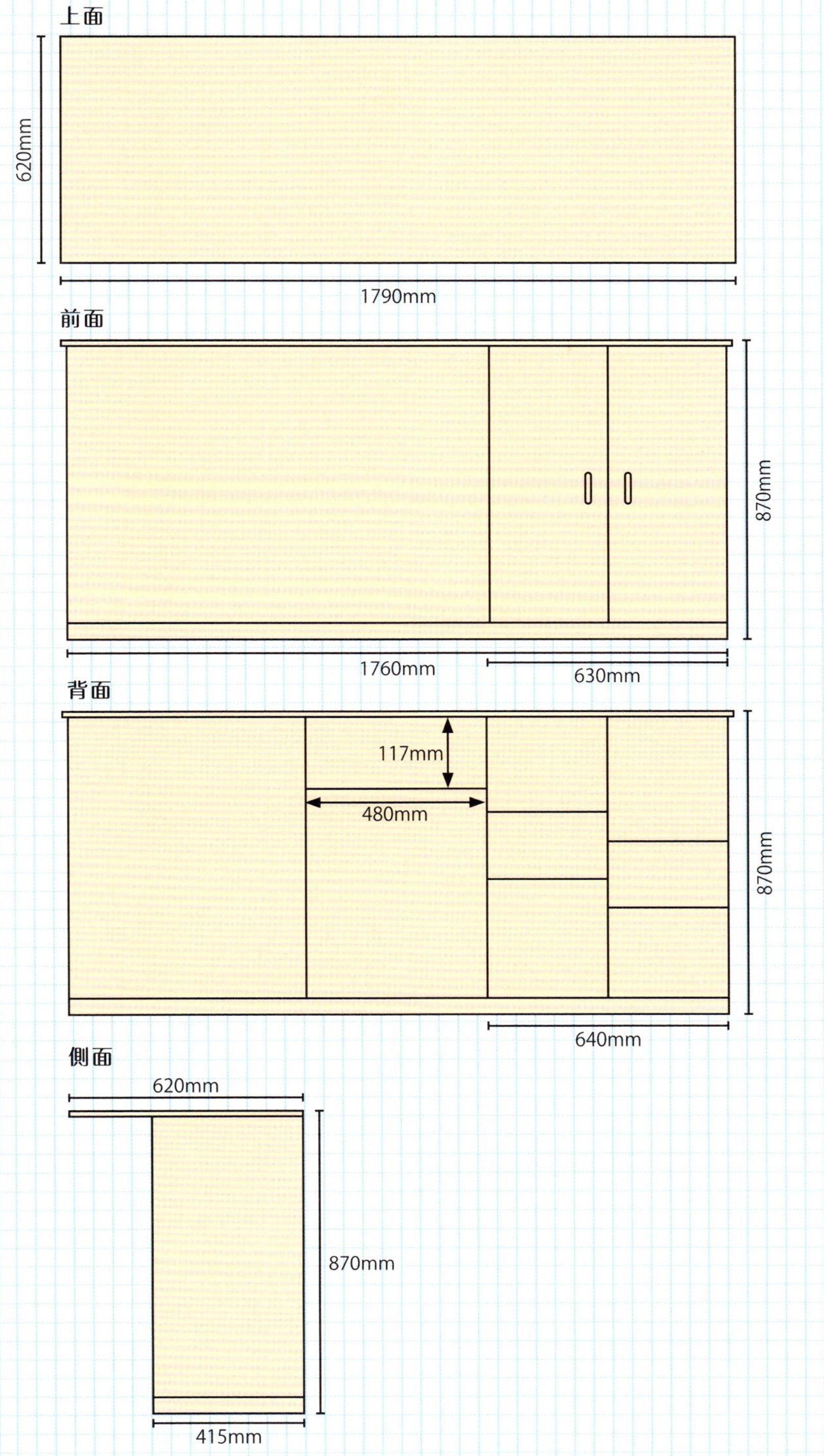

背面食器棚を作る

1

背面食器棚の外枠を作る材料はこちらです。側板、上板と底板、背板、仕切り板をサンダーで磨いて面取りをします。

2

2枚の側板と仕切り板に棚ダボを取りつける100mm間隔の高さの線を引きます。仕切り板の裏面も同じ線を引きます。

ヒント

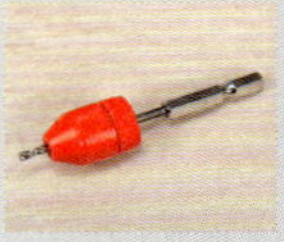

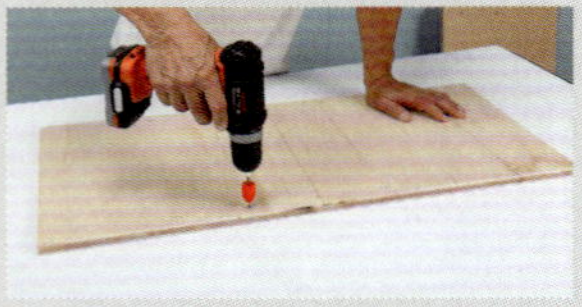

棚ダボを取りつける位置は、側板は端から50mm、仕切り板は端から20mmです。仕切り板の棚ダボを取りつける下穴は、ダボキリと一緒にドリルストッパーを使えば穴が貫通せず、両面に取りつけることができます。

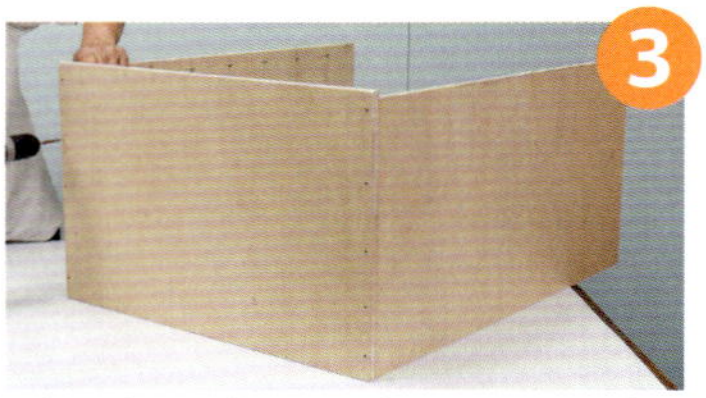

3

側板に木工用接着剤を塗って32mmの木ネジを打って上板と固定します。側板は棚ダボの面を内側にしてください。

4

側板と上板を固定した後、底板を32mmの木ネジで側板に向かって打って固定したら、スクエアの外枠ができます。

ここがポイント！

上板と底板の端から300mmのところに縦に線を引きます。その線の左右に仕切り板の厚み分15mmの半分の7.5mmの線を引きます。上板と底板の表にも同じように線を引くと仕切り板の取りつけ目安になります。

5

背板との接合面に木工用接着剤を塗り背板をのせます。32mmの木ネジを打って背板を取りつけます。

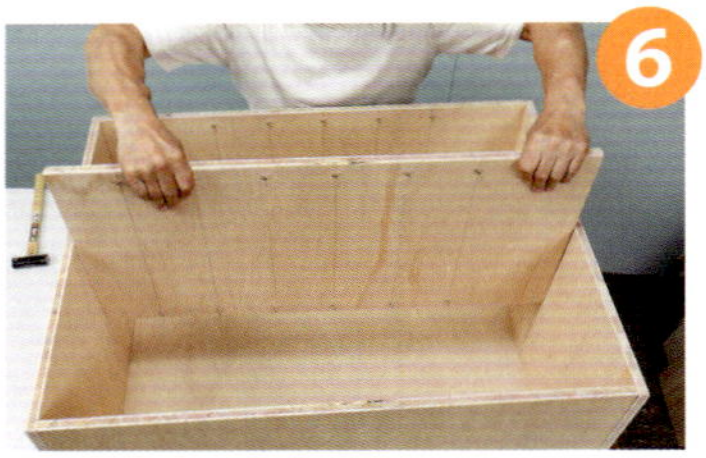

6

上板と底板に引いた線に沿って、仕切り板をはめ込みます。上板と底板、背板から32mmの木ネジを打ちます。背板に木ネジを打つ前に、上板と底板の仕切り板の線を描くと木ネジが打ちやすくなります。

7

棚ダボにのせる4枚の棚板です。左右2段棚の構成です。棚板は外枠と同じ材料のシナ合板で、サイズは293×355mmです。

8

好みの高さに棚ダボを取りつけて棚板をセットできたら完了です。

前面食器棚を作る

前面食器棚の外枠を作る材料はこちらです。側板、上板と底板、背板、仕切り板をサンダーで磨いて面取りをします。

外枠を組み立てます。底板に木工用接着剤を塗って背板に固定し、32mm の木ネジでとめます。続いて木工用接着剤を塗った両サイドの側板を背板と底板の面から 32mm の木ネジを打ちます。

上板を 32mm の木ネジで取りつけたら外枠のできあがりです。上板と底板が側板より出ているのは扉の厚み 20mm 分です。

背面食器棚で仕切り板を取りつける位置を線で引いた手順と同じようにします。背面食器棚は、上板と底板のセンターは 307mm です。上板と底板の表面にも同じように線を引きます。

上板と底板に引いた線に沿って、木工用接着剤を塗った仕切り板を外枠にはめ込みます。

上板と底板から 32mm の木ネジを打って仕切り板を取りつけます。

上板と底板に引いた仕切り板の線に合わせて背板にも仕切り板の線を引きます。そして 32mm の木ネジでとめていきます。

棚板と受け木の材料です。左右1段棚の構成で固定タイプにします。2枚の棚板のサイズは、360×295mmです。

棚の高さを決めた位置に、側板と仕切り板に線を引きます。受け木の両端に 20mm の木ネジを仮打ちします。受け木を線に合わせて、木ネジを打ち込んで固定します。

棚板を棚桟にのせた前面食器棚の完成です。

前面食器棚に扉を取りつける

1

前面食器棚に取りつける扉の材料です。扉は観音開きにして、スライド丁番は全かぶせタイプを使用します。

2

扉材の上と下の端から60mmに線を引いて丁番の位置を決めます。側板の同じ箇所にもずれないようにして線を引きます。

3

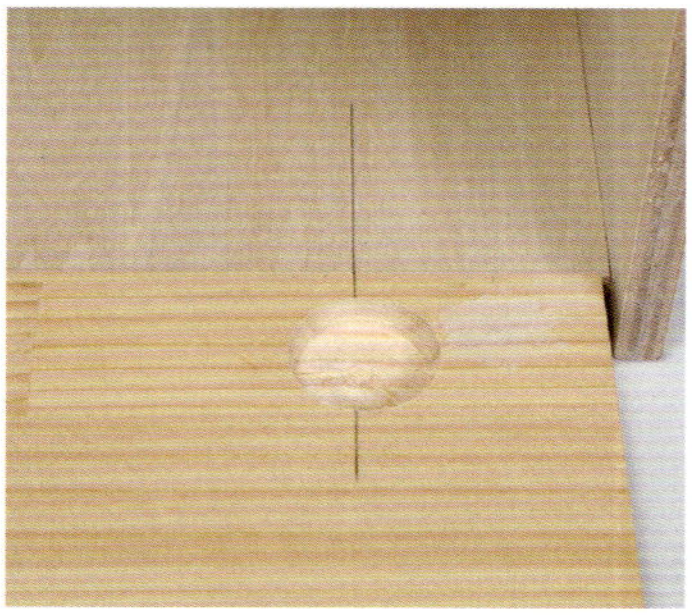
扉材をクランプで固定し、丁番のカップ径に合わせて35mm径のボアビットで穴をあけます。穴の深さは10.5mmです。扉材の上下ともに穴をあけたら、もう一枚の扉も同じ手順で穴をあけてください。

4

丁番のカップの部分を穴にはめてカップの方から付属のネジを締めつけて丁番を取りつけます。

5

扉の開閉がスムーズにできたら完了です。

土台と小物収納を組み立てる

1

食器棚をのせる土台の材料です。縦材の1750mmが全長になり背面と前面の食器棚を両端にのせるような作りにします。

2

食器棚と同じサイズの枠を両端に組んで75mmの木ネジでとめます。食器棚の間のスペースはゴミ箱のスペースです。

3

土台の両端に食器棚をのせて前後をそろえます。そして食器棚の底板の上から35mmのネジを打ち込んで取りつけます。

4

ゴミ箱スペースの上部の小物収納の材料です。小物収納は長方形の横型タイプにするので短い木材が側板になります。

5

側板と底板を取りつけ、32mmの木ネジでとめ、もう1枚の側板と上板も木ネジでとめると収納ボックスができあがります。

6

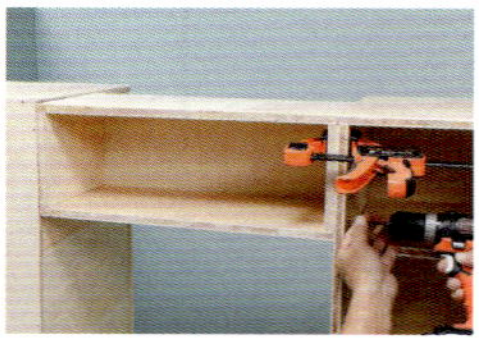
収納ボックスを両側の食器棚の上部に合わせてクランプで固定します。32㎜の木ネジで取りつけると、アイランドカウンターの形が見えてきます。

背板と天板を取りつける

1

ゴミ箱スペースの背面に取りつける背板の材料です。この背板で 2 つの食器棚を連結させます。

2

補強材に木工用接着剤を塗り、810 × 480mm のシナ合板に組みます。20mm の木ネジで取りつけて背板にします。

3

ゴミ箱スペースの背面に、両側の食器棚にそろえるようにして組み立てた背板をはめ込みます。

4

小物収納と背板のすき間から 32mm の木ネジを斜め打ちして食器棚に取りつけます。

ここがポイント!

本体から両端20㎜を出して天板をのせます。本体上板の下側から32㎜の木ネジを打って天板を取りつけます。

5

天板の取りつけができました。テーブルとしても使いやすいように、天板は本体よりも突き出しています。

板張りをして仕上げる

1

本体に板を張る材料です。フローリングや壁などの張りに使用される無垢材の羽目板を本体に縦張りします。

2

無垢材にウッドワックスを塗って広げます。ウッドワックスは、アンティークな雰囲気に仕上がるジャコビーンです。

3

前面食器棚の観音扉に、取っ手を付属のネジで取りつけます。取りつける位置は扉が開け閉めしやすいところにします。

ここがポイント!

羽目板は「サネ」という側面のジョイント部をはめ合わせて連結させます。端は丸ノコでカットして横幅を調整します。20㎜の細ネジを上下に打ちます。

4

本体の下部に幕板を取りつけるため、20mm の細ネジを打ち込みます。

5

本体背面の食器棚や収納ボックスに、ウッドステインを塗って乾燥したらアイランドカウンターの完成です。

棚ダボの取りつけ方

棚板の高さから逆算して取りつけ位置を決める

棚の高さの決め方

1 棚ダボを使う場合は、まず底板から1段分の高さを測り、そこから棚ダボの高さ分を下げたところに線を引きます。

2 側板の前面から10～20mm奥のところに印をつけて、種類ごとの方法で棚ダボを取りつけます。

3 棚板1枚につき4個の棚ダボを、高さをそろえて取りつけます。

4 棚板をのせたところ。棚板の下面と棚ダボの取りつけ位置に差があります。この差を計算に入れて棚ダボの位置決めをしましょう。

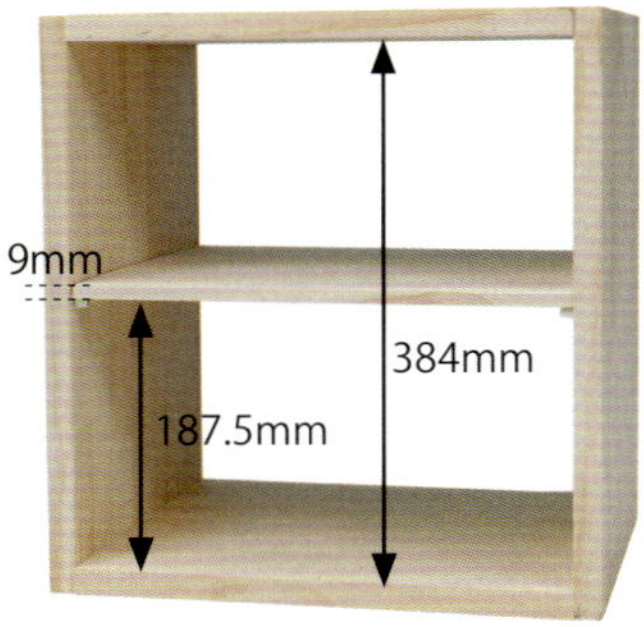

高さを均等に割る場合

①収納家具の内寸高さから取りつける棚板の厚み分を引きます。棚板の厚みの合計は、棚が2段なら棚板×1枚分、3段なら棚板×2枚分です。

②①の寸法を棚の段数で割ります。この数字が棚1段分の高さで、各棚板の高さが決まります。

差し込みタイプの取りつけ方

側板に掘った穴に差し込んで棚受けとして使います。棚受け部分が丸ピンのもの、平らなものなど種類があります。

1 差し込み側のピンの太さを測ります。パッケージに記載のあるものは、そちらを参照してください。

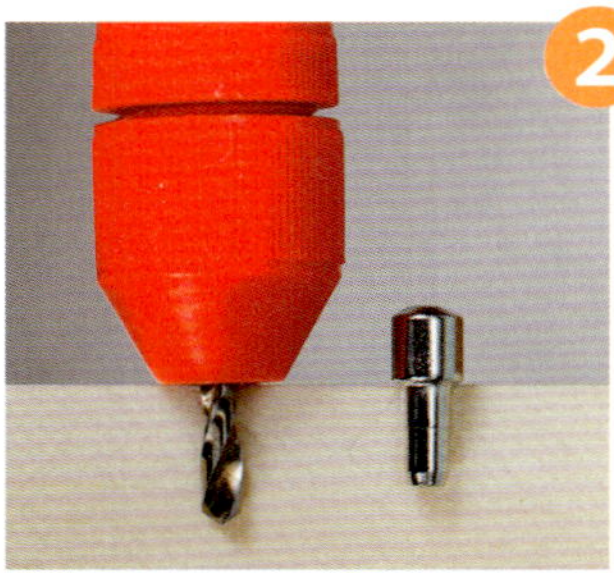

2 ピンと同じ太さのドリルビットを用意し、ピンより少し深い穴を掘れる長さで先端に印をつけます。

3 取りつけ位置に穴を掘って、棚ダボのピンを差し込みます。きつい場合は軽く叩いて入れてください。

4 棚ダボを差し込んだ状態。0.5mm細いドリルを使うと、抜き差しはたいへんですが緩みにくくなります。

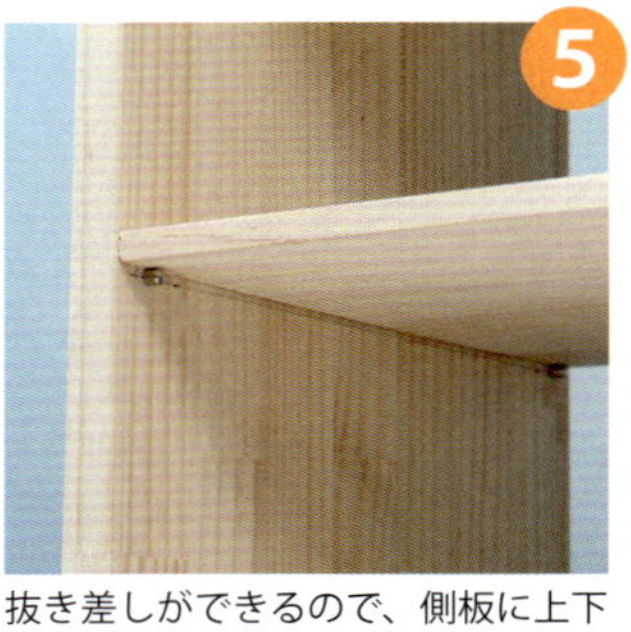

5 抜き差しができるので、側板に上下5cmなどの等間隔で穴を掘っておき、可動棚として使用すると便利です。

05

トイレ・洗面

温水便座の交換

まだ、お尻を洗えないトイレでがまんしていませんか？
最新の便座への交換で快適なシャワートイレ化を実現しましょう。

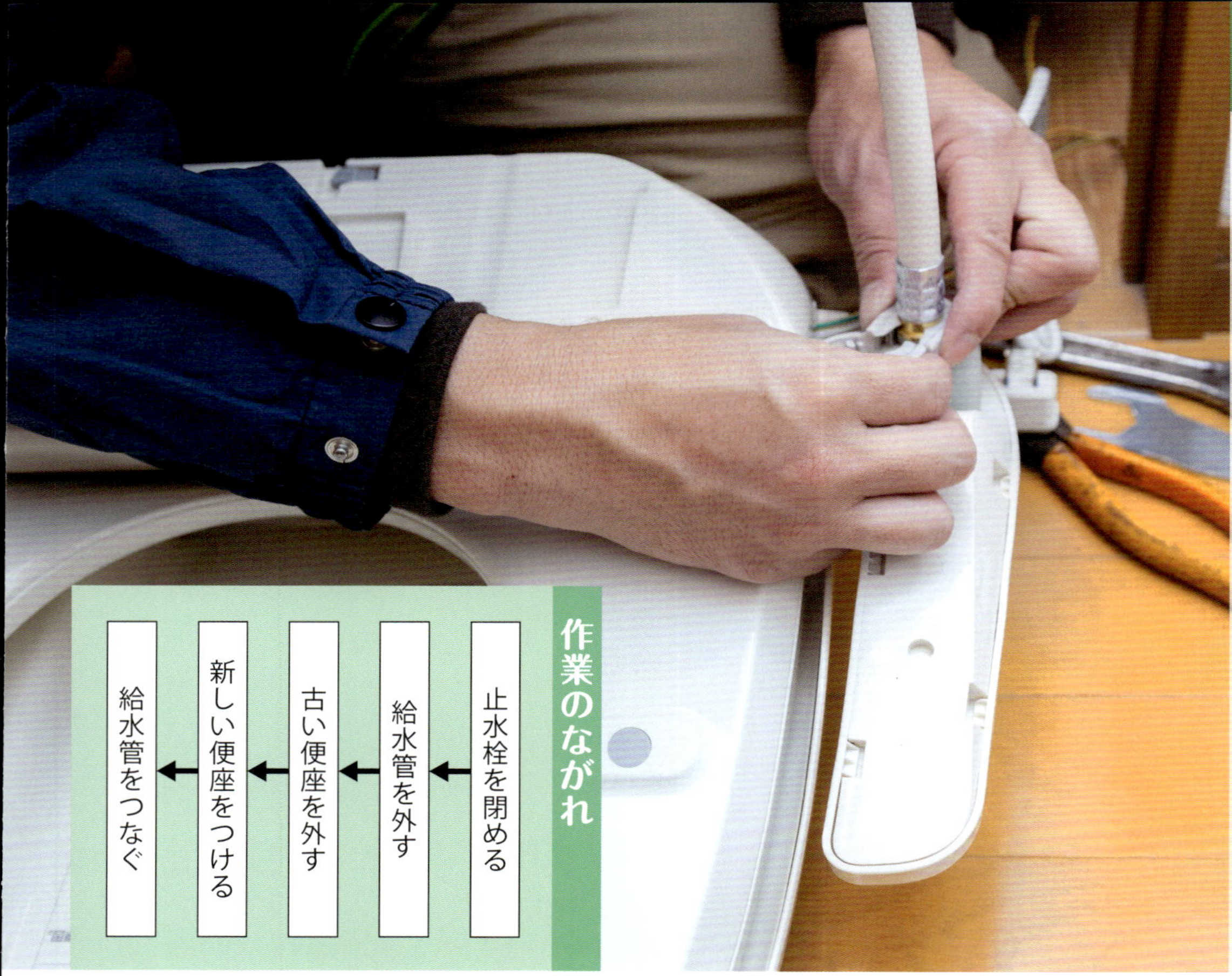

作業のながれ

止水栓を閉める → 給水管を外す → 古い便座を外す → 新しい便座をつける → 給水管をつなぐ

温水便座の種類

温水の作り方

タンクに貯めた水をヒーターで加温して保持する『貯湯式』、噴出時にヒーターで瞬間的に加温する『瞬間式』のどちらかが採用されています。瞬間式は本体価格が高めですが、連続使用しても水温が下がらず、電気代も節約できます。

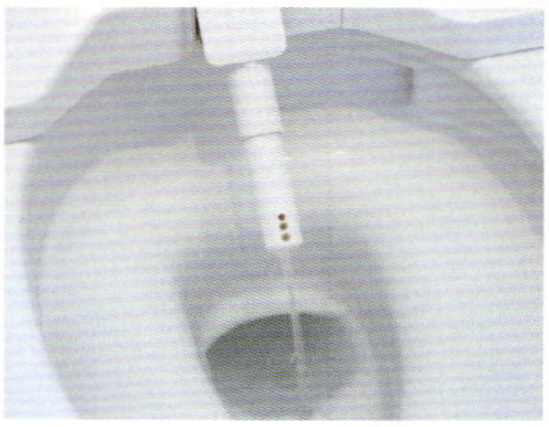

操作方法

【リモコン操作】

操作パネルが本体と分離しているため、便座本体の見た目もすっきり。リモコンは横壁面の操作しやすい位置に設置できます。電池切れの場合でも、レバー式タンクであれば水は流せます。

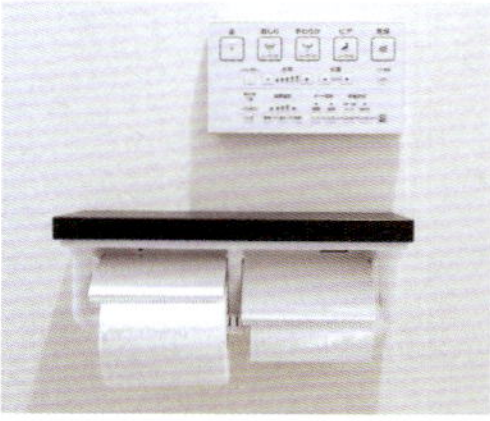

【本体操作】

操作パネルが便座と一体のタイプです。リモコンのように設置時に壁を傷つけることがなく、電池切れや通信不良のトラブルも発生しません。ただ、操作パネルが張り出しているため、掃除の邪魔になります。

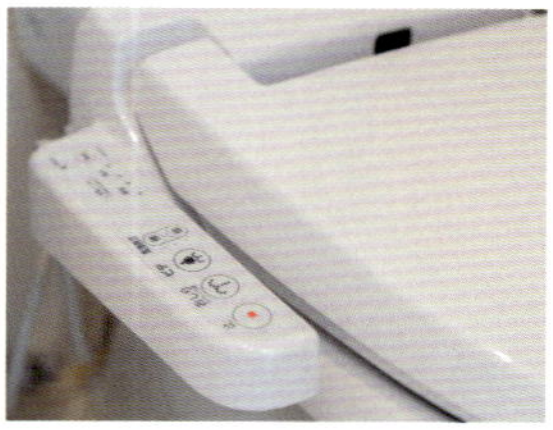

難易度 ★★☆☆☆

温水便座の取りつけ

便座交換だけの作業であれば はじめての方でも取りつけは簡単

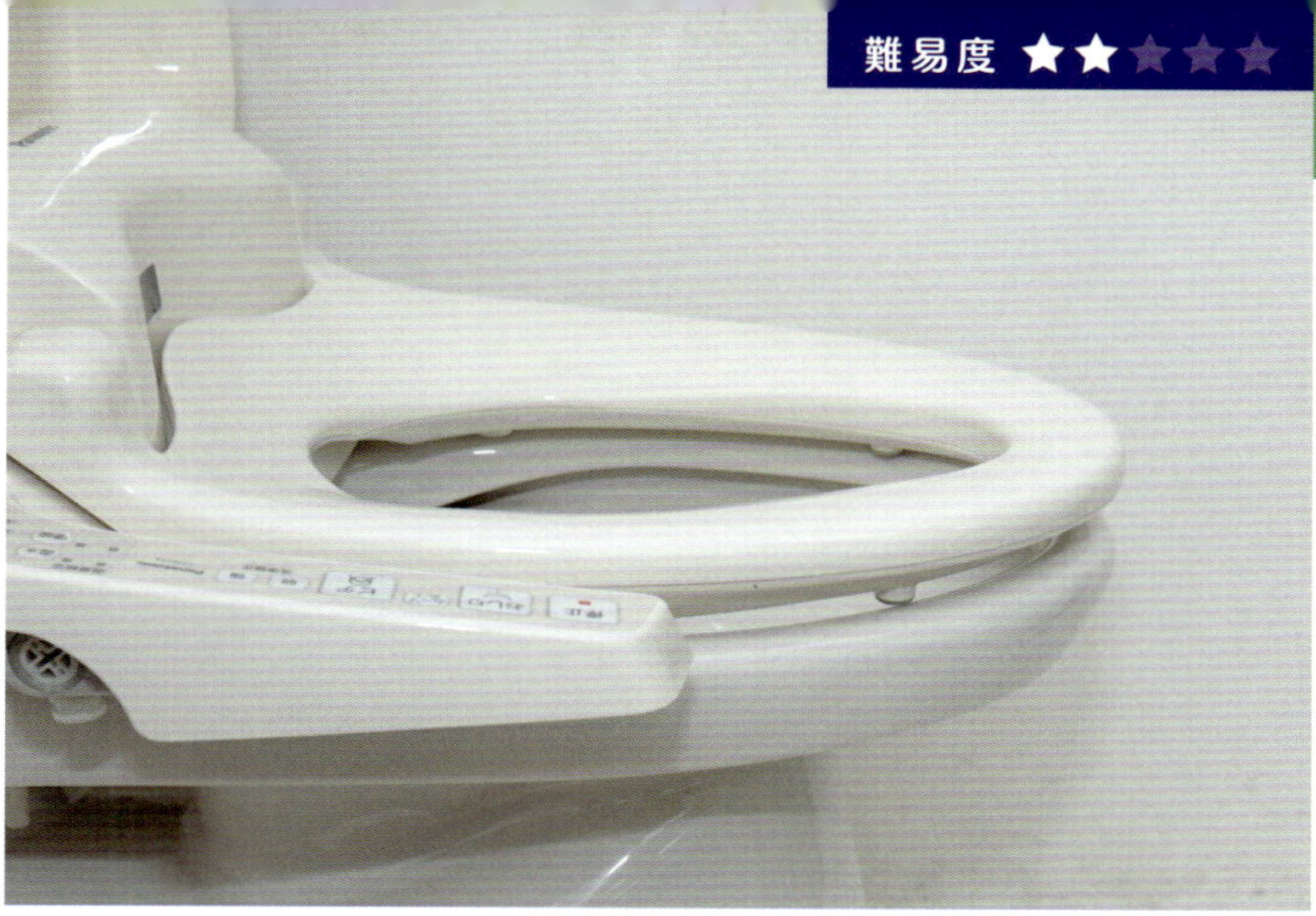

温水便座は賃貸物件でも取りつけられる？

賃貸物件の設備交換では大家さんや管理会社に許可を取るのが原則です。勝手に設置してトラブルにならないよう事前に確認を取りましょう。物件への入居後でも自費取りつけならば認めてもらえるケースは珍しくありません。ただし指定業者による工事が条件になることもあるので、事前によく確認してください。

一般家庭から公共施設のトイレまで、もはやあって当たり前ともいえるトイレの設備が「温水洗浄便座」、いわゆる温水便座です。

一度使いなれてしまうと、その快適さに手放せなくなってしまうともいわれており、今や海外でも旅行者の口コミのおかげで大人気。

そんな温水便座ですが、すべてのトイレに必ずあるわけではありません。例えば賃貸物件では、築年数によっては取りつけられていない場合も少なくありません。

トイレ設備なので、後つけはたいへんそうと思うかもしれませんが、実は便座だけなら設置はそれほど難しくはありません。その取りつけ作業手順を紹介します。

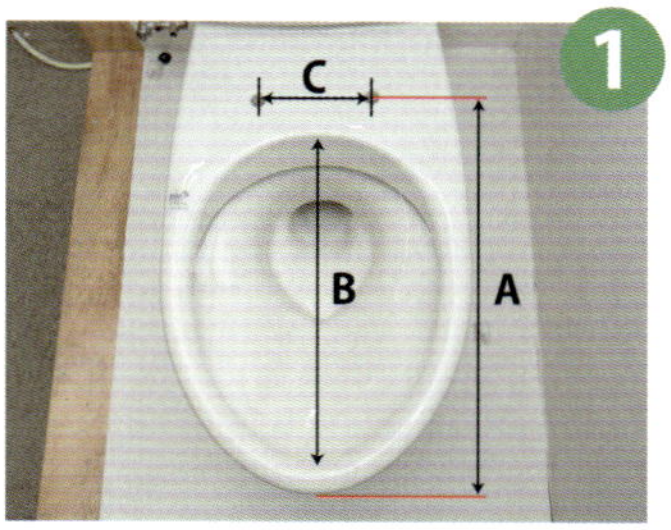

購入前に使用中の便座のAとBの寸法を測り、A＝470mm、B＝355～380mmなら大型。A＝440mm、B＝320～350mmなら標準型の温水便座を手に入れます。

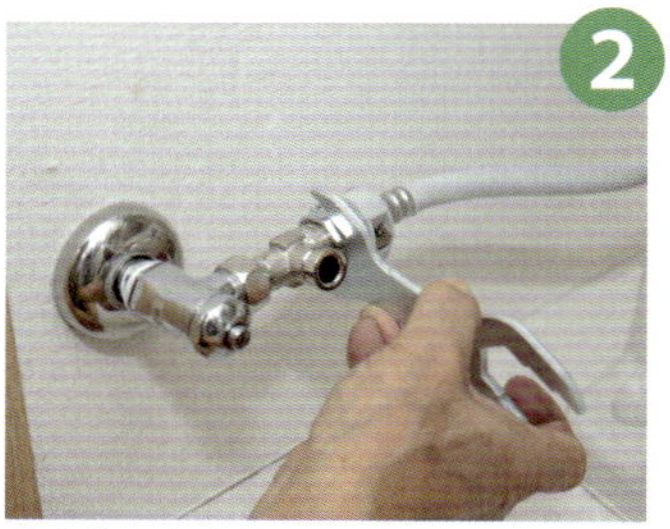

止水栓を時計まわりに閉め、さらに水を流してタンク内を空にします。そしてスパナやモンキーレンチで固定ナットを緩め、給水管や古い分岐金具を外します。

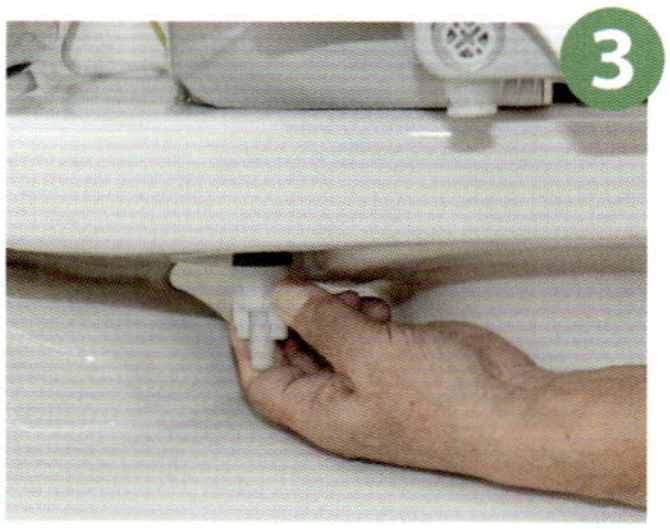

温水便座に同梱の分岐金具にパッキンを入れ水栓に取りつけ、続いてタンクへ給水管を取りつけます。便器の下側の固定ナットを緩め、古い便座を取り外します。

新しい便座のボルトを便座取りつけ穴に入れます（主にパナソニックの場合）。次に便座取りつけ穴にゴムブッシュを入れ、ナットを締めて便座を仮どめします。

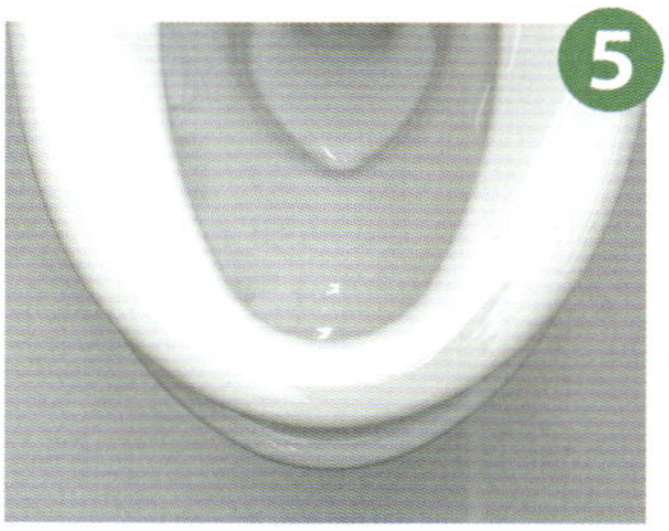

便座を前後にスライドさせて、便器の前端と便座の前端が揃うように位置を調整してから、ナットをしっかりと締め込んでずれないように固定します。

便座と分岐金具に給水ホースを差し込んでつなぎ、外れ防止のクイックファスナーをクリップが外れないように取りつけます。アース線と電源をつないで完了です。

トイレ床の張り替え

トイレの内装は施工から年月が経っているとやけに古臭く感じるもの。床を好みの材料で張り替えて雰囲気を一新しましょう。

作業のながれ

床の型紙を作る → 床材をカットする → 床材を張る → 防水シール剤を充填する

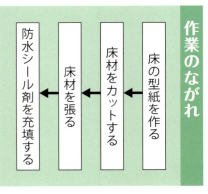

トイレリフォームのポイント

家族がトイレを快適に利用するために、リフォームでは好みのデザインに変えるだけでなく、水はねや汚れへの対応、使い勝手の向上など機能面の対策も必要になります。意外とできることは多いので、場所ごとにポイントを見ておきましょう。

収納棚

補充用のトイレットペーパーや掃除用品などを収納して、トイレをすっきり見せられます。タンク上部の空間を利用できる、壁つけタイプがおすすめです。

トイレットペーパーホルダー

小さい設備ですが、よく目に入ってくるものなので、デザイン性の高い市販品に交換するだけでも雰囲気を変える効果があります。飾り棚つきや2連装などさまざまなタイプが選べます。

手すり

高齢者や子供がいる家庭でリフォームニーズの高い安心・安全のためのアイテム。壁をリフォームする際に追加してもよいでしょう。

壁

雰囲気を一新するのにもっとも効果的なリフォームです。ただ、狭い空間にタンクや配管などの設備が多くあるため、とくに壁紙の貼り替えは難しくなります。リフォームする場合は、耐水、防汚、防臭などの機能素材を使うと、快適さがアップします。

床

水周りで、しかも飛び跳ねなどの汚れがあることを考えると、耐水性があって水拭きの掃除がしやすい床材を選びたいところです。便器の形に合わせて加工するのが大変なので、自分が作業しやすい床材であることもポイントです。つなぎ目の防水シーリングは必須です。

トイレに適した床材

フロアタイル

硬質の樹脂を素材としていて、細長いフローリング調のものや正方形のタイル調のものなどリアルな色柄が豊富にそろっています。本物に近い質感を求める場合に最適です。2mm程度の薄いタイプは重ね張りにも向いています。ただし、クッションフロアに比べると加工が大変で、価格も高めです。

クッションフロア

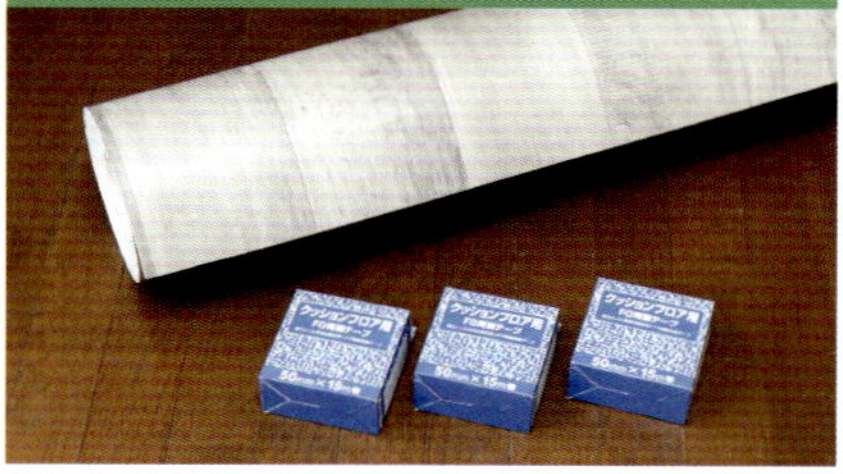

塩ビ素材の大きいシート状の床材です。耐水性、防汚性に優れているうえ、つなぎ目を少なく施工できるので水まわりで使用する場合に安心です。便器の形に合わせる加工も、カッターを使って簡単にカットできます。手ごろな価格帯のものが多く、DIYリフォームにおすすめです。

水を使う場所なので、耐水性は優先順位の高い条件です。水分が簡単に浸透する素材では、メンテナンスをしっかりと続けないと寿命を縮める可能性があります。また、アンモニア汚れの付着が多い場所でもあるので、清潔に保つうえでは掃除しやすい材質が望ましいでしょう。汚れがついても定着しにくい防汚性に優れていて、強い洗剤を使っても変色などを起こしにくいものが理想的です。

難易度 ★★★

クッションフロアを張る

簡単、安価な床の全面張り替えにおすすめ

汚れや傷みが目立つようになった床の全面張り替えには、塩化ビニール製のクッションフロアが便利です。薄く柔らかいシート状なので軽く、カッターやハサミでカットができて作業が簡単。また、既存のクッションフロアに、重ねて張ることができる手軽さも魅力です。

　クッションフロアはクッション性があって水や汚れに強いのが特徴ですが、遮音性の高いタイプ、傷がつきにくいタイプなども選ぶことができます。水まわりやダイニング、子供部屋など、張りたい部屋に合わせて機能を選ぶとよいでしょう。

クッションフロアを購入する際の注意

クッションフロアは、ロール状のものをカットして販売するのが一般的です。購入時には長さの算出によく注意しましょう。フローリング調など縦と横で向きが異なる柄の場合、どちらの方向に張るのかで必要な長さが変わります。広い部屋に張る際には、つなぎ目の柄を合わせるために無駄になる分も計算しましょう。また切りしろとして上下、左右に10cm程度の余分が必要です。購入時は部屋の見取り図に寸法を入れて持参することをおすすめします。

道具

- ■巾定規（地ベラ）
- ■カッター
- ■目打ち
- ■長い定規（長い板材）
- ■クッションフロア用両面テープ
- ■マスキングテープ
- ■防水シール
- ■ローラー
- ■ハサミ
- ■メジャー
- ■油性ペン

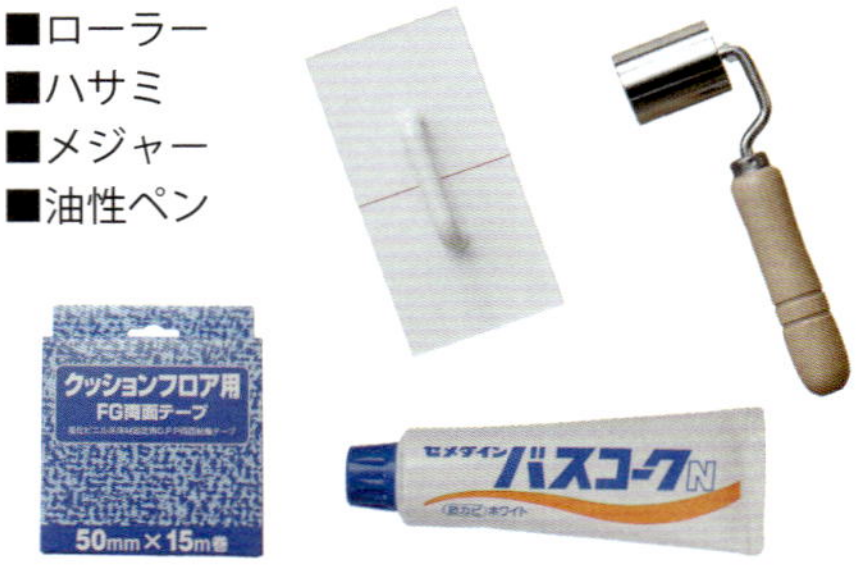

材料

- ■クッションフロア
- ■型紙用の紙（新聞紙などでも可）

トイレの床を張る前に型紙を作る

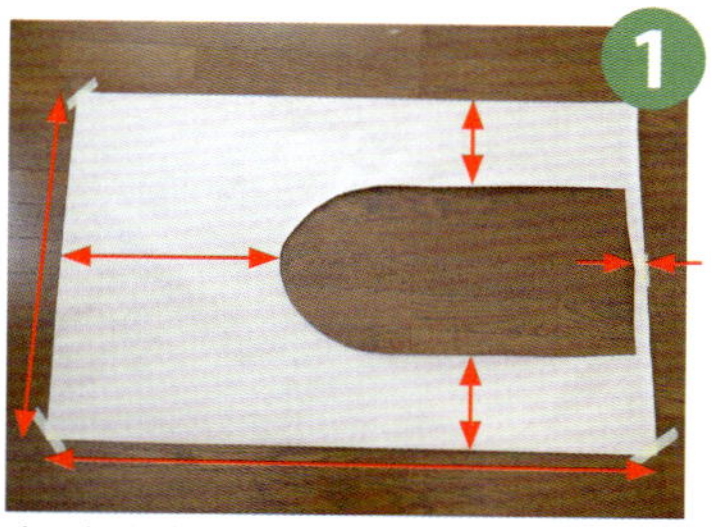
1

床の幅と奥行、四方の壁から便器までの距離を測り、型紙を作ります。穴あき部分は便器より一回り大きくあけます。

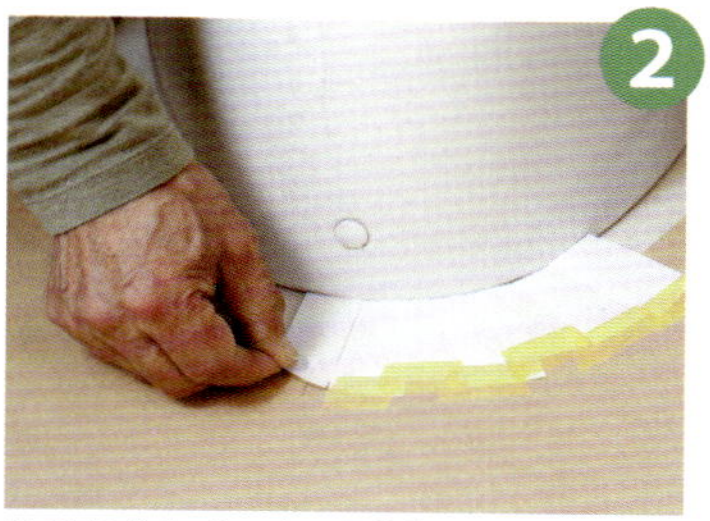
2

位置を合わせて床に型紙を置き、便器の曲線部分に沿って小さく切った紙を貼って型を取ります。

3

裏返したクッションフロアに型紙を重ね、油性ペンで型どおりに線を引きます。便器の周囲は3mmほど大きくします。

4

型に沿ってクッションフロアをカットします。穴あき部分は、奥側から切り込みを入れて切り取ります。

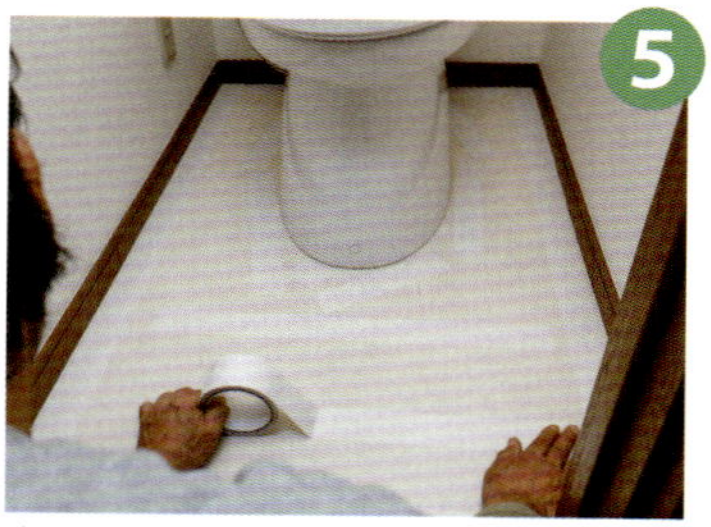
5

床を乾拭きしてホコリを取ってから、壁際、便器の周囲のほか、中央部にも両面テープを貼ります。

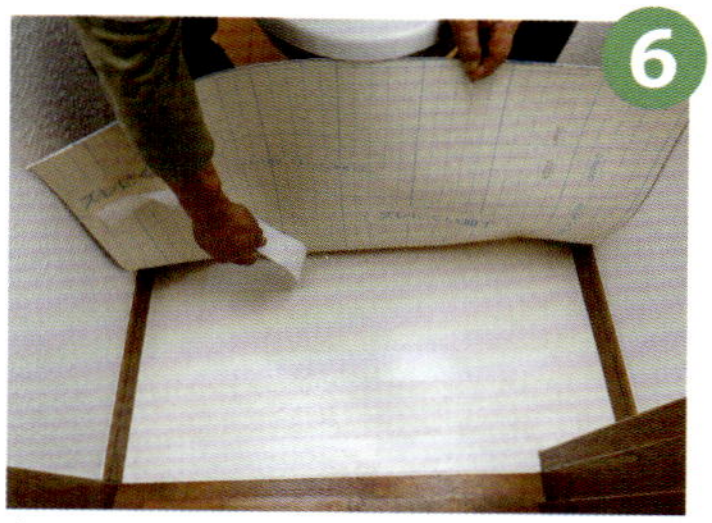
6

クッションフロアの位置を合わせて置き、ドア側から両面テープのはく離紙をはがしながら順々に貼っていきます。

7

端部は巾定規を床と壁に強く押しつけるようにしてクッションフロアを押さえ、隅まできっちりと張りつけます。

8

角の位置がわかるように目打ちで印をつけ、ハサミでV字にカットします。

9

壁側に定規を押しつけ、余った部分をカットします。カッターの刃はこまめに折り、よく切れる状態で使いましょう。

10

クッションフロアの端をローラーでしっかりと押さえ、浮いているところがないように仕上げます。

11

便器とのきわをマスキングテープで養生し、すき間に防水シールを充填します。ヘラできれいにならしましょう。

12

防水シールが乾燥するのを待ってマスキングテープをはがせば、作業は終了です。

オリジナルの洗面台を作る

難易度 ★★★★☆

道　具

■電動ドリルドライバー
■ノコギリ
■ポケットホールジグ
■サンダー
■レンチ
■ハケ
■木工用接着剤
■シリコーン系接着剤

材　料

洗面ボウル
■本体（長方形タイプ）
■混合水栓
■水溜め式排水栓
■排水金具
■給水管

洗面台
■ヒノキ材
　脚（4枚）、フレーム（4枚）、棚受け桟（2枚）、
　引き出し：前後板（2枚）、側板（2枚）、幕板
■集成材　引き出し・扉　　■角材　引き出し・ストッパー
■シナ合板　底板、棚板（白色）、仕切り板、側板：（2枚）
　引き出し：底板
■ラミネート合板　天板、背板、背板飾り棚（2枚）
■2×4材　仕切り板
■スライドレール（2本）　■取っ手　■L字金具（4組）
■2×4材　仕切り板：240×90×38mm
■スライドレール（ベアリングタイプ）　2本
■取っ手（ハンドルタイプ）　■スペーサー（0.2mm厚）

マンションの洗面所のスペースは物件ごとに間口が異なるため、リフォームする場合は既製品の中から探すのはたいへんです。だからこそ、DIYで造作洗面台とも呼ばれているオリジナルの洗面台を作ってみてはいかがでしょうか。

マンションによくある梁《はり》や出窓などの空間を回避して奥行きや幅など、細かくサイズを調整して自宅に最適な洗面台を作ることができます。そして洗面ボウルや水栓など、一つ一つのパーツを選ぶことができるので、デザインにこだわりたい人にもおすすめです。さらに、陶器と木製など異なった材質の組み合わせが自由にできるのも魅力です。洗面台の基礎知識を含め、オリジナルの洗面台の作り方を紹介していきます。

作業のながれ

洗面台を作る → キャビネットを作る → 洗面ボウルの設置 → 給水・排水管の接続 → 洗面鏡とキャビネットの取りつけ

洗面台を選ぶポイント

洗面台の高さ

洗面台の高さは床から洗面ボウルまでの高さを指し、理想の高さは洗顔の時に肘から水が垂れない高さといわれています。自分に合った高さを求める場合は、「身長÷2前後」が適切といわれています。洗面台の高さが合わないと腰を痛めたりするので注意してください。洗面台の高さは基本的に3タイプに分かれているので、ご家庭の用途やお子さんの将来的な成長などを参考にするとよいでしょう。

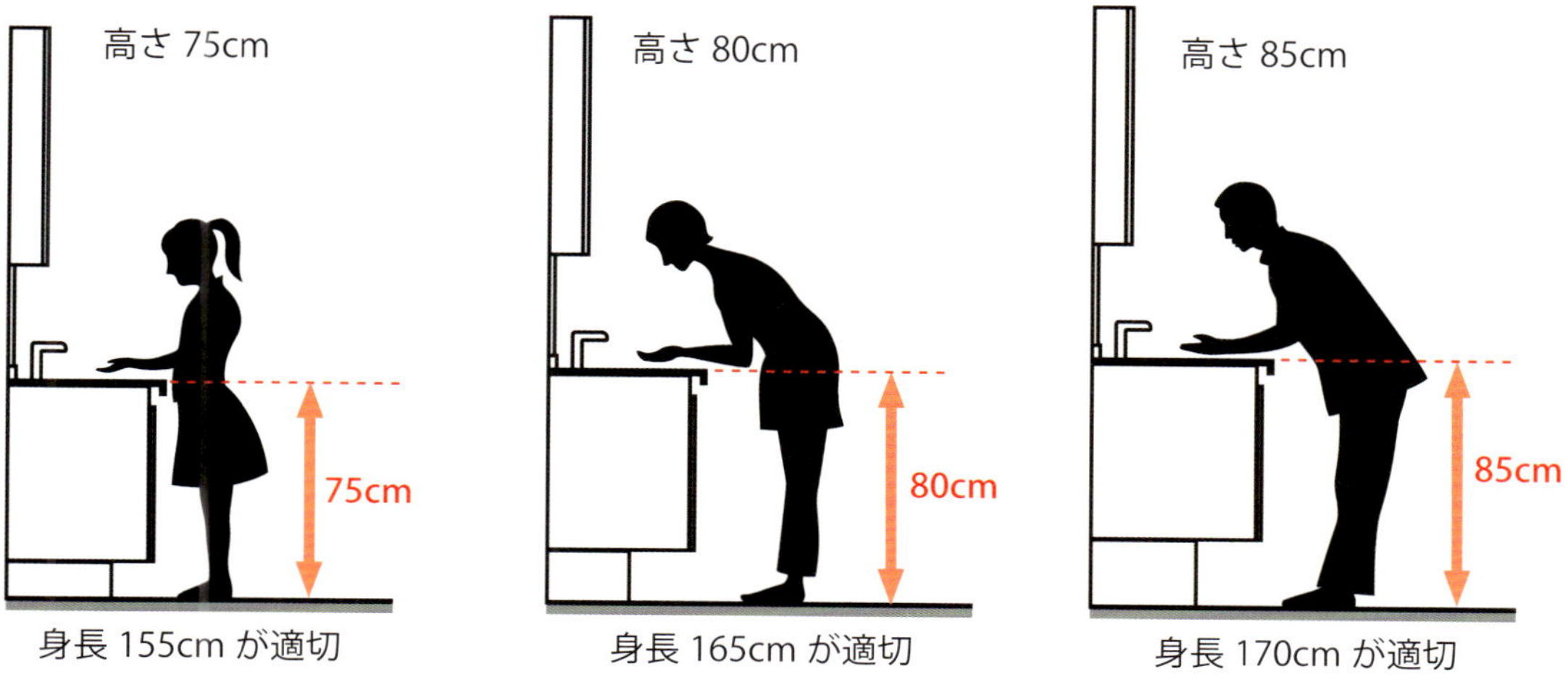
高さ 75cm
75cm
身長 155cm が適切
高さ 80cm
80cm
身長 165cm が適切
高さ 85cm
85cm
身長 170cm が適切

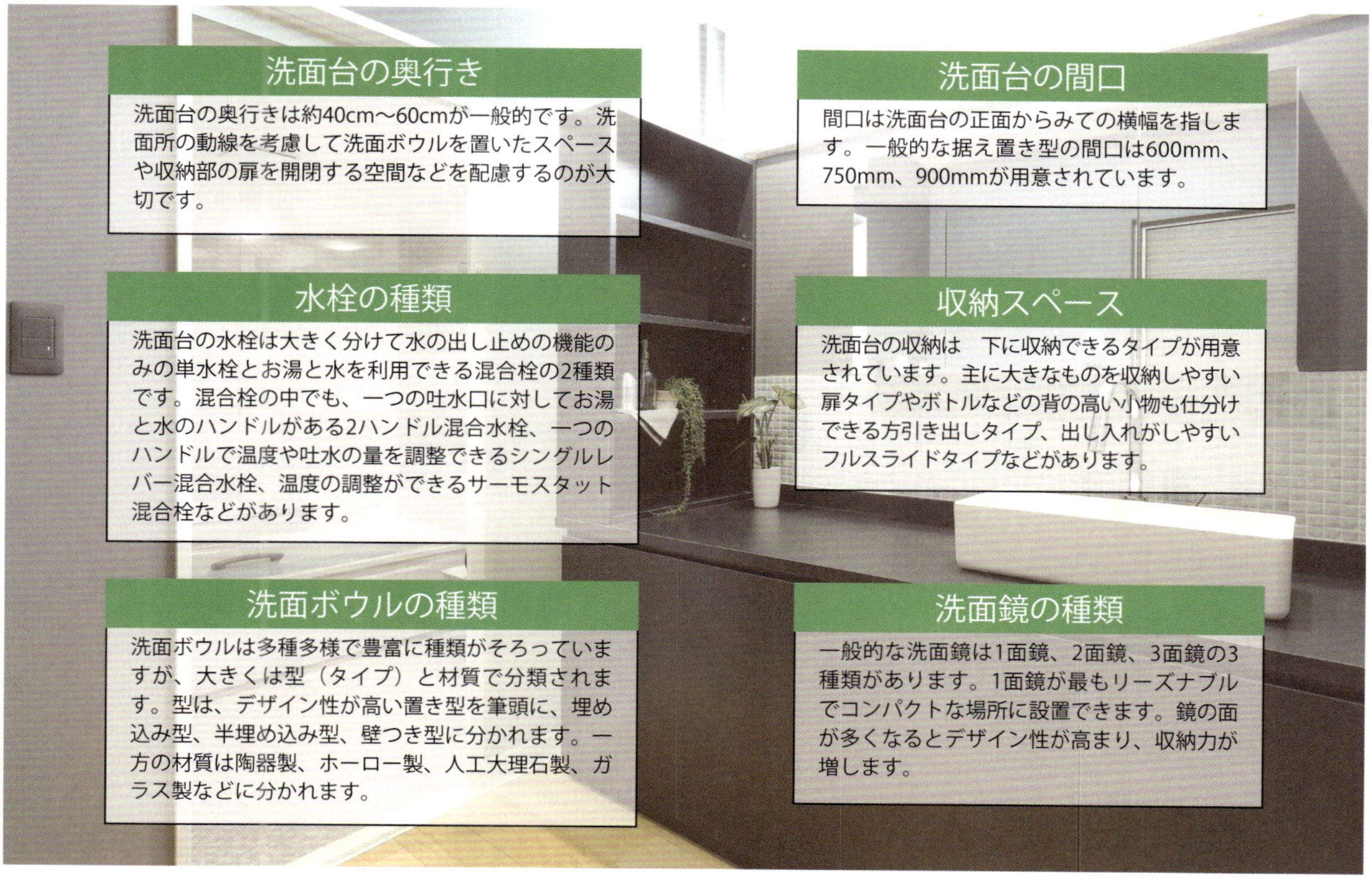

洗面台の奥行き

洗面台の奥行きは約40cm〜60cmが一般的です。洗面所の動線を考慮して洗面ボウルを置いたスペースや収納部の扉を開閉する空間などを配慮するのが大切です。

洗面台の間口

間口は洗面台の正面からみての横幅を指します。一般的な据え置き型の間口は600mm、750mm、900mmが用意されています。

水栓の種類

洗面台の水栓は大きく分けて水の出し止めの機能のみの単水栓とお湯と水を利用できる混合栓の2種類です。混合栓の中でも、一つの吐水口に対してお湯と水のハンドルがある2ハンドル混合水栓、一つのハンドルで温度や吐水の量を調整できるシングルレバー混合水栓、温度の調整ができるサーモスタット混合栓などがあります。

収納スペース

洗面台の収納は　下に収納できるタイプが用意されています。主に大きなものを収納しやすい扉タイプやボトルなどの背の高い小物も仕分けできる方引き出しタイプ、出し入れがしやすいフルスライドタイプなどがあります。

洗面ボウルの種類

洗面ボウルは多種多様で豊富に種類がそろっていますが、大きくは型（タイプ）と材質で分類されます。型は、デザイン性が高い置き型を筆頭に、埋め込み型、半埋め込み型、壁つき型に分かれます。一方の材質は陶器製、ホーロー製、人工大理石製、ガラス製などに分かれます。

洗面鏡の種類

一般的な洗面鏡は1面鏡、2面鏡、3面鏡の3種類があります。1面鏡が最もリーズナブルでコンパクトな場所に設置できます。鏡の面が多くなるとデザイン性が高まり、収納力が増します。

洗面台の脚を作る

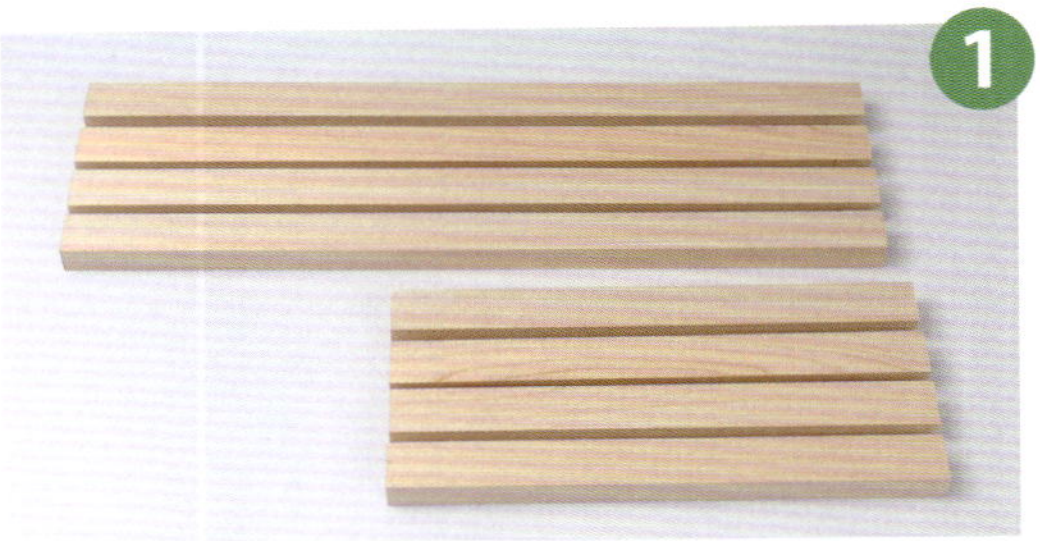

洗面台の脚はヒノキ材を使用します。長い部材と短い部材を組み合わせて口型にします。

切断面をサンダーでサンディングしてバリを取り除いてきれいに磨きます。

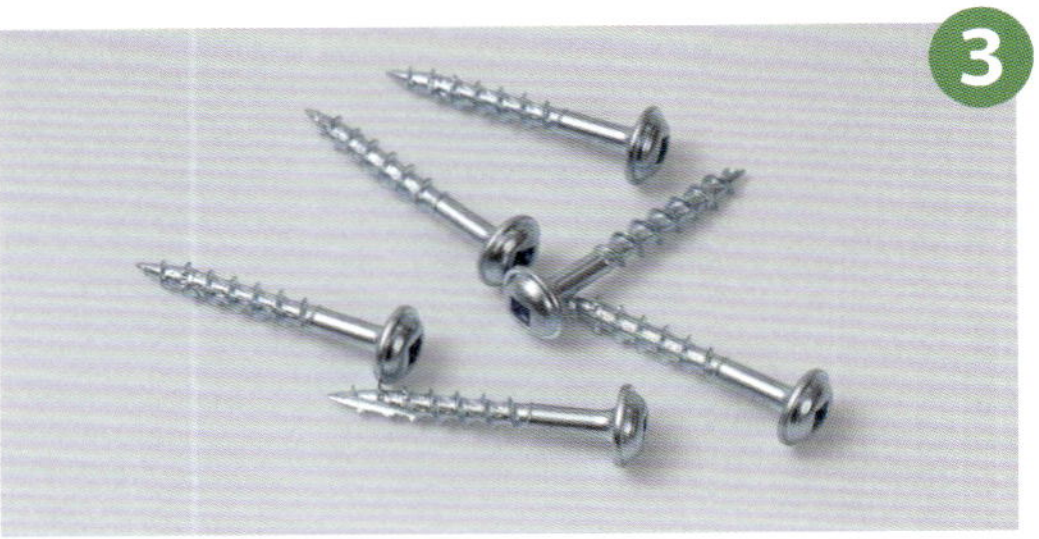

組み立てでは専用のポケットホールスクリューを使用します。ネジ頭の下がフラットになっているため、一般的な木ネジよりも木材が割れにくく、強度を高めます。

脚の高さを決めた後、接合部分に木工用接着剤を塗って口型に組みます。

付属のドライバービットで斜めに打ち込みます。この方法をポケットホールジョイントと呼びます。

同じようにもう1脚を組み立てることができたら、脚のできあがりです。

おすすめ

斜めにネジを打って木材を接合するポケットホールジグを活用する

ポケットホールジグは、海外のDIYでは一般的な道具です。斜めにネジを打って木材を接合するポケットホールジョイントという接合方法の際に役立つ道具で、斜めの下穴を作るのに最適です。加工する木材の厚さに合わせて位置や深さの調整が可能で、簡単に下穴をあけることができるのでDIYの幅が広がります。

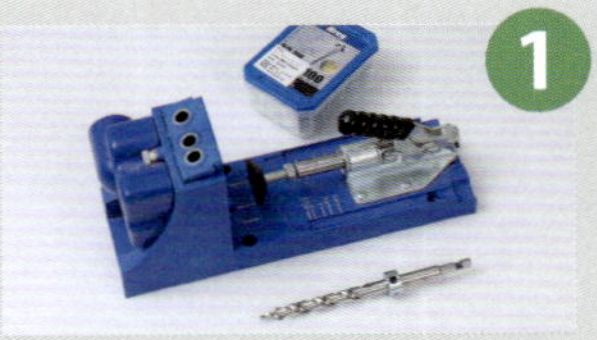

ポケットホールジグは、専用ドリル、スクエアドライバービットが付属されています。

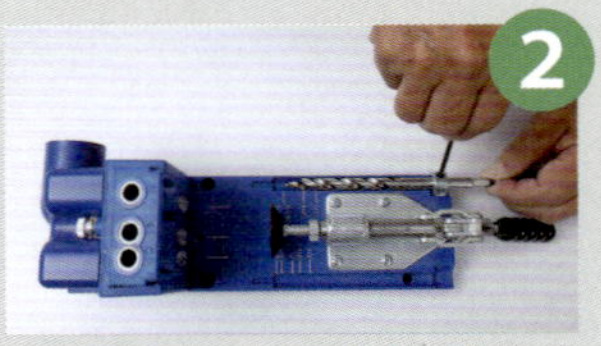

木材の厚みに合わせて下穴の深さを決め、専用ドリルビットにストッパーを固定します。

加工する木材を本体に固定し、専用ドリルビットで下穴をあけていきます。

下穴をあけたところです。3か所のガイド穴から2か所を使って穴をあけました。

洗面台のフレームを組み立てる

1

脚をつなぐ上下のフレームの部材です。脚の部材と同じヒノキ材を使用しています。

2
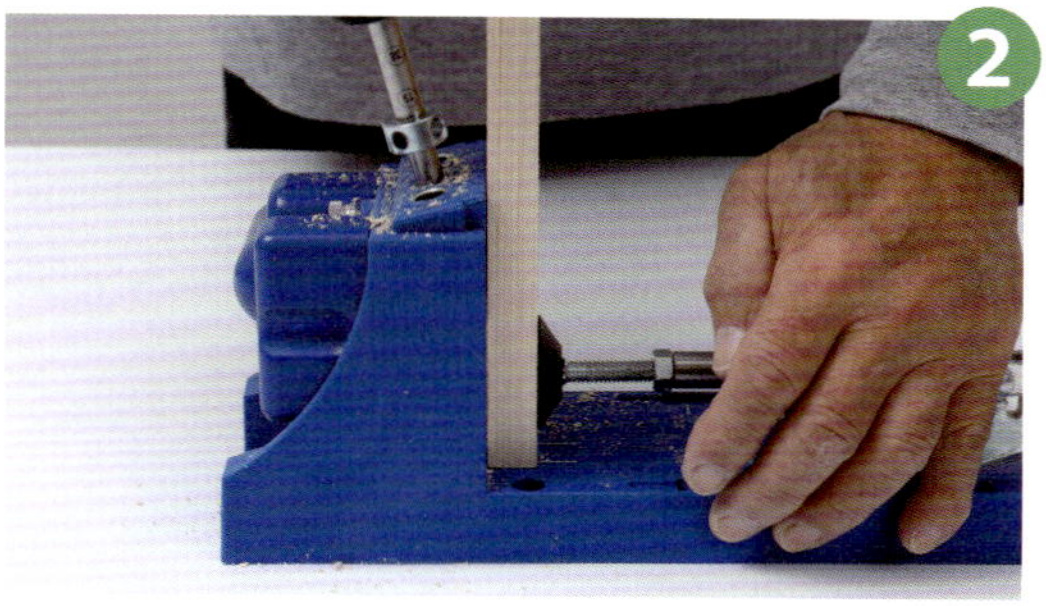

ポケットホールジグにフレーム材をセットし、穴の深さを決めて専用ドリルビットで下穴をあけます。

3

4本それぞれの両端に下穴をあけます。

4

クランプで固定した脚の上部の内側にフレームを合わせ、専用のポケットスクリューを打ち込みます。

5

残りの脚にフレームをセットし、下穴にポケットスクリューを打ち込んでとめます。

6

本体を引っくり返して、下部の前フレームをポケットスクリューを打ち込んで組み立てます。

7

同じように後のフレームをとめます。上下のフレームは脚の幅の内側で組むのがポイントです。

8

洗面台の本体フレームができあがりました。

底板を加工して取りつける

1

底板を本体にはめ込むように取りつけるため、四隅に脚の幅を写して線を引きます。

2

ノコギリでカットし、角を落とします。切り終える直前にノコギリを立てると、きれいに落とせます。

3

底板の木口をきれいに見せるため、同系色の木口テープを使用します。

4

裏面のはく離紙をはがして木口に沿って貼っていきます。余分な部分はカッターなどで切り落とします。

5

底板を本体にはめ込み、フレームの裏側から穴をあけます。ドリルストッパーで穴の深さを調整します。

6

電動ドリルドライバーで、底板を貫通しない長さの木ネジを打ち込みます。

棚板を加工して取りつける

1

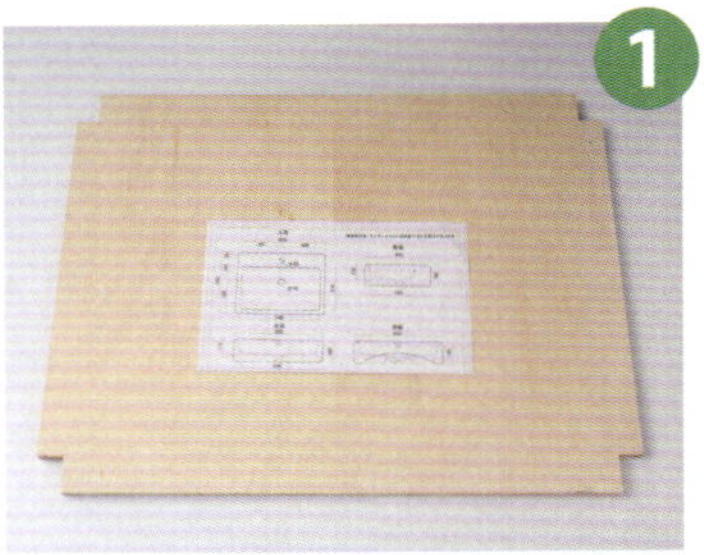

棚板に混合水栓と排水金具の穴をあける位置を決めます。穴の位置は、購入した洗面ボウルの図面を参考にします。

2

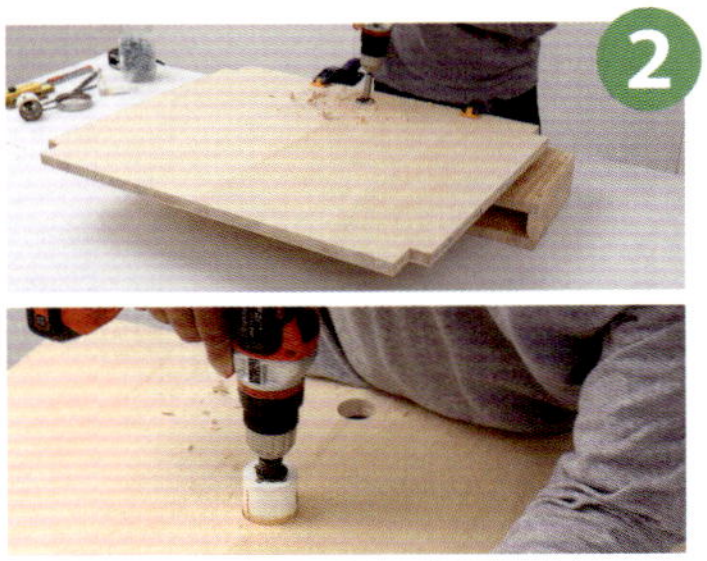

混合水栓（上段）と排水栓（下段）の穴をホールソーであけます。混合水栓はφ 35mm、排水栓はφ 45mm です。

3

棚板の棚受桟です。

4

フレームの厚みを写し、下穴をあけます。そしてネジの頭が収まるように皿取りビットで加工します。

5

引き出しの高さと同じ長さの 2 本の木材をフレームにあてた位置から棚受桟をセットし、ネジを打ち込みます。

6

棚板を本体にはめ込み、同じように位置決めの木材をあてて残りの棚受桟を脚に向けてネジを打ち込み取りつけます。

引き出しを組み立てる

引き出しの部材です。前後の板と側板を組んだ後に、底板を取りつけるように作業します。

前後板に側板の厚みを写し、下穴をあけます。皿取りビットでダボ埋めの下処理をします。

側板を前板の内側に入れ、外側から細ネジを打って固定します。

後板も同じように取りつけた後、底板をかぶせてズレないように調整し、細ネジを打ち込んで固定します。

両側に取りつけるシナ合板は、本体フレームと交差する部分をノコギリでカットします。

カットした部分を前面にし、2×4材を挟み込むように組みます。そしてネジを打って取りつけます。

本体のシナ合板の側板です。両端にポケットホールジグを使って、2か所ずつ下穴をあけます。

本体に側板を組んで、ポケットホールスクリューを斜めに打って取りつけます。

本体の仕切り板と側板を作る

棚受桟の裏側に下穴をあけ、ネジを打ち込んで棚板を固定します。

仕切り板の位置を決めて線を引きます。仕切り板の位置は引き出し扉の厚み分、前面から下げるようにします。

引き出しの仕切り板の部材です。2×4材の短い部材をまん中にして、両端にシナ合板を挟むように組みます。

2×4材は、裏側からネジを打ち込みます。端材を使ってクランプで固定すると作業がしやすいです。

スライドレールを取りつけて引き出しを仕上げる

1

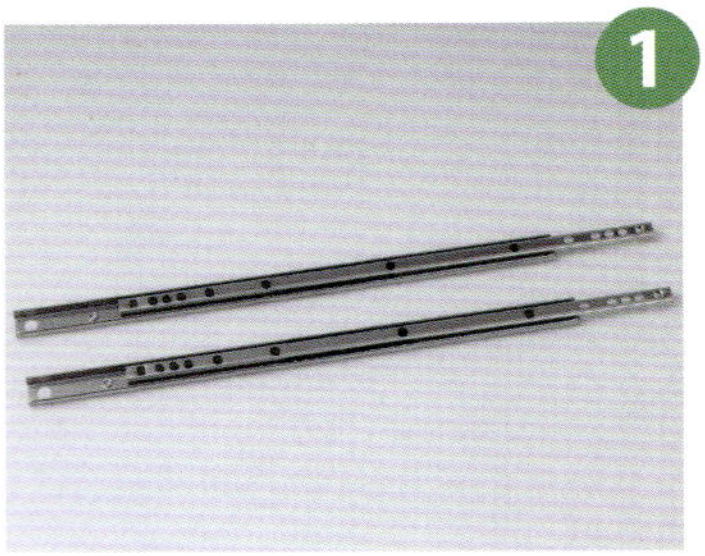

ベアリングタイプのスライドレールは引き出しの奥行き、引き出しの内側の有効サイズなどを測って選びます。

2

スライドレールの高さが引き出しのまん中あたりになるように、木材などを台にした上にスライドレールを置きます。

3

インナーレールをスライドしてずらし、アウターレールの取りつけ穴にネジを打ち、仕切り板に固定します。

4

仕切り板と側板にスライドレールを取りつけた後、0.2m 厚の 2 枚のスペーサーを敷きます。

5

インナーレールを引き出しに固定。手前の穴にネジを打ち、引き出しごと前に出して奥の穴にネジを打ちます。

6

スライドレールの厚み分のすき間が確保できているかを確認します。すき間の幅は購入時の説明書を確認しましょう。

7

引き出しのストッパーの位置を決めたら角材を細ネジで打ち、固定します。

8

引き出しに化粧板を接着し、引き出しの内側から数か所に木ネジを打って固定します。

9

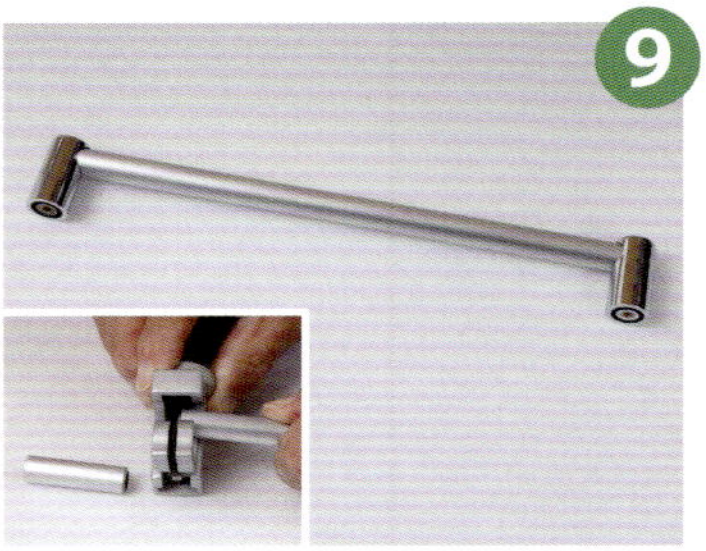

化粧板に取っ手をつけます。取っ手の柄が長い場合は、パイプカッターでカットして調整してください。

10

化粧板と中心をそろえてセットし、ドライバーでネジを締めます。もう 1 つ作ったら、引き出しは完了です。

ローラータイプの取りつけ方法

スライドレールはベアリングタイプのほかに、ローラータイプがあります。ローラーの高さ分を持ち上げて引き出しを脱着するローラータイプは、インナーレールとアウターレールを組み合わせ、それぞれに取りつけられているローラーによって引き出しをスムーズに開閉します。ローラータイプの取りつけ方法を紹介します。

1

引き出しの底面に 2 本のインナーレールをセットし、ネジを打って取りつけます。

2

本体の仕切り板と側板にローラーが前になるようにアウターレールをセットし、ネジで固定します。

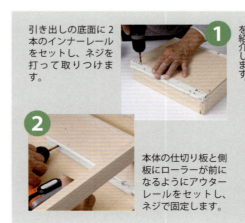

塗装して本体に幕板を取りつける

1

本体を塗装する準備をします。塗料はミルクペイントのクラウディーブルーを使います。

2

内側との境界部分などにマスキングテープを貼り、面の広い底板からハケやローラーで塗っていきます。

3

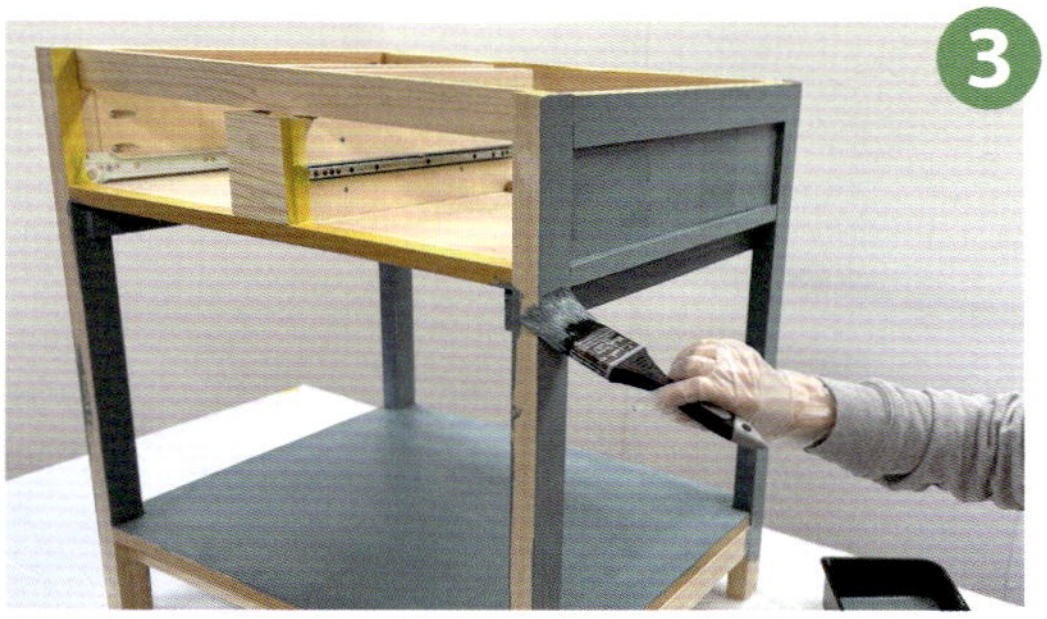

底板が塗れたら側板や脚などを塗っていきます。

4

引き出し扉は、木目の質感を生かすオイルフィニッシュを塗ります。一度塗った後に乾燥させ、2度塗りしてください。

5

本体上部を引き出しの前面にそろえるため、幕板を取りつけます。

6

3枚の補強板をフレームにそれぞれ木ネジを打って固定します。

7

本体フレームと同じ長さの幕板を塗装した後、細ネジを打って固定します。

8

ゴムベラで木工用パテを広げて表面を平らにし、ネジ穴を埋めます。硬化後、サンドペーパーなどで軽く研磨して同じ色で塗っておきます。

背板の飾り棚を作る

1

飾り棚の取りつけ位置を決めて、背板に線を引きます。そして飾り棚の厚み分の線も引きます。

2

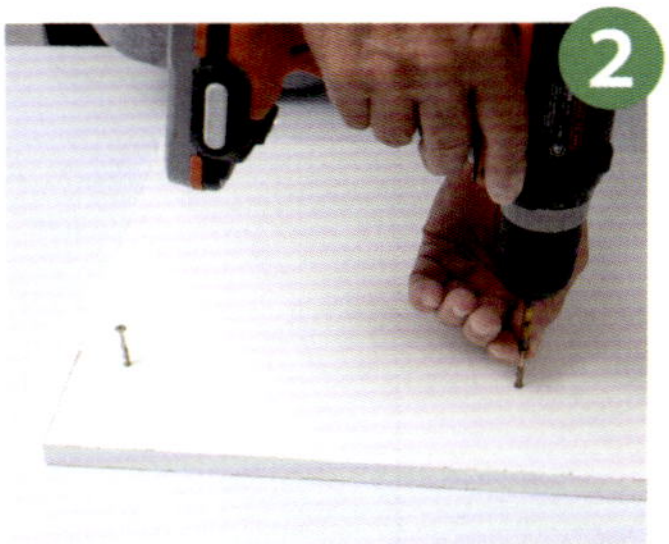

背板の裏側から下穴をあけ、木ネジをある程度まで打ち込みます。

3

背板の線に合わせて飾り棚をあて、木ネジを打って固定します。

4

背板に 2 枚の飾り棚を取りつけた後、裏面に天板につけるための下穴をポケットホールジグを使ってあけます。

5

木口テープは裏面のはく離紙をはがして天板の側面に貼り、はみ出た部分は木口カッターでカットします。

6

本体側面に L 字金具をセットし木ネジを打って固定します。L 字金具は側面の前後 2 か所に固定します。

7

本体の接合面に接着剤を塗り、上から天板を載せます。小さい穴が後ろにくるようして本体の中心に合わせます。

8

ネジを打ち込んで L 字金具で天板を固定します。左右の固定ができれば、天板の取りつけは完了です。

天板の加工と取りつけ

1

天板に混合水栓と排水栓を通す穴の位置を棚板と同じように決め、線を引いて印をつけます。

2

天板をクランプで固定し、ホールソーでそれぞれに穴をあけます。穴の大きさは棚板であけた穴と同じです。

3

2 か所に穴をあけたら天板のフィルムをはがします。サンドペーパーでカットした穴を磨きます。

4

天板の木口部分に、木口テープを貼り、専用の木口カッターを使ってきれいに仕上げます。

キャビネットを作る

本体の側板と扉をマスキングテープでつなげます。そして、スライド丁番の位置を決めて2か所に印をつけます。

ボアビットをドリルドライバーに装着し、扉側に指定された深さの穴を掘ります。目詰まりしやすいので削りクズを取り除きながら作業します。

キャビネットの外枠を細ネジを打って組んだ後、2枚の棚板の位置を決めます。決めた位置に棚板をセットし、細ネジを打って固定します。

キャビネットの外枠と棚の木口に木口テープを貼った後、背板を取りつけてから水性塗料を塗ります。

スライド丁番本体のカップを取りつけ穴にはめ込み、付属のネジを締めつけて、扉に固定します。

側板に固定した座金とスライド丁番の本体の金具同士の位置を合わせ、固定ネジを締めつけます。扉を閉めてかぶせ量や前後などのズレを調整します。

取っ手の2つのネジ穴の中心の間隔、ネジピッチを測り扉に線を引いて下穴をあけます。穴の大きさはネジよりひと回り大きくします。

扉の裏側から差し込んだネジをドライバーを使って固くなるまでネジを締めつけます。取っ手の取りつけができたらキャビネットのできあがりです。

水栓を通した洗面ボウルを洗面台に設置する

おすすめ

洗面ボウルと水栓は同じメーカーがおすすめ

洗面ボウルは洗面台の奥行きに収まる置き型をセレクトしました。そして水栓はヘッドがシャワータイプでお湯も吐水できる混合栓をチョイス。同じメーカーのものを選ぶと、取りつけ作業がスムーズに行えます。水栓とセットで販売されている洗面ボウルも初心者の方にはおすすめです。

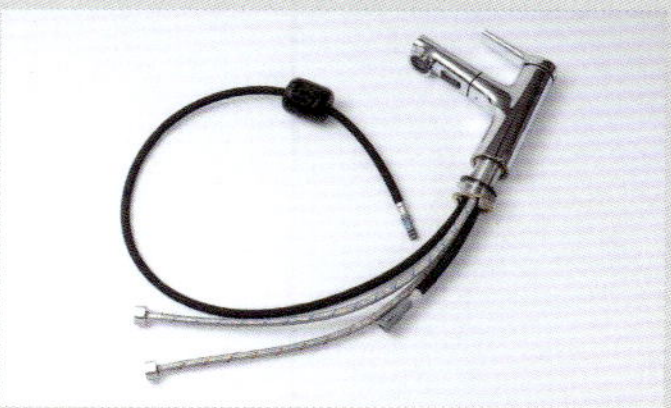

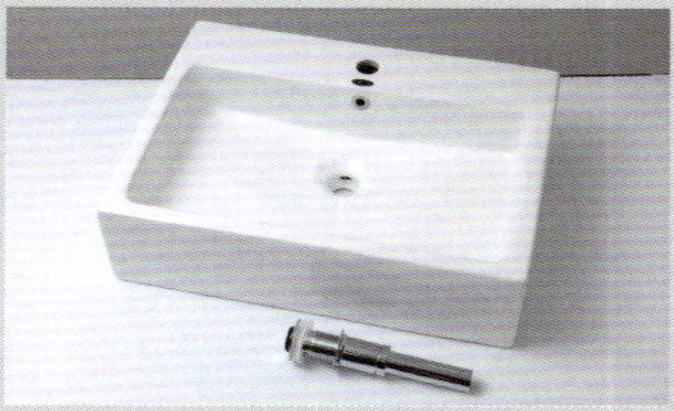

洗面ボウルはオーバーフローの穴があるタイプにすると、水を溜めた時に溢れるのを防いでくれます。一方の水栓を選ぶ場合、水栓と止水栓の距離を事前に確認して給水ホースの長さを決めましょう。

1 ゴムパッキンを取りつけた排水栓上部を洗面ボウルの排水口に通します。

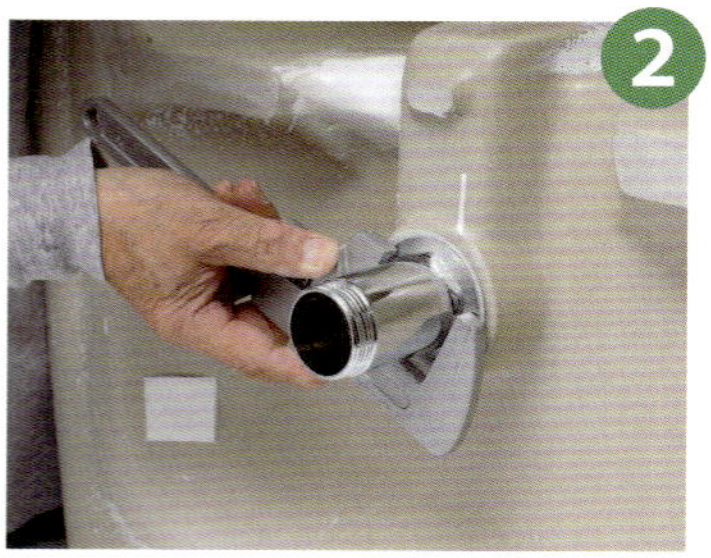

2 ゴムパッキンを取りつけた排水栓下部と上部を連結させせます。手締めをした後に、すき間がないようナットを締めます。

3 混合水栓の水とお湯の給水ホースやリードワイヤーなどを、洗面ボウルの水栓取りつけ穴に通します。

4 洗面ボウルの裏面から、給水ホースやリードワイヤーなどをワッシャーで束ねて付属のボルトを締めます。

5 天板の洗面ボウルの接着面にマスキングテープを貼ります。テープに沿ってシリコーン系接着剤を塗ります。

6 洗面ボウルを天板に置き、すき間をなくすようにシリコーン系接着剤を流し込みます。硬化するまで放置します。

7 リードワイヤーのジョイントを混合水栓のガイドに差し込みます。

8 ツバつき直管を棚板の排水口に通し、排水栓下部と連結してすき間がないように締めて固定します。

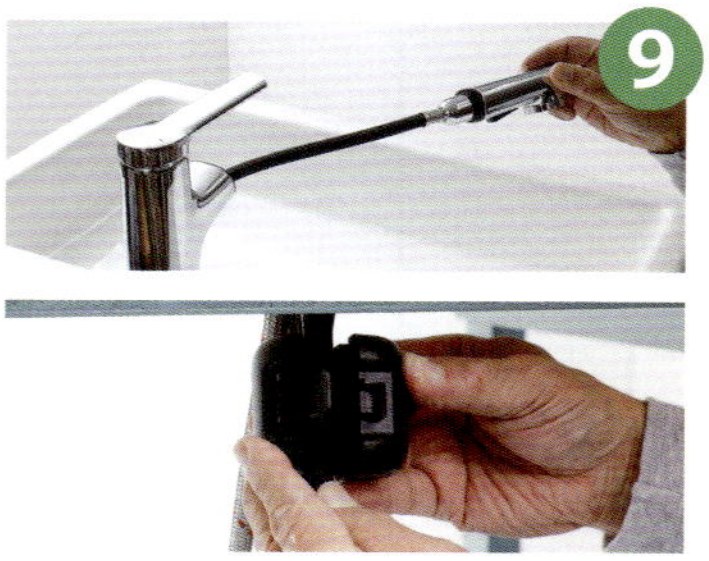

9 給水ホースやリードワイヤーなどを棚板の取りつけ穴に通し、リードワイヤーの長さを調整したら完了です。

排水管を排水口に接続

1

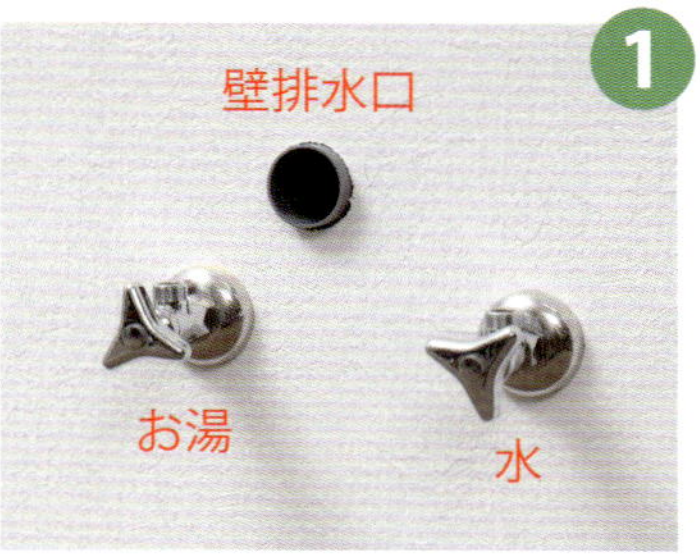

止水栓と排水タイプを確認します。壁に穴があいているので壁排水です。止水栓はお湯と水の位置を確認します。

2

ゴムパッキンを入れたU字管をツバつき直管に接続し、すき間がないように締めて固定します。

3

ゴムパッキンを入れたステッキ管を締めてU字管につなげます。ステッキ管の先端は壁に向くようにします。

4

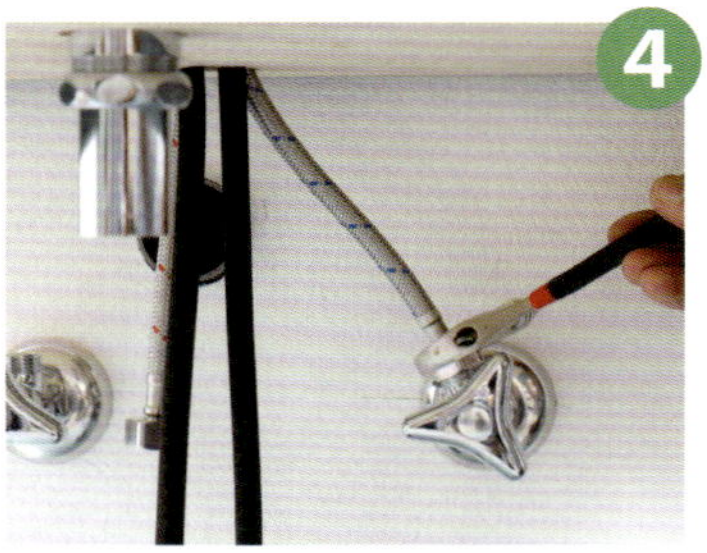

給水ホースを止水栓につなげてナットを締めて固定します。お湯と水のホースを間違えないよう注意してください。

5

ゴムパッキンをはめたステッキ管を壁排水口に取りつけてから、U字管のナットで高さを調整します。

6

高さの調整ができたら再びステッキ管とU字管をつなげます。ナットを締めつけて固定したら完了です。

洗面鏡などを取りつけて仕上げる

1

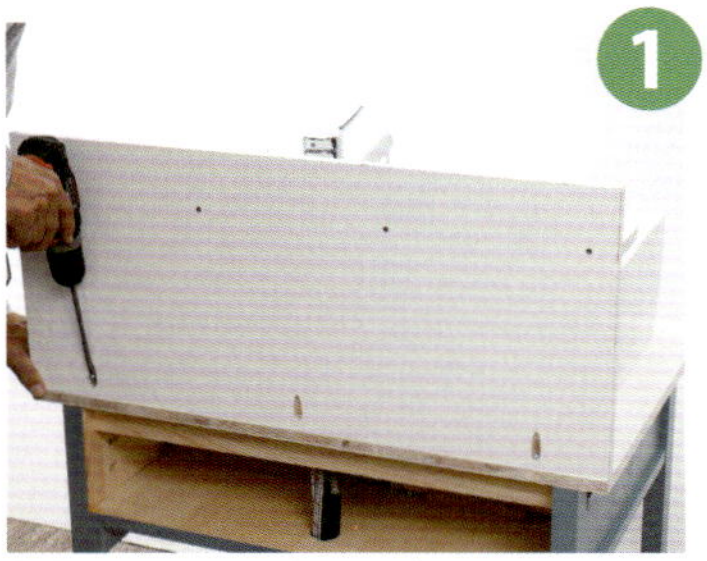

背板にあけた下穴に、ポケットホールスクリューを打って天板に固定したら洗面台本体の作業は完了です。

2

水平器を使って、壁にキャビネットの取りつける位置を決めて壁に印をつけます。

3

キャビネットの内側にあけた上下の下穴にネジを打ち込んで、キャビネットを壁に固定します。

4

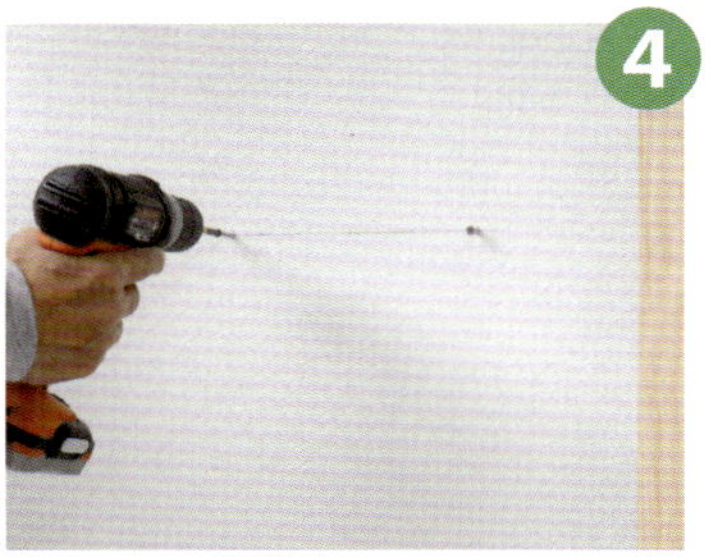

洗面鏡を取りつける位置を決めて壁に線を引き、2か所にネジを打ちます。ネジ頭が少し出る程度でとめます。

5

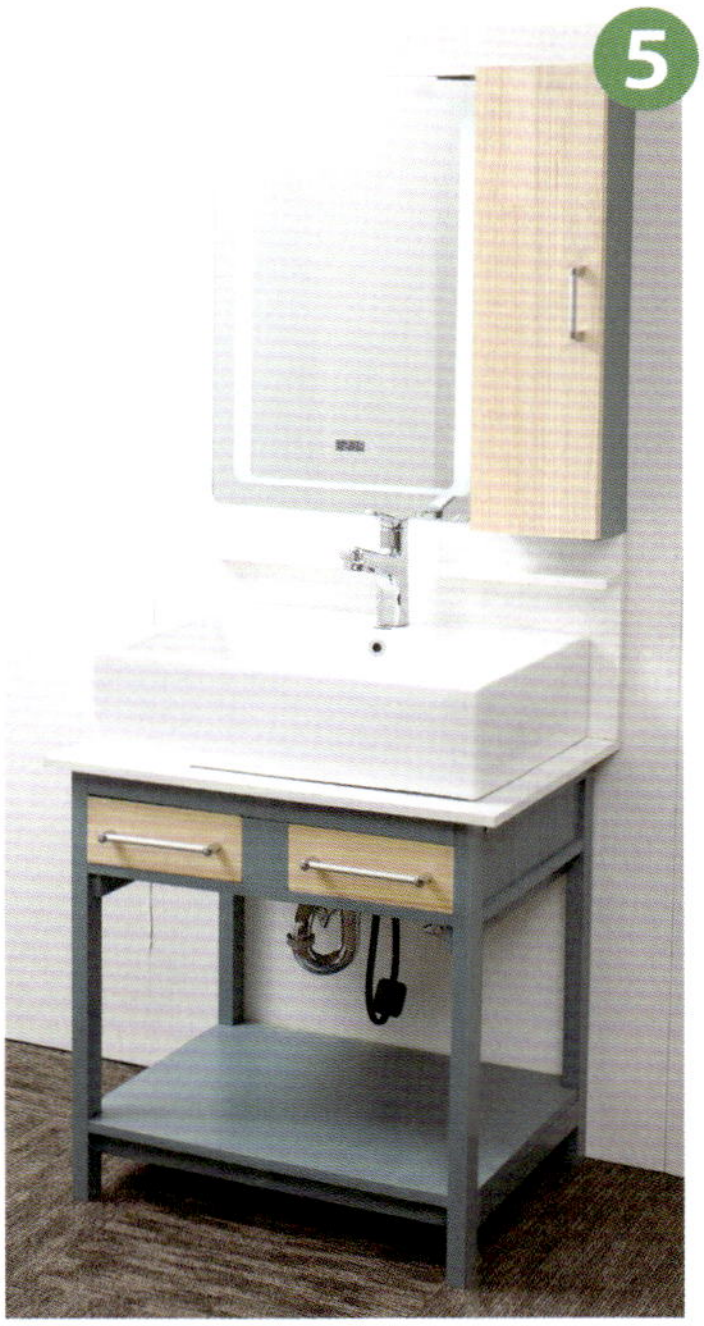

ネジに洗面鏡を引っ掛けて取りつけて鏡のズレを調整したら、オリジナルの洗面台の完成です。

浴槽シーリングの補修

簡単な補修で浴室の防水を復活

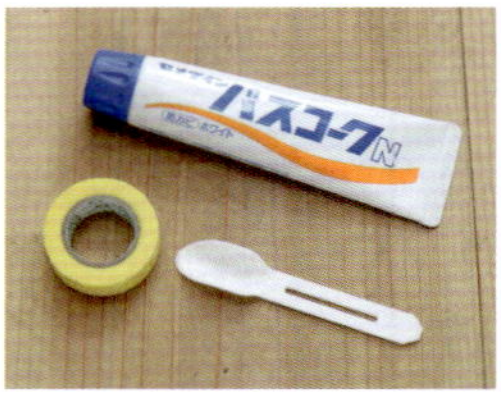

シール剤とマスキングテープ、ヘラがセットになった商品は、部分補修に最適。

材料

■防水シール剤

道具

■カッター
■スクレーパー
■マスキングテープ
■ヘラ

外壁材と外壁材のすき間、窓のサッシと外壁のすき間、浴槽と壁のすき間など、住宅にあるすき間を埋めるゴム状のパッキンをシーリングやコーキングといいます。シーリングにはクッションになったり、防水をしたりと、建物を保護する役割があります。

浴室に使われているシーリングは、壁裏や床下に水が入るのを防いでいますが、劣化していると防水効果が落ち、カビが生えやすくなって汚れてきます。建物を守るために、早めにシール材を打ち直す補修をしておきましょう。

水周りには、はっ水性、防カビ性のあるシール剤を使います。小さい範囲の補修なら、使い切りサイズのチューブタイプのものが、手軽に使えておすすめです。浴槽、鏡、キッチン配管など、使用箇所に合わせて目立たない色を選べます。

1 古いシール剤に、壁と浴槽の縁に沿って両側からカッターの刃を入れて切り離します。刃を壁や縁と平行にして、削ぐようにカットしましょう。

2 指でつまんで引っ張ると、シール剤がゴムひも状になってはがれます。劣化が進んでいると、ボロボロになって取れる場合があります。

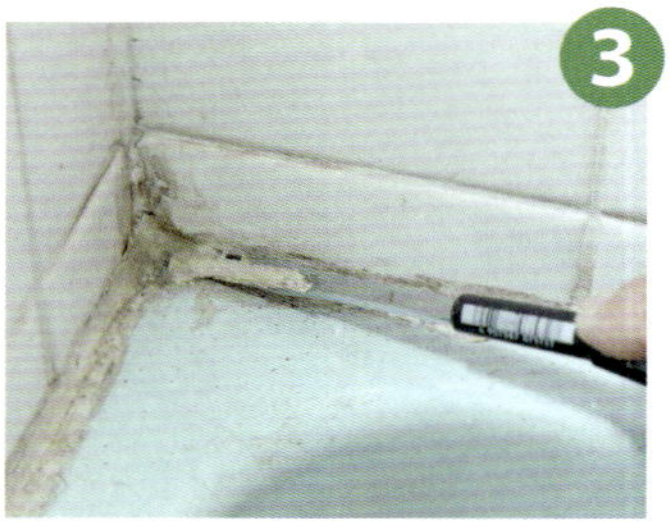

3 スクレーパーやマイナスドライバーを使って、残ったシール剤のカスをできるだけきれいにこそげ落とします。削りカスは拭き取っておきましょう。

4 すき間の両側を１～２mm 程度あけてマスキングテープで養生しておき、チューブからシール剤を絞り出して埋めていきます。

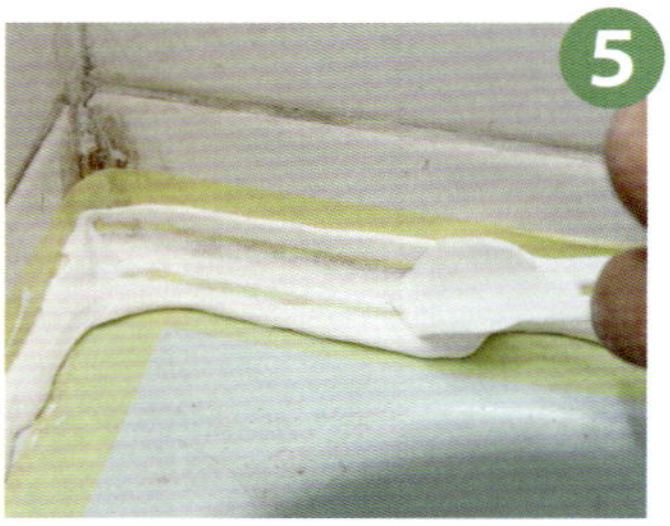

5 付属のヘラで、シール剤を押さえるようにスーっとなでてならします。穴があいたところは、乾く前にたして再度ならしておきましょう。

6 ならし終えたら、マスキングテープを取り外します。乾くと、テープと一緒にシール剤をひっぱってしまうので注意。1日程度、触らずに乾かしましょう。

06
玄関

難易度 ★★★★☆

薄型シューズラックを作る

材　料

■化粧棚板（15 × 170mm）
側板：1245mm　2 枚
天・底板：910mm　2 枚
棚板：880mm　2 枚
580mm　1 枚
仕切り板：615mm　1 枚
■集成材
扉：15 × 300 × 910mm　4 枚
■有孔ボード
背板：4 × 910 × 1275mm
■丸棒
靴止め：18 × 880mm　4 本
■丸脚
38 × 100mm　4 個
■その他：
アジャスター、アジャスター受座、丸座金、パイプ受け金具、ドロップ丁番、ステー、木口テープ、木ネジ、ビスキャップ

道　具

■ドリルドライバー
■ボアビット
■丁番下穴ドリル（またはキリ）
■サンダー
■ノコギリ
■クランプ
■木口テープカッター
■木工用接着剤

ホール、土間、収納を合わせた玄関の広さは、賃貸の集合住宅で1畳程度、一般的なマンションで2畳程度が多くなっています。既設の収納があれば、タタキの幅は1mそこそこというケースもあるでしょう。玄関スペースを圧迫しないためには、新しく追加するシューズラックはスリムに作るのが条件です。そこでシューズラックの基本的な作り方とともに、スリム化する工夫を紹介します。

作業のながれ

側板を組み立てる → 扉と棚板を加工する → 棚板を取りつける → 扉を取りつける → 靴止めと背板を取りつける → 脚を取りつける

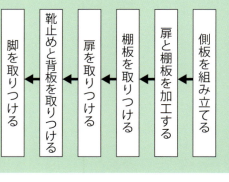

シューズラック作りのポイント

シューズを平置きする収納方法の場合、棚板の奥行が30㎝程度、扉つきのラックでは全体の奥行は35㎝程度になるのが一般的です。ラックを薄く作るためにはシューズを立てるか、斜めに置くかして奥行を短くする必要があります。

　また、DIYで製作する場合は、扉をつけないオープンタイプにすると手間が少なく簡単ですが、さまざまな靴を置くと雑然としてすっきりと見えません。ここではきれいに収納できるクローズタイプを推奨して、扉回りのポイントも合わせて紹介します。

展開図

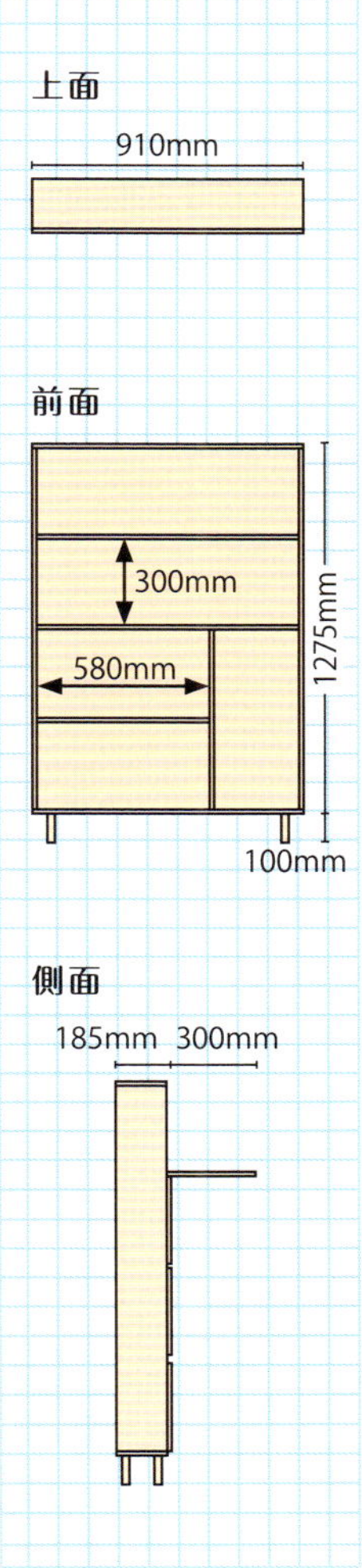
上面
910mm
前面
300mm
580mm
1275mm
100mm
側面
185mm 300mm

扉のタイプ

シューズを隠したい場合は扉を取りつけます。「横開き扉」は、開いたときに棚の全段を一度に見渡せます。「上開き扉」は、枠の内側に収めるインセットのパタパタ扉にすると手作り感が出て、レトロ調のデザインとマッチします。下開き扉は、上から見やすく、出し入れもしやすいので、低い位置の棚に使うと便利です。

収納方法

ラックをスリムに作るためには、シューズを立てる収納スタイルがもっとも有効です。作例のように横棒を入れると、転倒や落下を防いできっちり収納できます。また、出し入れのしやすさを重視する場合は、棚板を斜めに取りつける方法でラックをある程度までスリム化できます。

脚

シューズラックの本体を玄関フロアに直に置くと、水に濡れたり、砂やホコリが入りやすくなったりとデメリットが多いので、脚をつけることをおすすめします。脚は短いと掃除がしにくく汚れを溜めることになってしまうので、掃除用具が入る長さにしましょう。

ステー

下開き扉にする場合は、丁番とステーを併用します。また、上開き扉でも開いた状態で扉をとめたい場合にはステーが必要です。ゆっくり開閉するソフトダウン機能や、閉じた状態を保持するキャッチ機能を備えたタイプをつけると開閉時に便利です。

大型ラックにおすすめの木材

大きいサイズでも比較的安価に入手できる加工材をおすすめします。加工材は反りやねじれが少なく、完成した棚が変形しにくい点も長所です。特徴の異なる3種類から、仕上りの好みや予算に合わせて選ぶとよいでしょう。

合板

薄い板を重ねた合板と、木片ブロックを接ぎ合わせて合板で挟んだランバーコアがあります。安価なため費用を抑えたいときに向きます。ラワンなどを貼った表面、芯材が見える断面などは好みが分かれるでしょう。

集成材

無垢から切り出した角材を接ぎ合わせた加工材です。節や割れを取り除いてあり、均質で強度があります。パイン、アカシア、ヒノキなどの樹種があり、サイズも豊富。木材の魅力を生かしたい場合に最適です。

化粧棚板

合板やMDFの芯材に、白や黒、木目模様のシートが貼ってあります。塗装では得られない無機的な仕上りやデザイン性を求める場合にぴったり。塗装は不要ですが、カットした断面には木口テープを貼る必要があります。

扉つきシューズラックの作り方

木口《こぐち》テープを貼る

1
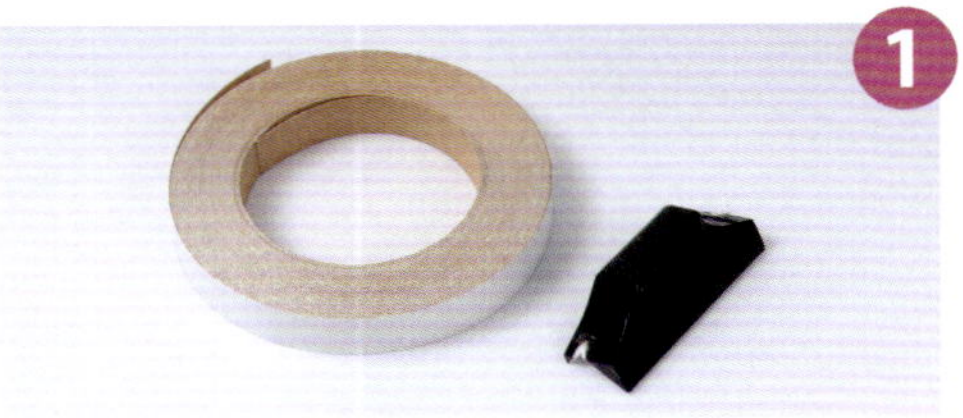
化粧棚板の切断面に木口テープを貼ってきれいにします。仕上げには木口テープカッターが便利です。

2
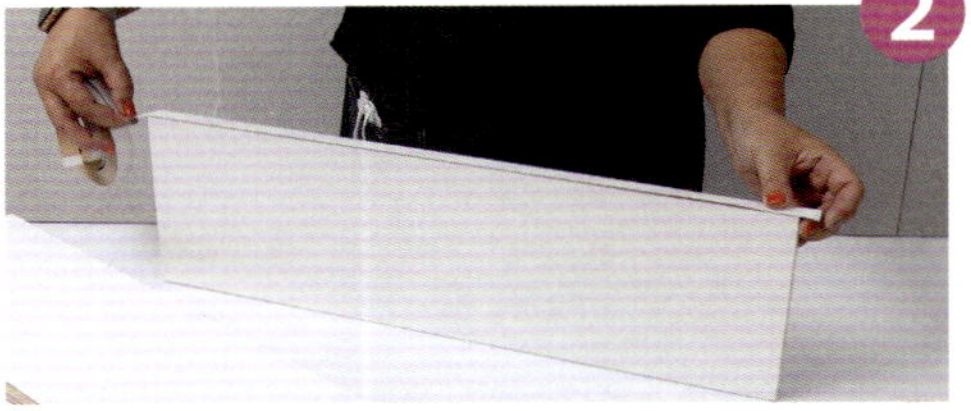
木口テープを貼る面より少し長くカットします。前面や上面など、組み立て後に露出する部分にだけ貼ればOKです。

3
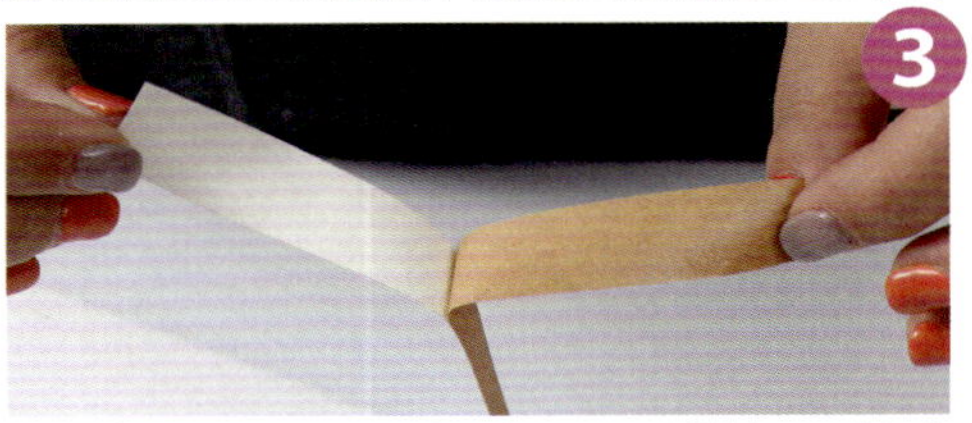
テープの先から10cm程度、裏面のはく離紙をはがします。

4

木口の両側からはみ出すようにテープ先端をとめ、剥離紙をはがしながら続きを貼ります。

5
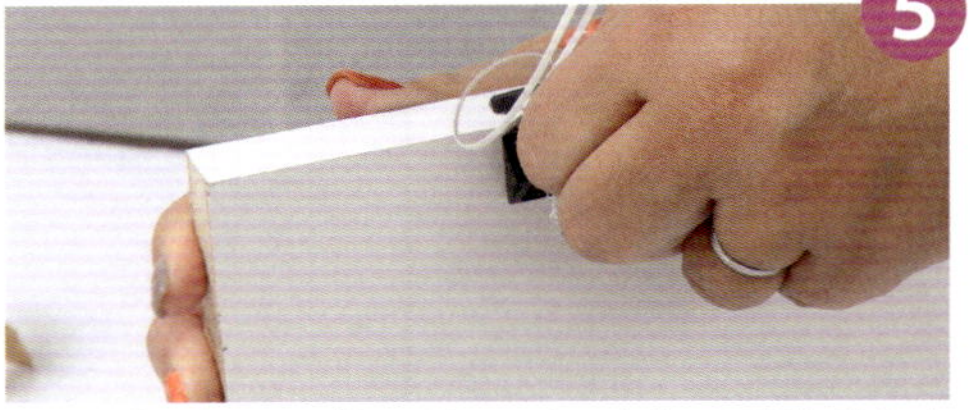
前後の余分なテープをハサミでカットし、両側にはみ出した部分は木口テープカッターなどで削ぎ落とします。

6

木口テープを貼ると、木口が隠れてきれいに仕上がります。化粧棚板を使用するときの大切なひと手間です。

側板に下穴をあける

1
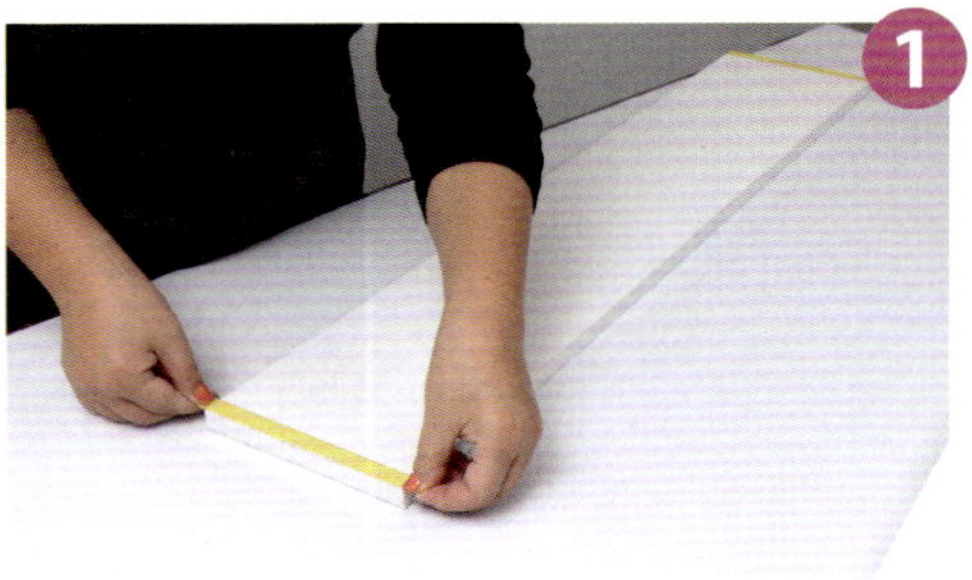
側板の上下に接合する板の厚みがわかる線を引きます。ここでは板厚と同じ15mm幅のマスキングテープを使用。

2

両端から1cm程度内側にネジを打つ位置の印をつけます。端に寄りすぎると割れやすいので注意してください。

3
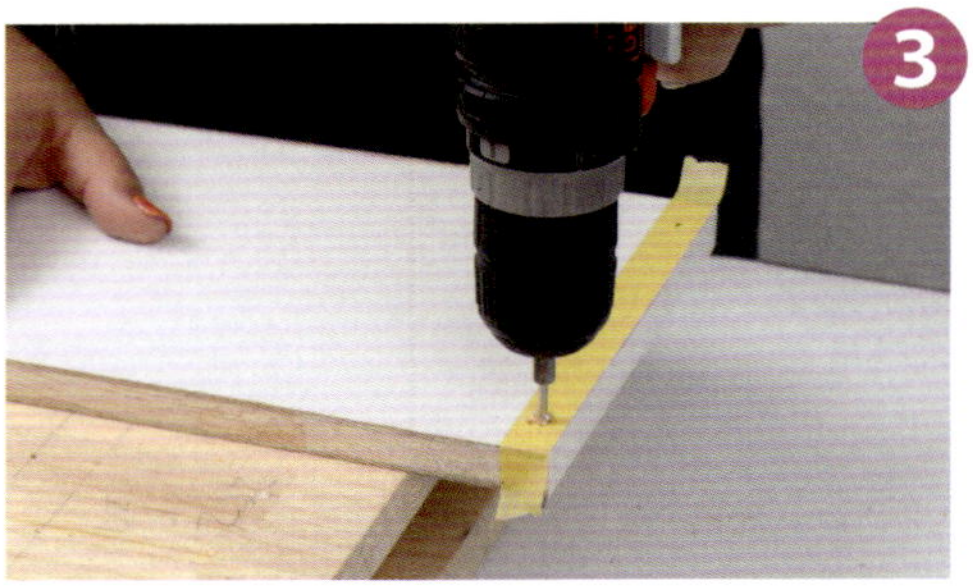
印をつけたところにネジの下穴をあけます。

4

木材が割れやたりネジが斜めに入ったりするのを防ぐために、組み立て時にはネジの下穴をあけるようにしましょう。

側板を組み立てる

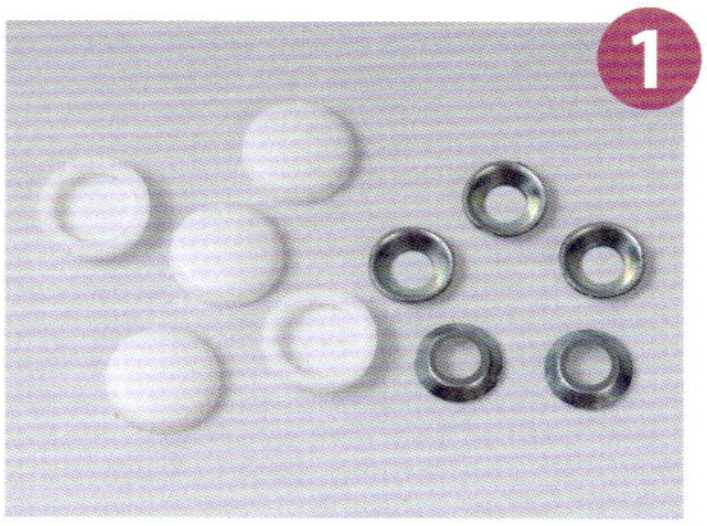

1 仕上りをよくするために、ネジの頭を隠すビスキャップを使用します。ここでは側板と同色のものを用意しました。

2 側板と天板（底板）の接合面を合わせます。写真のような組み立て用のジグを作っておくと安定して作業できます。

3 ビスキャップを使うときは、あらかじめ木ネジに受け金具を通しておきます。

4 木材の接合面をぴったり合わせた状態で45mm の木ネジを打って固定します。

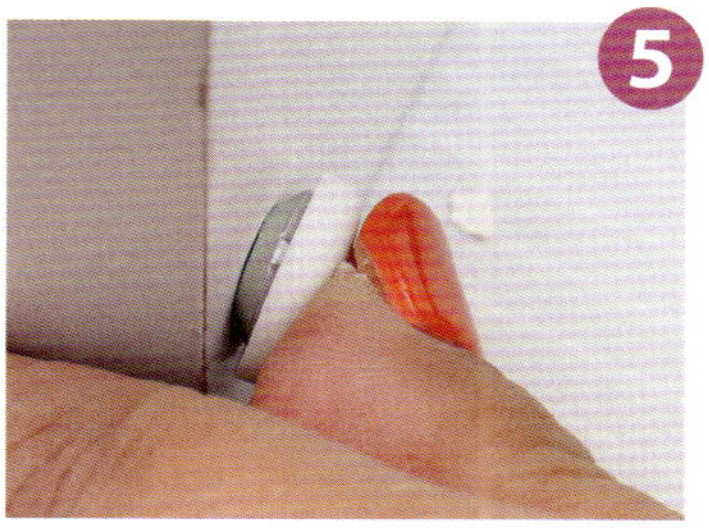

5 受け金具にビスキャップをはめ込みます。

6 側板と同色のビスキャップを取りつけると、ネジが気にならずきれいに仕上ります。

接合用ジグの作り方

ひとりで大きい枠を組み立てる際、位置を合わせて材料を支えながらネジどめするのはたいへんです。そこで組み立てのサポートアイテムとして、2つの材料を直角に合わせて自立させられるジグの作り方を紹介します。

1 厚みが 20mm 程度ある木材（端材など）を、正確に直角にカットしたピースを 4 つ用意します。

2 側板の端材（または同じ厚みの木材）を挟んで、2 つのピースをベースの板にネジどめします。

3 固定したピースを基準にして、残る 2 方向も幅を合わせて 2 つのピースをネジどめします。

4 材料の厚みと同じ幅で十字のすき間を備えたジグができました。

丁番《ちょうばん》の取りつけ穴を加工する

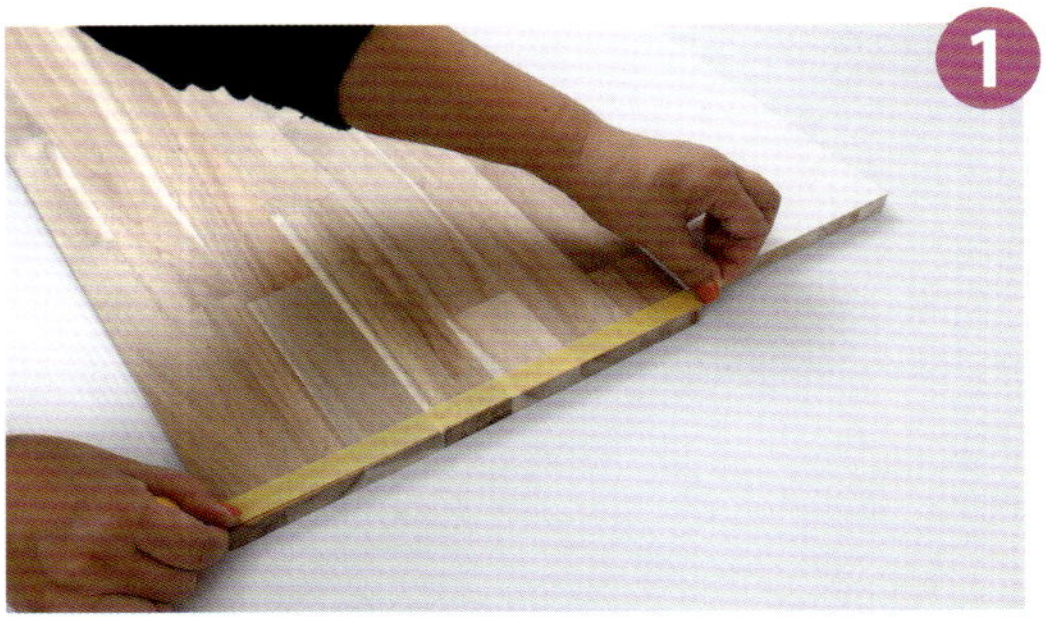

1 ドロップ丁番を取りつけるための加工です。扉の内側15mmのところに、棚板と位置を合わせるための印をつけます。

2 扉と棚板を並べた状態で内側70mmに位置合わせの線を引き、丁番の指示書に従って取りつけ穴の中心をマークします。

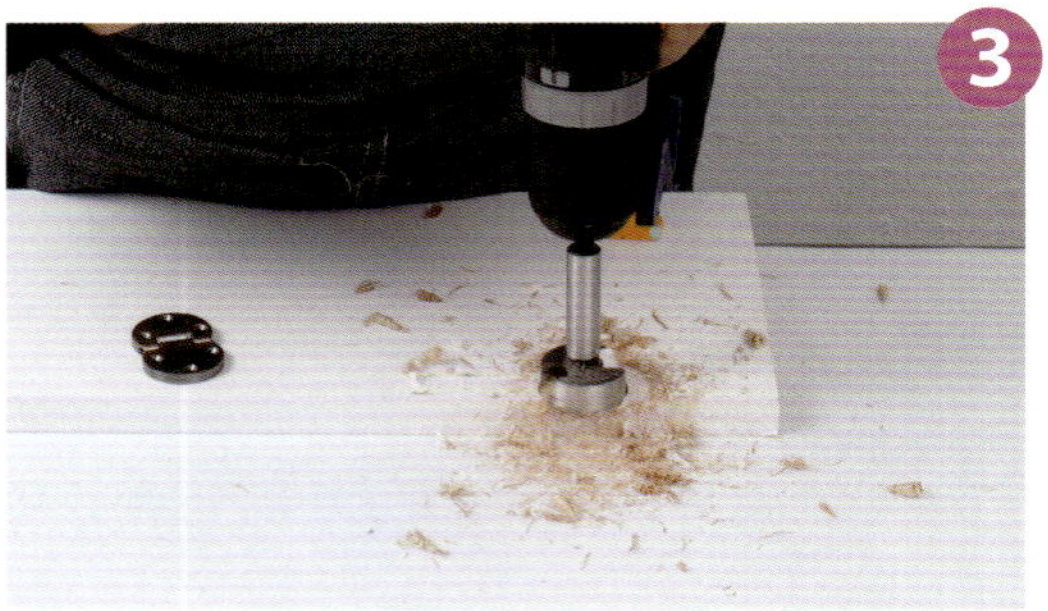

3 ドロップ丁番の直径に合うボアビットを用意し、中心点に合わせて丁番の厚みと同じ深さの止め穴を掘ります。

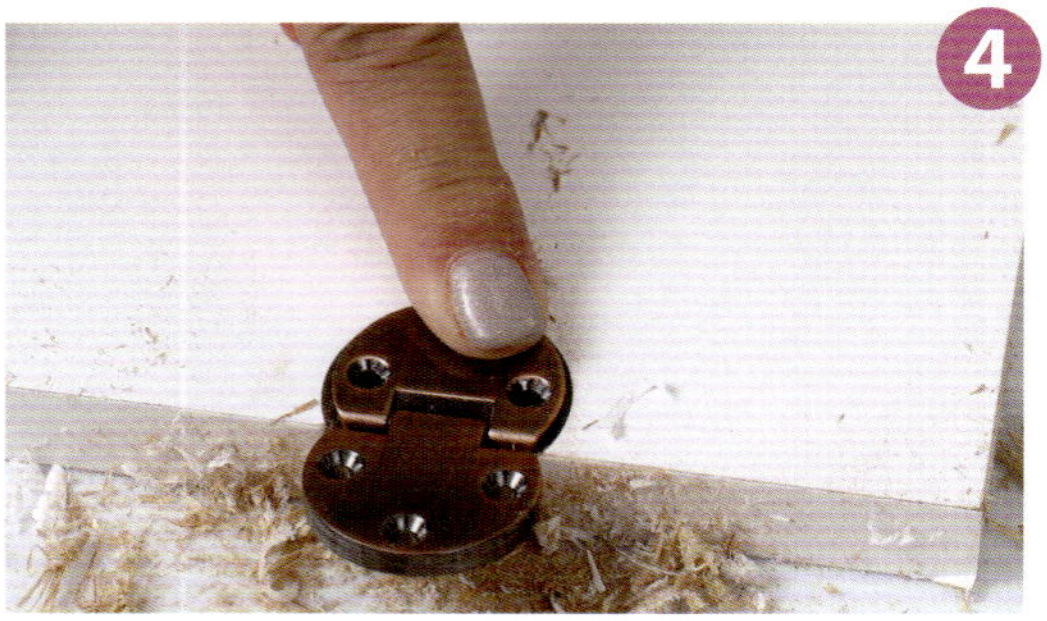

4 仕上りの深さに近づいたら丁番をはめて確認し、止め穴をぴったりの深さに調整しましょう。

5 棚板と同じように、4枚の扉にそれぞれ2か所ずつ止め穴を加工します。

6 棚板と扉を突き合わせると、取りつけ穴はドロップ丁番と同じひょうたん型になります。

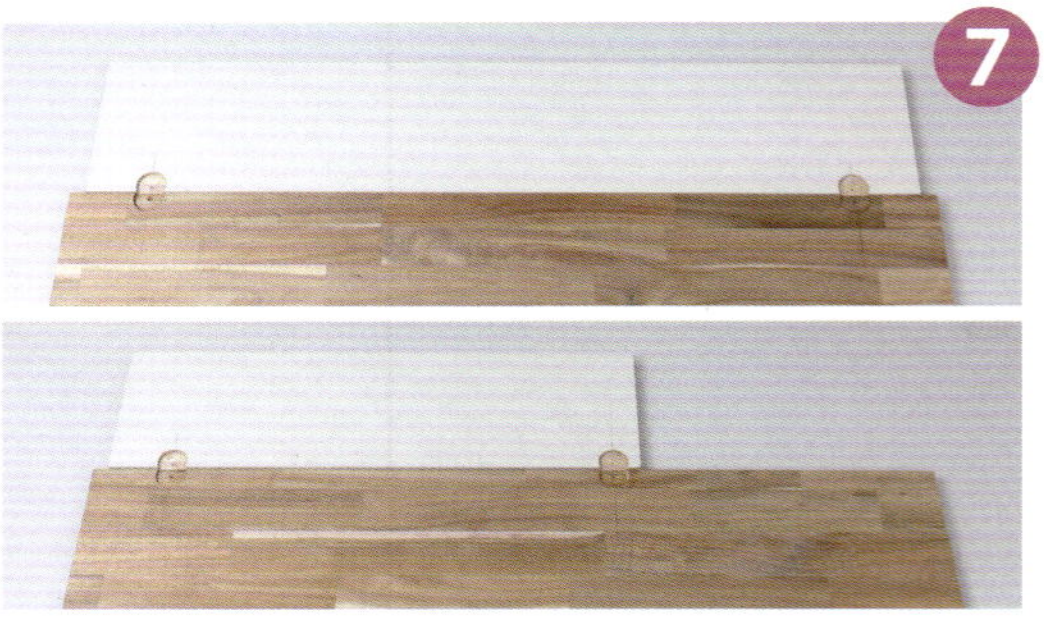

7 作例ではブーツ収納を設けるため、1枚の棚板を短くしています。

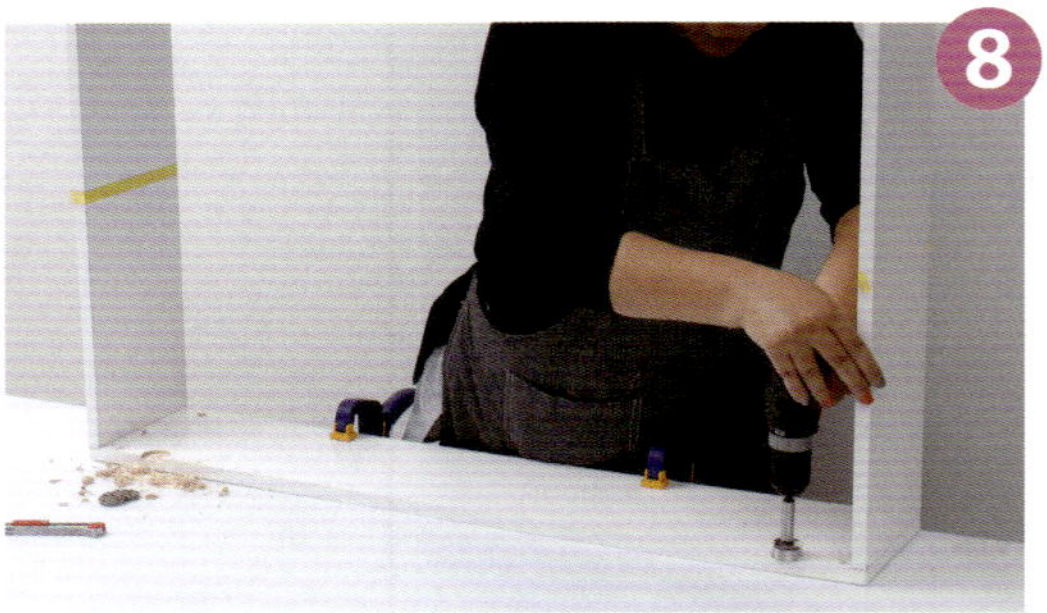

8 組み立てた枠の底板にも、扉と位置を合わせて2か所に止め穴を加工してください。

棚板を取りつける

1

棚板を取りつけるため、側板内側の設置位置に印をつけます。1段の棚の高さは300mmです。

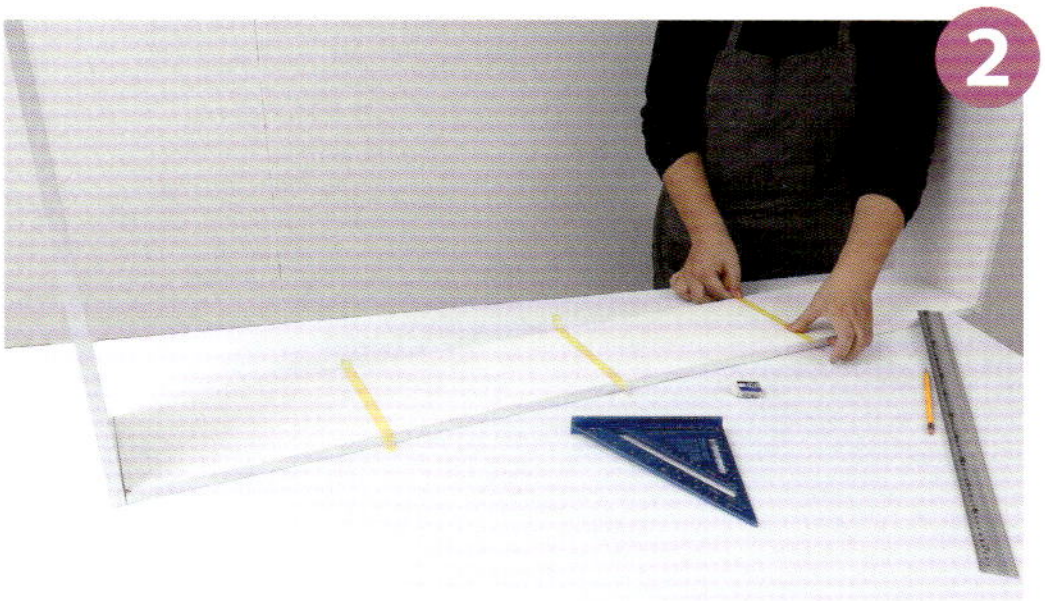

2

棚板の厚み分を挟んで、3段分の線を引きます。写真では線を引く代わりに、15mm幅のマスキングテープを使用。

3

棚板の高さに合わせて側板の外側に線を引き、ネジの位置に印をつけます。

4

印のところに下穴をあけ、ビスキャップの受け金具をつけた45mmの木ネジを打って1段目の棚板を固定します。

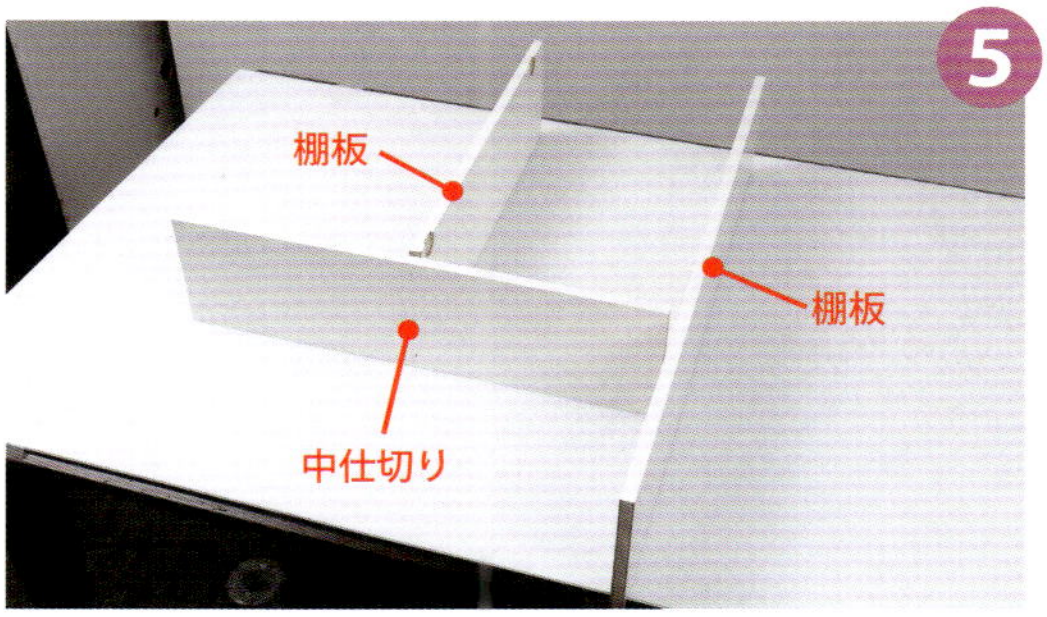

5

下側2段の一部を抜いてブーツ収納スペースを作るため、3、4段目の棚板と中仕切りに合わせ位置の線を引きます。

6

45mmの木ネジを打って棚板と中仕切りを組み立てます。

7

組み立てた部材を棚板、中仕切りの合わせ位置に合わせてはめ込みます。

8

棚板、中仕切りをそれぞれ側板にネジどめします。

扉に手掛けを加工する

1

扉の上部に指をかける切り欠きを作ります。上部を測って左右のセンターに印をつけて位置決めをしましょう。

2

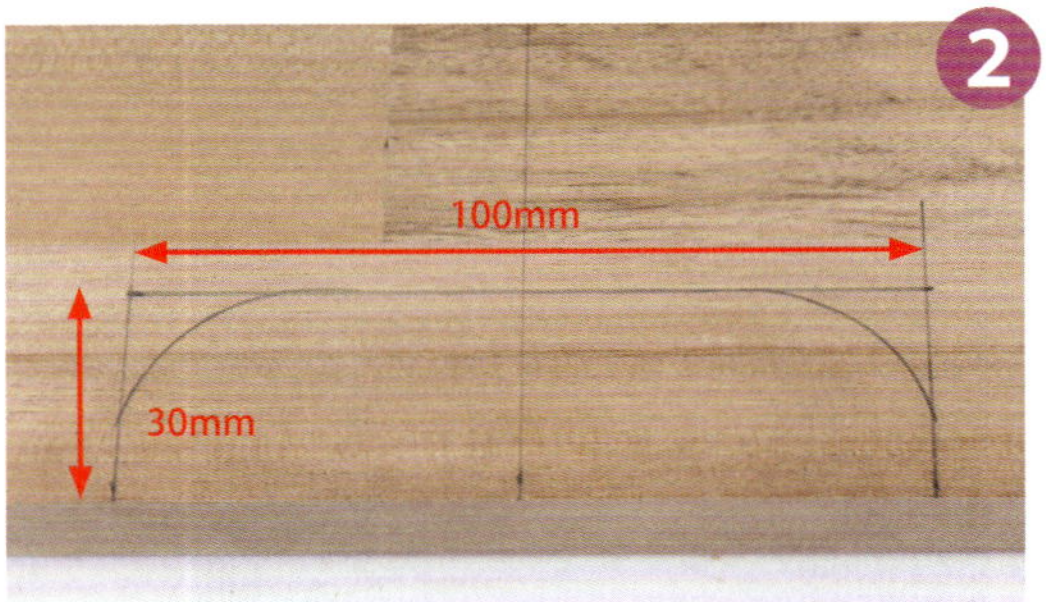

センターを基準に30×100mmの寸法で線を引き、角を丸く描きます。手掛けは使いやすい寸法に調整してください。

3

線に沿ってジグソーでカットします。

4

作例では4本の指を掛けられる手掛けとしましたが、扉が小さく軽い場合は30mm程度の丸穴でもよいでしょう。

5

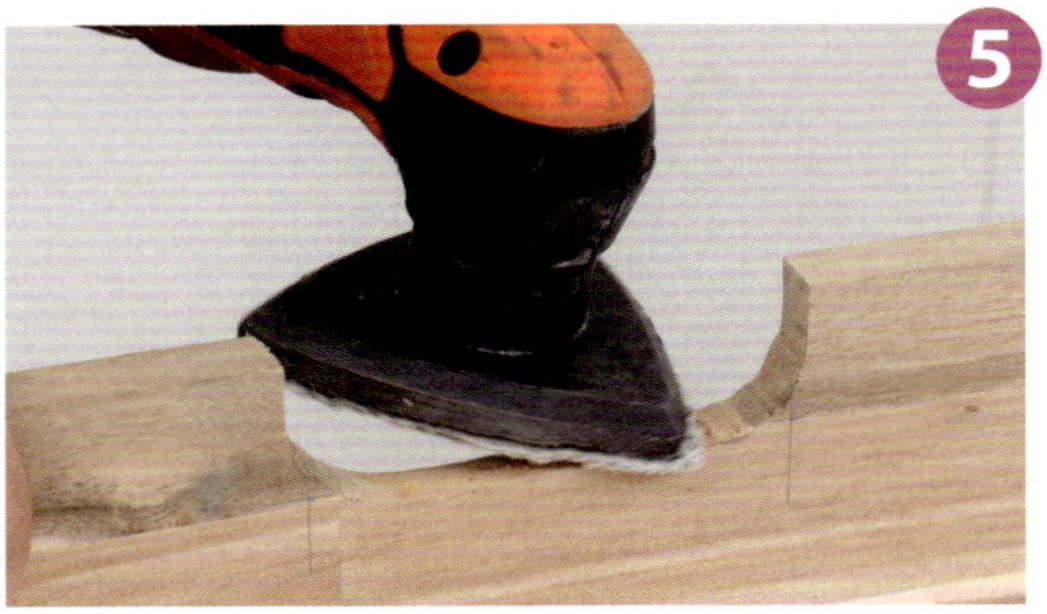

カットする際にできた荒れやバリをサンディングして滑らかにし、角の部分を丸く面取りします。

6

4枚の扉すべてに手掛けを加工します。

ヒント

扉はラックの顔 取っ手選びで遊ぼう

作例の扉は出っ張りがなくシンプルな手掛けタイプで作りましたが、オリジナルで作るときには好みでアレンジするとよいでしょう。扉が小さく軽い場合は、30㎜程度の丸穴をあけて指掛けタイプにするとバランスがよくなります。また、装飾的な要素を加えたい場合は、アイアンや陶製、木製などの取っ手を取りつけると印象が変わります。塗装と合わせて仕上りをイメージしながら楽しんでください。

扉を取りつける

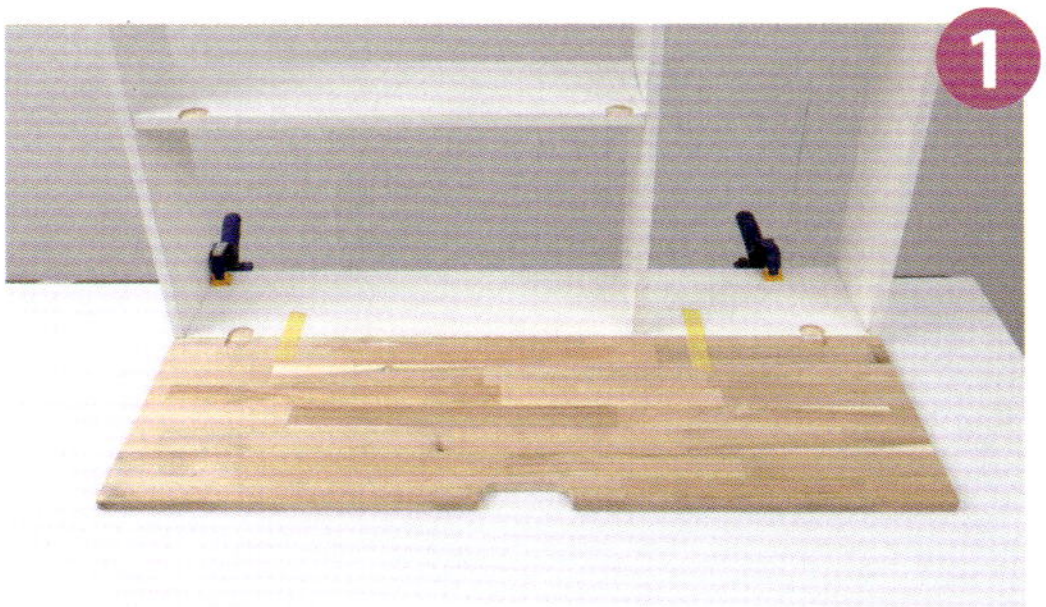

1 棚板と扉を丁番取りつけ穴の位置を合わせて並べます。

2 棚板と扉の間に丁番のすき間と同じ厚さ1mmのスペーサーを挟んで、板同士のすき間を調整します。

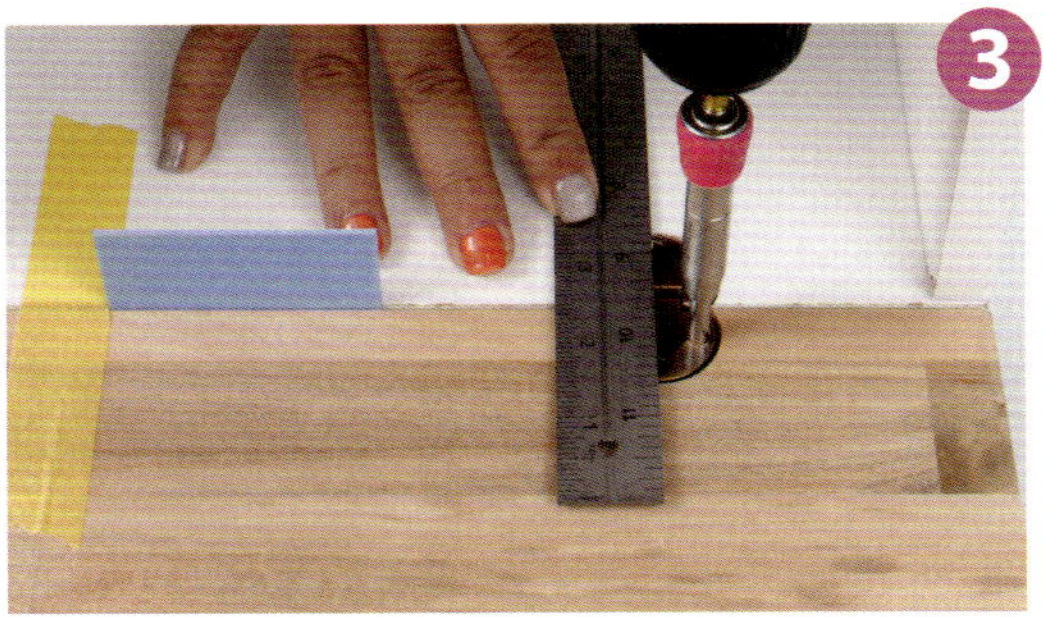

3 丁番が曲がっていないことを確認して、ネジ穴に合わせた下穴を浅くあけます。

4 付属しているネジを打って丁番を棚板と扉に固定します。ネジが効かなくなる恐れがあるので、締め込み過ぎに注意。

5 開閉時に棚板と扉が干渉するのを防ぐため、板同士のすき間や丁番のズレに注意してていねいに取りつけてください。

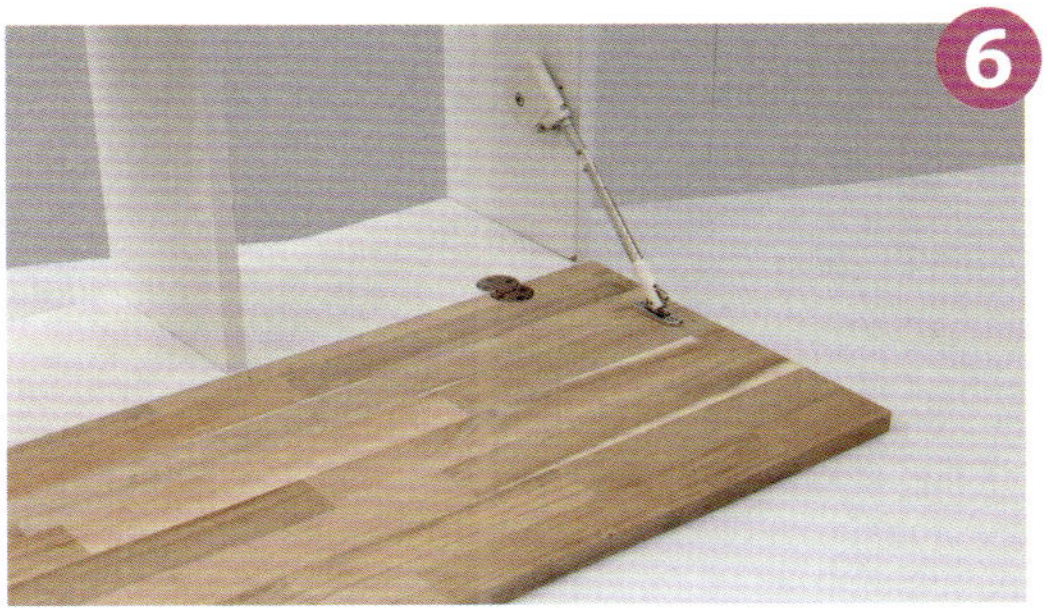

6 ソフトダウンステーを取りつけます。取りつけ位置は製品ごとに異なるので、指示書に従って側板と扉に固定しましょう。

ヒント

中段扉の取りつけには ジグや木材を利用しよう

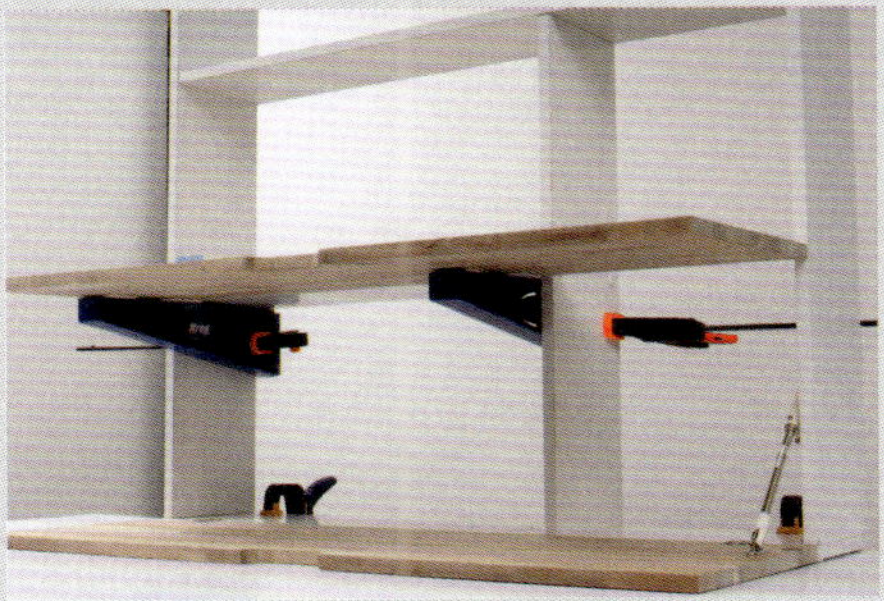

中段の扉の取りつけでは、扉を棚板と同じ高さに保持する必要があります。この作業に最適なのが、引き出しの取りつけに使用するジグです。このジグをクランプで側板に固定しておけば、扉の高さと水平を保った状態で作業できます。木材での代用も可能です。

靴止めと背板を取りつける

1

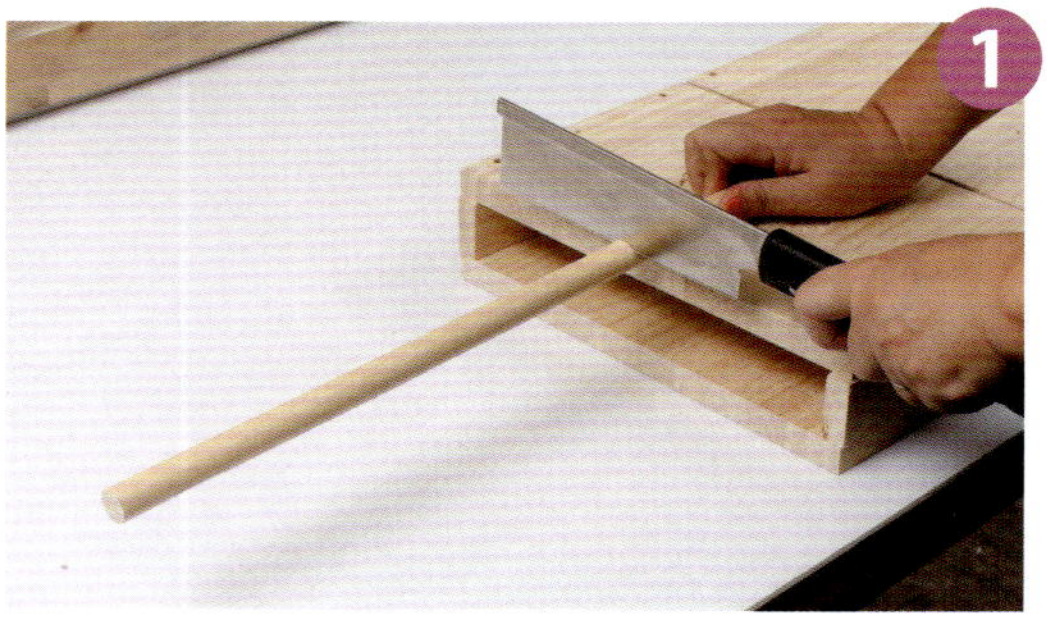

靴止めとして使用する丸棒を、棚板の横幅と同じ長さにカットします。

2

丸棒の取りつけ位置(中心)に印をつけます。作例では前から30mm、下から80mmに設定しました。

3

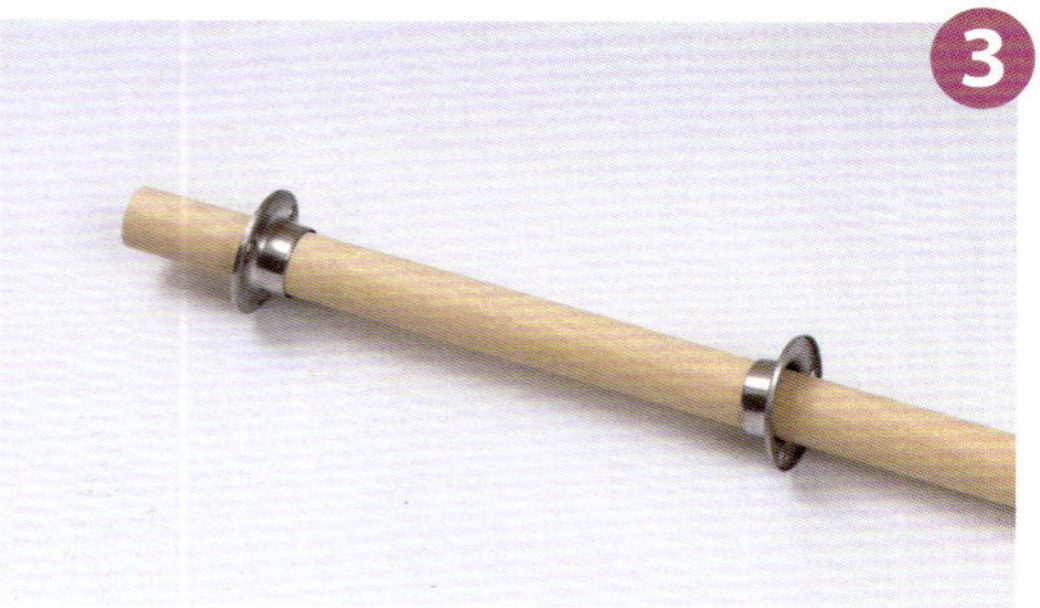

取りつけ方向を間違えないように注意して、丸棒にパイプ受け金具を通します。

4

印の位置に丸棒の中心を合わせた状態で、パイプ受け金具を側板にネジどめします。

5

靴止めを固定したところです。同じように残りの棚にも取りつけてください。

6

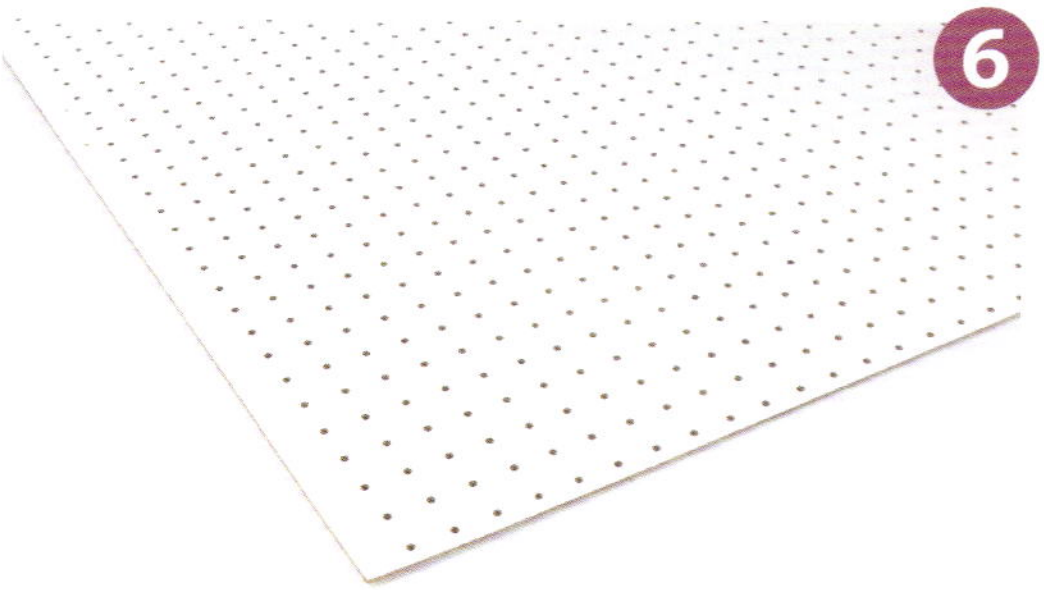

背板には通気性を確保できる有孔ボードを使用して、内部に湿気がこもらないように対策します。

7

カラー有孔ボードを使用する場合は、塗装面を内側に向けて本体の背面に固定します。

8

10mmの木ネジを打って背板を固定します。木ネジは、側板と棚板に20cm程度の間隔で打ってください。

脚を取りつける

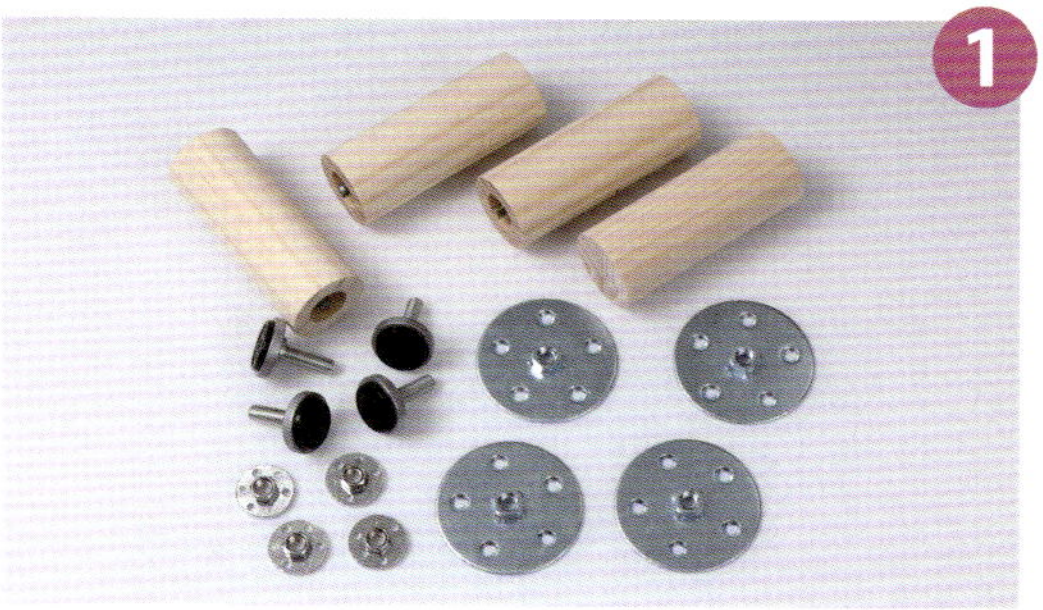

丸脚、丸脚を本体に固定するための丸座金、アジャスター、アジャスターを脚に固定する受座を使用します。

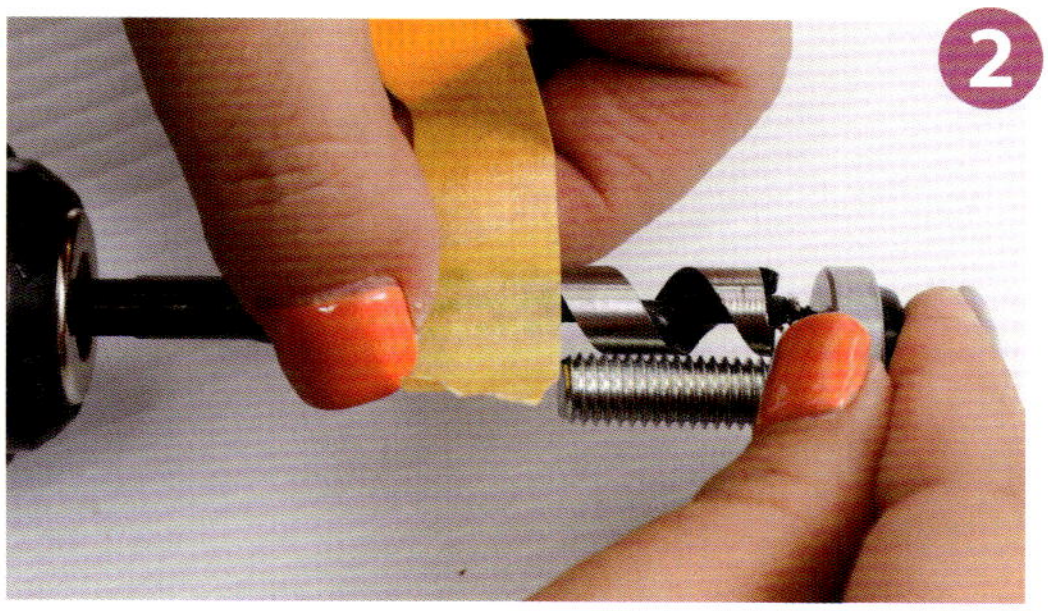

アジャスターのボルト径と同じサイズのドリルビットを用意し、ボルトの長さに合わせてマスキングテープを巻きます。

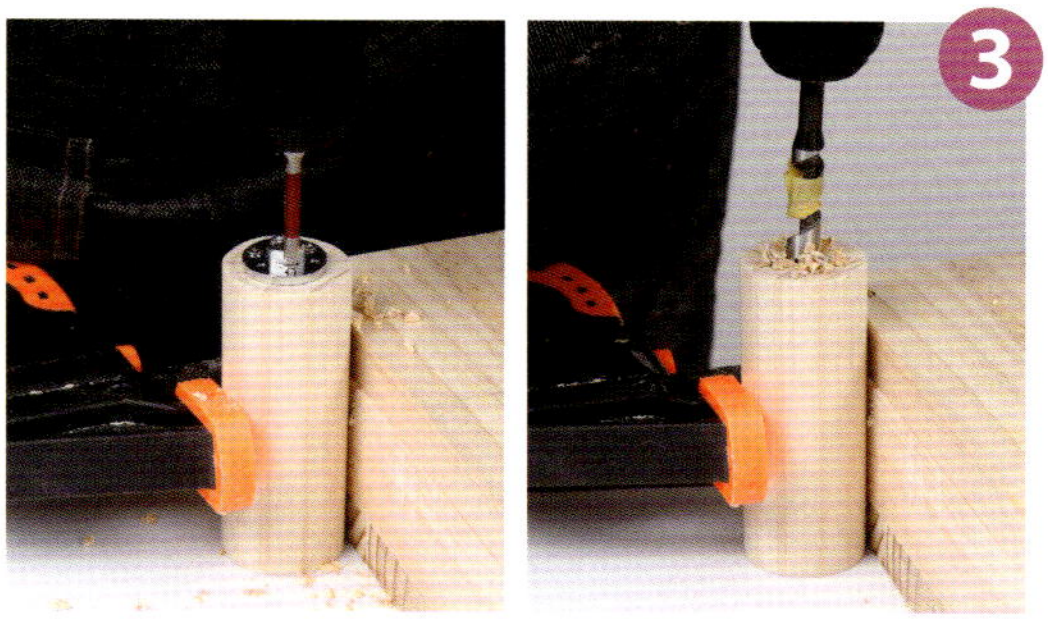

丸脚をクランプで固定した状態でアジャスターのボルトが入る穴を掘り、アジャスター受座をネジどめします。

アジャスター受座にアジャスターをねじ込んで取りつけます。

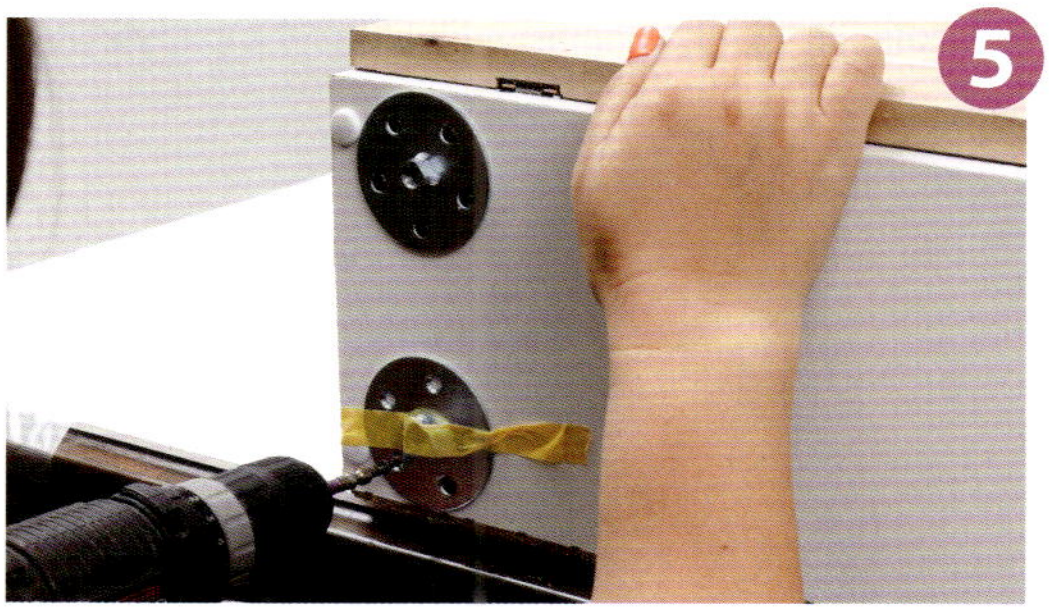

シューズラック本体の底面からはみ出さないように位置を決めて、丸座金をネジどめします。

丸脚のボルトを丸座金にねじ込んで脚を固定したら、薄型シューズラックの製作は完了です。

転倒防止のために壁にしっかり固定

薄型シューズラックは、省スペース性を優先して奥行きを抑えているため、自立はするもののとても不安定です。玄関に設置する際は、転倒しないように必ず壁に固定してください。

固定方法としては、シューズラックの背板から壁に向けて、数か所に木ネジを打っておくのがもっとも簡単で確実です。ただし、石こうボードに対してはネジが効かないので、壁裏に入っている下地の柱を探して木ネジを打つようにしましょう。

また、壁にネジを打ちたくない場合は、防災アイテムとして販売されている家具用の転倒防止器具を利用するとよいでしょう。この種の器具には固定方法の違ういろいろな種類があるので、粘着タイプなど壁を傷めずに取り外せる製品を選べばOKです。

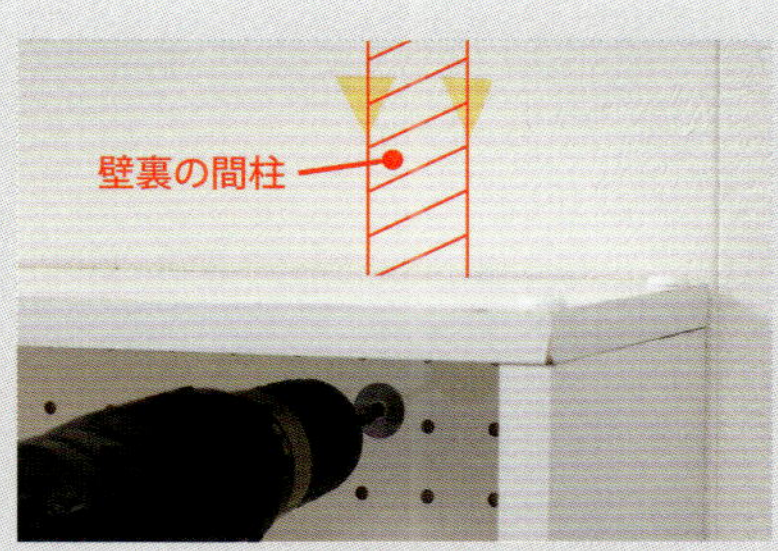

間柱の入っている場所に印をつけておき、木ネジを打ってがっちり固定しましょう。

フック式収納ボードを作る

シューズラックの上部にスペースの余裕がある場合は、収納を増設することができます。スリムなラック本体とぴったりで、大きめに作っても圧迫感がなくおすすめなのが、有孔ボードにフックで吊り下げるタイプの収納ボードです。有孔ボード用のフックを使ってフォトフレームや小物、鍵などを吊り下げられるほか、フックと木材を組み合わせて小さい棚を取りつけることもできます。製作するときは、有孔ボードの裏側にフックをかけるためのスペースを設けるのを忘れないようにしてください。

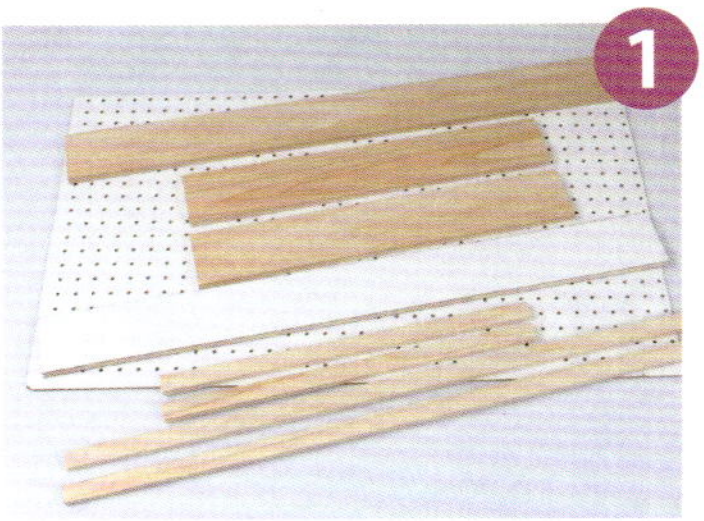

枠、有孔ボード受け、有孔ボードを作りたいサイズにカットして用意します。

枠材の端に接合する板の厚みで線を引き、2か所にネジの下穴をあけます。

接合する枠材の木口に木工用接着剤を塗ります。

枠材の端を合わせて細ネジで固定します。4か所をネジどめして枠を組み立てましょう。

枠の内側に後端を合わせて有孔ボード受けをネジどめします。

見た目の収まりを考えて、枠の下側は左右の枠材の内側に取りつけています。枠材の組み方は好みで決めてください。

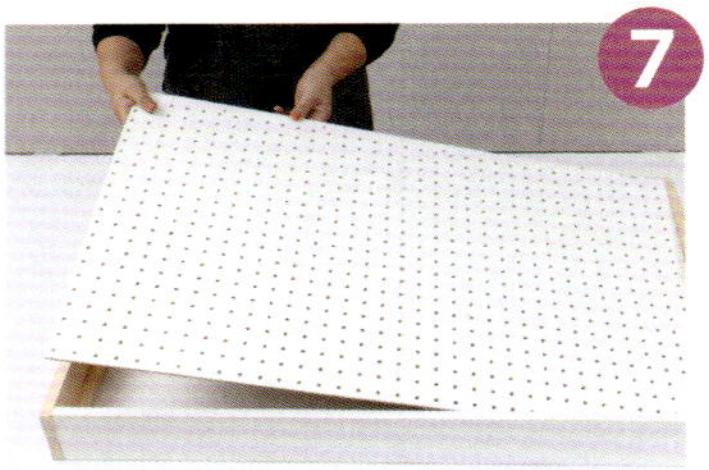

枠の内寸に合わせてカットした有孔ボードを受け材の上にのせます。

極細ネジを数か所に打って、有孔ボードを受け材に固定します。

完成したボードをシューズラックの上にのせ、24mmの木ネジでしっかり取りつけます。

傘掛けを作る

シューズラックの側面に傘をかけるタイプにすると、場所を取らないスリムな傘掛けを作ることができます。専用の材料がないので、ホームセンターなどで傘の柄をかけるのに合いそうなバーや露受けとして使えそうな容器を見つける必要があります。ここで使用している材料はあくまで一例ですから、同じものをそろえる必要はありません。サイズやデザイン、取りつけ方法などをイメージしながら、目的に合ったカテゴリーの材料をチェックしてみるとよいでしょう。このページを参考にして、材料選びや取りつけ方法など自己流の創作を楽しんでください。

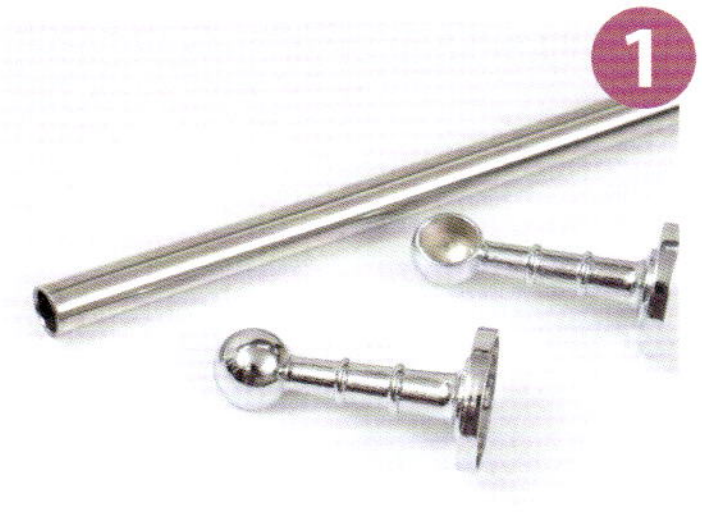

1
傘の柄を掛けるハンガーには、材料としてステンレスパイプと首長ブラケットを使用します。

2
ハンガーを取りつける高さを決め、パイプ受け部を水平に調整して片方のブラケットをネジどめします。

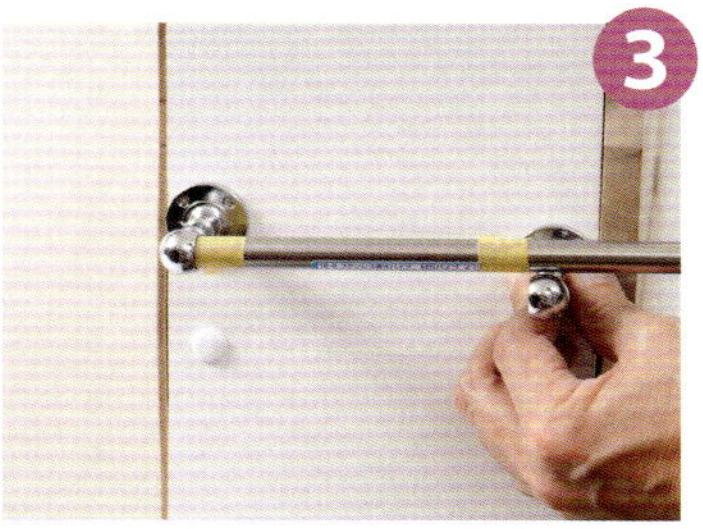

3
固定したブラケットにパイプを差し込み、もう一方のブラケットの位置に合わせてマスキングテープで印をつけます。

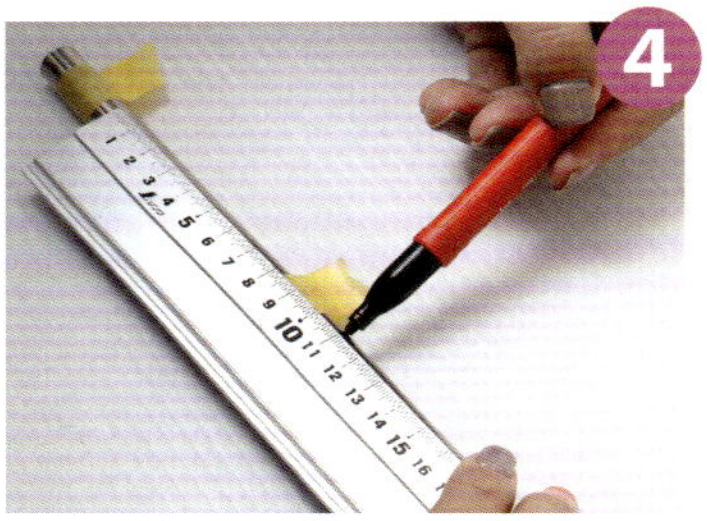

4
マスキングテープを基準に差し込む深さの寸法を測り、カットする側に同じ寸法で印をつけます。

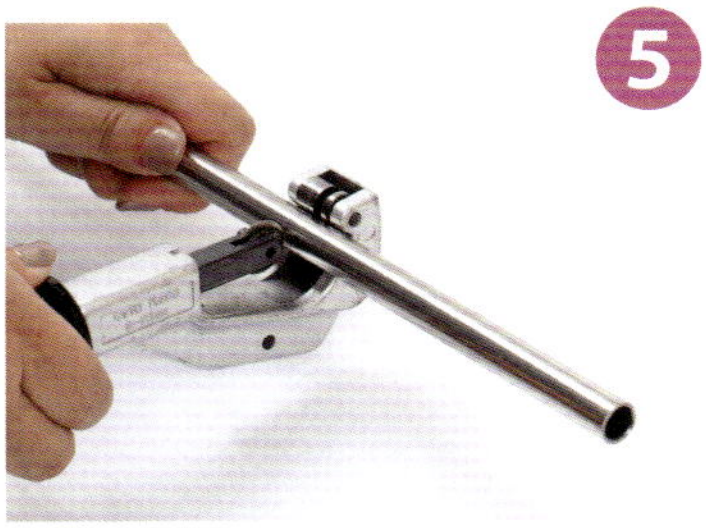

5
パイプカッター（または金ノコ）を使ってパイプをカットします。

6
両側のブラケットにパイプを差し込んで、後から取りつけるブラケットをネジどめ。ハンガー部分を完成させます。

7
露受けには、フックがついた塗装用のスリムな容器を使用。フックを掛ける木材と台座にする木材も用意します。

8
フック掛けと台座をセンターにそろえて両面テープで仮どめしておき、傘の長さに合わせた位置にネジどめします。

9
フック掛けに露受けの容器を掛けて取りつけは完了です。

難易度 ★★★☆☆

玄関床を張り替える

DIY向き床材を使って傷んだ床をリフレッシュ

タイルや石材を張るのは、初心者にとってはハードルの高い作業です。だからといって、玄関床のリフォームをあきらめることはありません。土足に対応していて施工しやすい床材を選べば、汚れたり傷んだりした床を、簡単にイメージ通りにリフォームできます。

クッションフロアとフロアタイルは、室内のリフォーム用としてよく使われますが、土足に対応しているタイプもあって玄関床の張り替えにも使用できます。クッションフロアは場所に合わせてカットしたシートを接着剤で張るだけ。フロアタイルは小さいシートを並べる手間はかかりますが、やはり簡単に張ることができます。玄関の広さなら、半日程度の作業で張り替えが可能です。

これらのリフォーム床材は、木材や石材などに似せたフェイク素材であることは否めませんが、最近の製品は表情がリアルなので雰囲気を損なわない仕上がりになるでしょう。また、リフォーム費用も安く抑えられるので、将来汚れたり飽きたりしたときの張り替えを見据えてもおすすめです。

作業のながれ

床の寸法を測る → 床材をカットする → 床に接着剤を塗る → 床材を張る

材料

■床材

道具

■床材用接着剤
■シーリング材
■ハサミ
■クシベラ
■押さえローラー

玄関に適した床材の選び方

玄関床材の条件

玄関は家と外の境界となる場所。床には特有の機能が求められるので、床材は以下の条件を満たしているものを選ぶようにしましょう。

耐久性

家族が出入りする玄関の床は、靴底があたって傷ついたり摩耗したりしやすいところ。表面が硬くて素材そのものの耐久性が高く、なおかつはがれにくい材質が求められます。

耐水性

雨の日には、靴や傘についた雨水が玄関に運ばれてきます。水が浸透しやすく乾きにくい材質では、シミやカビ、黒ずみが発生して見た目が悪化しやすくなります。耐水性があれば、水の拭き取りや拭き掃除も簡単です。

防汚性

砂や土が持ち込まれることを防ぐのは難しいので、汚れが定着しにくい材質でないと掃除するのがたいへんです。表面加工などによって汚れが付着しにくいと、日々のメンテナンスが楽です。

防滑性

靴底の種類によっては、床面が濡れていると滑りやすくなります。小さな子供のいるご家庭では、チェックしたいポイントです。

土足に対応したDIY向きの床材

玄関の床に適した条件を満たしながら、DIY で失敗しにくく張り替えをしやすい床材を、2 種類に絞って紹介します。

フロアタイル

塩化ビニール製のベース層に、プリントフィルムや強化層、仕上げの表面塗装などを重ねた多層構造の床材です。厚さは 2 ～ 3mm 程度と薄いものの、硬くて土足にも対応する強度があります。

【特徴】
さまざまなデザインが選べますが、木目調、石目調、コンクリート調などは再現性が高く、ぱっと見ただけでは本物と見分けがつかないほどのリアルな仕上がり。30cm の正方形やフローリング材のような長方形のシートを並べて張るため作業の手間はかかりますが、高い質感を求める人におすすめです。目地棒を入れて目地を設ける張り方をして、さらにフローリングや石材に近い仕上がりにすることができます。

クッションフロア

塩化ビニール製でクッション性のあるシート状の床材です。室内の水周りでよく使われますが、2 ～ 3mm と厚みがあって表面を強化した土足対応の製品は玄関の床材として使用できます。

【特徴】
クッション性があるため靴で歩いても音が響きにくく、近隣への騒音を気にするマンションにおすすめ。シート表面の凹凸が少ないため、汚れがつきにくい点も玄関向きです。落ち着きのある木目調や石目調、コンクリート調のほか、パターン柄など豊富なデザインから好みのものを選べます。玄関の広さであればほとんど継ぐことがないので、短時間で作業ができて、防水面でも安心です。

既存の床材ははがさなくてもいい？

既存の床に目地などの凹凸がなければ新しい床材を重ね張りできますが、取り除けない砂やホコリが残っていると接着が不十分となり、新しい床材が浮いたりはがれたりする可能性があります。確実に仕上げたい場合は、フロアタイルやクッションフロアをはがしてから張り替えることをおすすめします。ただし、DIYでは撤去するのが難しいタイルは、目地を埋めて表面を平らにしてから重ね張りをしましょう。

クッションフロアのはがし方

①はがすクッションフロアの壁際に、カッターで切り込みを入れます。
②クッションフロアをカッターで持ちやすい幅に切ります。
③切ってできた角からめくって、つながっている部分を端まではがします。
④すべてはがし終えたら、下地に残った裏紙をカッターやスクレーパーで取り除きます。

フロアタイルのはがし方

①床材のつなぎ目に金属ヘラを差し込み、寝かせながら床材と下地との間に叩き込みます。
②ヘラではがしては叩き込むのを繰り返して、1 枚ずつはがします。
③下地に残った接着剤をスクレーパーで削り落とします。

クッションフロアの張り方

床のサイズにカットする

1 既存の床材をはがしたら、接着不良の原因になる砂やホコリが残らないように、床をきれいに掃除します。

2 土足対応のクッションフロアは、梱包時と反対に巻き直して巻き癖をとっておきます。

3 シートを張る床面の縦横のサイズを測ります。凹凸や変形がある場合は、いちばん長いところで測ってください。

4 測った寸法の通りに、シートの裏面に線を引きます。

5 シートを線に沿って使用するサイズにカットします。

6 シートを仮置きして、必要なら調整します。ドア枠などの凹凸がある場合は、囲みの手順でカットしてください。

凹凸に合わせるカットの方法

玄関床には、たいていはドア枠や下駄箱などの凹凸があります。シートを形に合わせてカットする必要がある場所は、実際にシートをあてるか、測って寸法をとってから加工します。

1 シートの端を壁にあて、出っ張った部分の幅で印をつけます。

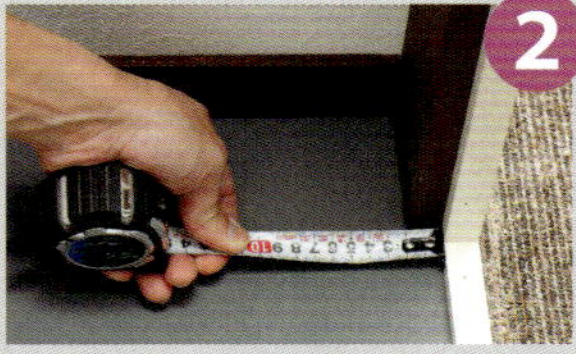

2 シートを突きつけるのが難しい場所は、メジャーで測って寸法をとります。

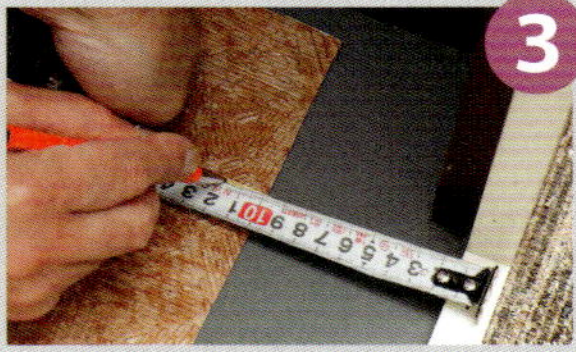

3 測った寸法でシートに印をつけます。

4 線を引く代わりにマスキングテープを張ります。

5 マスキングテープに沿って不要な部分をカットします。

6 出っ張りに合わせて、シートをカットすることができました。

ていねいに作業すれば、どんな変形箇所でもシートをきっちり張ることができます。

クッションフロアを張る

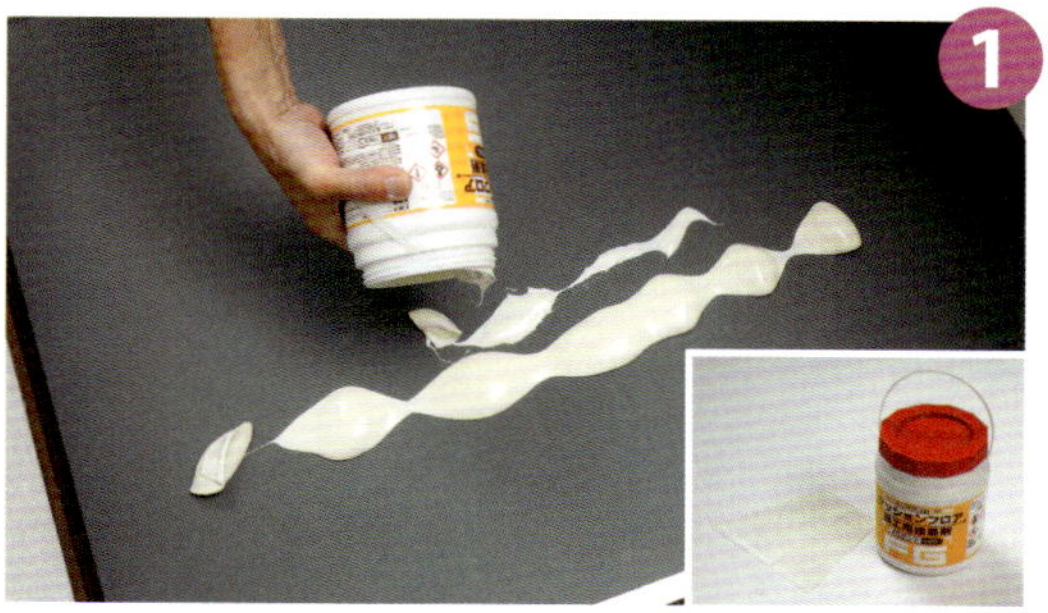

1 クッションフロア用接着剤を作業する床に適量出します。

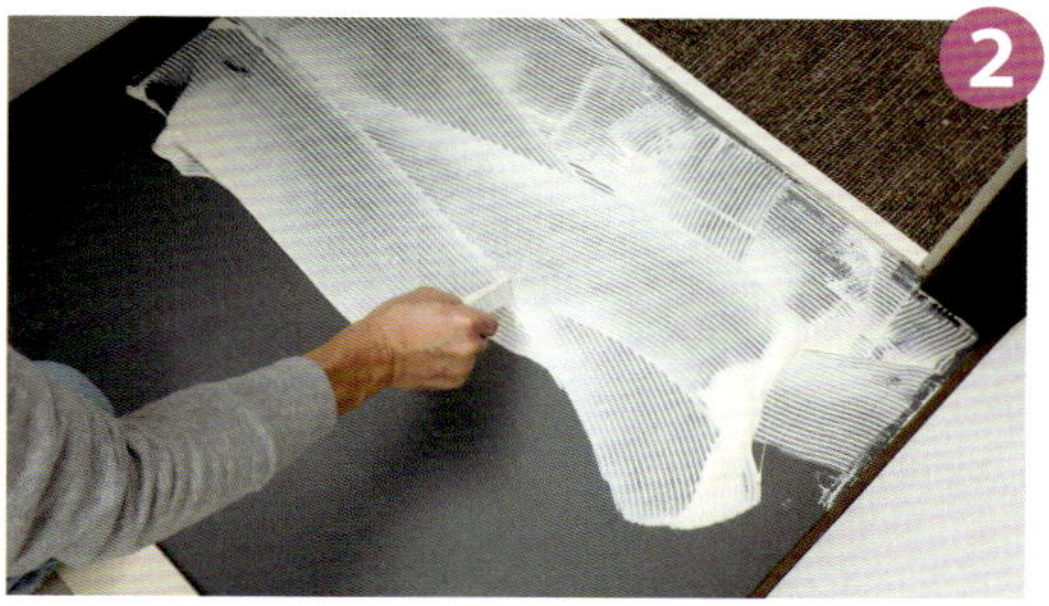

2 接着剤塗布用のクシベラを使って、接着剤を均一に塗り広げます。

3 接着可能になるまでしばらく待ちます。待機時間は接着剤の種類や気温によって異なるので、説明書を確認してください。

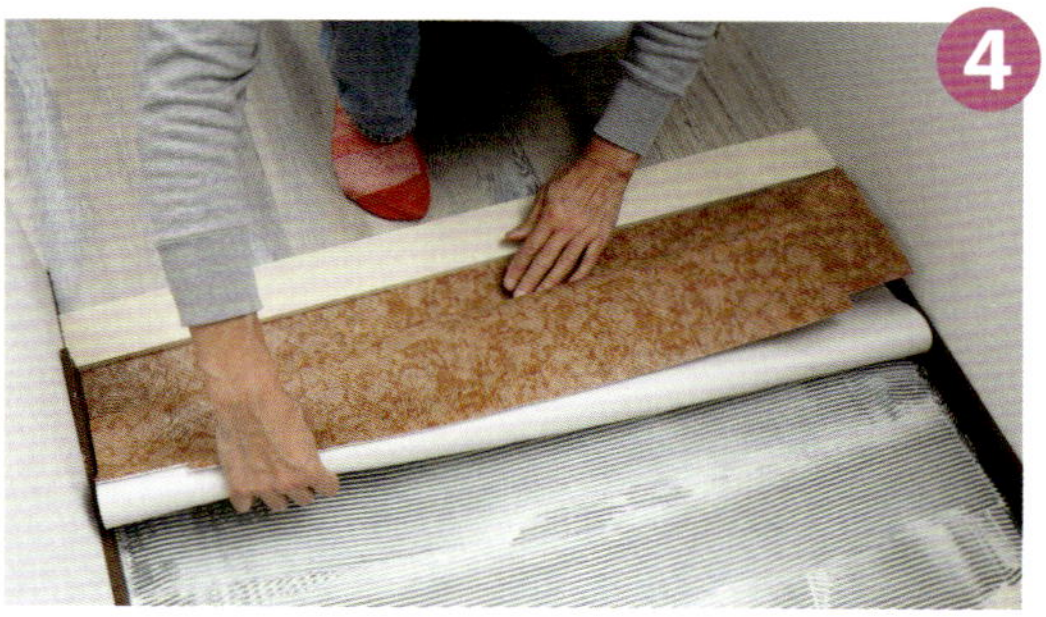

4 シートの位置が床とずれていないか確認して、端から順に張っていきます。

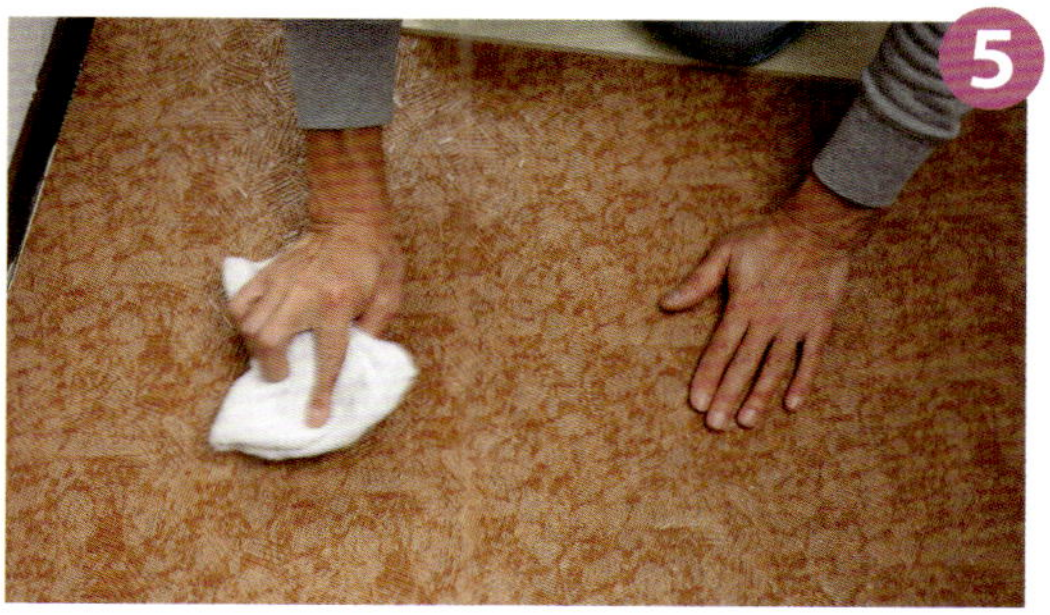

5 タオルなどを使い、中心から外側に向かって空気を押し出しながらしっかり押さえて圧着します。

6 はがれやすい端やつなぎの部分は、ローラーを使って圧着します。はみ出した接着剤は拭き取っておきましょう。

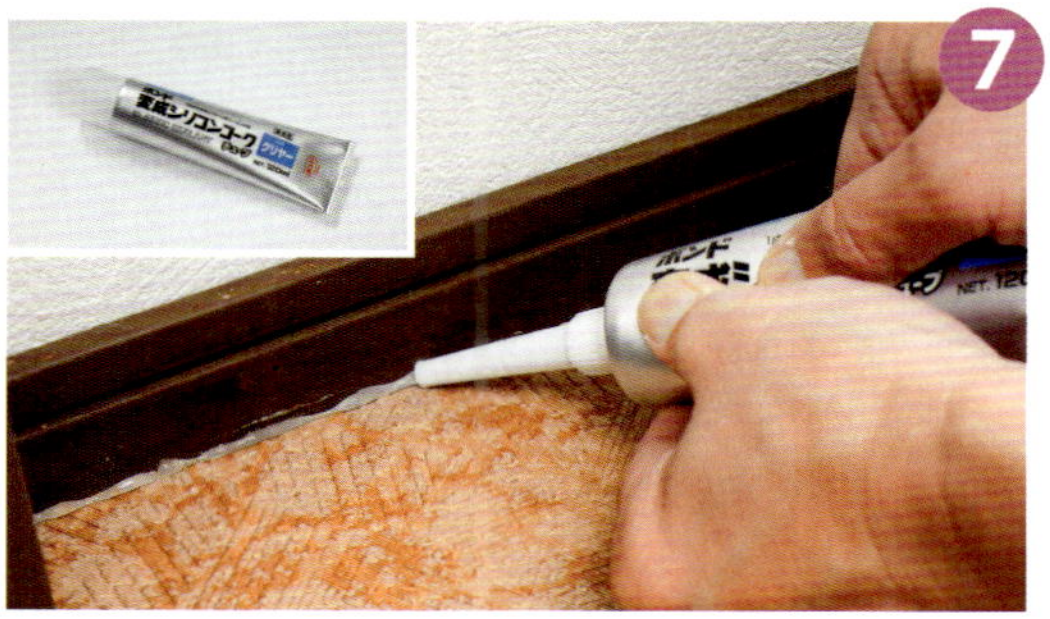

7 壁とのすき間にシーリング材を充填します。シートをつないで張る場合は、継ぎ目にも充填しておきましょう。

8 クッションフロアによる張り替えの完成です。接着剤が硬化するまで養生期間をとってください。

ドアクローザーを取りつける

DIYでも簡単に、取りつけができるドアクローザー

スムーズなドアの開閉に役立つドアクローザー。その交換はとても簡単ですがマンションの場合注意すべきこともあります。それは何なのか解説します。また、室内ドアに新たに取りつける方法も合わせて紹介します。

道具

■ドライバー

材料

■ドアクローザー

作業のながれ

ブラケットを取りつける
→ 本体をドアに固定する
→ アームを固定する
→ リンクとアームをつなぐ
→ 開閉の速度を調整する

マンションのドアクローザーDIYリフォームは可能?

ドアクローザーが玄関ドア外側にあり共用部分に該当している場合でも、ドアクローザーは区分所有者の専用使用部分にあたり、基本的には使用者が個人の責任で管理することになっています。

マンションの規約によりますが、日常の手入れや交換などの修繕は、個人で行えます。交換なども基本的には問題ありません。

ドア内側は専有部分

玄関ドアは表と裏で所有者が異なります。裏側（室内側）は個人の専有部分で、ペイントなどDIYリフォームが可能です。

ドア外側は共用部分

玄関ドア外側は共有部分。勝手にリフォームをして外観の統一が崩れると、マンションの価値にも影響します。個人でのDIYやリフォームは基本的にNGです。

外開きが多い日本ではパラレル型が主流

ドアクローザー交換の場合重要なのが使用中のドアクローザーがスタンダード型とパラレル型のどちらなのかという点です。

日本は外開きのドアが多いため、多くの場合、リンクやアームが折りたたまれてドアに平行になり、壁などの障害物に影響しないパラレル型のはずです。見分け方は左の通りです。

スタンダード型

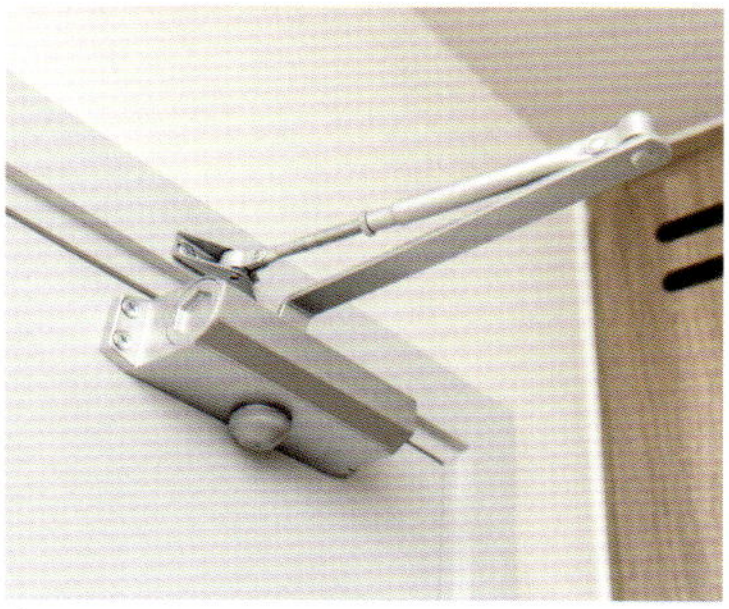

古くから使われているのがスタンダード型。アームの向きがドアに対し、垂直になります。ドア外側に設置され内開きのドアに適しています。

パラレル型

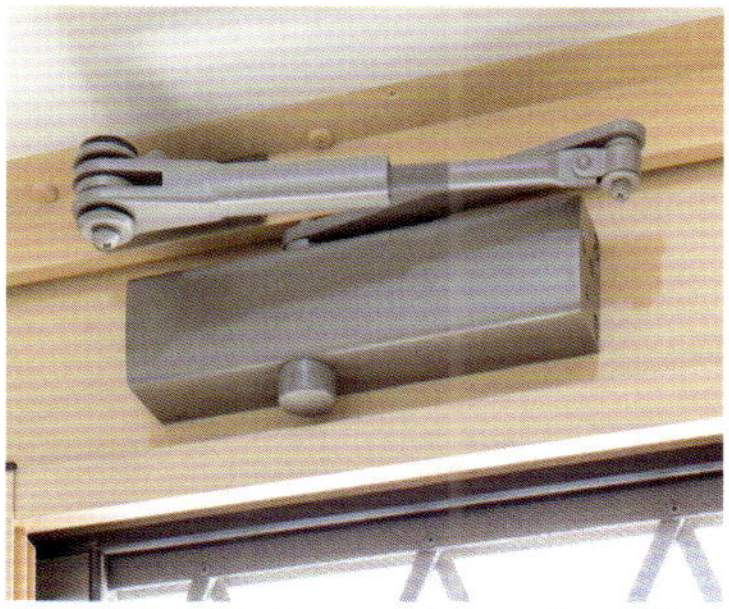

ドア内側に設置しアーム部分がドアに対して並行に折りたたまれるのがパラレル型。外開きドアが多い日本ではこちらのタイプが主流です。

同じ型番がなくても汎用品に交換が可能

ドアクローザーの交換作業は比較的簡単です。同じ型番の交換用ドアクローザーが廃盤になっていた場合でも、さまざまなドアクローザーに対応可能な汎用タイプのドアクローザーがありますのでそちらを使用すればよいでしょう。汎用タイプなら元の取付穴もそのまま使用でき、穴あけ作業も不要です。

また、ドアクローザーのない室内ドアにドアクローザーを取りつけたいという場合は、次のパートでドアクローザーの取りつけ方法を紹介するので参考にしてみてください。

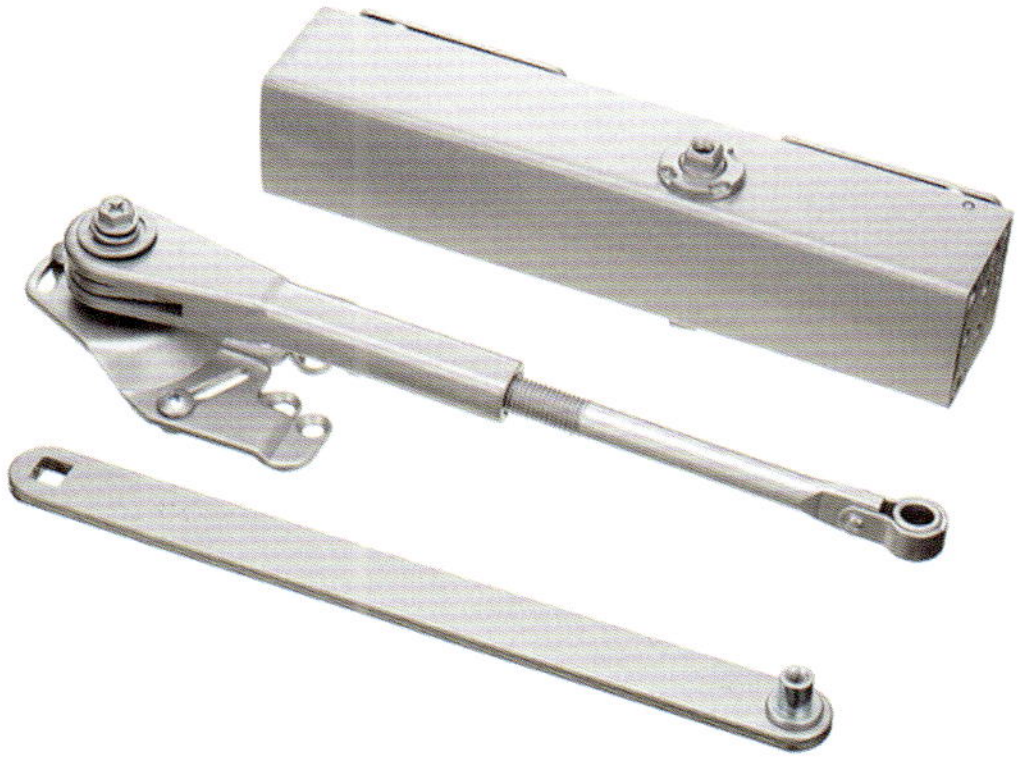

左右どちらに開くドアにも取りつけられるパラレルタイプの交換用ドアクローザー。既存の取りつけ穴などがそのまま使用可能です。

ドアクローザーの取りつけ方

室内ドアの開閉を静粛かつ安全に

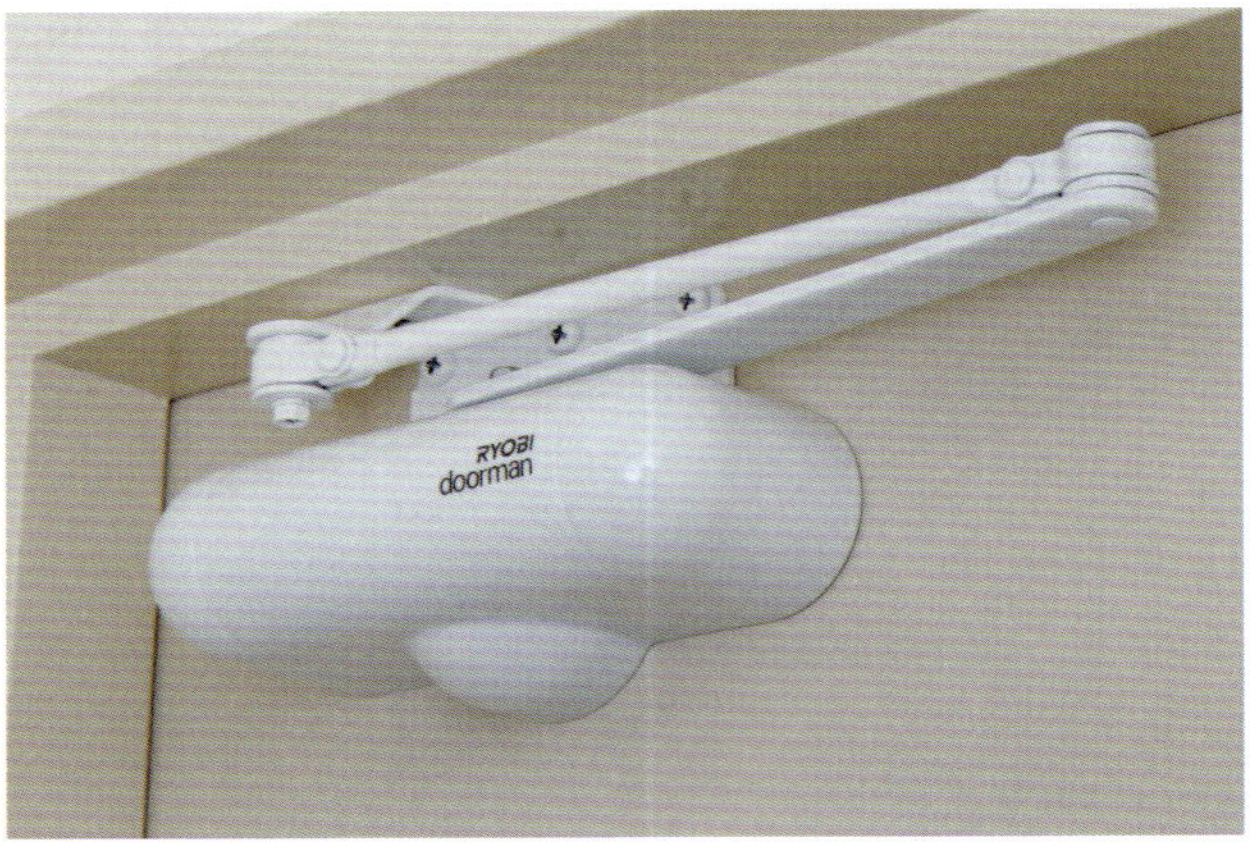

ドアが閉まるスピードを一定にしたり、開けたままドアを止めておけるドアクローザー。室内ドアに取りつけると、勢いよく閉まることがなくなるため、音に驚くことが減少し、小さい子供のいる家庭では安心感が高まります。また、ドアの開け放しがなくなり、冷暖房の使用中は省エネにつながります。

住宅の木製ドア用としては、DIYでの取りつけに配慮した製品がおすすめです。使用する工具はドライバー1本だけでよく、下穴あけとネジ締めで簡単に取りつけることができます。

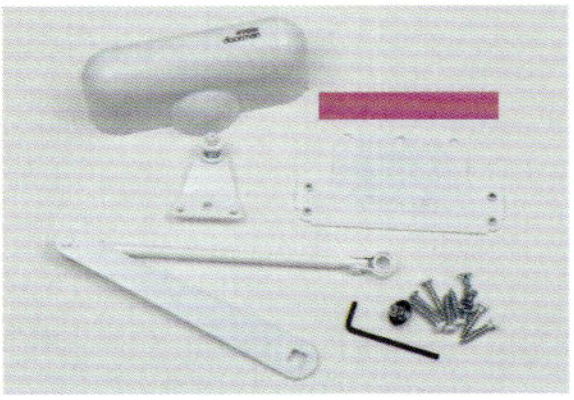

DIY 向け商品を選べば、家庭にある工具を使って1人で取りつけが可能です。

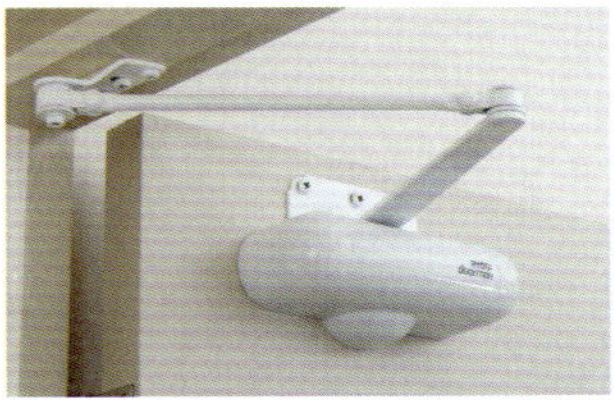

ストップ機能のある機種なら、風を通すとき、荷物を運ぶときに便利です。

1

金具のネジ穴に合わせて下穴をあけます。ドアに合う型紙を切り取って、ドア枠とドアにテープを貼り、指定の位置に付属のネジで穴をあけましょう。

2

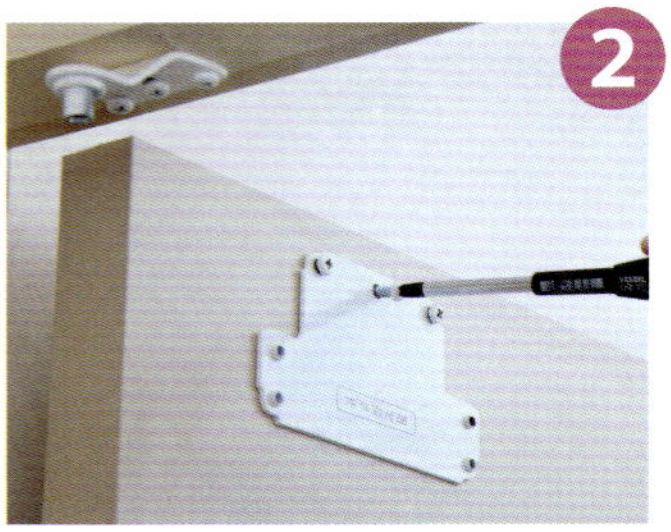

ドア枠側にブラケットを、ドア側に本体取りつけ板をネジで固定します。木割れしそうな場合は、キリやドリルで下穴をあけ直しましょう。

3

本体をネジで取りつけ、板に固定します。続いてアームの先端を速度調整弁の方に向けて本体上部に取りつけ、連結用のネジを締めつけます。

4

アームを手前に強く引きながら、先端のリンクをブラケットに差し込んでネジで固定します。以上でドアクローザーの取りつけは完了です。

5

機種によっては閉じ速度や開閉力（重さ）の調整機構が備わっています。ドアを開閉してみて、安全で快適に使える加減に調整してください。

6

本体にカバーを取りつけたら、できあがりです。使っていて速度や重さがあわないと感じたら、そのつど微調整をするのが、快適に使い続けるコツです。

玄関扉、ドアクローザーの調整

日常的なお手入れ

ドアの動きを軽くする

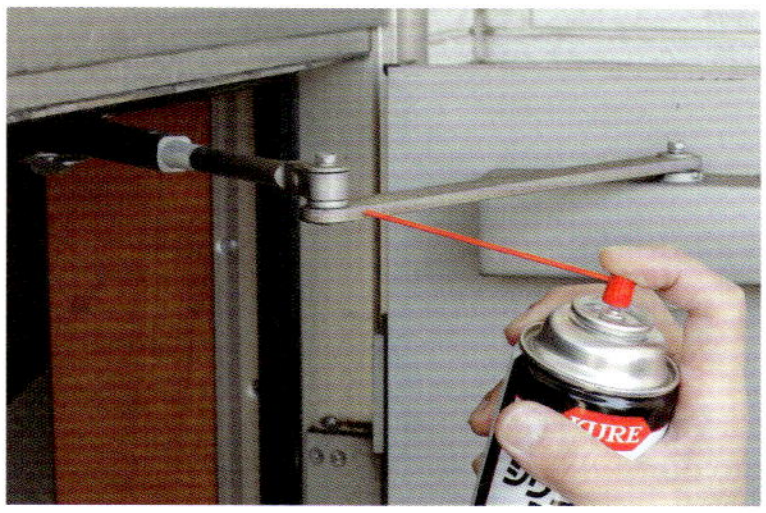

可動部についたホコリなどが原因で、気づかないうちにドアの動きが重くなっていることがあります。ドアクローザーのアームや丁番には、定期的にシリコンスプレーを吹きつけ、滑りをよくしておきましょう。

鍵の作動を改善する

鍵の抜き差しがしにくくなったときは、住居用鍵専用のクリーナーを使って鍵穴の洗浄と潤滑をしてください。一般用途の潤滑剤は作動不良の原因になる場合があるので、使わないようにしましょう。

扉の保護とツヤ出し

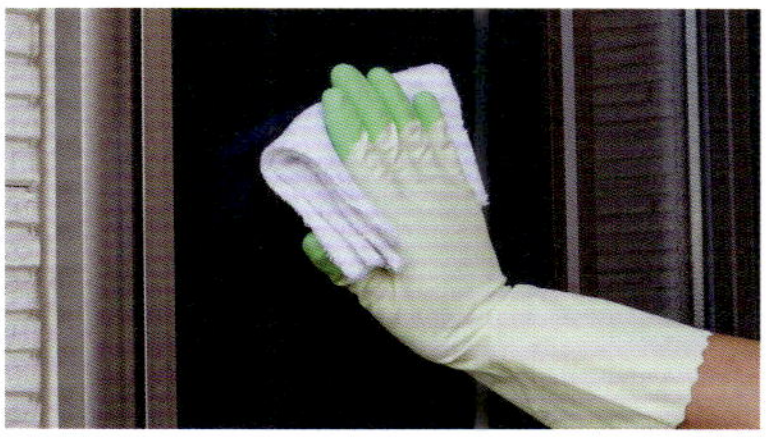

扉掃除の仕上げには、専用ワックスを使います。乾拭きしてホコリを取り除いたあと、乾いた布にスプレーして全体に塗り広げます。表面のツヤ出しと色あせを防ぐ保護効果があります。

可動部にはシリコンスプレーを

シリコンスプレーは表面にシリコン皮膜を形成し、滑りをよくする潤滑剤です。気になるような臭いがなく、ホコリがつきにくいので、室内での使用に最適です。カーテンレールや敷居、引き出し、キャスターなど、さまざまなところのメンテナンスに使えます。

ドアクローザーの調整

速さの調整方法

ドアクローザーがついている玄関扉は、閉まる速度の調整が可能です。扉が勢いよく閉まると、危ないと感じたり、閉まるときの音がうるさくなります。反対にゆっくり過ぎるとイライラしたり、風が強いときに閉まりきらないことがあります。小さなお子さんやお年寄りのいる家庭では、安全性も考えて適切な速度に調整しましょう。

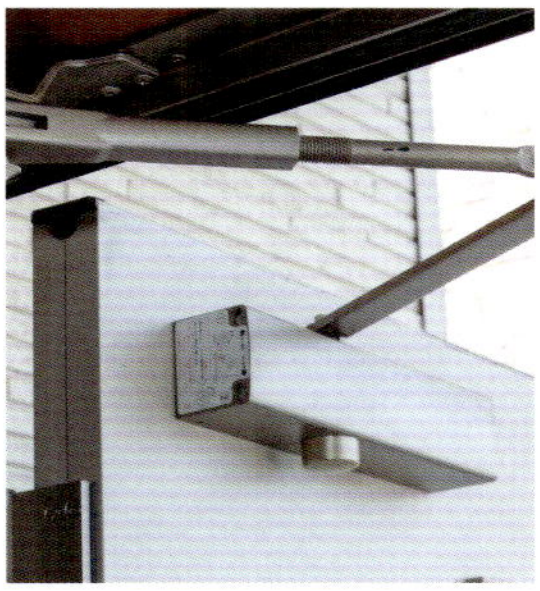

速度調整弁は本体の側面にあります。調整弁を時計回りに回すと閉じる速度は遅くなり、反時計回りに回すと速くなります。

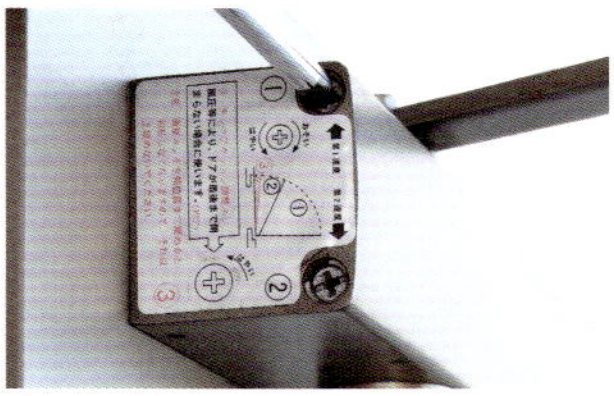

「1」の表示がある第一調整弁で、閉まり始めからの速度を調整します。ドアの動きを見ながら調整してください。

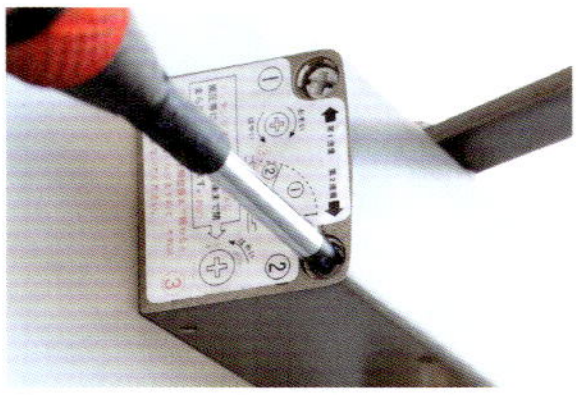

「2」の表示がある第二調整弁で、閉まりきる直前の速度を調整します。ゆっくり静かに閉まるように調整してください。

ガタつきのチェックもお忘れなく

開閉や操作のときの振動で、各部のネジが緩んでいることがあります。動く頻度が高い丁番やよく操作する内鍵、U字ロックは、ガタつきやネジの緩みがないかをチェックし、緩んでいる場合はドライバーで増し締めをしておきましょう。

網戸の交換

初心者でも簡単で失敗の少ない網戸交換

DIYリフォームに挑戦してみたいけれど、何から手をつけてみたらいいのかわからない、という方におすすめなのが、網戸のネット張り替えです。

古くなった網戸は、フレームごと交換するか、パネルタイプやロールタイプなど別のタイプに交換するほうがリフォームとしては効果的です。

しかし、難易度が高くなるので費用もかかります。まずは網戸のネット部分だけの張り替えに挑戦してみてはいかがでしょう。

網戸のネット張り替えは、交換用ネットと必要な道具さえそろえれば、初心者でも失敗は少ないでしょう。また、ネットの種類にもよりますが、交換費用もお手頃なので気軽にはじめられるはずです。

きれいに交換するにはコツが必要ですが、ネットの張り方と、消耗品である戸車の交換方法について詳しく紹介します。

作業のながれ

網戸を外す → 古いネットを外す → 新しいネットを固定する → ドライバーで戸車を外す → 新しい戸車を取りつける → はずれ止めを元に戻す

網戸・ネットの種類

網戸にはいくつか種類があります。代表的なものはスライド式のパネルタイプですが、ほかにも下記のようなタイプが使われています。

また、ネットもカラーや、素材によって特徴があります。黒は光を吸収し外の景色がよく見えますが、白は光を反射し室内からも室外からも見えにくくなります。グレーはその中間で黒よりは見えにくく、白よりは見えやすくなります。使用する場所や好みで選びましょう。

ネットの素材によっても扱いやすさや耐久性などの材質が異なりますが、その違いは左の表を参照してください。

ネットの材質の違い

【ポリプロピレン】
一般的なネット素材で、カッターで容易にカットできます。
価格的に安価ですが紫外線に弱く耐久性はあまり高くありません。

【ポリエステル】
ポリプロピレンよりも強度があり簡単には裂けません。
ただし、価格はポリプロピレンよりも高価です。

【グラスファイバー】
非常に強度が高く熱にも強いため、キッチンの網戸にぴったりです。耐久性にも優れていますが種類は少なく価格も高めです。

【プリーツ網戸】
アコーディオンのように折りたたむ網戸で主に室内用です。ネットだけの交換はできず、ネット破損の際は網戸ごとの交換になります。

【ロール網戸】
網をロール状に巻き取り開閉する網戸です。網戸用のレールがない窓にも設置可能ですが、ネットだけの交換は難易度が高くなります。

【パネル網戸】
引き違い窓専用の網戸で最も一般的なものです。フレームごと簡単に取り外すことができ、ネットの交換も難しく、ありません。

網戸の交換タイミング

網戸交換となるとネット部分ばかりに注目しがちですが、網戸はフレームとネット（網）で構成されており、ネットだけでなくフレームも経年によって劣化が進みます。明らかに古くなったらネットだけでなく、フレームも交換が必要です。

一般的なポリエステル製のネットならだいたい4～5年に一度の交換が推奨されています。もちろん破れなど破損がなければそれ以上でも使用可能ですが、ネットのたるみや押さえゴムの劣化が目立ってきた場合は、速やかにネットの交換をしましょう。

フレームは動きが悪くなった場合や、明らかにゆがみがある場合は交換が必要です。もし、フレームにはゆがみなく、動きが悪いだけなら戸車だけの交換も可能です。戸車を交換しても網戸を完全に閉じることができず、すき間があいてしまうならフレームごとの網戸の交換を検討したほうがいいでしょう。

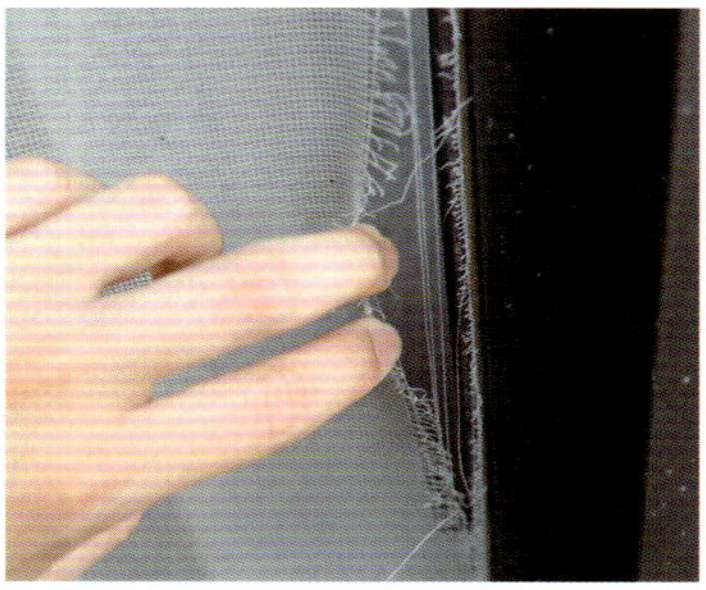

明らかにネットが裂けている場合は網戸の役目を果たさないので、ネットの交換が必要です。

網戸のフレームも消耗品です。経年によって徐々にゆがみが生じます。閉じてもすき間ができるようなら、交換が必要です。

難易度 ★★☆☆☆

網戸の張り替え

気になる破れ、汚れをすっきりきれいに

アルミサッシについている網戸なら、道具をそろえれば簡単に張り替えることができます。

張り替え用のネットは、網目の大きさと色を意識して選びましょう。小さい虫の侵入が気になるお宅には、目の細かいタイプがおすすめです。

色はグレーが一般的ですが、黒は室内から外をきれいに見通せます。銀面と黒面がある2色コンビのネットは、外からは見えにくいのに、室内からはすっきり見やすい特徴があります。

材料

- ■網戸ネット
- ■網押さえゴム

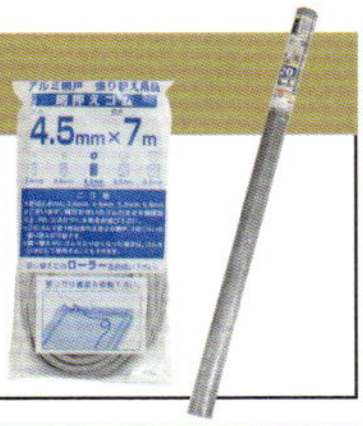

道具

- ■マイナスドライバー
- ■クリップ
- ■ハサミ

■ワンタッチローラー

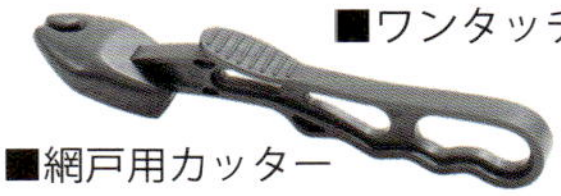

■網戸用カッター

網目の大きさ

網戸用のネットには、目の細かさの違いでいくつもの種類があります。目が細いほど虫は侵入しにくくなりますが、風通しが悪くなったり、ホコリがつきやすくなるなどのデメリットがあります。せっかく交換するのなら、ご自宅の環境を考えて室内をより快適にできる網目のものを選びましょう。

網押さえゴムの太さ

網押さえゴムの太さは、一般的に3.5mm、4.5mm、5.5mm、6.8mmの4種類です。溝のサイズを測るか、ゴムの切れ端を持参して、適した太さのものを購入しましょう。網押さえゴムが細すぎると使えませんが、太い場合は細く伸ばして使うことができます。迷ったときは太めのものにするか、太さを変えられるタイプを選んでください。

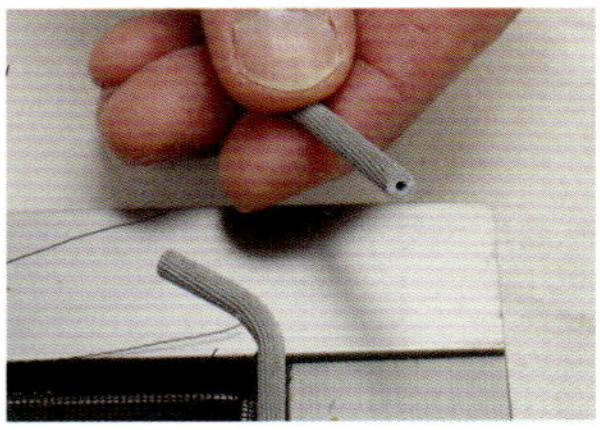

古いゴムはやせていることが多いので、切り取ったサンプルを持参して、それに近くて太めのものを選びましょう。

網戸のつけ外し方法

網戸には脱落防止のために「外れ止め」がついています。網戸をレールから取り外すときには、側面上部の両側についている外れ止めを解除してください。また、網戸を取りつけた後は、忘れずに外れ止めを再セットしておきましょう。

固定ネジをプラスドライバーで緩めて外れ止めを下げ、再びネジを締めておきます。

戸車のメンテナンス

ガタつきやすき間の原因である傾きを修正するには、側面下部の調整ネジを回して、戸車を上げ下げしてみましょう。

網戸の動きが悪い場合は、レールと戸車の周辺を掃除し、戸車の軸の部分にシリコンスプレーを吹きかけて回転をよくします。

専用の道具を使って網戸を張る

1

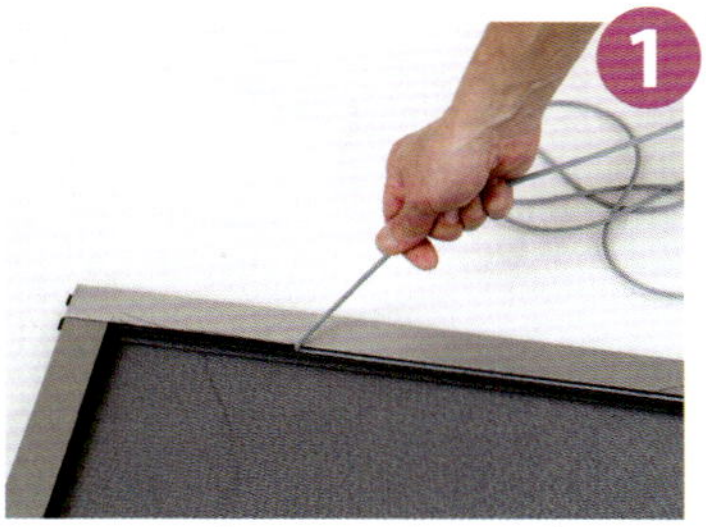

ネットを固定している押さえゴムの端を、マイナスドライバーなどで起こして外し、古いネットを取り除きます。

2

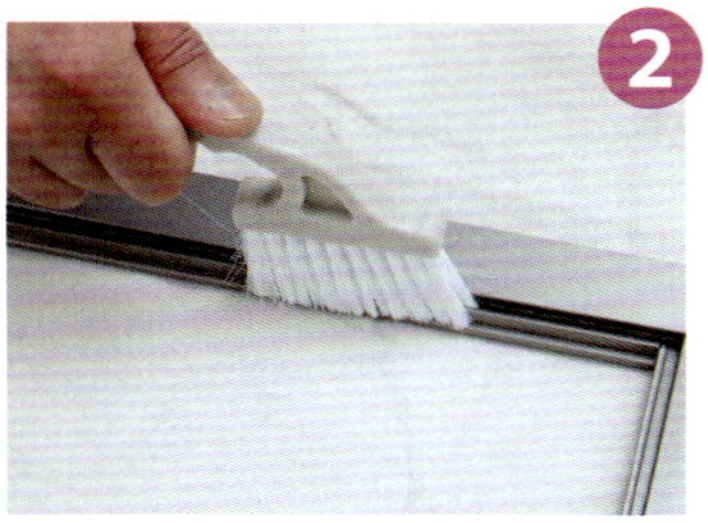

押さえゴムが入っていた溝をブラシで掃除し、ゴミやホコリを取り除きます。

3

上下を均等に余らせてネットを裏へ折り込み、クリップでとめます。裏表のあるものは面の向きに注意してください。

4

短い辺の終わり3cmのところに、ヘラの部分でゴムの先端を押し込み、そのまま角の先までしっかりと固定します。

5

張り始めたAの角からBの角までまっすぐにゴムを置き、Bの手前のところでゴムを押し込んで仮どめします。

6

AからBに向けて、ローラーを使って直線部分のゴムを押し込みます。初めの2辺は手でネットを押さえずに作業します。

7

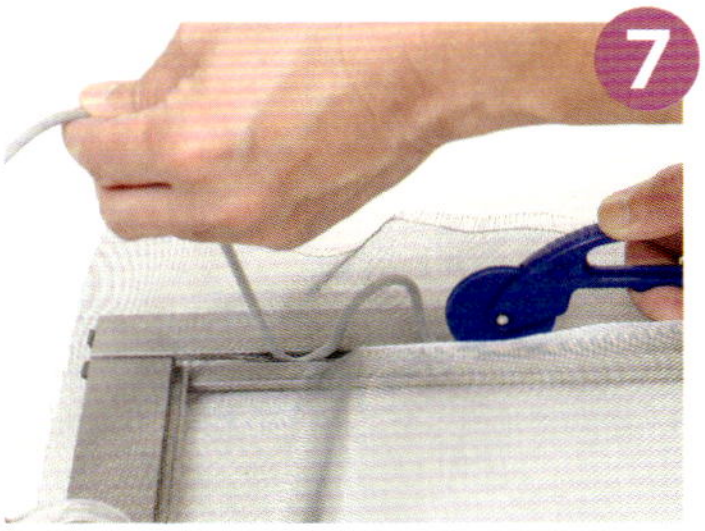

Bの手前までできたら、仮どめしていたゴムを外してヘラで角を押し込みます。同様に次の角までゴムを固定します。

8

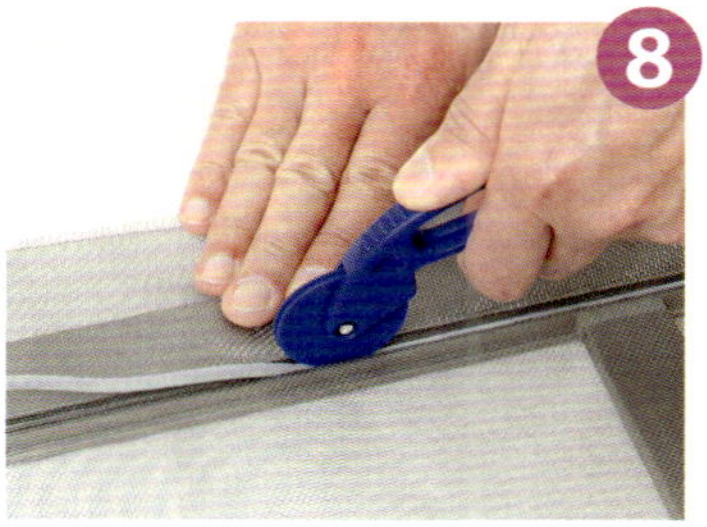

残りの2辺は、ネットが枠の内側に落ちないように、片手で押さえながらゴムを押し込みます。

9

ゴムが一周したら少し短くカットし、ローラーで押し込みます。ネットにたるみができていないかを確認しましょう。

10

底が浮かないように網戸カッターを滑らせて余分なネットをカットします。飛び出したネットはハサミでカットします。

ここがポイント！

たるみを修正する

余分なネットを切り落とす前であれば、修正が可能です。作業手順8のところで気になるたるみを見つけたら、その部分のゴムをはずして張り直してください。

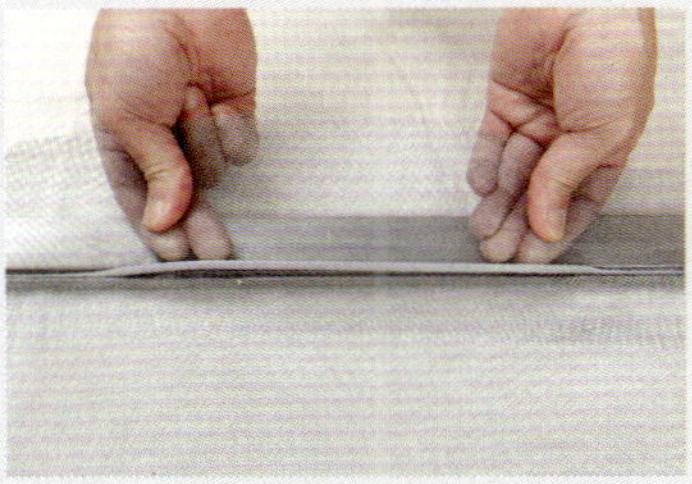

ネットを引っ張ってゴムを持ち上げ、張った状態で再びゴムを押し込みます。

網戸の戸車交換

網戸の開閉がスムーズにできない、動かすたびにキーキーと音がする、レールからすぐに外れてしまう、という場合、網戸の戸車が破損している可能性が考えられます。交換は簡単なので網戸の張り替えで、網戸を外したついでに、戸車も一緒に交換してしまうのがおすすめです。

まずは網戸を外します。網戸は通常強風などでレールから脱落しないよう写真のような外れ止めが両サイドについています。解除にはドライバーが必要です。

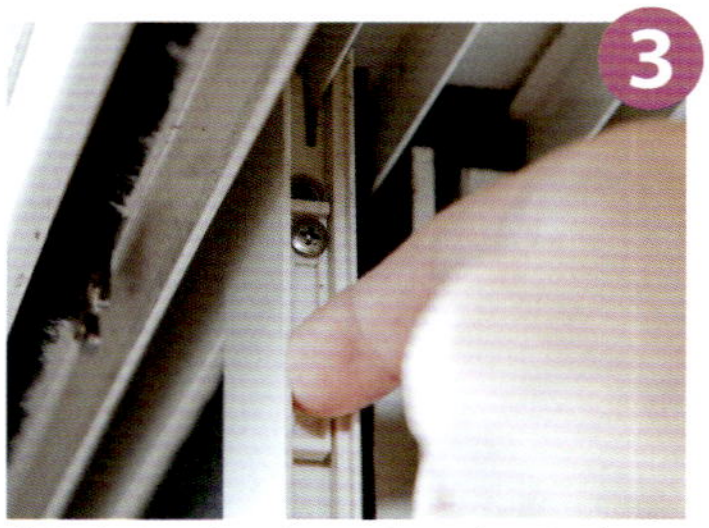

外れ止めの奥にある、組み立てネジと間違えないようにしながら外れ止めネジをドライバーで左に回しゆるめ、外れ止めを指で下にスライドさせます。

この外れ止めを下げるだけで外せる網戸もありますが、最近の網戸は、さらに網戸のフレームの下部に、操作ツマミがあるものも少なくありません。その場合は外れ止めと合わせてその操作つまみをマイナスドライバーなどで引き出してください。あとは網戸を持ち上げ、サッシ枠のレールから網戸を取り外します。

網戸が外れたら戸車を確認します。明らかに傷んでいたり摩耗が進んでいる場合は交換します。交換できる構造となっているので作業は簡単です。

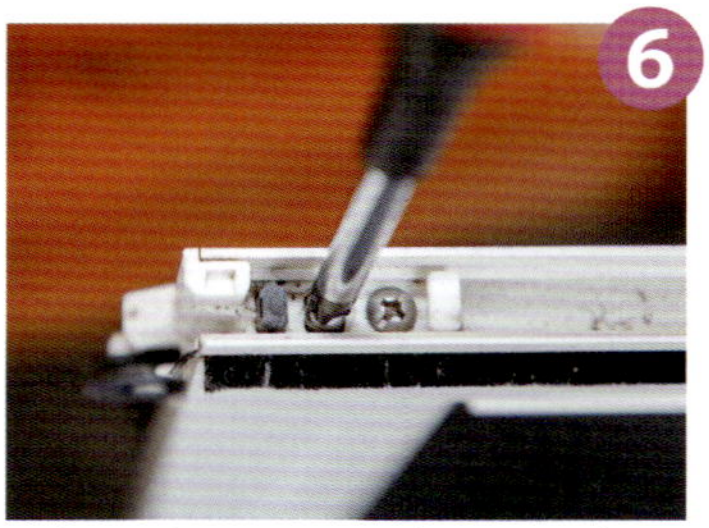

戸車を固定しているネジをドライバーで外します。戸車の樹脂製ストッパーが引っ掛かっている場合はマイナスドライバーで爪部押し込みながら外します。

ネジが外れたら戸車を引っ張り出します。外れにくい場合、古い戸車は破棄するのでフレームに固定している爪部をカッターなどで切り落としてもかまいません。

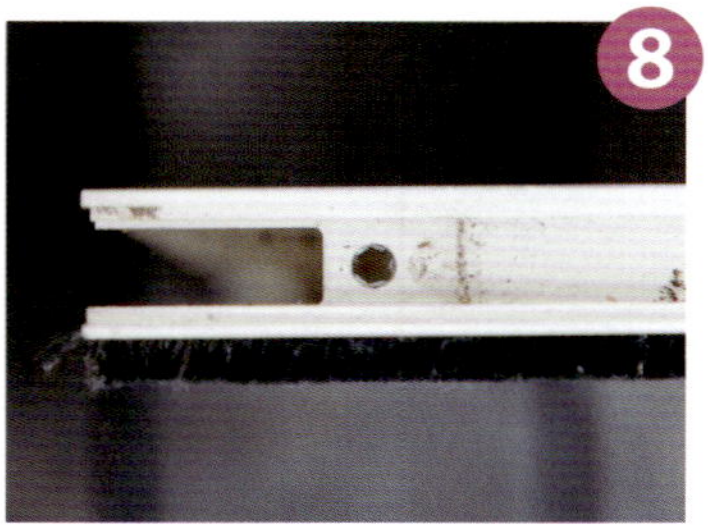

古い戸車が取り外せました。溝にホコリや砂などの汚れがある場合はこの時に掃除しましょう。またフレームのゆがみなどがないかも確認してください。

網戸のフレームを掃除したら新しい戸車を取りつけます。同じ規格の戸車に交換してもいいですが、ここではより簡単な汎用タイプの交換用戸車を使います。

こちらは、サイズさえ合えばどのメーカーの網戸にもつけられる便利な戸車です。フレームの溝にはめ込むだけと取りつけも非常に簡単です。

ハの字の金属板がスプリングのようになっているので、溝にはめ込むだけで簡単に取りつけることができます。戸車は２つでワンセットになっているので、同様にもう片方の戸車も新しい物に交換します。古い戸車がどうしても外れない場合は、古いものを残したままその隣に汎用タイプの戸車を取りつける方法もあります。

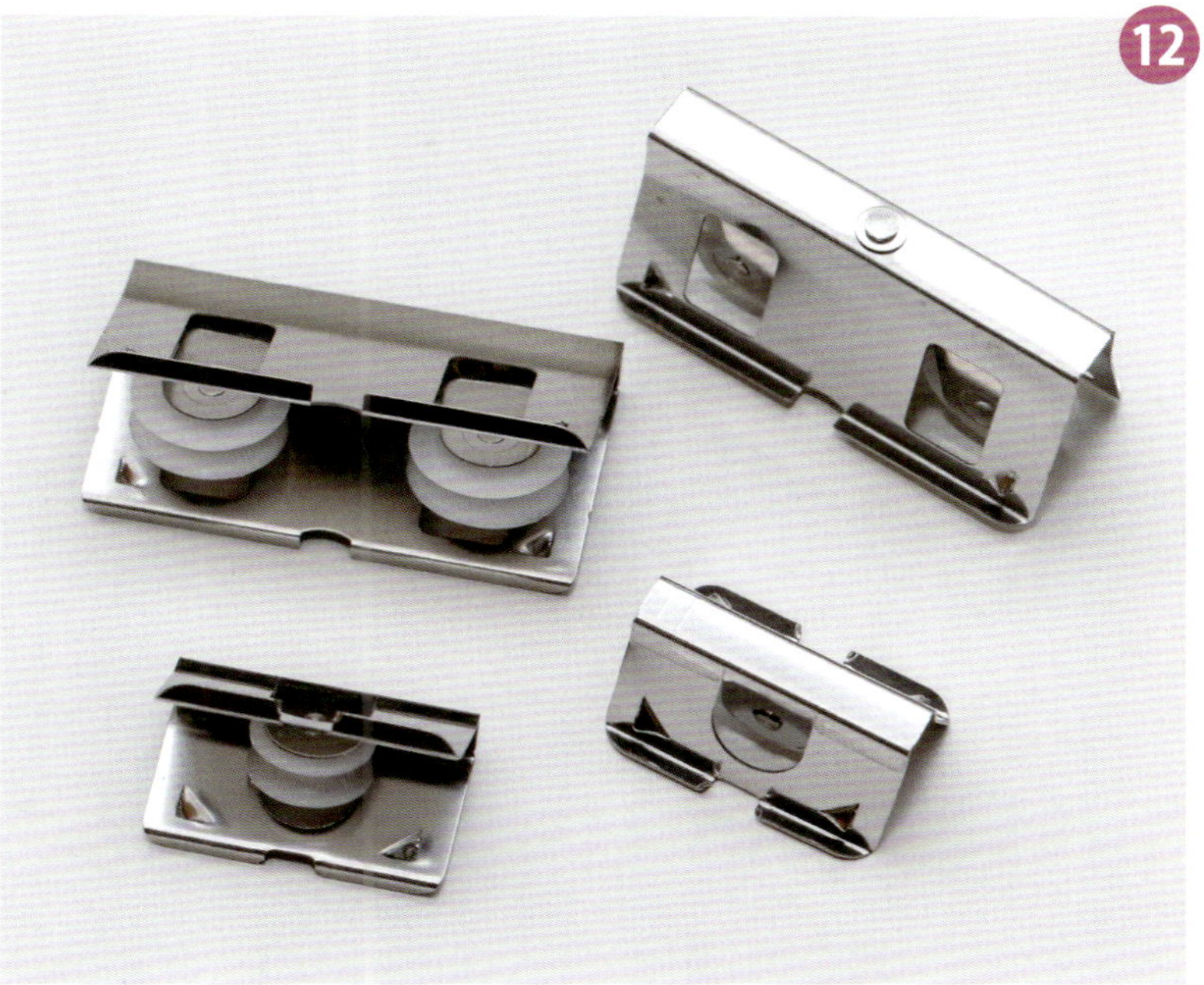

網戸の戸車は、メーカーによって形だけでなく取りつけ方法にも違いがあります。また古いものはすでに製造されていないこともあります。その場合におすすめなのが、汎用タイプの交換用戸車です。購入の際は、網戸の溝の幅、深さなどを測り、そのサイズに合うものをホームセンターなどで購入してください。

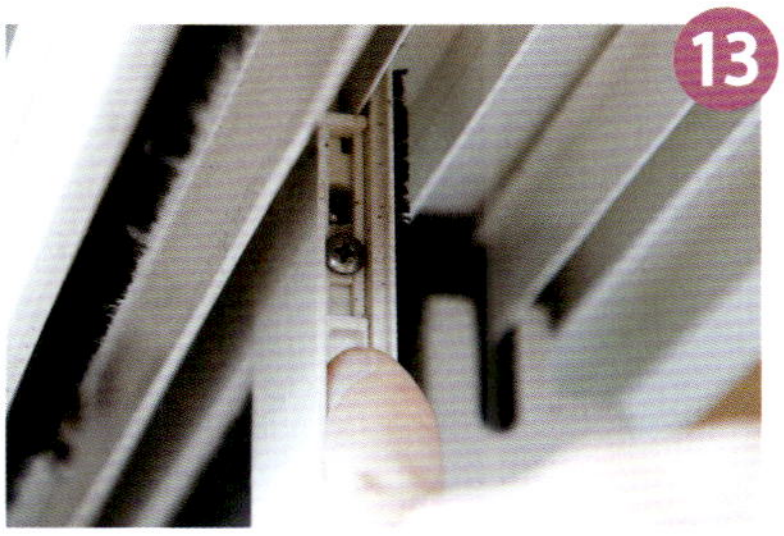

戸車の交換が完了したら、網戸を戻します。取りつけ前に、サッシ枠のレール部分も掃除しておきましょう。枠にはめたら忘れずに外れ止めを戻してください。

外れ止めを上にスライドさせ、ドライバーでネジを締めてずれないように固定します。さらに操作つまみがあるものは戻しておきます。これで完了です。

難易度 ★☆☆☆☆

窓ガラスに目かくしフィルムを張る

プライバシー保護以外に、省エネ効果に一役買う

外からの視線が気になる窓は、カーテンを閉めっぱなしにするのではなく、窓ガラス用の目かくしフィルムを張りましょう。

目かくしフィルムは室内を見えにくくするほかに、紫外線対策や省エネ効果の役割を果たします。しかも、白色や乳白色のフィルムは光を分散して室内が明るくなることもあります。

フィルムは既存のガラスに張りつけるだけなので簡単です。機能性だけでなく、デザイン性の高い柄も多いので、模様替えを兼ねて楽しめるはずです。

材　料

■目かくし効果の窓ガラス用フィルム

強い日差しをカットする効果もあり、主に冷暖房費の節約にもなります。

道　具

■ゴムベラ
■はさみ
■カッターナイフ
■霧吹き
■中性洗剤
■窓掃除用ワイパー
■メジャー
■ウエス

1 中性洗剤などで掃除をして窓枠のサイズを測ります。縦と横など、数か所の長さを測ると正確に測れます。窓ガラスと窓枠の間にパッキンがある場合は、ガラス部分のみを測ります。

2 実際の数値より5mm程度小さく、フィルムをカットします。カットした後、裏フィルムをはがし、霧吹きで水をたっぷり吹きかけます。角にセロテープを張るとはがれやすくなります。

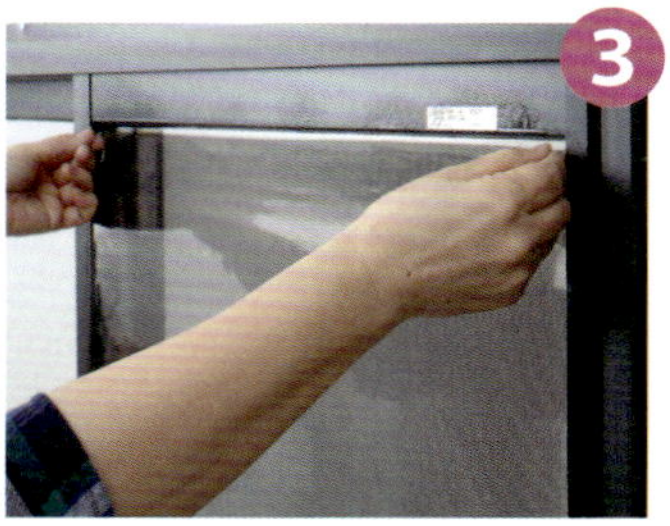

3 フィルムをガラス面に張ります。水や空気を抜くため、窓枠とフィルムは3mm前後あけておきます。大きいサイズを張る場合は、上部10cm程度はがして少しずつ下に向かって張るようにします。

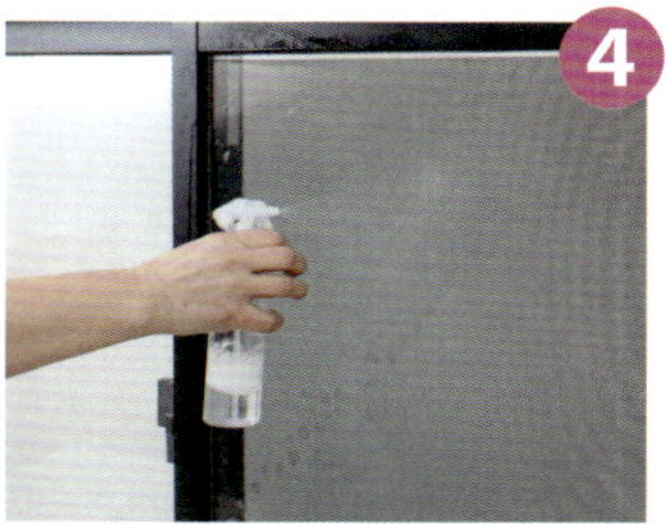

4 フィルムの表面にも裏面と同様に霧吹きでたっぷりと水をかけかます。ガラス面とフィルムの間に溜まっている水と空気を抜く作業で、ゴムベラの滑りを良くするためです。

5 中心から上下左右の順に、ゴムベラで水と一緒に空気を押し出します。力を入れず、なでる感覚でゆっくりゴムベラを滑らせます。気泡が残ってしまった場合は、針で穴をあけて逃がします。

6 水や空気が抜けたら、乾いたウエスで窓枠に残っている水滴を拭き取れば完了です。フィルムを貼って1週間はフィルムがはがれやすいので、窓拭き掃除は避けてください

07

原状復帰可能なアイテム

難易度 ★★☆☆☆

壁面オープンクローゼット

ショップのように洋服をおしゃれに飾る

クローゼットはリビングや寝室などに欠かせない収納スペースです。長く生活すると、家族構成の変化などで物が増えて既存のクローゼットでは収納が間に合わないケースがあります。

こうした悩みを解消してくれるのが壁面を使ったオープンクローゼットです。オープンクローゼットは、扉などがないシェルフを使ってショップのように洋服をおしゃれに飾ることができます。洋服の出し入れがしやすく、片づけも楽になります。さらに、棚をつければ収納力がアップし、おしゃれなインテリアとしても見栄えが良いことから収納が少ない部屋に最適です。

DIYで壁面オープンクローゼットを作る場合、木材を突っ張るだけで柱を作れる「2×4アジャスター」がおすすめです。天井や床を傷つけず、必要なくなったら簡単に柱を取り外すこともできるので、賃貸物件に住んでいる人にも強い味方といえます。

材料	
■SPF2×4材 梁用柱：1830mm　4本 天井用柱：1830mm　4本 棚受け：910mm　2本 ■SPF1×12材 棚板：1830mm　2本 ■SPF2×2材 棚受け：1830mm　2本	■集成材（厚み15mm） 棚板（ハンガーポール用）　910×280mm ■有孔ボード：900×405mm ■ステンレスパイプ　径25×1820mm　2本 ■パイプ受け25mmソケット　4個 ■SPF2×4材専用装飾シート ■木ネジ　35mm、45mm、65mm ■2×4アジャスター（ラブリコ）　6個 ■ジョイントパーツ　6個

設置する場所を測る

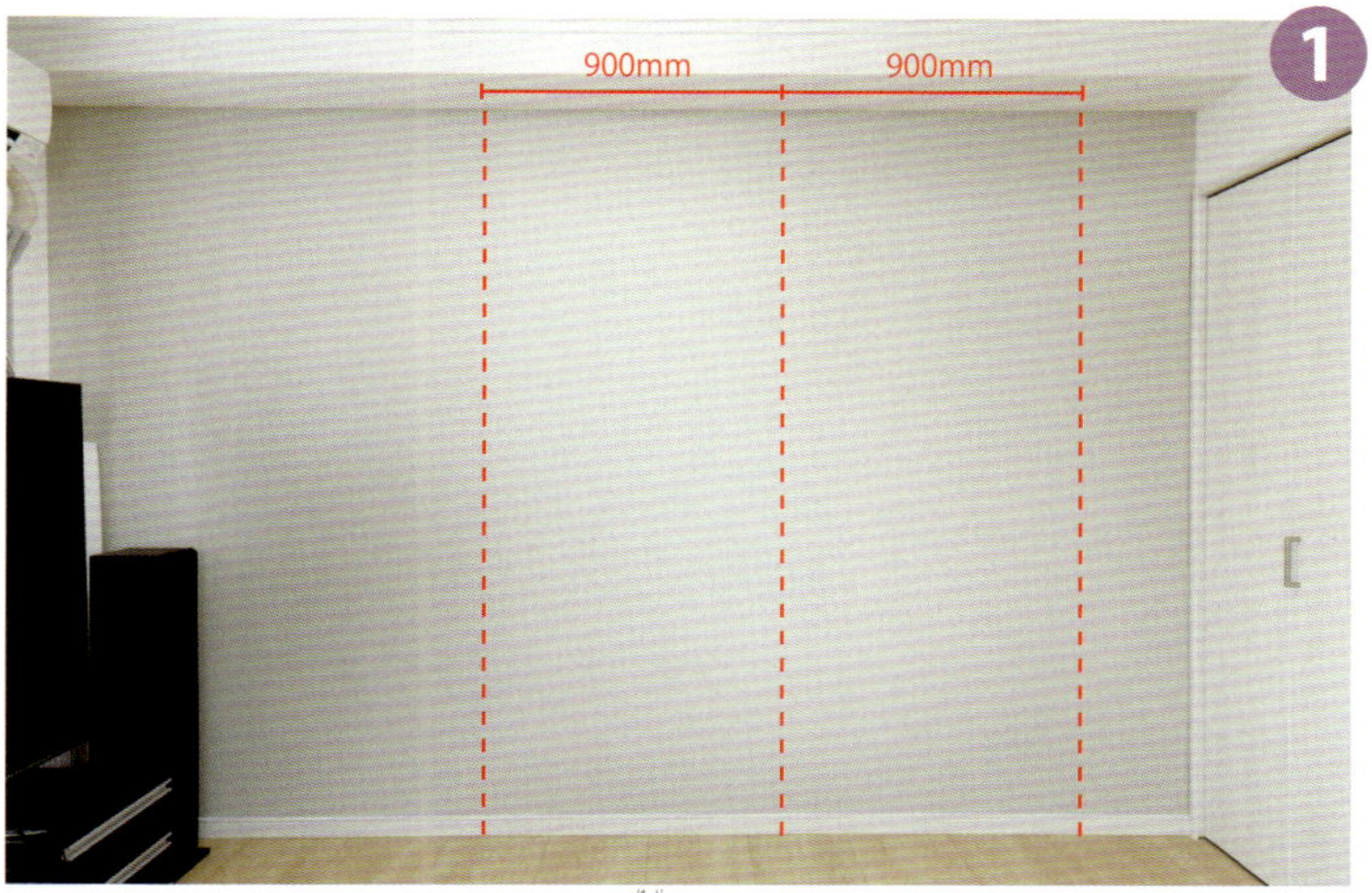

オープンクローゼットを設置する壁面に梁《はり》がある場合は、天井と梁にそれぞれ柱を立てるようにします。柱の横の間隔は、荷重を考慮して900mmの間隔で3本の柱を立てるようにします。

柱を設置する横の全長を決める

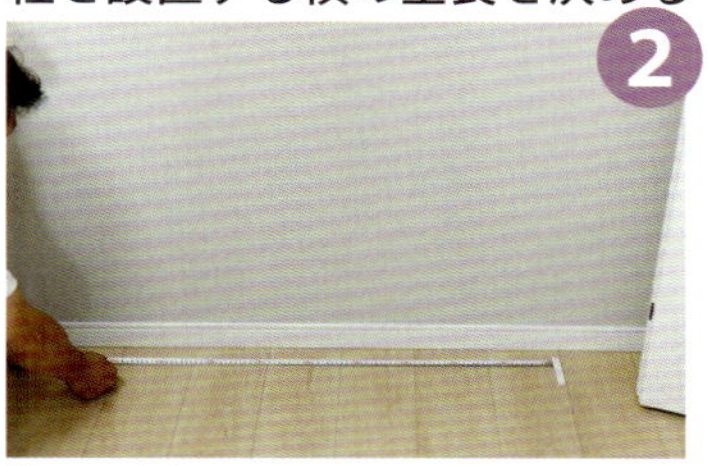

柱を 3 本立てるため 900mm 間隔にマスキングテープで印をつけます。既存のクローゼットなどがある場合は十分な間隔をとっておきましょう。

横幅1800mmの3か所に貼るマスキングテープは、前後に2本ずつ柱を立てるので長めに貼るようにしましょう。

天井と梁の高さを測る

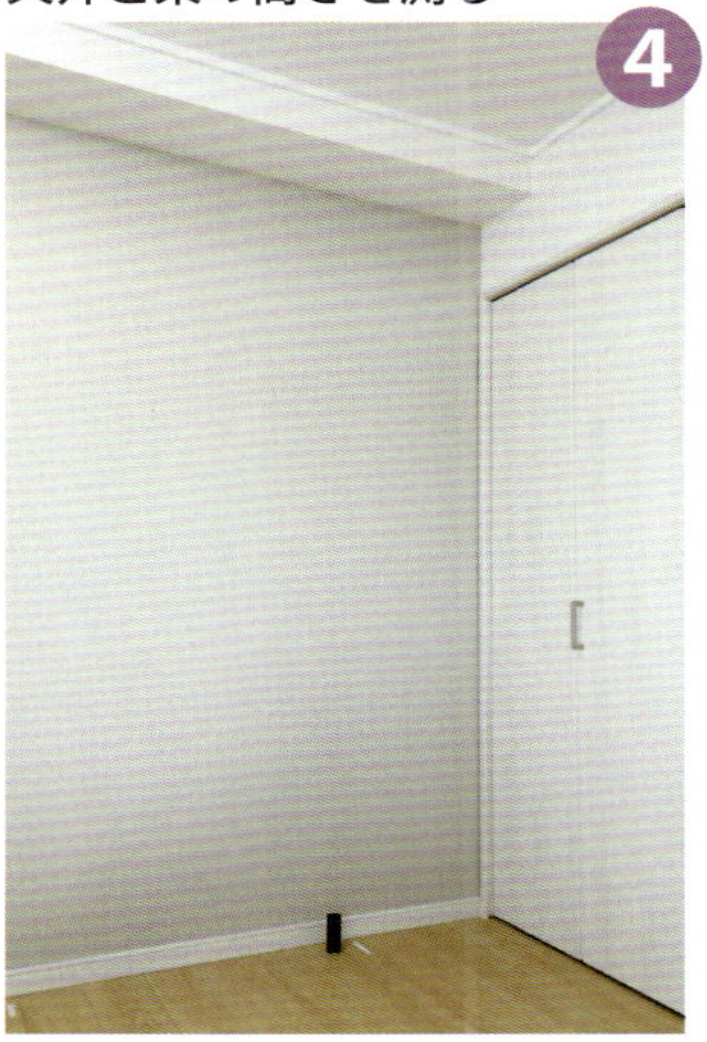

レーザー距離計で梁までの高さを、柱を立てる 3 か所で測ります。高さは左から 2273mm、2270mm、2267mm です。

天井までの高さをレーザー距離計で 3 か所で測ります。それぞれの高さは、左から 2405mm、2403mm、2402mm です。

ロングコートやワンピースなどの丈が長い洋服も掛けられます。

棚には本や小物の他に、収納ボックスなどを置いてすっきり見せましょう。

誰でも簡単に柱を作れる優れモノ

2×4アジャスターは、オープンクローゼットを設置する壁面に突っ張りタイプの柱を作れるアイテムです。工具の必要がなく、ネジを手で締めるだけで、簡単に柱を作れるのが魅力です。

道　具

- ■電動ドリルドライバー
- ■丸ノコ
- ■サンダー
- ■パイプカッター
- ■レーザー距離計
- ■水平器
- ■三角定規
- ■メジャー
- ■マスキングテープ
- ■脚立

柱を作る

1

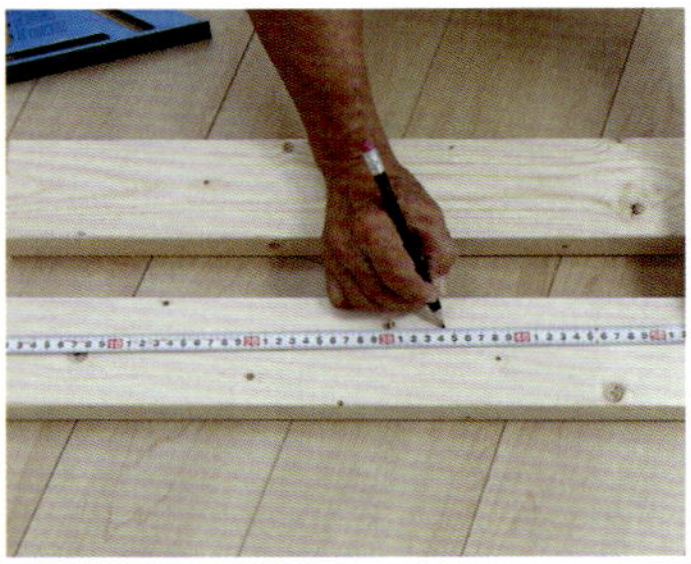

2×4材の長さが1830mmなので、木材を連結させて梁の高さに合わせます。2×4アジャスター（ラブリコ）分95mm必要なため、梁高が2273mmの場合、木材の1830mmと95mmを引いた348mmが連結に必要な長さです。他の高さも同じように計算します。

2

丸ノコで連結用の木材を348mmにカットします。残りの2か所の連結用の木材も、計算して出した長さにカットします。

3

カットした面をサンダーで磨きます。角の面取りも丁寧にしておきましょう。サンダーの代わりに紙やすりでもOKです。

オススメ

柱にする木材が天井の高さに足りないときは、連結できるジョイントパーツを使って2本の木材を1本にします。木材を挟むように設計されているので、しっかり固定することができます。

4

2本の木材をまっすぐにそろえて、ジョイントパーツをかぶせます。そして20mmの木ネジを打ち込み、木材を裏返してパーツをはめ込んで、先ほどと同様に木ネジでとめて固定します。

5

ジョイントパーツで連結させた3本の梁用の柱ができあがりました。柱の長さは2178mm、2175mm、2712mmです。

6

2×4材専用の装飾シートを使って柱をドレスアップします。塗装の手間が省けるので慣れてない人にはおすすめです。

7

8

シートの位置を柱の幅に合わせ、はく離紙を少しずつはがしながら、ゆっくりと貼りつけます。貼り終えたら、上部から押さえつけて側面を貼りつけます。

9

残りの柱にもシートを貼りつけます。ジョイント部はシワができやすいのでしっかり伸ばして貼るようにします。

柱を立てる

梁用の柱の上下に2×4アジャスターを差し込みます。差し込みにくい場合は、取りつけ部の装飾シートをカットします。

マスキングテープを貼った印の中央に梁用の柱を合わせて立てます。水平器を使って垂直を確認してください。

柱を突っ張らせるため2×4アジャスターの調整ねじを上から見て時計回りに回して、しっかり固定します。

1本目の柱と同じ手順で、残りの梁用の柱も立てていきます。調整ねじを回して固定し、突っ張るようにします。

梁用の柱と同じ手順で天井用の柱を3本作ります。天井用の柱の高さは、2310mm、2308mm、2307mmです。

梁用の柱の前に設置する天井用の柱の位置を決めます。奥から300mmの位置にマスキングテープを貼ります。

天井用の柱を立てます。梁用の柱と平行になるように立てます。

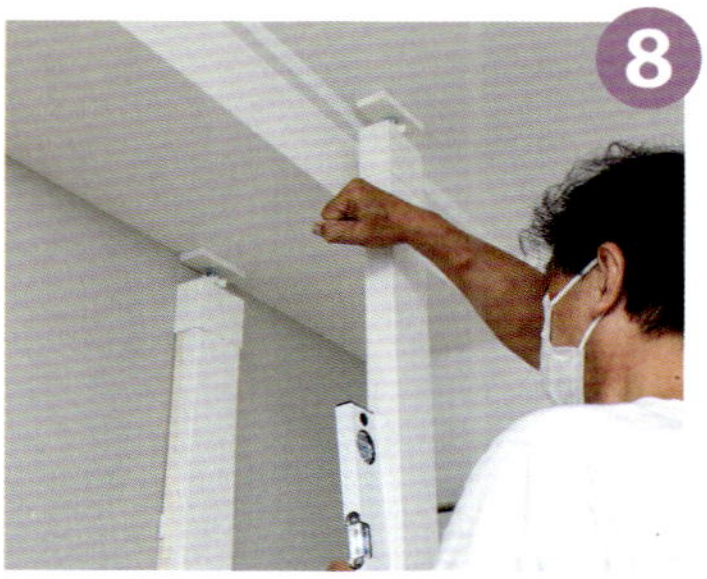

梁用の柱と同じように水平器を使って垂直になるように調整します。垂直が確認できたら調整ネジを回して固定します。

1本目の柱を立てることができたら、同じ手順で残りの2本の天井用の柱を立てて突っ張って固定します。

梁用と天井用の柱が立ちました。各柱を立てたとき、横のズレや前後のズレなどがないように注意してください。

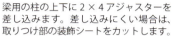

棚を取りつける

1

梁用と天井用の柱の奥行き 360mm に合わせて、2 × 2 材を丸ノコでカットします。長さ 360mm の 8 本の棚受けを作ります。

2

梁用と天井用の2本の柱に、棚受けの位置を決めます。500mmの間隔に印をつけ、4段の棚を作ります。

3

印に棚受けを合わせて 45mm の木ネジでとめます。水平器を使って水平になっているのを確認して木ネジを打ち込むようにします。

ハンガーポールを取りつけて仕上げる

1

ハンガーポールの製作で必要な材料のステンレスパイプ、パイプ受けソケット、棚板、棚受けを準備します。

2

ハンガーポールを取りつける高さを決めたら、棚受けを 65mm の木ネジでとめます。棚受けは 2 × 4 材です。

3

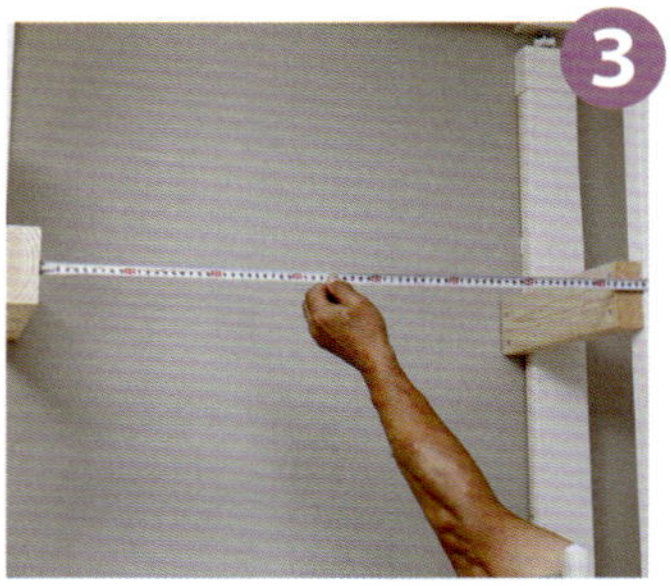

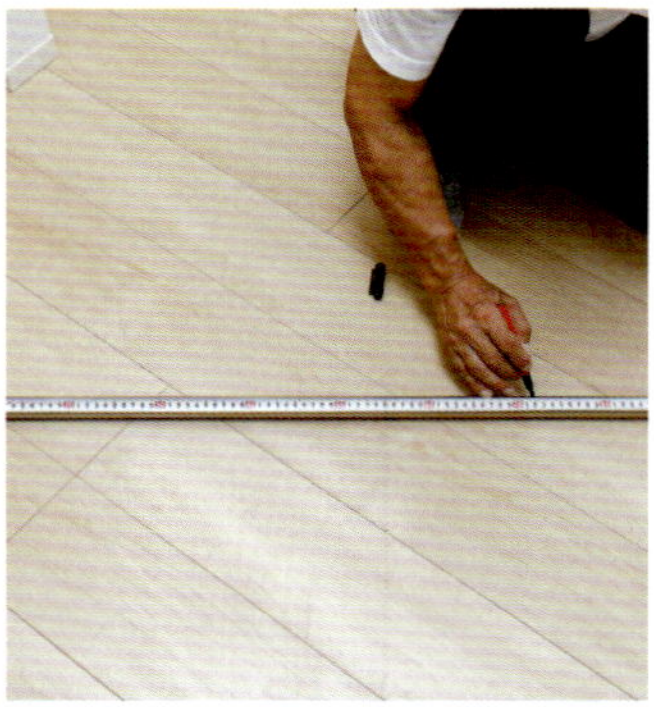

両端の棚受けまでの長さを測り、ハンガーポールの長さを決めます。ステンレスパイプに、測った長さ725mmに印をつけます。

4

1×12材を梁用と天井用の柱の奥行きに合わせ、丸ノコでカットします。4枚を切り出し棚板にします。

5

棚受けの上に棚板を載せ、上から 45mm の木ネジを 2 か所に打ち込んで固定します。

6

4 枚の棚板の取りつけができました。棚に重い物を載せる場合は、棚受けは 2 × 4 材を使うようにしましょう。

4

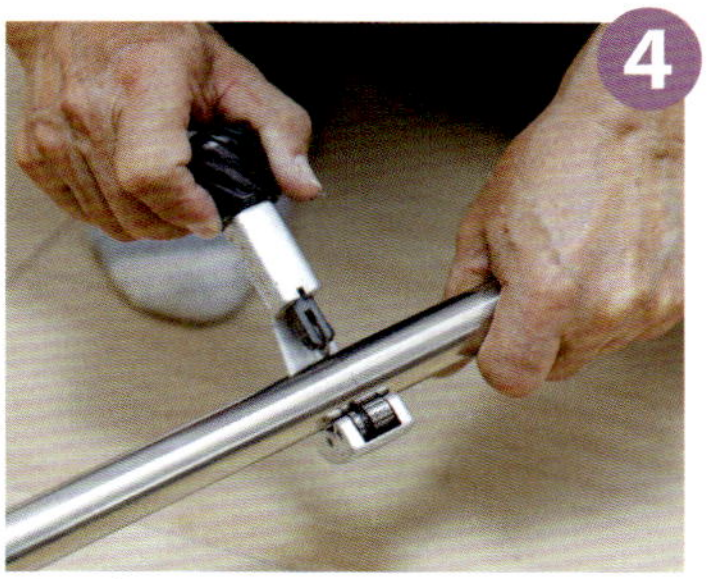

パイプカッターでステンレスパイプをカットします。回転刃を押しあて、パイプを固定し、パイプカッターを回しながら切断します。

5

パイプを取りつける位置を決めます。棚受けの前から150mm、高さ25mmにガイド線を引きます。

6

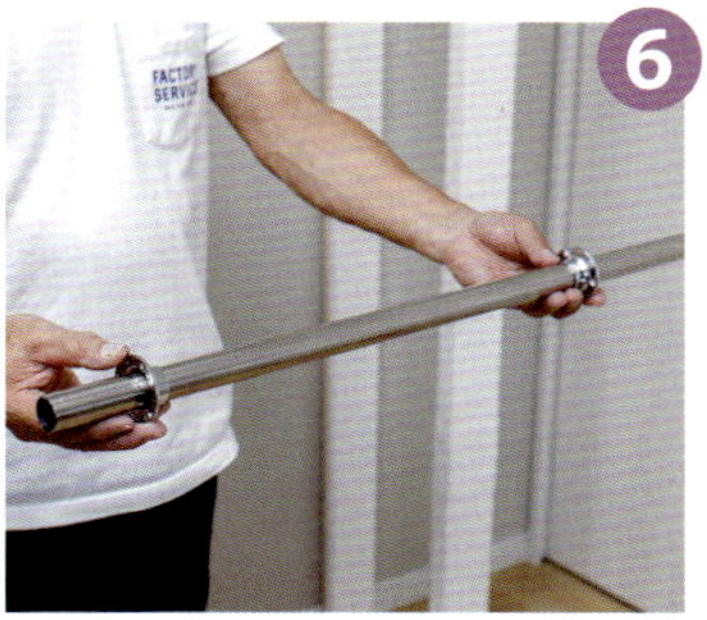

パイプの取りつけは、パイプ受けソケットだけを取りつけるとパイプが通らなくなるので、先にパイプにソケットを通しておくようにします。ソケットを印に合わせて付属の木ネジでとめて固定します。

7

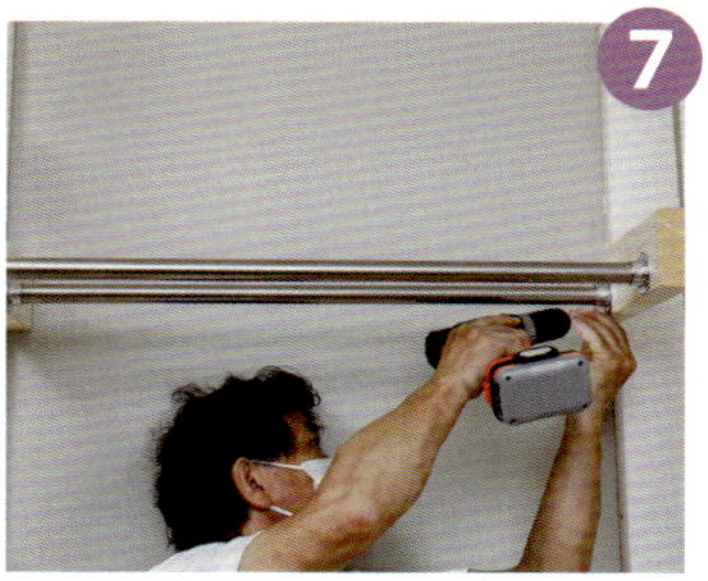

1本目のパイプの取りつけができたら、後方の2本目のパイプを同じ手順で付属の木ネジでとめて取りつけます。

8

棚受けの上に棚板を上からのせます。パイプに掛ける衣類の荷重を考え、棚板のサイズは 910 × 280mm です。

9

35mmの木ネジを棚板の上から打ち込んで固定します。棚受けを固定した木ネジを避けるようにしましょう。

10

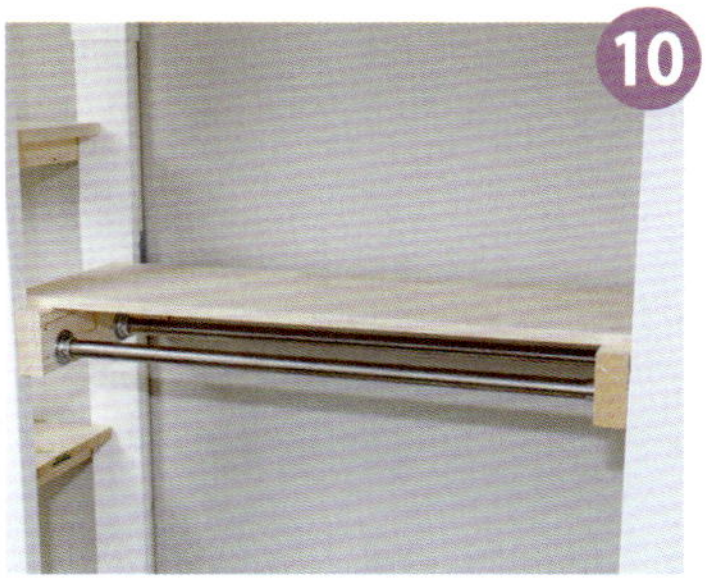

棚板を取りつけたらハンガーポールのできあがりです。棚板は反りが少ない集成材を使っています。

11

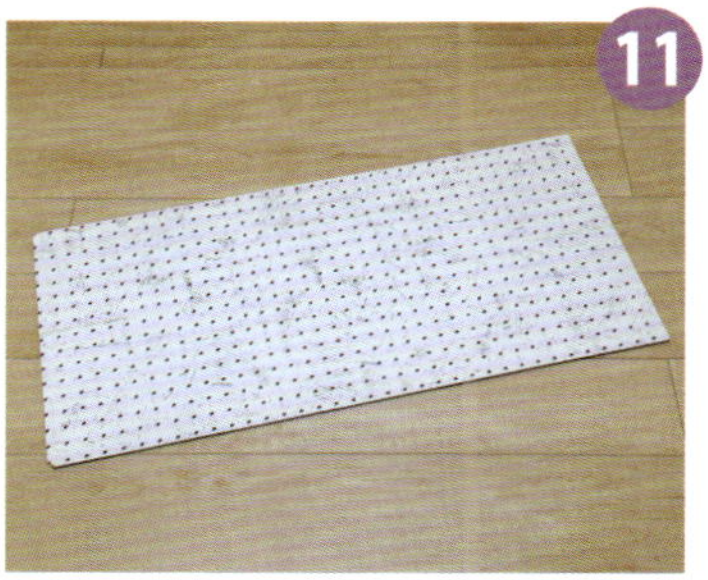

4段の棚の一部に、フックなどが掛けられる有孔ボードを取りつけます。有孔ボードのサイズは900×405mmです。

12

2 段目の背面に有孔ボードを取りつけます。有孔ボードの下部を棚板に合わせ、35mm の木ネジを四隅に打ち込みます。

13

有孔ボードの取りつけができたら完成です。棚の数や間隔は納めるボックスや飾るものの高さに合わせて調整してください。

進化する突っ張り棒

新しいライフスタイルを提案してくれる、インテリアとしても使える突っ張り棒の進化系。

DRAW A LINE
ドローア ライン

クリエイティブユニット「TEN」とのコラボレーションブランド。突っ張り棒を「一本の線」と再定義し、細部までこだわった美しいデザインの突っ張り棒を縦・横方向に設置して専用のアクセサリーを組み合わせてインテリアを作り出します。

空間の中に一本の線を描くように突っ張り棒を立て、照明とテーブルをつけて寝室に置いたり、フックをつけて帽子やハンガーを掛けて玄関に置くなど、使い方によって自由にカスタマイズできます。

縦方向の設置では観葉植物を立体的にスタイリッシュに飾ることができます。植物の長さや成長に合わせて高さを変えることも可能です。

AIR SHELF
エア シェルフ

デザイン・イノベーション・ファームTakramとのコラボレーションブランド。独自の柱構造で棚が空中に浮いているような浮遊感で、収納力のある壁面収納を実現するシェルフシステムです。

木材を突っ張れる「LABRICO」のように、柱を天井と床で突っ張るので壁を傷つけずに設置できます。床面積も圧迫しないので、シェルフを置いても部屋が狭くなることはありません。ごちゃごちゃする家電製品のケーブル類は支柱側面の溝に隠すことができるので、家電製品をスッキリ設置することができます。

後付けで棚の取りつけが可能。アルミの押出成形と独自開発した柱との固定方法により、耐荷重10kgを実現しています。

協力：平安伸銅工業株式会社　https://www.heianshindo.co.jp

08

作業に必要な道具

電動ドリルドライバー

ネジ締め、穴あけに活躍

電動ドリルドライバーは、先端のビットを交換することで、ネジを締めるドライバーと、穴をあけるドリルの二役をこなす電動工具です。

市販の家具を組み立てたり、壁に棚を取りつけたり、ドアの丁番を取り替えたりと、ドライバーを使う作業は意外と多いものです。木工ともなれば、ネジを使う組みつけのほか、単純な穴あけや、ネジ締め前の下穴あけなどでの使用頻度も高く、ラクに手早く作業するために欠かせない工具といえます。これから木工に挑戦するのであれば、まず最初に手に入れることをおすすめします。

最近は、作業時のストレスが少ないコードレスタイプが一般的です。作業能力によって大きさや重さが変わるので、実際に持ってみて選ぶとよいでしょう。コードレスを使う場合は、作業途中で電池切れの心配がないように、予備の充電式バッテリーを用意しておくと安心です。

クラッチ
材質に合わせて締めつけ力の上限を変えることができ、ネジの締めすぎを防ぎます。穴あけ作業時は、ドリルマークに合わせます。
変速スイッチ
回転速度を高速と低速の2段階で切り替えます。
キーレスチャック
ビットの取りつけ、取り外しをする際、ここを手で回してチャックを開閉します。
ビット
ネジ締め、穴あけなどの作業に対応した先端工具。
正転・逆転スイッチ
回転方向を切り替えたり、回転をロックしたりすることができます。
チャック
ツメ状のパーツがビットをつかんで固定します。
スイッチ
回転のオン / オフを切り替えます。引き加減で回転速度を調整できるものが一般的です。
バッテリー
コードレスタイプは、充電式バッテリーを電源としています。
BLACK+DECKER
18v
LITHIUM
1.5AH
18v

バッテリー能力の見方

コードレス電動工具では、バッテリーの電圧＝V（ボルト）が高ければ高いほど、大きい力を出すことができます。バッテリーは大きく重くなるので、作業内容や取り回しのしやすさを考えて選びましょう。

18v
LITHIUM
18v

ビットの取りつけ方

キーレスチャックを左に回してチャックを開け、使用するビットを奥まで差し込みます。

キーレスチャックを右に回して止まるところまで締め、ビットが抜けないことを確認して強く締めます。

スピード調整

最初に変速スイッチで、回転の最高速度を選びます。慣れないうちは低速側に設定するとよいでしょう。

BLACK+DECKER

作業内容による低速と高速の使いわけなど、回転速度の微調整は、指先の力加減で行います。

ネジ締め作業の基本

まっすぐに、力いっぱい押す

プラスのドライバービットには、１番（小）、２番（標準）、３番（大）と３種類のサイズがあります。ネジ頭を傷めないように、必ずネジのサイズに適した番手のビットで作業してください。

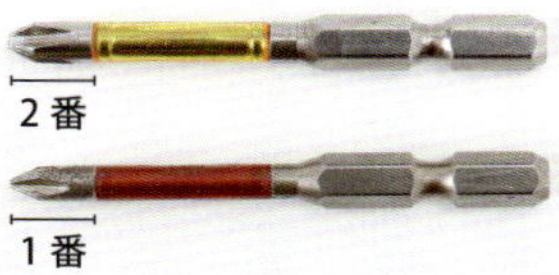

ネジの頭に近い部分を指で軽くつまんで材料にまっすぐ立て、ネジが自立するところまで低速で回します。

まっすぐに、力いっぱい押しながら、ネジを最後まで締め込みます。押す力が弱いと、ビットがずれてネジ頭を傷めます。

ネジの締めつけ力は、クラッチの数字が大きいほど強くなります。小さい数字から試しましょう。

ネジ頭の深さ

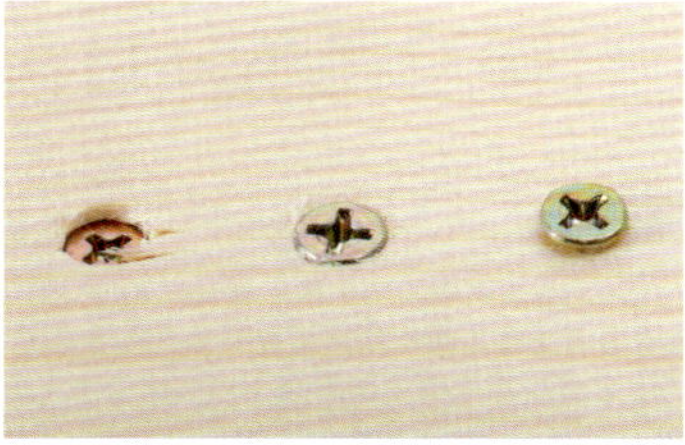

左は締めすぎ、右は締め込み不足です。ネジ頭が材料の表面にそろうように（中央）締めこむと、仕上がりがきれいです。

ビットとネジをまっすぐに

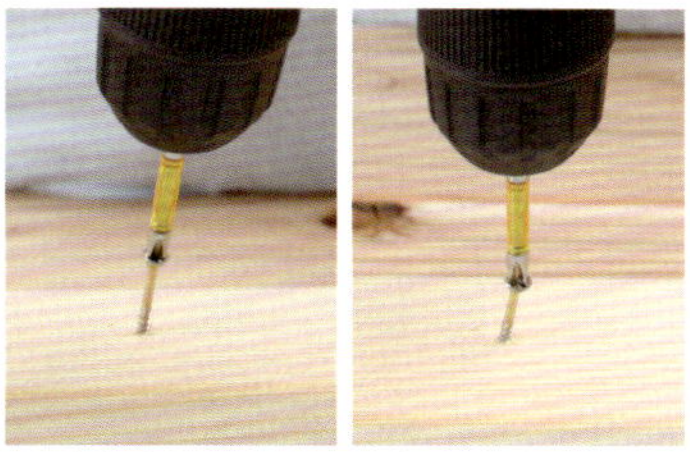

ネジが斜めになった場合は、ビットがネジと一直線になるように角度を合わせ、しっかり押しながら締め込みます。

穴あけ用ビットの種類

木工用は穴のあけ方でも各種あり

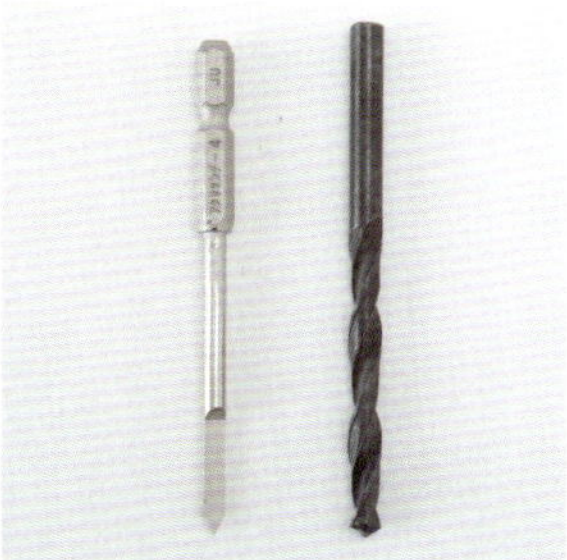

アクリル用（左）、金属用（右）など、穴をあける材料に合わせて、ビットを使いわけて作業します。

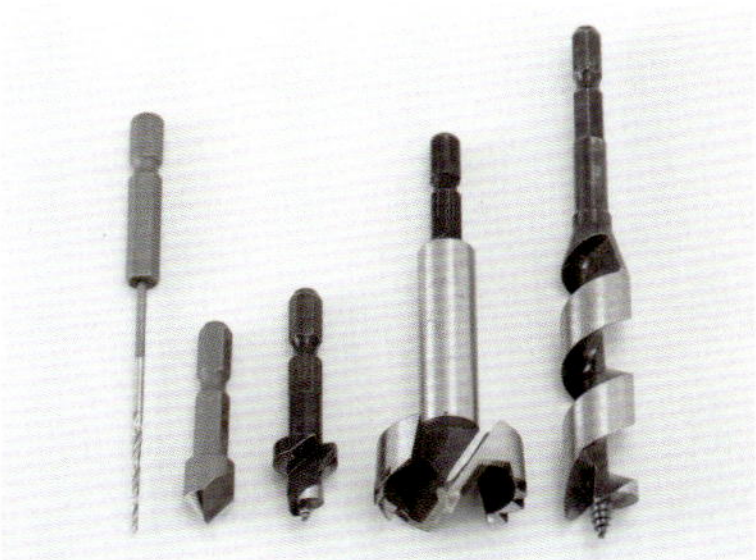

主な木材用ビットの種類。左から、下穴用ビット、座ぼり用ビット、ダボ穴用ビット、ボアビット、穴あけビット。

貫通穴をあける

捨て板をあてる

ドリルビットが垂直であることを確認してスイッチを引き、掘り進み具合に合わせて押し込んでいきます。貫通穴をあけるときは、木材の下に捨て板を置き、一緒にクランプで固定しておきましょう。

捨て板あり（右）となし（左）の比較。捨て板を置かずにビットを貫通させると、必ずバリがでます。

大きい穴あけに便利

円筒状をしたノコギリのようなビット、ホールソーを使うと、簡単に大きい貫通穴をあけることができます。複数のサイズの刃を交換して使うことができる、セットのものを持っていると便利です。

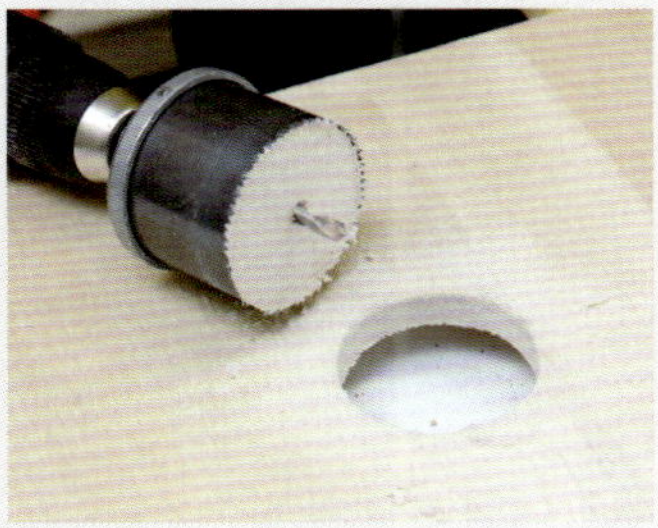

端にネジを打つ

下穴をあけて木割れを防ぐ

木材の端に近いところでネジを締め込むと、木割れが生じやすくなります。端から１㎝程度あけられないときは、先にドリルやキリで下穴をあけてからネジを打ちましょう。

木材の接合面に木工用接着剤をつけて仮どめし、下穴用ビットを使って下の木材まで通る穴をあけます。

ドライバービットにつけ替え、クラッチをドライバー設定にして、ネジを締め込みます。

丸棒を組みつける

浅い止まり穴をあける

丸棒の太さと同じサイズのボアビットを使います。軸を回しながら押すと、切りくずをかき出しながら掘り進みます。

ボアビットを使うと、丸棒を組むために適した、底面の平らな止まり穴をあけることができます。

接合面に木工用接着剤をつけて、穴に丸棒を差し込みます。

ダボ（丸棒）埋めの方法

ネジ頭を埋め木で隠してきれいに仕上げる

ダボ（または丸棒）の径と同じサイズのダボ穴用ビットを使い、ネジを打つ位置に先端を合わせてダボ穴をあけます。

先端をドライバービットにつけ替え、ダボ穴の中心にネジを締め込みます。クラッチは、ドライバー設定にしておきます。

ダボ（丸棒）の先に木工用接着剤をつけます。丸棒は打ち込みやすい長さに切り、先端を金づちで叩いて丸めておきます。

ダボ（丸棒）を穴に差し込んで、金づちで打ち込みます。はみ出した接着剤は、濡らした布で拭き取ります。

木材にダボ切り用ノコギリを密着させ、余分なダボをカットします。刃を軽くあてるのが、スムーズに切るコツです。

ダボを切ったままでは、わずかに段差が残ります。サンドペーパーで磨いて、表面を平らにしてください。

インパクトドライバー

厚い木材をパワフルにネジどめ

スリーブ
先端を引き出すだけで、簡単にビットを着脱できる保持機構です。
BLACK+DECKER
正転・逆転スイッチ
回転方向を切り替えます。まん中にするとスイッチがロックされます。
スイッチ
引くと回転し、放すと止まります。引き加減で回転速度を調整できます。
バッテリー
簡単に着脱、交換ができる充電式電池を採用しているものが一般的です。
LITHIUM
1.5AH
18V

インパクトドライバーは、回転と同時に打撃力を加えることで、強い力で効率よくネジ締めなどの作業を行える電動工具です。見た目も用途も、電動ドリルドライバーに近いですが、得意な作業は違います。

ビットの回転速度と締めつけ力を細かく調整できる電動ドリルドライバーは、柔らかい木材から硬い木材まで、材質に合わせてネジをきれいに締め込むことができます。強い締めつけ力をいちばんの特徴とするインパクトドライバーは、厚い木材に長いネジを連続して打ち込むようなパワフルな作業に向いています。微調整が必要な繊細なネジ締めや穴あけでは、電動ドリルドライバーに比べて精度が落ちます。また、作業時に大きな打撃音を発するので、場所や時間を考えて使用する必要があります。それぞれの特徴を理解して使いわけることが、ていねいで効率のよい作業につながります。

薄い木材や柔らかい木材を使う場合、市販の家具を組み立てる作業などは、より扱いやすい電動ドリルドライバーを。2×4材を使ったウッドデッキづくりや内装作業、大型家具づくりなどを行う際には、インパクトドライバーを用意するとよいでしょう。

使用できるビットの形状

インパクトドライバーは、ビットを保持する機構が一般的な電動ドリルドライバーとは異なっており、取りつけできるのは軸が六角形のビットに限られます。丸軸タイプは使えないので、ドリルビットなどを購入する際は、必ず六角軸タイプであることを確認してください。

インパクトドライバーにつけられるのは、上の六角軸タイプのみ。電動ドリルドライバーには、どちらも取りつけできます。

ビットの取りつけ方

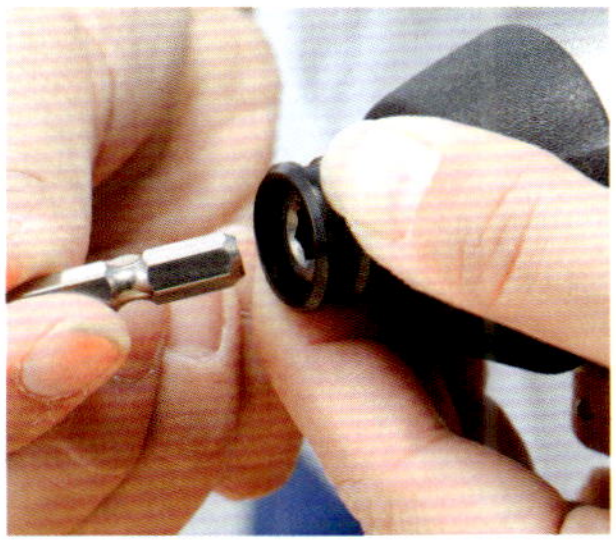

スリーブを前に引き出してビットを差し込み、スリーブを戻すとロックがかかり取りつけ完了です。

使い方のコツ

締めつけ力が強いため、ビットがネジの溝からはずれやすくなります。電動ドリルドライバーよりも、さらに強く押すように意識しましょう。

サンダー

バリ取りや下地調整などの研磨を効率アップ

BLACK+DECKER
MOUSE
スイッチ
オンとオフを切り替えます。
集塵ボックス
研磨面で出る木粉を吸い集め、飛散を少なくします。袋を取りつける機種もあります。
パッド
サンドペーパーを取りつける部分。研磨する面に密着しやすい、クッション性のある素材でできています。

サンダーは、サンドペーパーを取りつけたパッドを高速で振動させることで、ムラなく効率的に材料を磨くことができる研磨用の工具です。木工では、木材を切断してできるバリを取ったり、角を丸く落としたり、塗装のために下地を整えたりと、研磨作業をともなう場面が多くあります。サンダーを活用すると、作品が棚やテーブルのような大型になるほど、製作時間の短縮につながります。

　サンダーには、パッド部分の形状や動き方の違いにより、マウスサンダー、オービタルサンダー、ランダムサンダーなどの種類があります。最初は、小型で扱いやすく、平面から狭い部分まで作業しやすいマウスサンダーか、天板や棚板などの広い面を均一に磨けるオービタルサンダーを選ぶとよいでしょう。

　ランダムサンダーは、より研磨力が高いのが特徴です。仕上げ磨きをスピードアップできるほか、木材の粗削りや傷消しなども可能です。

　サンダーを使う研磨作業中は、材料からたくさんの微粉末が出ます。研磨面から直接、粉を吸い取る集じん機能のついている機種は、飛散を抑えることができておすすめです。

サンドペーパーについて

パッドが高速で振動し、底面に取りつけたサンドペーパーが木材を研磨します。塗装はがし、荒削り、仕上げ磨きなど、作業に適した番手のペーパーを使ってください。研磨力が落ちたペーパーは早めに交換するほうが、効率よく作業できます。

サンドペーパーの取りつけ方

マウスサンダーは、専用のサンドペーパーを使うものが一般的です。サンドペーパーは、パッドの底面に面ファスナーで取りつけできるようになっていて、簡単に着脱できます。

サンドペーパーの種類

P120
P80
P240

サンドペーパーは、粗目、中目、細目など、目の細かさが違う数種類が用意されています。裏面に書かれた数字が小さいほど目が荒く、大きいほど目が細かくなっています。

マウスサンダーの特徴

細部の研磨に最適

本体がコンパクトなため、木工作業の過程でよくあるバリ取りや面取りなどの細かい作業、塗装前の下地調整などに手軽に使えます。鋭角な先端は、入隅（内側の角）などをていねいに研磨することに向いています。小さい家具などを作る木工には、万能のマウスサンダーがおすすめです。

片手でも簡単に扱えるので、木材を手で持って、カット面を整えるような作業ではとても便利です。

先端を使えば、箱や棚などの入隅を、磨き残しなくきれいに研磨することができます。

オービタルサンダーの特徴

広い面を効率よく作業

研磨面が四角く広いオービタルサンダーは、天板や棚板のような広く平らな面を、均一に研磨できます。クランプレバーを備えていて、入手しやすい一般的なサンドペーパーを使うことができます。

スイッチを入れてから作業面にあて、ぶれない程度に押さえながら、ゆっくり大きく動かすと、ムラなく磨くことができます。

パッドの幅に合わせてサンドペーパーに折り目をつけ、さしがねなどの定規をあてて手でちぎるように切ります。

レバーのロックをはずしてクランプを解放し、ペーパーの端を挟んで固定します。反対側も同様に固定します。

付属のパンチングツールにサンドペーパーを押しあてて、集塵ができるように穴をあけます。

ランダムサンダーの特徴

振動＋回転で強力に研磨

パッドが回転しながら振動することで、強力な研磨力を発揮します。円運動を伴うので、ムラなく磨くためには慣れが必要です。塗装はがしや磨き仕上げで、広い面積を研磨することが多いような、このパワフルさは魅力です。

研磨力が高いので、一か所に留まらないように一定のリズムで動かし続けるのが、ムラなく磨くコツです。

ジグソー

曲線を切る作業に最適

スイッチ
指で引くとブレードが動き、離すと止まります。この引き具合でスピードを調整できるものが一般的です。
ロックボタン
スイッチを引いた状態でこのボタンを押すと、指を離してもブレードが動き続けます。
VARIABLE SPEED
BLACK+DECKER
ベース
ぶれずに安定した作業ができるように、材料に押しあてる部分。
ブレード
取り替え式ののこぎり状の刃。カットする素材や、作業内容によって使いわけます。
オービタルスイッチ
ブレードの動きを変化させて切断速度を高めます。強さは３～４段階に切替可能です。

ジグソーは、ブレードという刃を上下に動かして素材をカットする電動工具です。直線を切ることもできますが、どちらかといえばフリーハンドで曲線を切る作業に向いています。材料の角を丸く切り落としたり、緩やかな波型を切ったり、大きな円を切り出したりするシーンで便利に使えます。押さえ方や押し方のコツをつかめば、初心者でも比較的安全に、多彩な切断加工ができるようになります。

取り替え式のブレードには、さまざまな種類が用意されています。素材に適したものを選ぶことで、木材のほかに金属やプラスチック、新建材などをカットすることができます。最近は、ホームセンターなどで各種の素材を手に入れやすくなり、木工やリフォームに取り入れるアイデアもたくさん紹介されています。ジグソーの扱いに慣れてきたら、ブレードを使いわけて、工作の幅を広げてみるのもおもしろいでしょう。

オービタル機構

通常の上下運動に、しゃくりあげる前後運動を加えます。主に直線の切断速度を高めるために使い、曲線をカットするような繊細な作業には向きません。スイッチの切り替えでしゃくりを大きくするほど速度は高まりますが、反面、切断面が荒くなるデメリットがあります。

ブレードが楕円軌道を描くことで材料に対して下から斜めに当たり、一往復での作業量が増えます。

スピード調整

スイッチの引き具合で変速するタイプが多くあります。技量や作業の難易度に合わせて調整してください。

ブレードの取りつけ方

ワンタッチタイプは、取りつけ部分のレバーを引いて、ブレードを着脱します。ほかに六角穴ボルトで固定するタイプもあります。着脱は、必ずプラグをコンセントから抜いて行ってください。

ロックボタンの使用に注意

連続運転用のロックボタンは、使い慣れていないと急に止めたいときに操作ができず危険です。基本的にはスイッチのみで操作しましょう。

ブレードの種類

さまざまな材料に対応

適したブレードを装着することで、専用カッターを使っても作業をするのが大変な、アクリル板の曲線カットをすることもできます。

木材、金属、プラスチックなど、それぞれの素材に対応したブレードがあります。木材用は荒切り用、仕上げ切り用、曲線切り用など、作業内容によっても選ぶことができます。

差し込み部にはT型(右)とストレート型(左)があります。機種に合わせて選んでください。

木材を切るための基本

板の固定、曲線のカットなど、ジグソーを安全に使う方法を確認します

1 ブレードは板より下に出るので、カットする部分が作業台にかからないように固定します。板が台から出すぎると、作業中にバタつくので注意してください。切り進んでいったジグソーがあたらないことを確認して、2か所をクランプで固定しましょう。

2 頭はカットしたい線とブレードが見えるように真上から見下ろす位置に。体重をのせ、ベースを木材に押しつけながら前進させます。

3 スイッチを入れてブレードの動きが安定してから、木材に当てて切り始めます。当てた状態でスイッチを入れると、木材が暴れて危険です。

4 曲線部分では、カーブに合わせて前進する速度を調整します。体を移動したり、木材を固定し直したりして、切りやすい状態を保ちましょう。

5 切り終えてスイッチを切っても、ブレードは惰性で動いているので注意してください。止まったことを確認して、木材からジグソーを離します。

作業のコツ

速度の切り替え

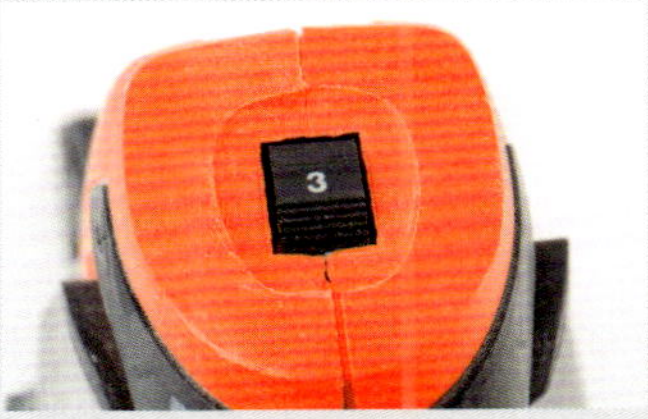

変速ダイヤルがついているモデルでは、最高速度を調節できます。切り口が熱くなりやすい金属やプラスチックでは、低速に設定しましょう。

途中から切り始める場合

途中でいったんブレードの動きを止めた場合は、少しブレードを後退させてからスイッチを入れ、速度が安定してから前進させます。

無理に前に押さない

強く前に押しても速くは切れず、ブレードが木材に負けて切断面が斜めになってしまいます。切り進む速度に合わせて前進させましょう。

直線を正確に切る

定規やガイドを利用して、直線をまっすぐに切る

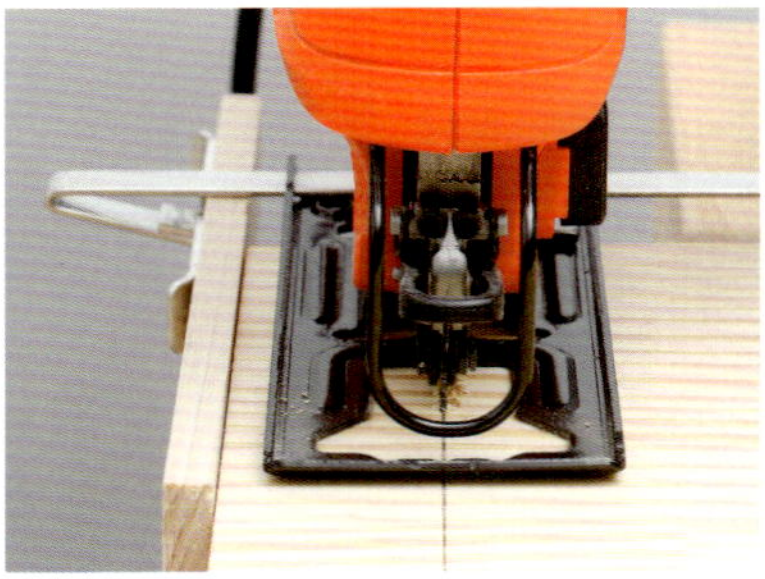

カットする線にブレードを合わせた状態で、ガイドが木材の端にあたる位置で固定します。ブレードと線を確認しながら、ガイドが木材から離れないように注意して切り進めます。

平行ガイドを使う

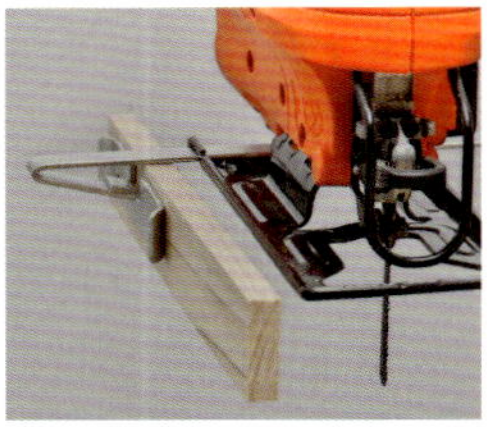

ほとんどのモデルは、平行ガイドを取りつけることができます。適当な幅の木材をベースより長めにカットして、ガイドにネジで固定して使います。

直線治具を使う

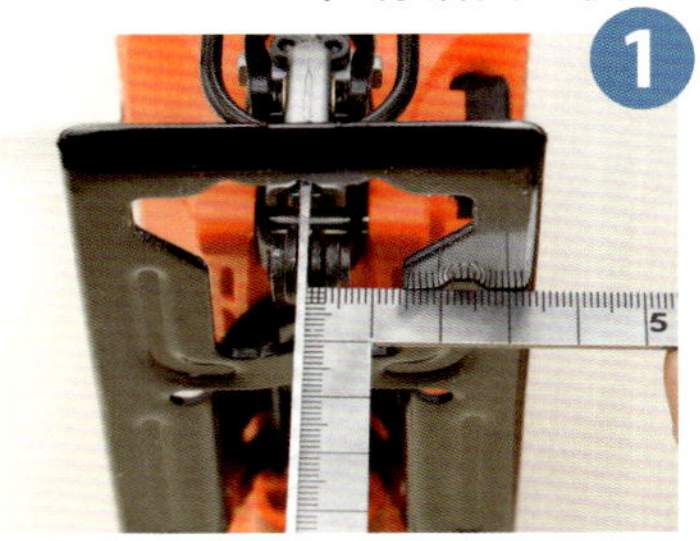

1 さしがねなどを使って、ブレードとベースの端までの距離を正確に測ります。写真のモデルは 34mm あります。

2 カットする位置に線（右側）を引いたら、さらに先ほど測った寸法の分（ここでは 34mm）を離してもう 1 本の線（左側）を引きます。

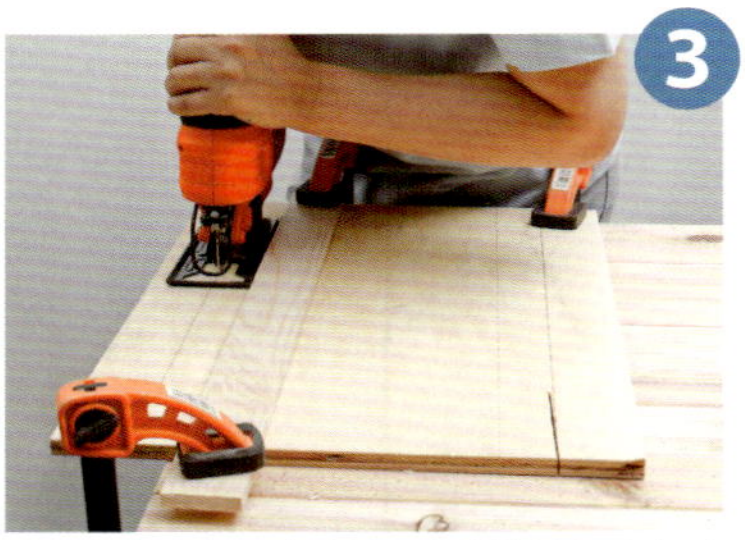

3 カットするものより長い木材を線に合わせてクランプで固定し、直線を切る治具とします。治具にベースを押し当てながら、離れないように注意して切り進めます。

斜めに切る

板の厚みに対して斜めにカット

ベースのネジを緩めると、多くのモデルで最大 45 度までの範囲で角度を変えることができます。角度を決めたら、ネジを締めて固定します。

直線を切るときと同じように切り進めます。上から押さえる力をかけにくいので、もう一方の手でしっかりとサポートしてください。

四角く切り抜く

縁を残したまま切り抜く

1 ドリルを使って、対角の 2 か所にブレードが入る大きさの穴をあけます。あけた穴にブレードを入れ、直線に沿って隣の角まで切り進めます。

2 ジグソーは直角に方向を変えることはできません。角を切るときは、一度戻ってから曲線で切り進み、反対側から直線に沿って切り落とします。

3 四辺すべてを切り終えて、いわゆる「窓抜き」が完了。この方法を身につけておくと、さまざまな形の切り抜きに応用できます。

卓上ボール盤

精度の高い穴あけが可能

卓上ボール盤は、回転力が強く、回転軸が安定している設置型の電動ドリルです。各種のドリルビットを取りつけ可能なため、木材をはじめ、金属や樹脂などのさまざまな材料に、正確できれいな穴をあけることができます。

垂直な穴はもちろん、ワークテーブルを傾けることで、角度を決めた斜めの穴も高い精度での加工が可能。また、穴あけの深さを設定しておけば、材料をずらすだけで、正確な位置と深さでの連続した穴あけが簡単に行なえます。

材料ごとの穴あけ能力、最大の穴あけ深さ、作業可能な奥行などを確認して、用途に適した機種を選びましょう。

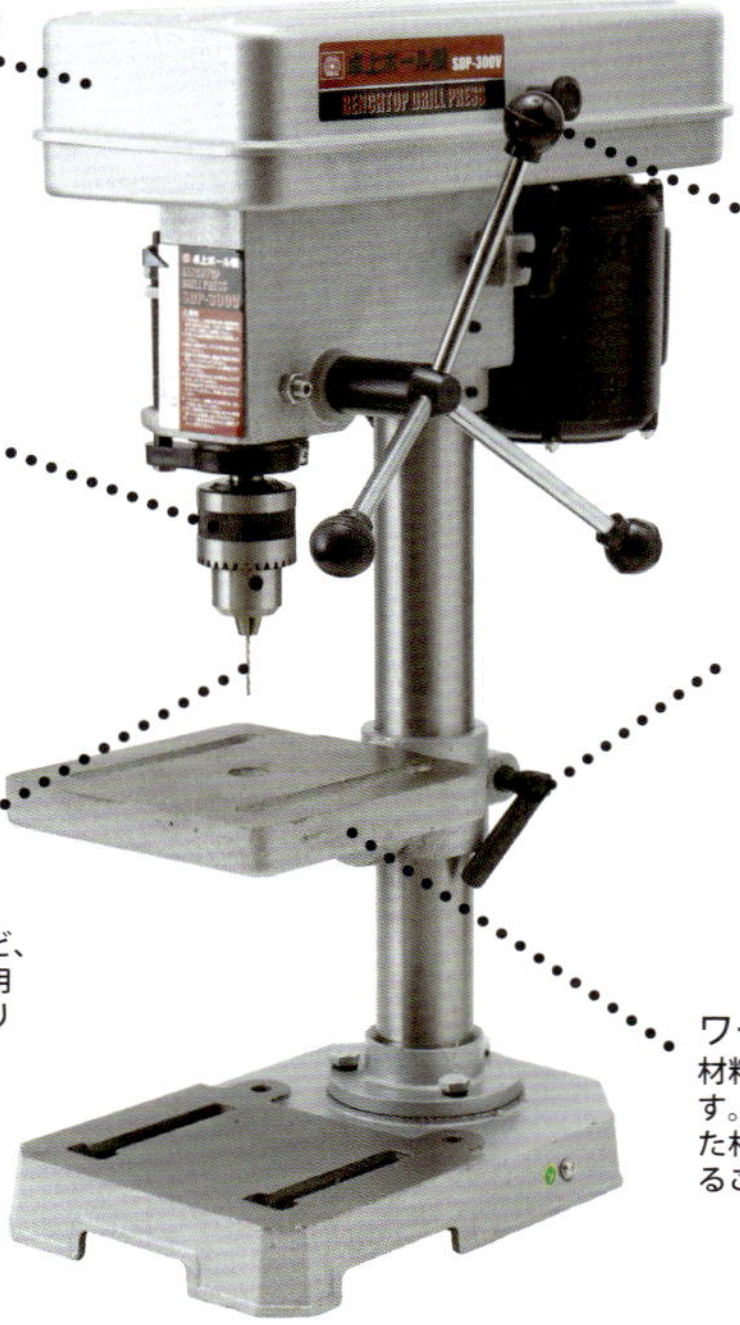
ベルトカバー
モーターの回転を、チャックがついている主軸に伝えるベルトを保護します。
ハンドル
ここを操作することで、チャックのついている主軸が垂直に上下動します。
チャック
チャックキーというT字型の専用工具を使って、ビットを固定します。
テーブル固定レバー
ワークテーブルの高さを調整し、固定するために使います。
ビット
素材や径の大きさなど、目的にあった穴あけ用のドリルビットを取りつけます。
ワークテーブル
材料を固定する作業台です。基本設定では、置いた材料に垂直に穴をあけることができます。

ビットの取りつけ方

ビットをチャックに差し込んだら、手でリングを回して仮締めします。次にチャックキーを使い、3か所の穴で均等に締めつけて固定します。必ず電源プラグを抜いて作業してください。

回転速度の調整

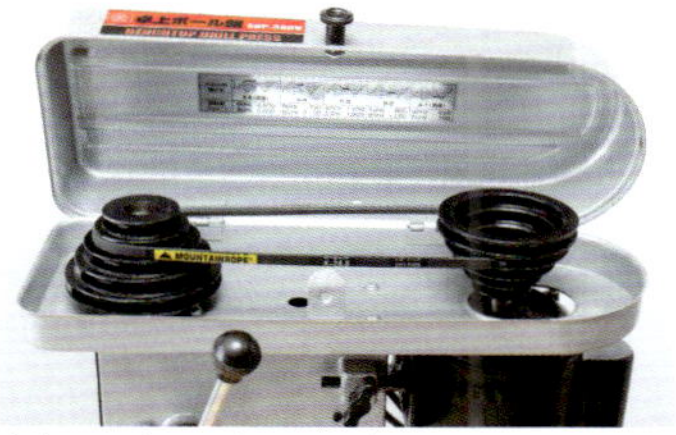

上部カバーをあけ、プーリーにかかっているベルトの位置を変えることで、回転速度を調整できます。素材に適した回転数に設定し、穴あけ作業を行いましょう。一般的には、かける位置が上になるほど、回転は高速になります。

貫通穴をあける

捨て板の上に材料をのせ、ドリルの中心に作業位置を合わせて、クランプなどでワークテーブルにしっかり固定します。スイッチを入れて回転が安定してから、ハンドルを回してビットを下げます。大きい穴をあけるときは、ときどきドリルをあげて切り屑を穴の外に出しましょう。

止まり穴をあける

ストップ位置を設定しているので、同じ深さの穴を連続してあけることができます。角材や棒材は、写真のように万力で固定できます。

材料にドリル先端をあて、読んだ目盛りの数値にあけたい穴の深さを足してストップ位置を決め、ドリルの深さに合わせてロックナットを固定します。

電動丸ノコ

スパッとすばやく、まっすぐに切断

ロックボタン
押し込むと、引いたスイッチが固定され連続運転します。もう一度引くと、解除されます。
スイッチ
引くとノコ刃が回転し、放すと止まります。
角度調整ネジ
斜め切りをする場合に、ベースと本体の角度を調整するために使います。
保護カバー
作業をしないときに刃を覆います。切り進めると、材料にあたって開くようになっています。
ベース
材料に押しあてて本体を安定させるための金属板です。
ノコ刃（チップソー）
ノコギリ刃がついた円盤状の切断工具。木工用、金属用、樹脂用などがあります。
BLACK+DECKER
18V

電動丸ノコは、回転するノコ刃で材料を切断する、直線専門の電動工具です。直線切りは、ノコギリやジグソーよりも格段に速く、しかも正確。高速回転する刃で安定して切り進むので、切り口もなめらかです。切断する材料が多い家具やウッドデッキの製作では、作業効率アップのために使いたい工具です。

電動丸ノコには取りつけできるノコ刃の直径によって、いくつかのサイズがあります。代表的なものは、１４５㎜、１６５㎜、１９０㎜の3種類あり、それぞれ切断できる板の厚みが異なります。大きいほど厚い材料を切断できますが、その分本体が重くなります。厚い材料をよく切る目的がなければ、取り回しやすい小さいサイズをおすすめします。

90度と45度での「最大切り込み深さ」が参考になります。２×4材の木口を45度にカットする必要があれば１６５㎜を、そうでなければ１４５㎜を選ぶとよいでしょう。

コードタイプが主流だった電動丸ノコにも、最近は充電式のコードレスタイプが増えてきました。コードタイプに比べてパワーは弱いですが、取り回しやすいので、初心者にも扱いやすいといえます。

切り込み深さの調整

切断する材料の厚みに合わせて、切り込み深さ（刃の出具合）を調整します。刃が出すぎていると、負荷が増えるなど危険なことがあるので、材料より少し出る程度の量にしておきます。作業は、必ず電源プラグを抜いて（バッテリーを外して）行ってください。

ベースの位置を固定しているネジをゆるめ、ベースを動かせるようにします。

切断する材料にベースをあて、刃が材料から少し出る程度に調整し、ネジで固定します。

材料を固定する

安全のため、クランプを使って材料を作業台に固定しておきます。切り落とす側の下には台を置かず、フリーにしておきます。

木材をまっすぐ切る

安全かつ正確に、直線を切るための基本

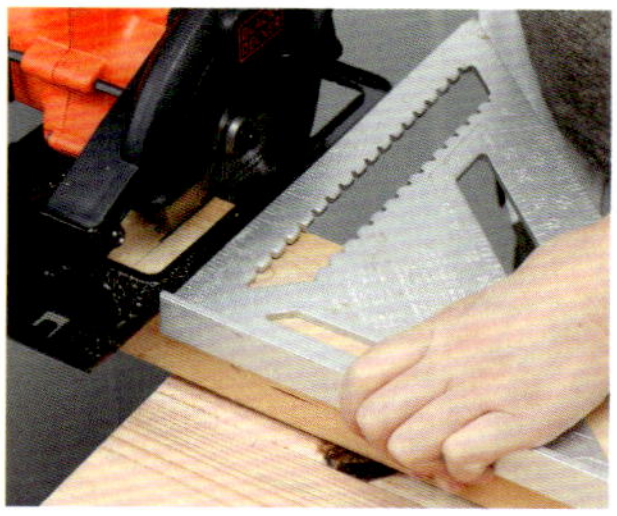

直角定規を使うと、正確かつ簡単に直角を切ることができます。ベースをしっかり押しつけましょう。

切断するときは、2mmほどあるノコ刃の厚みを考慮して、線を残す位置で切り進めます。

作業をするときは、切る方向を正面に見られる位置に立ち、腕を動かしやすいよう体は半身にかまえます。切りはじめの位置を合わせ、刃を材料から少し離した状態でスイッチを入れ、回転が安定してから切りはじめます。切り終わったら、スイッチを放し、刃の回転が止まってから持ち上げましょう。

大きな板を切る。

大きなパネル材などを切断する場合は、板をクランプで固定した直線治具を使います。丸ノコの刃からベース端までを測り、切断する線から測った寸法分離れた位置に板を固定して治具とします。

角度をつけて切る

刃の傾斜角度を調整

たいていの丸ノコは、最大45度まで刃を傾斜させて切断することができます。額縁などの枠もの、棚などの箱ものを、45度で突き合わせて作りたいときに活躍します。

材料を45度に切断して突き合わせると、枠をきれいに直角に組む留め継ぎができます。

角度調整ネジを緩め、45度など切りたい傾斜角度にベースを調整した状態で切断します。

卓上丸ノコ

安全に精度の高い切断が可能

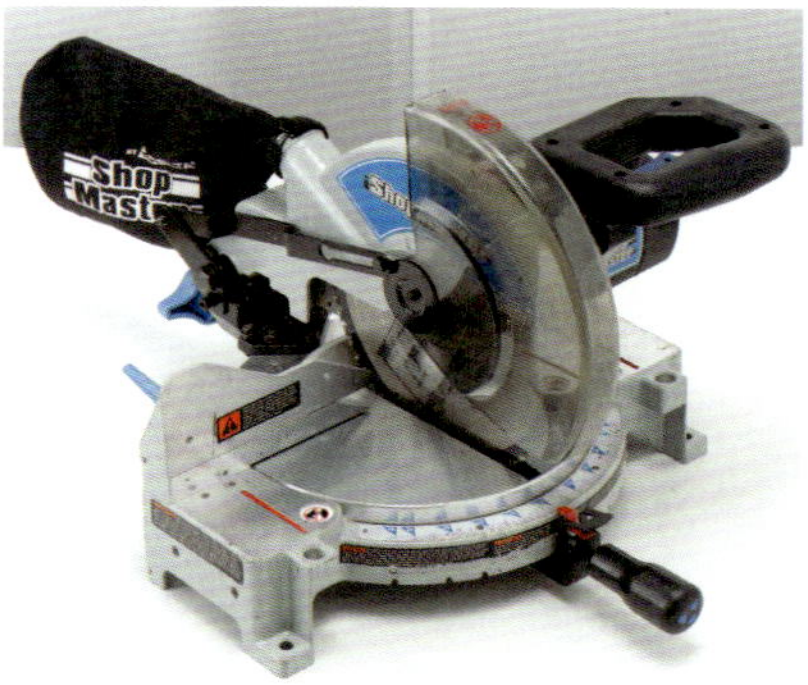

作業テーブルに置いた材料を、アームに固定した丸ノコで切断するため、速く、安全に、高い精度で切断できるのが卓上丸ノコです。切断できる材料の幅は刃のサイズによって限られますが、同じ長さでの連続切断が簡単にできるなど、切断作業の効率化は電動丸ノコ以上です。

ターンテーブルが回転し、切断角度を自由に設定できます。

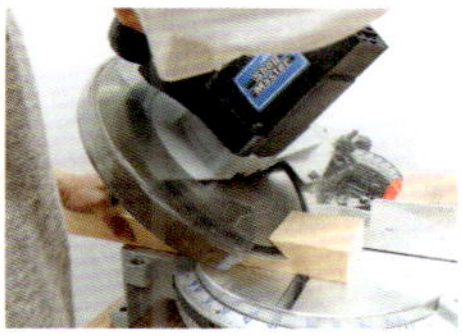

丸ノコ本体の傾斜を調整しての切断もできます。

ディスクグラインダー

さまざまな材料を効率的に研削《けんさく》、切削《せっさく》

ディスクグラインダーは、高速回転する先端工具で、さまざまな材料を研削、切削し、効率的に加工できる使い勝手のよい電動工具です。

取りつけできるディスクの直径により、100～180㎜のサイズのモデルがあります。ディスクが大きいほど効率アップしますが、本体サイズは大きくなります。多目的に使うのであれば、扱いやすく、ディスクの種類が豊富な100㎜サイズがおすすめです。

作業中は、回転しているディスクに触れないのはもちろん、勢いよく飛んでくる削りくずに注意が必要です。必ずディスクカバーを取りつけ、安全メガネや防じんマスクを装着して作業しましょう。

シャフトロック
ディスクを交換するときに、シャフト（回転軸）が回らないようにロックします。
スイッチ
スライドして回転のオン／オフを切り替えます。ボディ後部のレバーで操作する機種もあります。
ディスク
研削や切削、磨きなど、材料や目的に合わせて交換する先端工具です。
ディスクカバー
手の接触を防ぎ、削りかすなどが体のほうに飛ばないようにガードします。
BLACK+DECKER

ディスクの取りつけ方

円形部品の凸部に、ディスクの穴をはめ込みます。安全のため、プラグを電源から抜いておきます。

ロックナットを手でねじ込み、シャフトロックを押しながら、専用レンチで締めつけます。

ディスクの種類

取りつけるディスクによって、さまざまな作業に対応します。使用できるディスクは、研削用、切削用のほか、サビ落とし用、塗装はがし用、磨き用などがあります。

研削用のディスク。左上から、塗装はがし用、金属研磨用、鋼材のバリ取り／塗装はがし用のベベルワイヤー、サビ取り用。

切削用のディスク。左上から、アルミ／胴／真ちゅう用、コンクリート／ブロック／レンガ用、同ダイヤモンドカッター、鉄／ステンレス用。

鉄筋を切断する

小さく安定しない材料は、クランプなどで固定します。顔や体が火花にあたらない姿勢で作業しましょう。

木材を研削する

ディスクを強く押しつけず、材料の表面にあてる程度にして、一定のスピードで動かしながら削ります。

振動ドリル

コンクリートやブロックに穴をあける

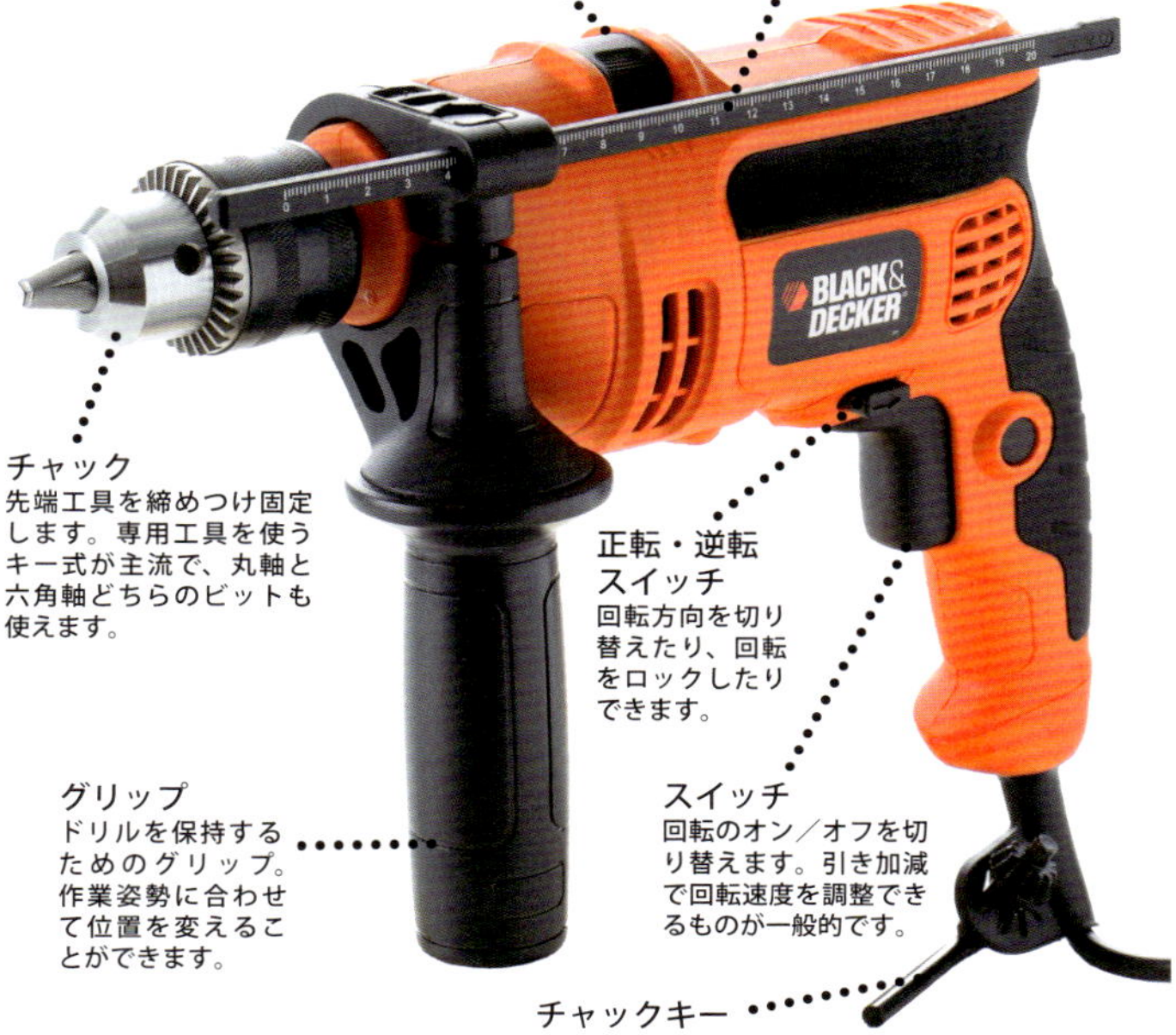
モード切替スイッチ
ドリルモードと振動ドリルモードを切り替えます。
ストッパー
スライドさせて穴の深さを設定し、掘りすぎないように制限します。
チャック
先端工具を締めつけ固定します。専用工具を使うキー式が主流で、丸軸と六角軸どちらのビットも使えます。
正転・逆転スイッチ
回転方向を切り替えたり、回転をロックしたりできます。
グリップ
ドリルを保持するためのグリップ。作業姿勢に合わせて位置を変えることができます。
スイッチ
回転のオン／オフを切り替えます。引き加減で回転速度を調整できるものが一般的です。
チャックキー
チャックを締めつけたり、緩めたりするために使う専用工具です。

コンクリートのような硬い材料には、回転する力だけでは効率よく穴をあけることができません。回転に打撃を加え、コンクリートなどを砕きながら穴をあけられるのが振動ドリルです。コンクリートの壁に棚や額を取りつけたり、ブロック塀に表札やインターホンを取りつけるさいの穴あけに必要な工具です。

一般的な振動ドリルは、「回転のみ」と、「回転＋振動」を切り替えでき、木材や金属への穴あけも可能です。

あけることができる穴の径は、最大穴あけ能力として表示されます。大きな穴をあける場合は、確認して機種を選びましょう。

ビットの取りつけ方

ドリルビットをチャックに差し込んで手で仮締めし、最後にチャックキーを使って3か所の穴で均等に締めつけて固定します。プラグを電源から抜いて作業してください。

モードの切り替え

木材や金属へ穴をあけるときは回転のみのドリルモード（左側）、コンクリートなどへ穴をあけるときは「回転＋打撃」の振動ドリルモード（右側）に切り替えます。

ストッパーの設定

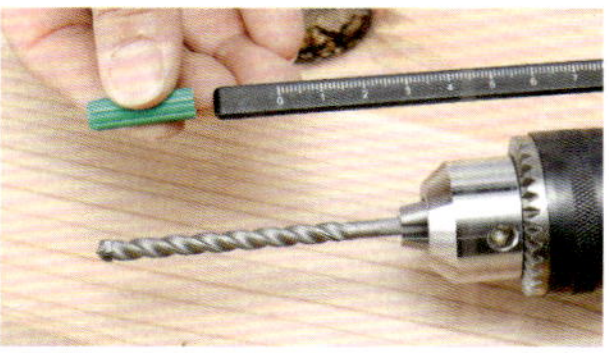

コンクリート用プラグを打ち込むときなどに、穴あけ深さを設定できます。プラグの長さに合わせてストッパーを固定すると、同じ深さの穴を連続してあけることができます。

コンクリートに金物を取りつける

コンクリートやモルタルにはネジが効かないため、何かをネジで固定するにはコンクリート用のアンカープラグを打ちこむ必要があります。軽量物の場合は、穴をあけて樹脂プラグを打ち込み、ネジで固定します。重量物の場合は、アンカーボルトを使用します。

1 金物の穴の位置に印をつけ、振動モードで穴をあけます。穴はプラグより少し深めにします。

2 穴に残ったコンクリート粉を吹き飛ばし、樹脂プラグを金づちで打ち込みます。

3 ドライバーで木ネジを締め込むと、プラグが広がってつっぱり、抜けなくなります。

さしがね

長さや角度を測り、線を引く

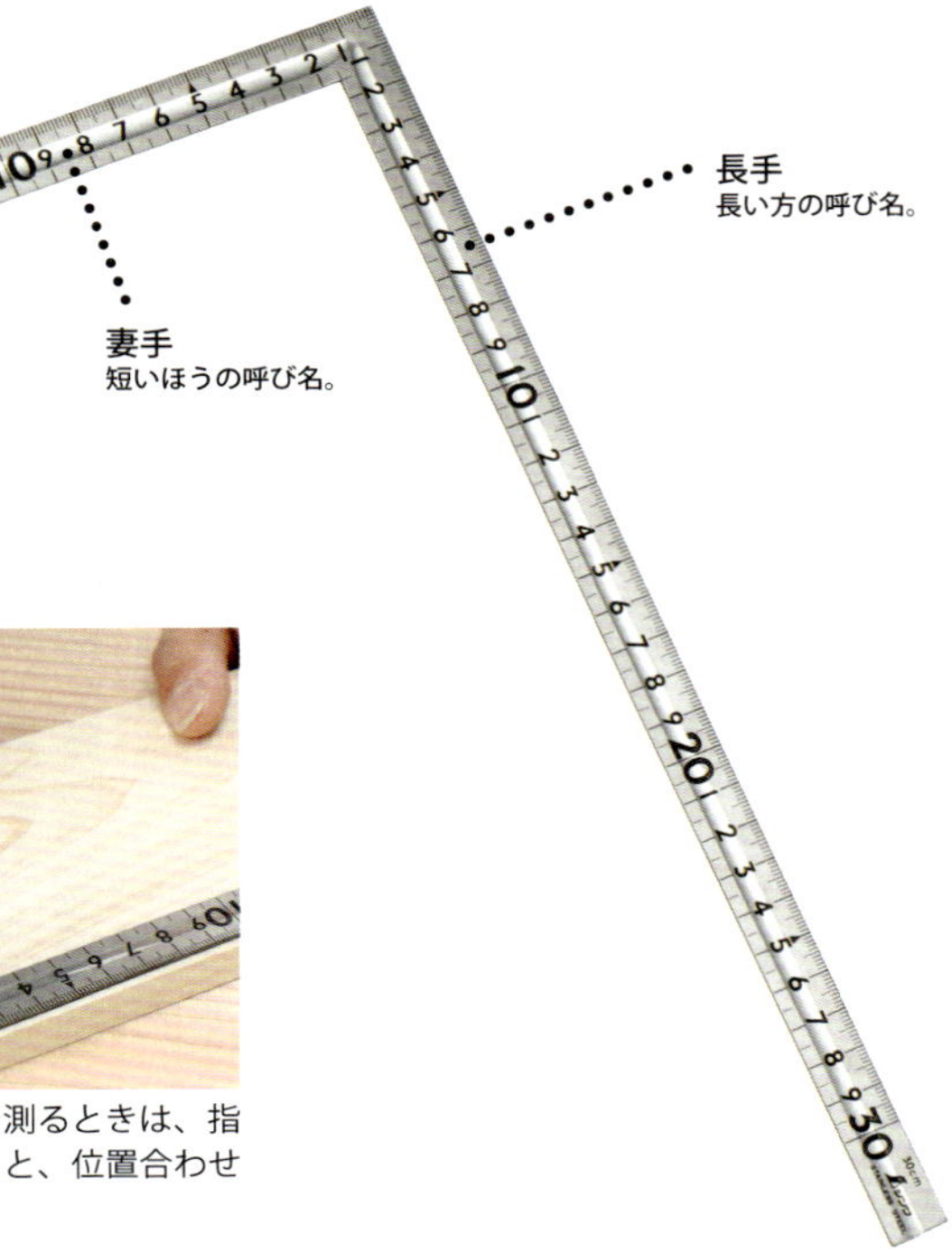
長手
長い方の呼び名。
妻手
短いほうの呼び名。

さしがねは、直角に曲がっている金属製の定規です。長さを測ったり、材料に寸法どりをしたりするほか、垂直の線、45度の線、等分の線など、木工で使ういろいろな種類の線を簡単に引くことができます。また、直角や平面の確認に使うこともでき、実に多用途。木工をはじめる際に、用意しておきたい基本工具の一つです。

漢字では曲尺のほか、差金、指金、指矩などとも表記し、「かねじゃく」の読み方もあります。長いほうを「長手（ながて）」、短いほうを「妻手（つまて）」と呼びます。幅は15㎜で統一され、長手の長さが５００㎜、３００㎜、１５０㎜のものが一般的です。ＤＩＹの木工で使うのであれば、最初の一本は３００㎜のものをおすすめします。その後、用途によっての使いやすさに応じて、長いものや短いものを加えていくとよいでしょう。

ほとんどのさしがねには、両面に目盛りがついています。表裏ともにメートル表記の目盛りがついているもののほか、片方に尺目盛り、丸目、角目という特殊な目盛りがついているものがあります。一般的な木工では、両面ともメートル表記のものが使いやすいでしょう。

測り方の基本

材料の端から長さを測るときは、指の腹で角をそろえると、位置合わせが簡単で確実です。

垂直線の引き方

さしがねをしっかり押さえ、線を引きたい目盛りのところに印をつけます。

さしがねの一方を材料の側面にかけてあて、印の位置で線を引きます。

平行線の引き方

上の作業と同じ要領で、位置をずらしてさしがねを押さえれば、連続して平行線を引くことができます。

２面に線を引く

ノコギリで材料を切り落とすときは、２面に線があると切りやすくなります。先に引いた線にさしがねを合わせれば、もう１本の垂直線を簡単に引くことができます。

さしがねの活用方法

知っていると便利な測り方いろいろ

直角を確認する

切り落とした材料の角にさしがねをあてると、直角が出ているかを確認できます。

直角を確認するところによって、外側と内側を使いわけましょう。

45度の線を引く

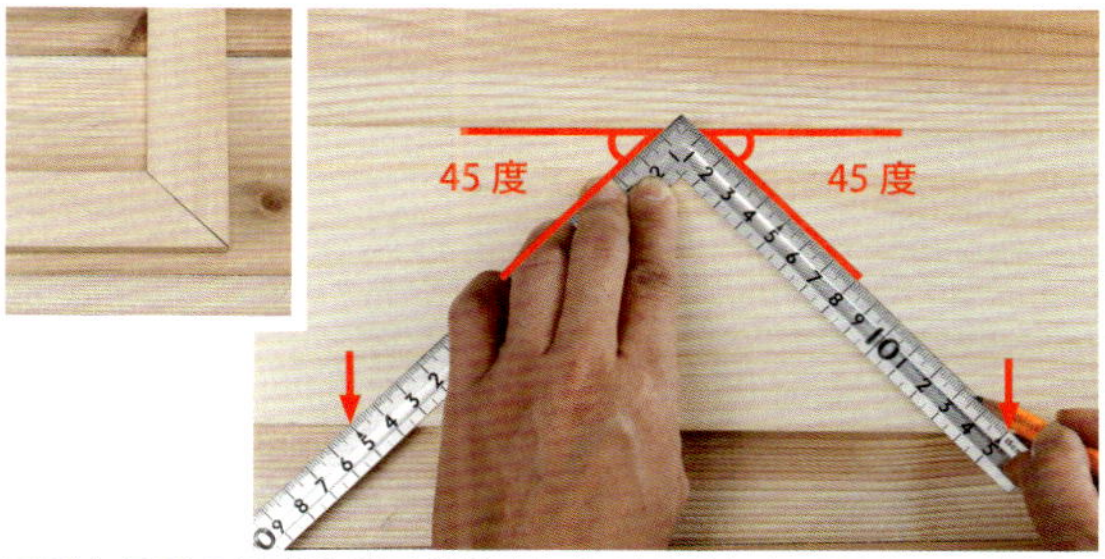

妻手と長手の目盛りが同じ数字になるようにあてると、二等辺三角形ができ、45度の線を引けます。額縁や枠の角を45度で留め継ぐときに利用できます。

等分の線を引く

材料を等間隔にわけたいときに、さしがねは便利に使えます。材料の寸法がわけたい数で割り切れないときでも、目盛り上で等分することで、簡単にわけることができます。

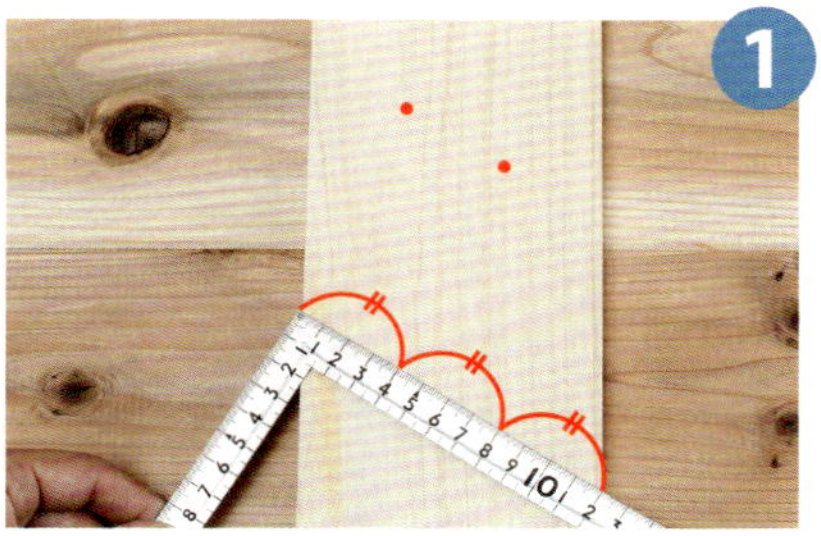

10cm幅を3等分するため、3で割り切れる12cmの目盛りを端に合わせ、4cmと8cmに印をつけます。

場所をずらして同じように3等分する印をつけ、2か所の印を結ぶ線を引きます。

木工に便利な定規

コンビネーション定規

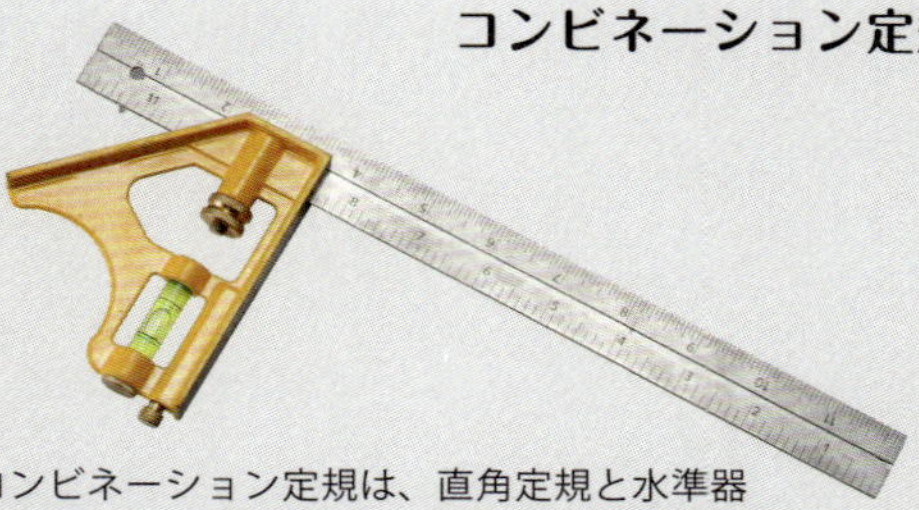

コンビネーション定規は、直角定規と水準器が一つになった工具。スライド式の本体は、直尺に対して45度と90度の角度を持ち、直尺上の任意の位置で固定して角度定規として使うことができます。付属の水準器を使って、水平出しと垂直出しも可能です。

水準器を確認しながら、水平と垂直を同時に決める作業が行えます。

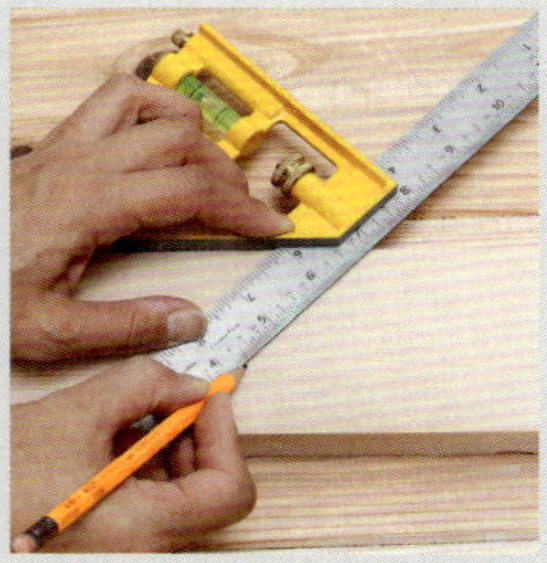

材料にあてる面を変えることで、45度と90度の線を引くことができます。

スピード定規

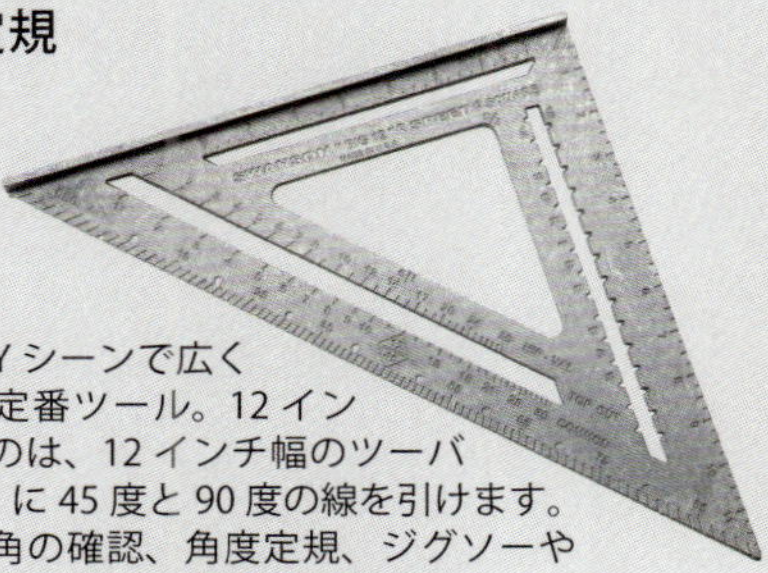

アメリカのDIYシーンで広く使われている定番ツール。12インチサイズのものは、12インチ幅のツーバイ材(286mm)に45度と90度の線を引けます。ほかにも、直角の確認、角度定規、ジグソーや丸ノコのソーガイドとしても利用できます。

角の内側と外側で、直角の確認が簡単にできます。

簡単に45度と90度の線を引け、この状態でソーガイドにもなります。

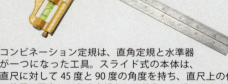

スコヤ

90度、45度の確認と線引きに使用

物差しが長さを測る定規であるのに対し、スコヤは主に角度を確認するために使う角度定規のひとつです。日本でのスコヤという呼び方は、英語の「スクエア（四角形、直角）」に由来するといわれています。

一般的なスコヤのほとんどは、妻手《つまて》がアルミか真ちゅう、長手《ながて》がステンレスで作られていて、正確な直角に固定されています。サビたり歪んだりしにくく、長く精度を保ちます。

厚みのある妻手を材料にあてて直角の線を引くほか、材料や工具の直角、接合部分の組みつけ精度（直角）の確認、平面度の確認、目盛りが振ってあるものは寸法の測定に使えます。

同じような作業はさしがねでもできますが、歪みや曲がりが出にくい分、スコヤのほうが信頼度は高いといえます。妻手に厚みがあるため、押しあてたり、自立させたりしたときの安定性が高く、使い勝手がよいのも特徴です。

90度と45度の角度を持ったスコヤは、止型《とめがた》スコヤと呼びます。材料にあてるだけで、直角のほか、木工で「留め」と呼ぶ45度の線を一発で引くことができる定規です。木材を45度にカットする加工はよくあるので、木工作業が多い場合は持っていると重宝します。

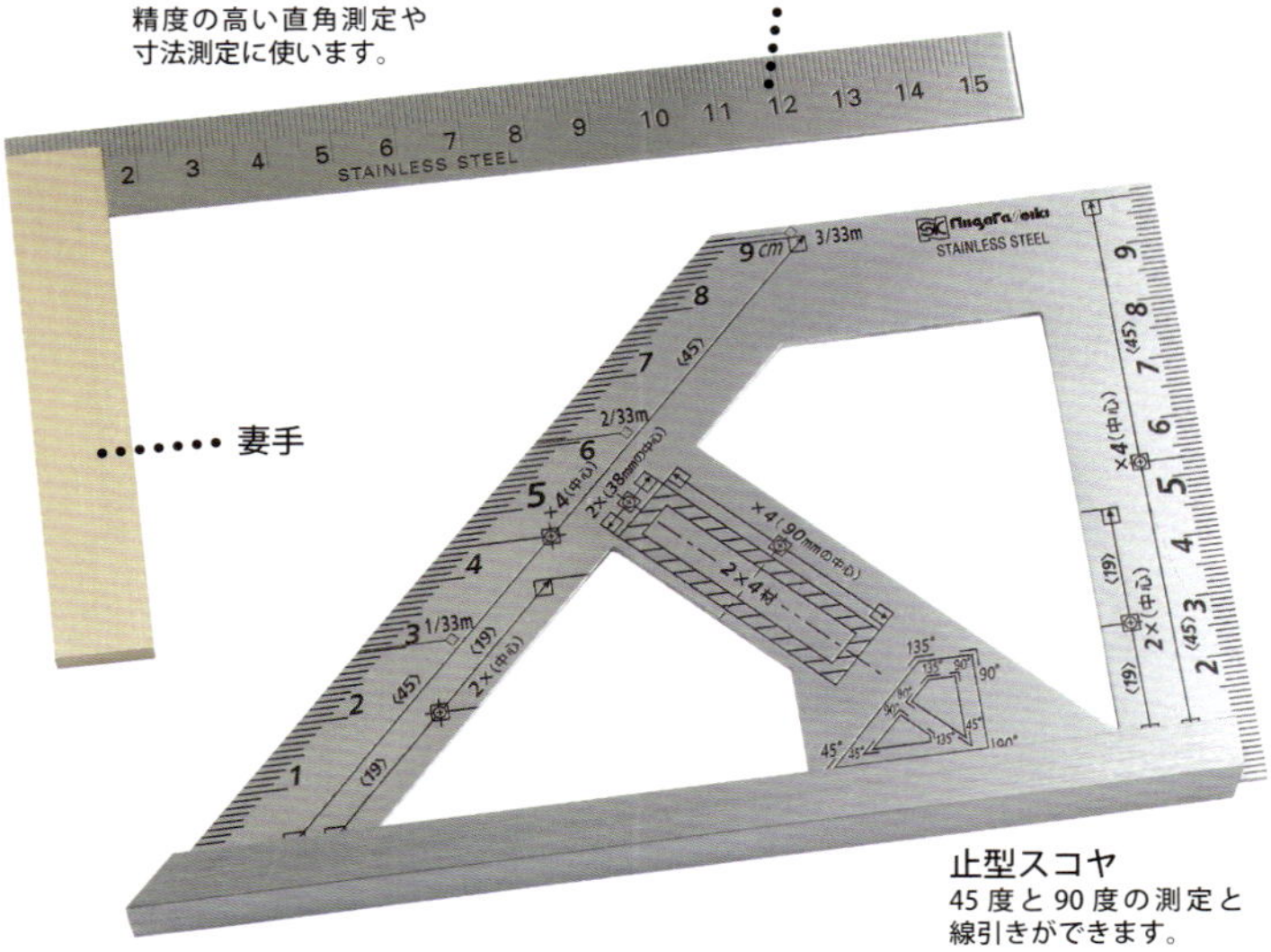
スコヤ
精度の高い直角測定や寸法測定に使います。
長手
妻手
止型スコヤ
45度と90度の測定と線引きができます。
STAINLESS STEEL

直角の確認

木工でていねいに作品づくりをする場合、寸法と同時に角度の精度が求められます。完成した作品に歪みが出ないようにするには、使用する工具や作業工程での直角の精度を、スコヤを使ってチェックする必要があります。

スコヤは直角の精度が高いので、切断工具の刃がベースに対して正しく装着されているかを、正確かつ簡単に確認できます。

止型スコヤでも、一般的なスコヤと同様に、組みつけ部などの直角を確認できます。台座をあてると安定するので、さしがねよりも便利です。

45度、90度の線を引く

止型スコヤは台座の出っぱりを材料にあてて押さえると、45度と90度の線を簡単に引けます。材料の大きさによって、さしがねと使いわけると作業効率がアップします。

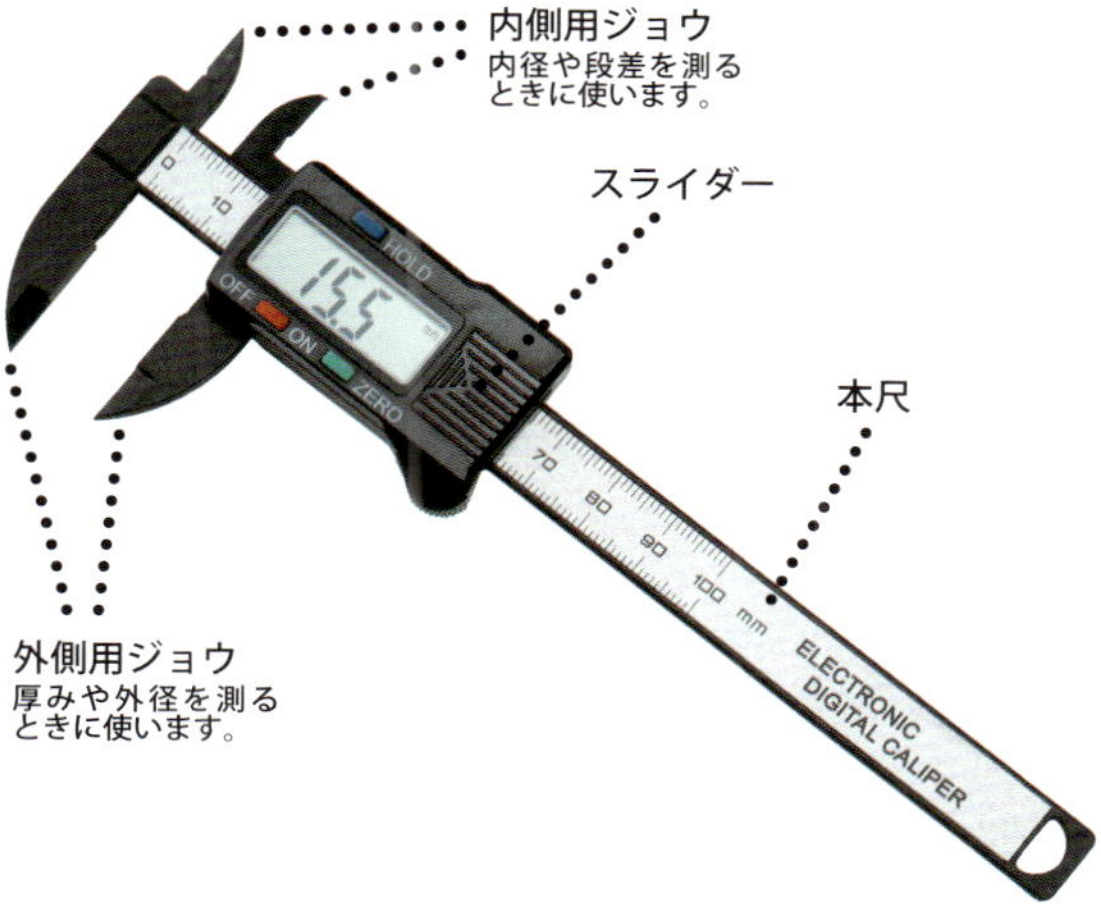
内側用ジョウ
内径や段差を測るときに使います。
スライダー
本尺
外側用ジョウ
厚みや外径を測るときに使います。
HOLD
15.5
OFF ON ZERO
ELECTRONIC DIGITAL CALIPER

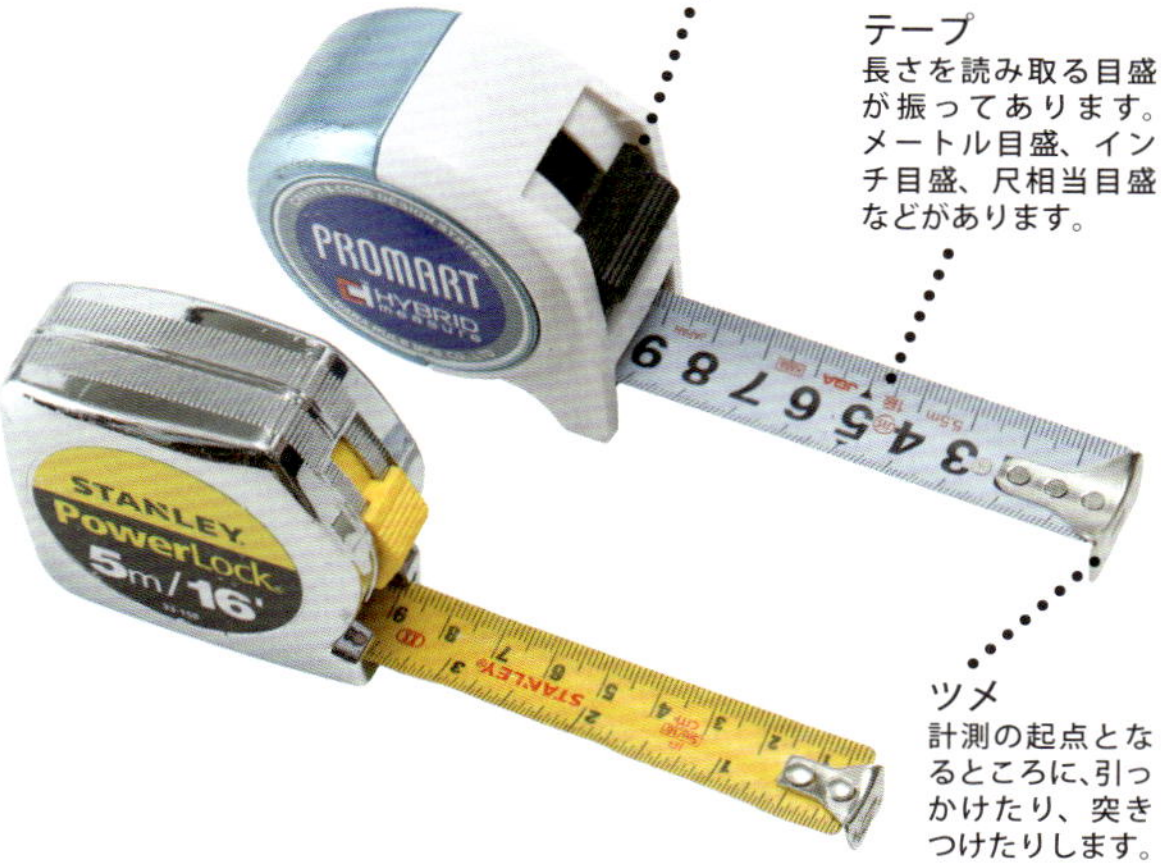
ロックレバー
引き出したテープを止めておきたいときに、押し下げてロックします。
テープ
長さを読み取る目盛が振ってあります。メートル目盛、インチ目盛、尺相当目盛などがあります。
ツメ
計測の起点となるところに、引っかけたり、突きつけたりします。
PROMART
HYBRID
STANLEY
PowerLock
5m/16'

ノギス

円筒の内・外径を正確に測る

ノギスは、パイプのような円筒状のものの寸法を、１㎜以下まで正確に測れる測定器具です。測定対象によって外側用と内側用の測定面を使いわけ、ものの厚み、外径、内径、段差などを測れ、デプスバーがついているものでは深さも測れます。

最小読み取り値は、種類によって0.1㎜から0.01㎜まで選べます。デジタルノギスには、測定値を保持するホールド機能、比較測定に便利な「ゼロセット機能」などがあります。

測るところが内側か外側かで、２つのジョウを使いわけます。ジョウの先端や奥では正確に測れない場合があるので、まん中あたりを測りたいところにあてるようにします。

メジャー

長短、曲線、さまざまな長さを計測

ケースに金属製の計測用テープを収納し、さまざまな長さを測るときに便利。木工作業はもちろん、室内各部の寸法を測るときにも欠かせない、ＤＩＹの必需品です。

室内用途では、テープの長さが３・５ｍ、幅が２㎝程度のものが使いやすいでしょう。長いところを測りやすいように、１ｍ以上引き出しても折れ曲がらないもの、手を離してもテープが戻らないロック機構つきのものがおすすめです。

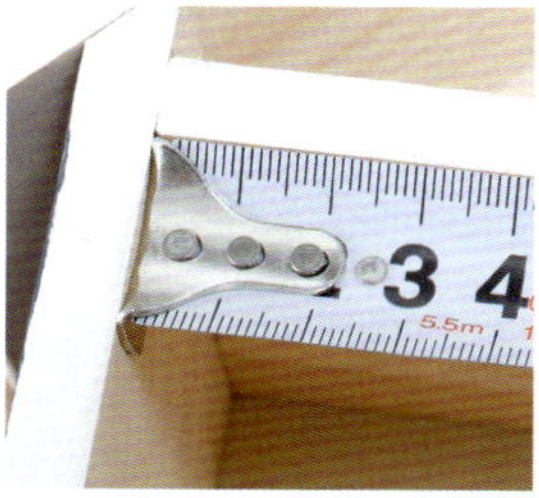

箱の内側を測るときや壁を基点にして測るときは、ツメを対象に突きつけます。ツメは引っ込んで誤差を補正します。

板などを測るときは、端にツメを引っかけます。ツメは伸びて、厚みで誤差が生じないようにゼロ点を補正します。

ノコギリ

木材を切る基本の手道具

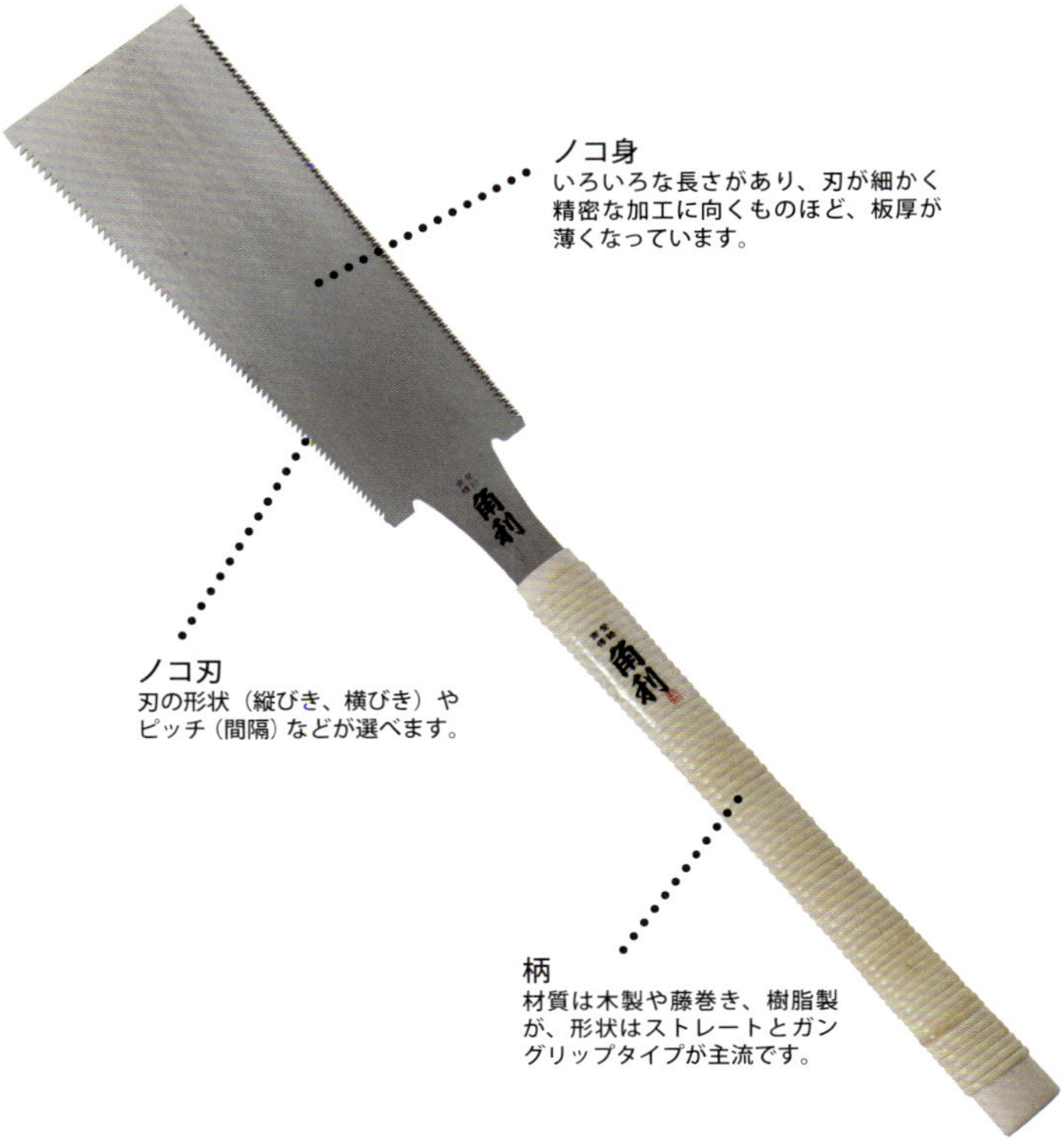
ノコ身
いろいろな長さがあり、刃が細かく精密な加工に向くものほど、板厚が薄くなっています。
ノコ刃
刃の形状（縦びき、横びき）やピッチ（間隔）などが選べます。
柄
材質は木製や藤巻き、樹脂製が、形状はストレートとガングリップタイプが主流です。

木工をするときに、1本は持っていたいのがノコギリです。電動工具を使う方やホームセンターの加工サービスを利用する方でも、材料の端をちょっと切り落としたい場合や静かに作業したいときなどに便利です。

ノコギリには、縦びき用と横びき用の刃がついた両刃タイプと、一方だけの片刃タイプがあります。木工では横びきで使うことがほとんどなので、片刃タイプなら横引き用か万能の刃がついたものを選びましょう。

最近は、切れ味が悪くなったら刃を交換できる替え刃タイプが主流です。同じメーカーのものなら、違う種類の刃を取りつけることもでき、家庭用としておすすめです。

最初の1本は刃の長さが25cm程度の横びきできるものを用意しておき、精密な加工やダボ埋めなど、作業の必要に応じて買い足すとよいでしょう。

ノコ刃の種類

木工用の両刃ノコギリには、木目に対して垂直に切る横びき用の刃と、木目に対して平行に切る縦びき用の刃がついています。片刃タイプには一方、またはどちらも切れる万能刃がついているものがあります。

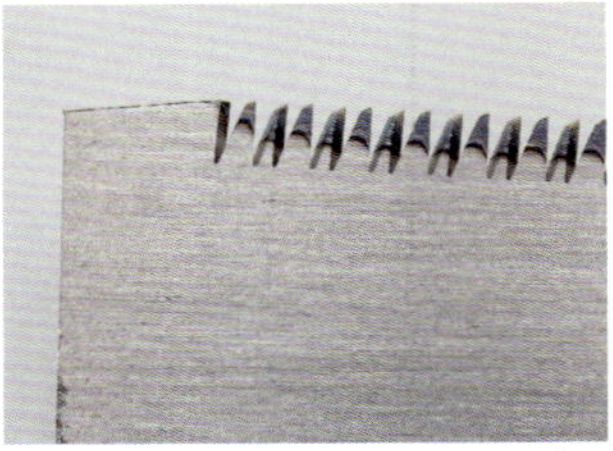

横びき用の刃は、ひとつひとつが縦びき用より細かく鋭角です。斜め切りにも、横びき用の刃を使います。

縦びき用の刃は、横びき用に比べて大きく、先から柄に向かってだんだん小さくなっているのが特徴です。

切り方の基本

指をガイドにして切りはじめる位置に刃をあて、ノコギリを押してノコ道（刃を入れるための溝）をつけてから、前後に動かしながら切ります。

ノコギリは30度くらいの角度に寝かせるほうが、まっすぐに切れます。柄を軽く持ち、引くときにだけ力を入れるとスムーズに切れます。

ノコギリガイドを使う

まっすぐきれいに切りたい場合は、のこぎりガイドを使うと、正確に垂直や45度などの角度切りができます。写真の箱型のほかにも、さまざまなタイプがあります。

あると便利な木工用ノコギリ

作業で使いわけると、効率や精度がアップ

ノコギリは、刃のピッチ（間隔）やノコ身の板厚、アサリ（刃先の左右の開き）の大きさの違いによって、適する作業が異なります。

すべての作業を1本でまかなうよりも、用途によって使いわけるほうが、効率も仕上がりもよくなります。

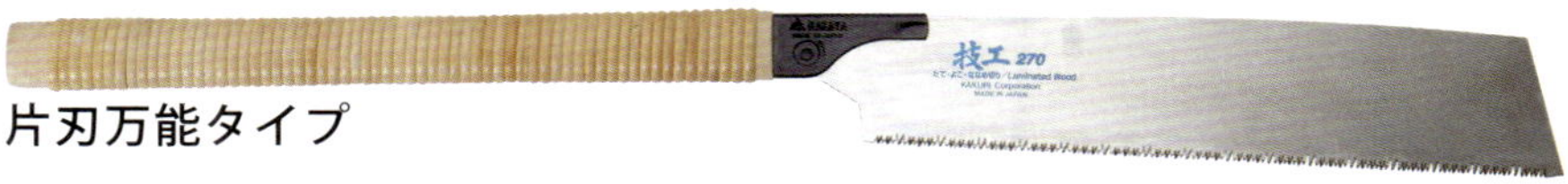

片刃万能タイプ

導突ノコギリ

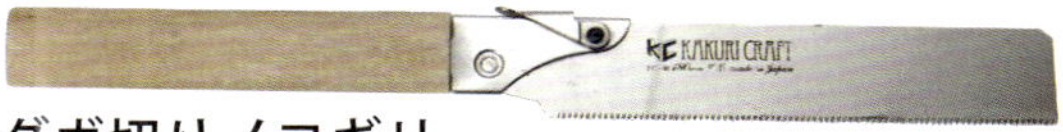

ダボ切りノコギリ

ダボ切りノコギリの刃にはアサリがないため、刃を材料に押しつけて動かしても、表面に傷がつきません。

薄いノコ身に補強をつけた導突ノコギリは、歯も細かく、薄い板材、細い棒材などをなめらかにカットするのに適します。

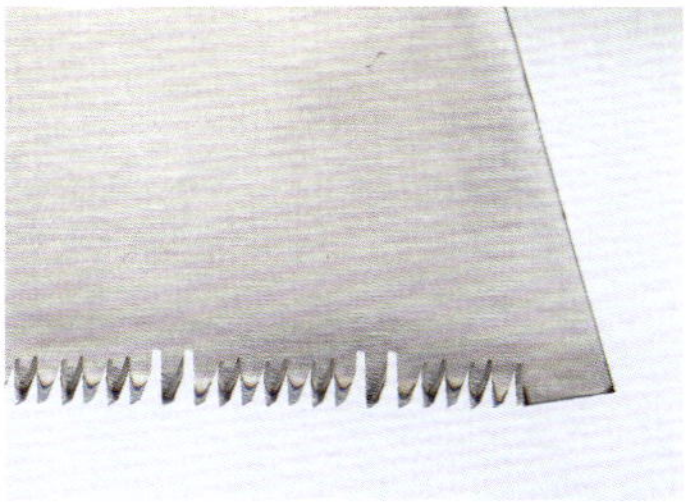

万能タイプには、縦、横、斜め兼用の特殊な刃がつき、１本で縦びき、横びき、合板のカットなどに対応します。

いろいろな素材を切るノコギリ

金属、プラスチック、ガラスボトルを手ノコで

ガラスボトル用ノコギリ

専用の固定器具がついたボトルカッターを用意しなくても、ボトルをカットできるシンプルな切断工具です。タオルなどの上で作業すると安定します。

塩ビ用ノコギリ

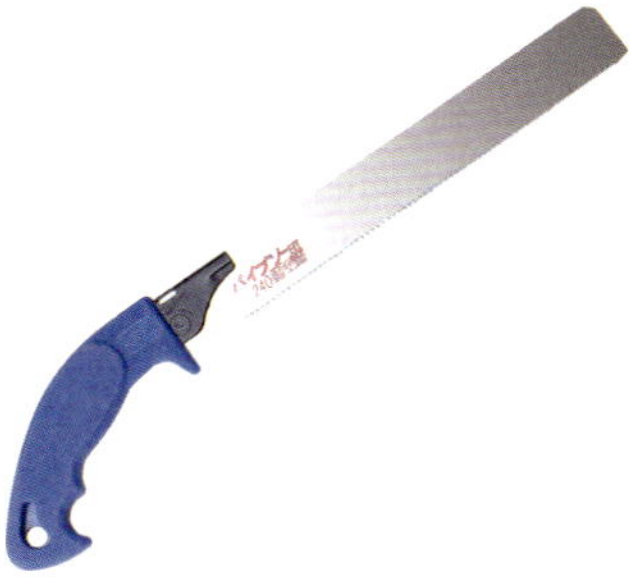

塩ビパイプやプラスチック類を切るのに適しています。水道配管や雨どいの加工など、水周りの補修やリフォームを行うとき、プラスチックごみを解体するときなどに使えます。

金切りノコギリ

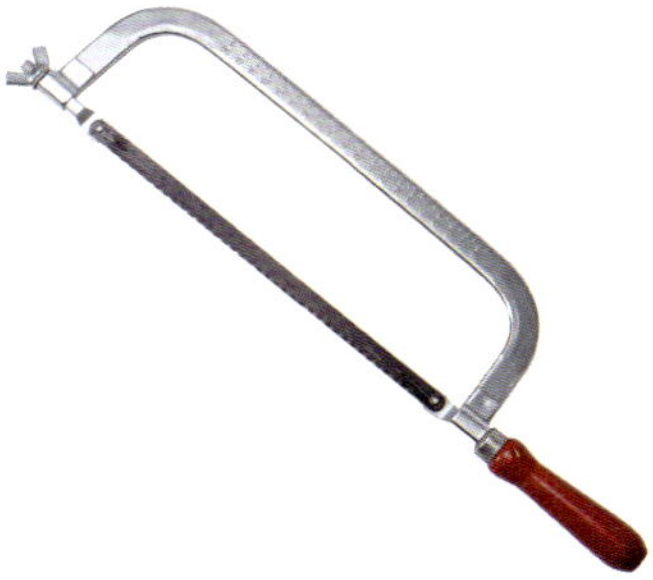

金属板や鉄パイプなどのほか、プラスチックも切ることができます。工作に限らず、粗大ごみの解体にも役立ちます。ステンレスやアルミを切るときには、専用のノコ刃を使います。

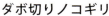

金づち

クギ打ち、ノミ打ち、組みつけに活躍

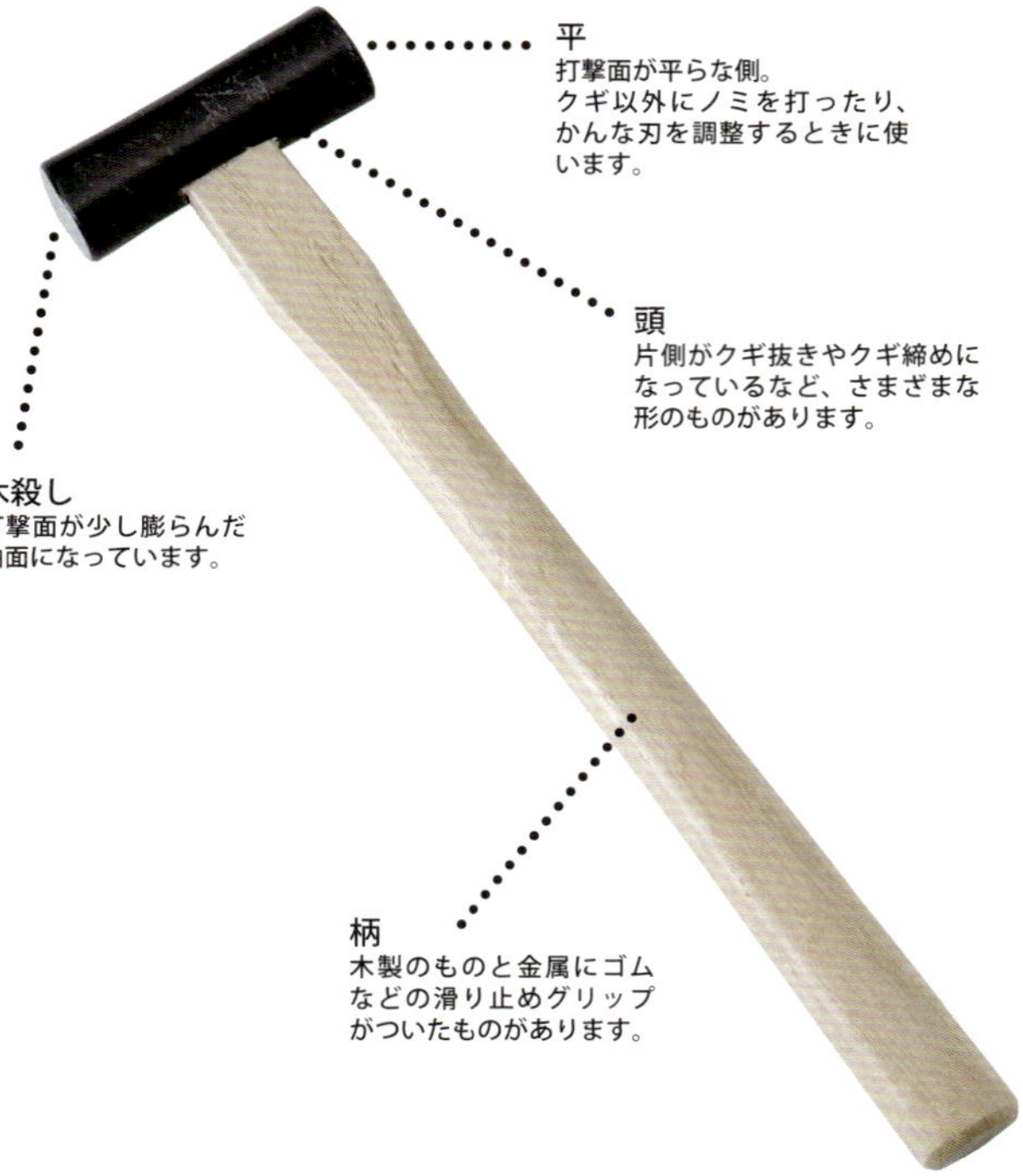
平
打撃面が平らな側。
クギ以外にノミを打ったり、
かんな刃を調整するときに使
います。
頭
片側がクギ抜きやクギ締めに
なっているなど、さまざまな
形のものがあります。
木殺し
打撃面が少し膨らんだ
曲面になっています。
柄
木製のものと金属にゴム
などの滑り止めグリップ
がついたものがあります。
両口玄能

金づちは、クギを打つほかにも、木材の継ぎ手をはめ合わせたり、組みつける部材を押し込んだりするときに、叩く道具として使います。木材のつなぎには木ネジを使うことが多くなりましたが、隠しクギや真ちゅうクギを使って美観よく仕上げたい作品などもあり、まだまだ手放せない工具です。

金づちは「玄能（げんのう）」とも呼ばれます。頭の両側が打撃面になっているもの、片側がクギ抜きになっているもの、細くとがっていたり薄くとがっているものなど、さまざまな形があります。なかでも代表的なものは、両側が打撃面の「両口玄能」です。ノミ打ちにも適しているので、木工用に1本そろえておくのにおすすめです。

金づちのサイズは、頭の重さで表わされます。重いものほどクギを打ちこむ力は増しますが、あまり重いと振りにくくなります。最初は４００g弱のサイズが、いろいろ使えてよいでしょう。

木づち、ゴムハンマー、プラスチックハンマーは、直接材料を叩いても表面にあとが残らないので、家具づくりをよく行う人は組み立てのときに重宝します。ときどき使う程度なら、当て木をして金づちでたたくことで代用できます。

打ち方の基本

片方の手でクギをまっすぐに持ち、クギが自立するまでは、金づちを小さく振って、軽くトントン打ちます。クギがしっかり立ったら、押さえていた手を離して強く打ちます。

大きく振るときは、ヒジから先だけを動かし、最後に手首を利かせます。

頭の重さをいかして振り下ろし、あたる瞬間に力を入れます。

最後の打ちこみ方

クギの打ちはじめから首が入るくらいまでは、「平」で打ちます。

最後は、クギの頭が木材の面にそろうように、「木殺し」で打ち込みます。打撃面がふくらんでいるので、まわりにあとが残りません。

知っていると便利なクギの打ち方

通常の打ち方ができないときの対処法

金づちを振れないとき

箱の隅や床材のサネ（差し込み部分）のように金づちをうまく振り下ろせないところでは、補助具として「クギ締め」を使います。クギ締めをあてれば、頭を木材の表面より深く打ち込むこともできます。

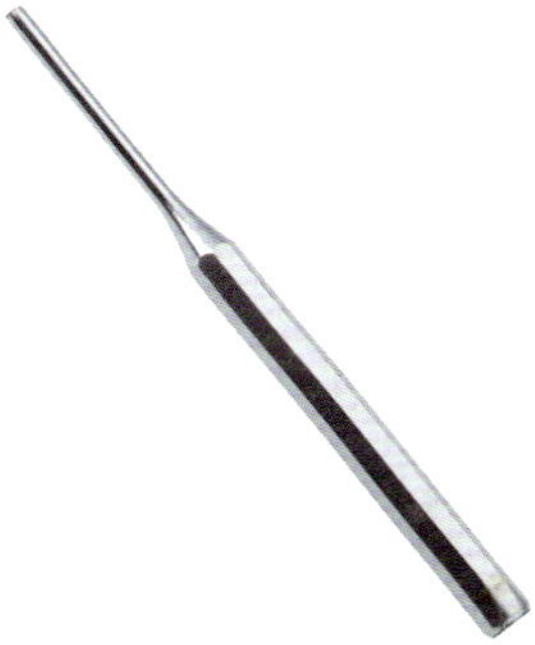

床材のサネには段差があり、金づちを最後まで振り下ろせないので、クギ締めを頭にあてて打ち込みます。

クギの頭が出ていると、はめ合わせのじゃまになり、すき間の原因になります。頭を深く沈めておきます。

強度を高めたいとき

クギは木材に対して垂直に打つよりも、斜めに打つほうが接合の強度が増します。逆ハの字のように打つと、クギはより抜けにくくなるので、荷重がかかる部分にクギを使う場合に試してみましょう。端に打つときは、突き抜けないように角度に注意してください。

部材の接合にクギを使う場合は、斜めに打つようにしましょう。

打ち込んであるクギを抜く

打ち損じたとき、リフォームのバラしのときに必要

クギを打つところを間違えた。途中で曲がった。あるいは、リフォームするために棚や部材を取り外さなければならない。こうしたシーンでの木工や補修の過程ではクギを抜く方法があります。クギ抜きを使った方法を覚えておきましょう。

クギの頭が出ていないときは、クギ抜きの先をクギの手前にあて、金づちで叩いて木材に少しめり込ませます。

ツメの奥までクギをかけ、テコを利用してクギの頭を持ちあげます。表面を傷めたくない場合は、下に当て木をします。

柄の長い側に持ちかえてクギをかけ直し、そのまま倒して引き抜きます。クギが長い場合は、途中で厚めの当て木をします。

頭がゆるんだら

木の柄は、使っているうちに頭に差し込んだ部分がやせて、ゆるんできます。頭が飛ばないように手入れをしましょう。

ゆるみがあまり大きくない場合は、柄の尻部分を台に打ちつけて、頭の自重で柄にはめ合わせます。

ゆるみが大きい場合は、ひと回り大きなくさびに打ち直すか、新しい柄に交換してください。

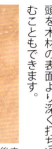

水平器

水平・垂直を簡単に確認

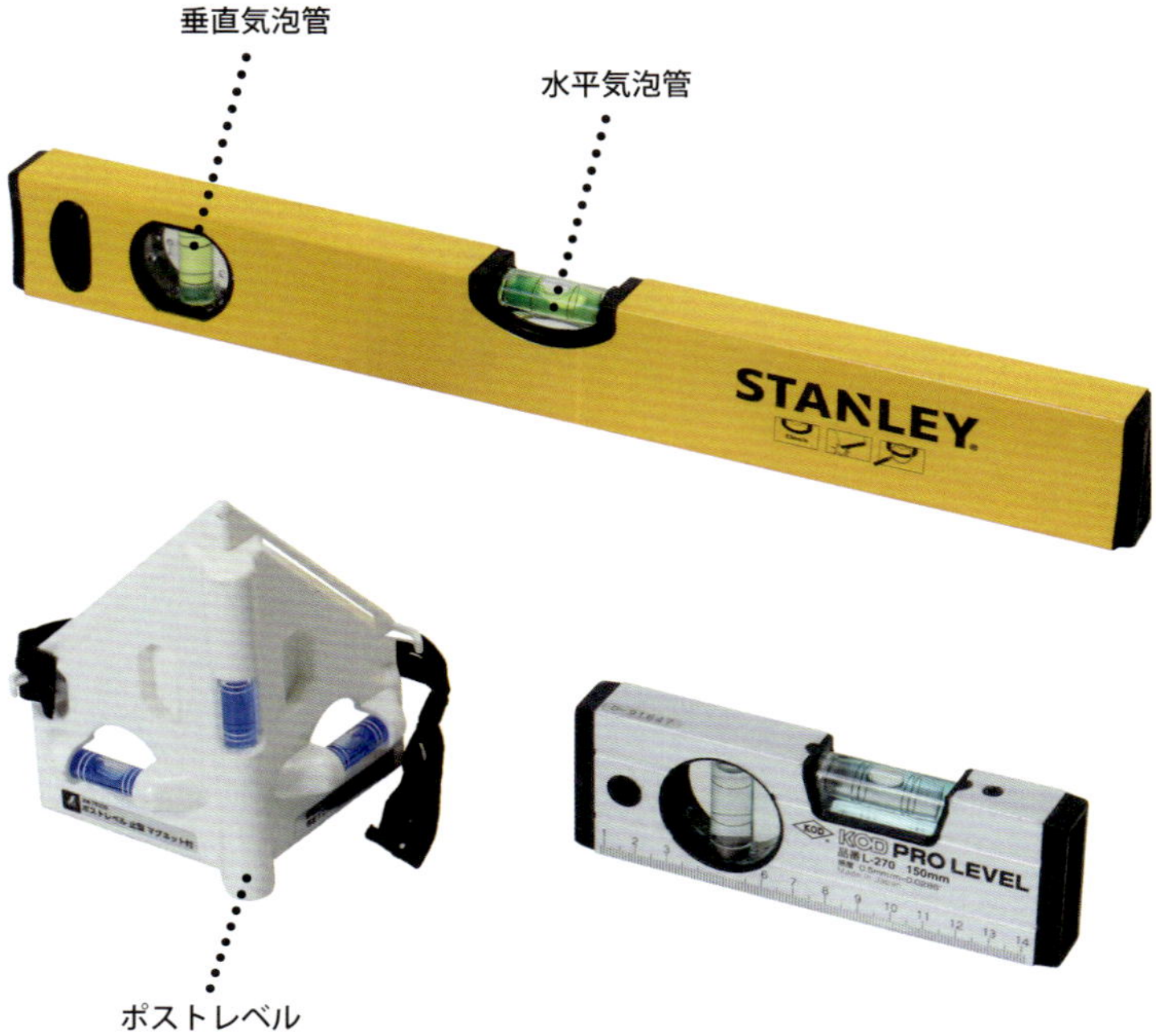

水平、垂直は家屋や地面にものを設置する際の基準になります。壁に棚を取りつけたり、レンガを積んだり、ウッドデッキを作ったりするときは、水平器を使って正確に測りながら作業することが大切です。

水平器はガラス管の中の気泡の位置で、水平・垂直を調べられる測定器具です。対象物にあてると僅かな傾きが一目でわかり、調整しながらの作業を簡単に行えます。まずは、さまざまな場面で使いやすい長方形タイプで、長さ30cmか45cmのものをそろえるといいでしょう。気泡管が3つあり、45度の確認ができる水平器もあります。

水平器の使い方

水平、垂直を測るときは、棚板や支柱などの測りたい面に、水平気泡管と反対の面を密着させて、気泡の位置を確認します。対象物の面に付着物があると水平器が浮いて正しく測れないので、きれいな面にあてるように気をつけましょう。

水平を測りたいときは水平器を部材の上に置き、水平気泡管の気泡の位置を見ます。部材が大きいときは2か所以上で確認しましょう。

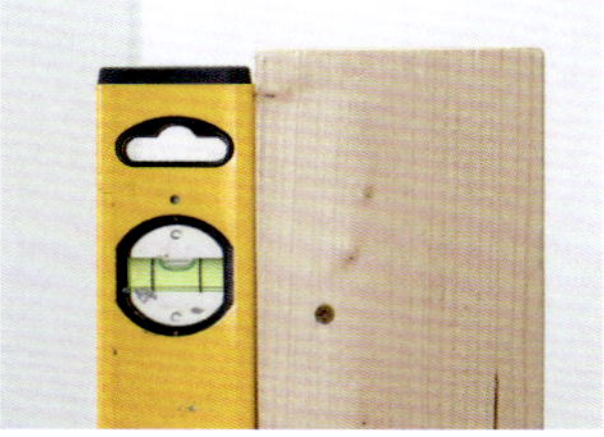

垂直を測りたいときは水平器を部材の側面にあて、垂直気泡管で気泡の位置を見ます。2方向で行い、前後と左右の垂直を確認します。

気泡管の見方

気泡管の中の気泡が目盛りの真ん中にあれば、水平、垂直です。

気泡がまん中から外れているときは、気泡がある方を下げて修正します。

レーザーで位置合わせ

レーザー照射機能がついた水平器を使えば、壁の複数箇所での高さ合わせ、壁紙貼りの垂直ライン出しなどが簡単に行えます。

柱の垂直出しに便利

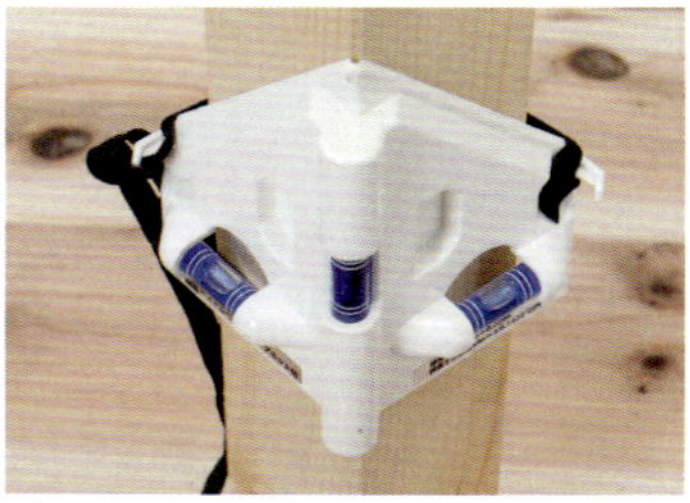

ポストレベルはバンドで柱に取りつけて、2方向の垂直を測ることができる水平器です。両手が使えるので、柱の設置作業にとても便利です。

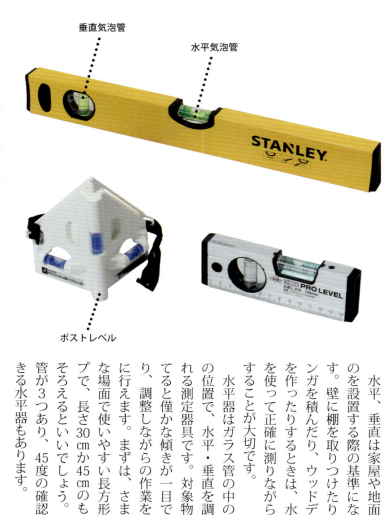

レーザー
照射口・受光部
BOSCH
Zamo

レーザー距離計

長距離を瞬時に計測

レーザー光を照射して2点間を計測するレーザー距離計は、長距離や障害物があってメジャーを使いにくい場所でも利用できる測定器具です。天井までの高さを測りたければ、スイッチを入れて床に置くだけ。床や壁の面積、窓枠のサイズなどを1人で正確に計測できるので、材料の必要量を算出することも簡単です。コンパクトなものをひとつそろえ、メジャーと使いわけると、室内の補修やリフォームの際にとても便利です。

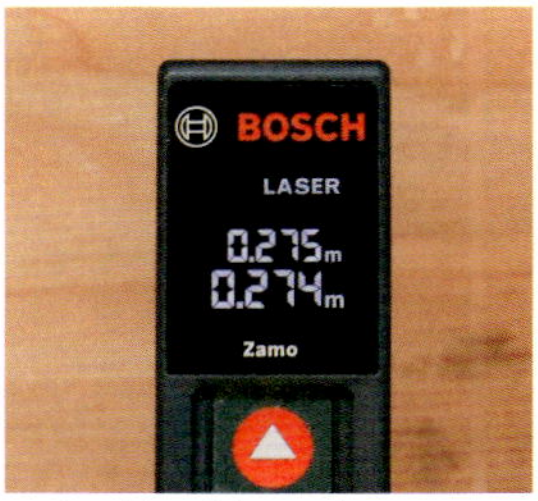
BOSCH
LASER
0.275m
0.274m
Zamo

写真は箱の内幅を測っているところです。計測の起点となる位置に本体の後端をあて、測りたい対象にレーザー光を合わせると、瞬時に測定結果が表示されます。室内用モデルでは、最長 20 m程度までを 1 mm 単位で計測可能です。

巻取りドラム
糸の収納部。手動巻きタイプと自動巻きタイプがあります。
タンク
粉チョークを入れておき、糸に付着させます。
カルコ
針を刺して、線の始点に糸の先端を固定します。

チョークリール

長い直線を簡単に引く

チョークリールは、粉チョークを含ませた糸を弾いて直線を引く道具です。木目など表面の凹凸に影響されず、長い距離でも簡単に正しい直線を描くことができるので、長い材料や広い面に基準線を引きたいときに重宝します。

用途は墨つぼと同じですが、ピンク、黄色、白などの色が選べ、黒っぽい下地にも使えます。材料の仕上がり面に線を引いても、あとで簡単に消すことができるところも便利です。

長い距離でも、一発でチョークの線がつきます。不要な線は、布でこすって簡単に消すことができます。

糸を始点から終点まで延ばし、本体のドラムを押さえて糸をぴんと張ります。反対の手で糸を弾いてチョークを転写します。

壁裏探知機《かべうら》

壁裏に隠れた柱や間柱の位置を特定

センサータイプの使い方

1

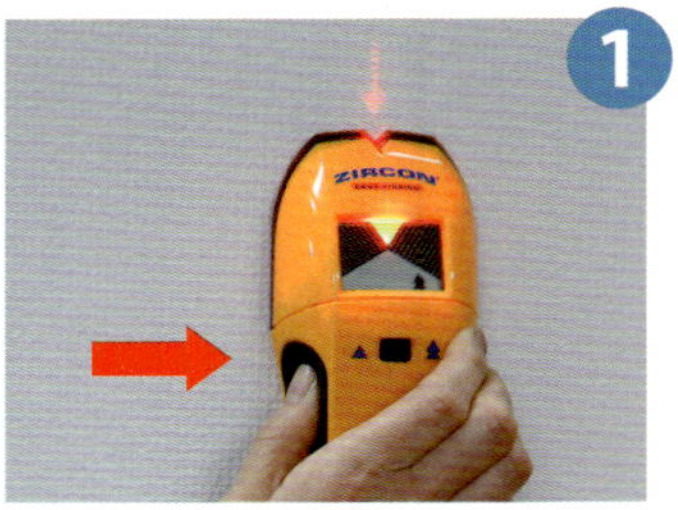

壁に当てて電源を入れ、横方向にゆっくり滑らせます。柱や間柱があると表示と音で知らせるので、その位置に鉛筆やテープで印をつけます。

2

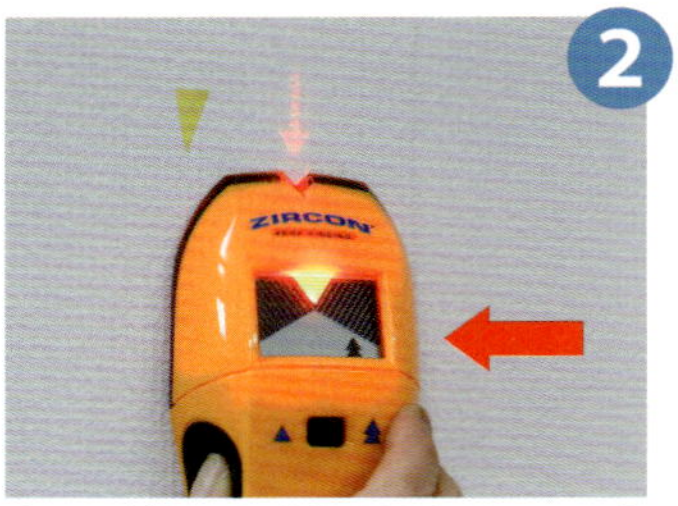

次に反対側から本体を滑らせ、同じように探します。センサーが反応した位置に印をつけます。

3

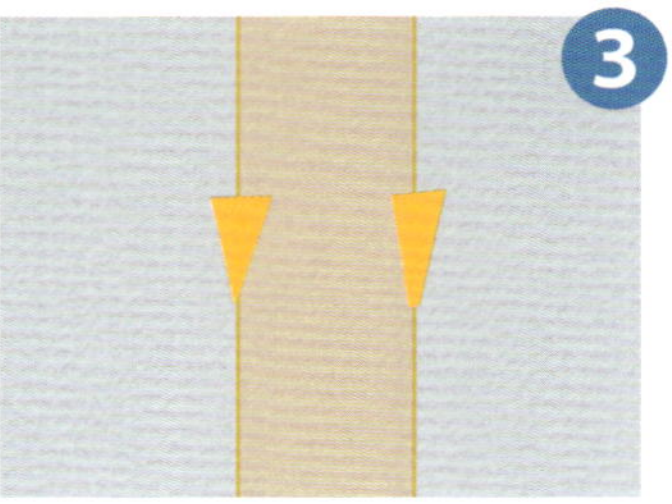

２回の作業で印をつけたところが、柱や間柱の両端です。針タイプを使う場合も、両端を見つけて印をつけておきましょう。

4

２つの目印のまん中あたりにネジを打つと確実です。壁材の厚さを計算に入れて、間柱に十分に食い込む長さのネジを使ってください。

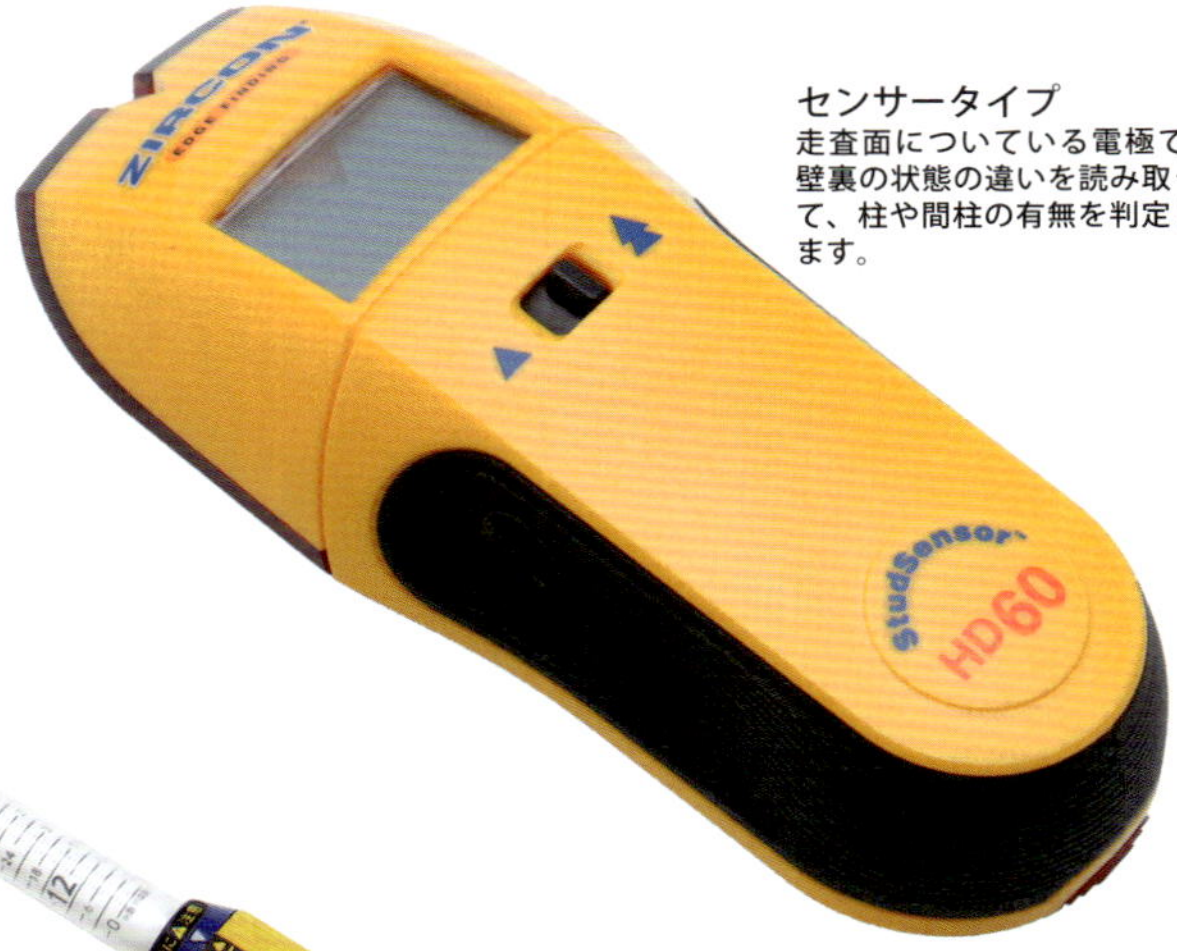

センサータイプ
走査面についている電極で、壁裏の状態の違いを読み取って、柱や間柱の有無を判定します。

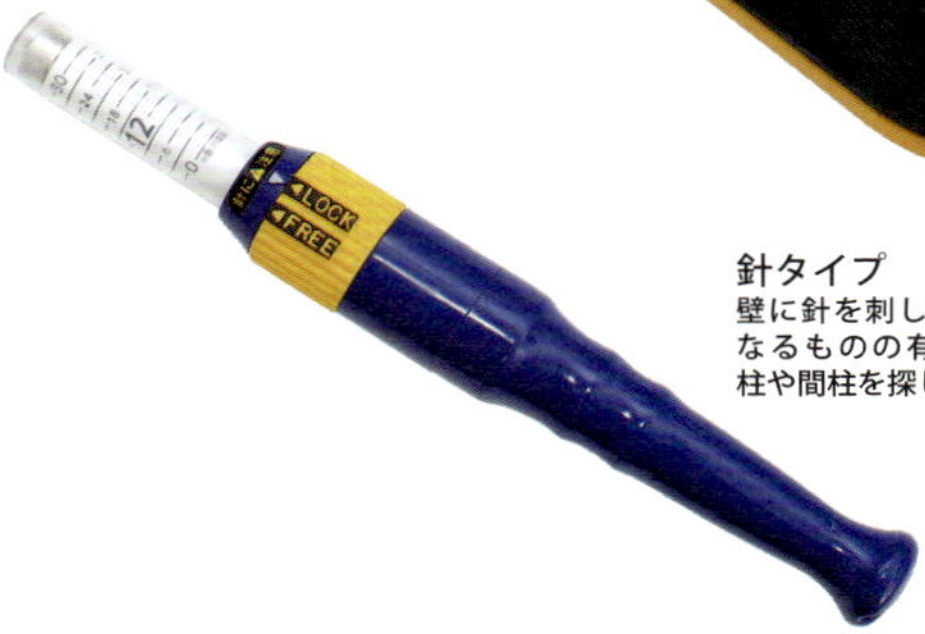

針タイプ
壁に針を刺して、抵抗となるものの有無により、柱や間柱を探します。

壁に強く押しつけると、先端に仕込んである針が突き刺さります。中空の部分は針が深く刺さりますが、柱や間柱があるところは、手応えがあって針が止まります。横に移動しながら数か所に刺して、柱と中空部分との境目を探します。

カーテンレールや手すり、耐震用の補強金具など、ある程度の重さがかかるものは、壁裏が中空のところに取りつけたのでは強度が足りません。そのため柱などの下地材を見つけて、ネジを打つ必要があります。

最近の住宅は柱や間柱が壁の裏に隠れていて、どこに入っているのかが見ただけではわかりません。しっかりとネジを利かせたいときには、壁裏にある間柱などを探せる「下地センサー」や「下地探し」と呼ばれる探知用の機器を使いましょう。探知機には、電気的に探知するタイプと針で探すタイプがあります。

どちらを使う場合も、下地材の位置を確定するためには、繰り返し探知作業をする必要があります。高さを変えて2か所以上で作業し、上から下まで垂直に入っていることを確認しましょう。また、柱の厚みがわかるように、横方向の測定もしてください。

養生《ようじょう》・マスキングの基本

塗装をきれいに仕上げるための準備

養生とは、塗りたくないところ、汚したくないところをテープやシートで覆って、塗料の付着を防ぐことです。塗装部分との境目になるところにきちっとマスキングテープを貼ると、きわがきれいに仕上がりますし、はみ出しに神経質にならず、手早く塗装できます。

広い面は養生用のシートや新聞紙を使って汚れから保護します。動かせるものは移動し、動かせない家具などはシートで覆うようにしましょう。

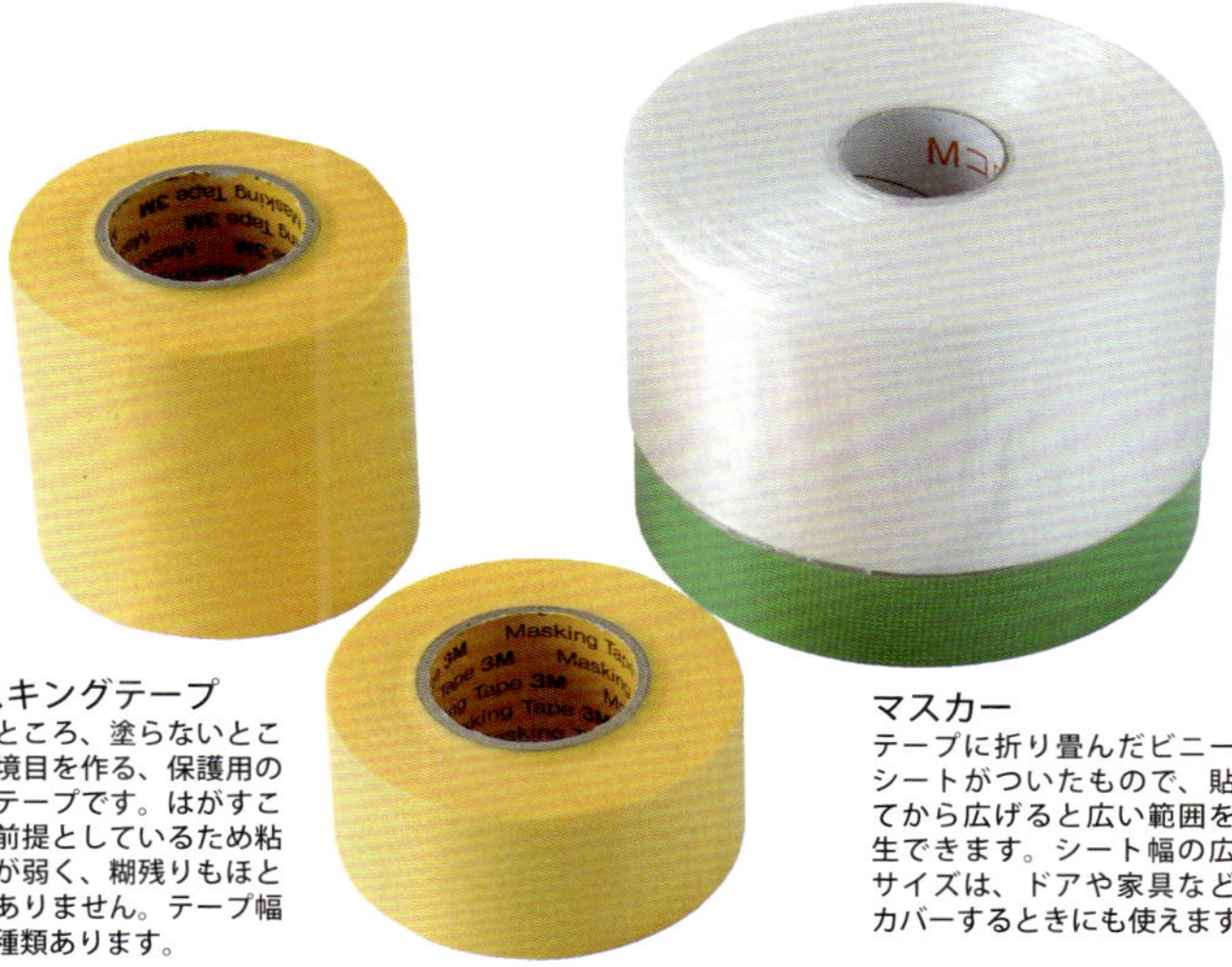

マスキングテープ
塗るところ、塗らないところの境目を作る、保護用の粘着テープです。はがすことを前提としているため粘着力が弱く、糊残りもほとんどありません。テープ幅は数種類あります。

マスカー
テープに折り畳んだビニールシートがついたもので、貼ってから広げると広い範囲を養生できます。シート幅の広いサイズは、ドアや家具などをカバーするときにも使えます。

壁を塗装するときの養生

1
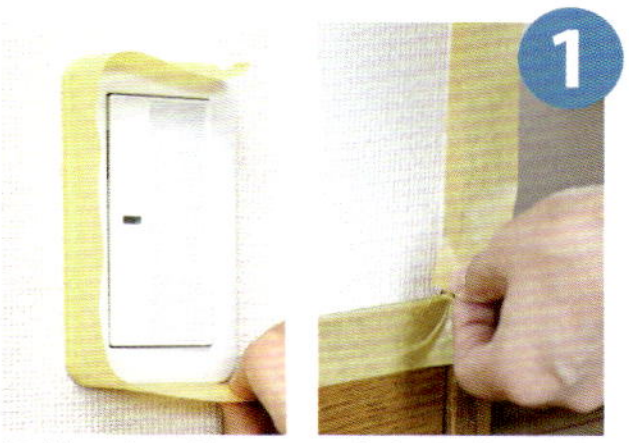
塗装面との境目に、すき間ができないようにマスキングテープをまっすぐに貼ります。

2

マスキングテープの上に、塗装面にはみ出さないように気をつけてマスカーを貼ります。

3

マスカーのシートを広げて床を養生します。シートは軽く押さえると静電気で貼りつきます。

4

塗り終わったら、塗料が乾いて固まる前に、テープ類をはがしてください。

小物を塗装するときの養生

色を塗り分けるときは、マスキングテープで境目を作って塗装します。

マスキングテープを利用すると、塗装で形や模様を作ることが簡単にできます。

ハケ

塗るものに応じて使いわける

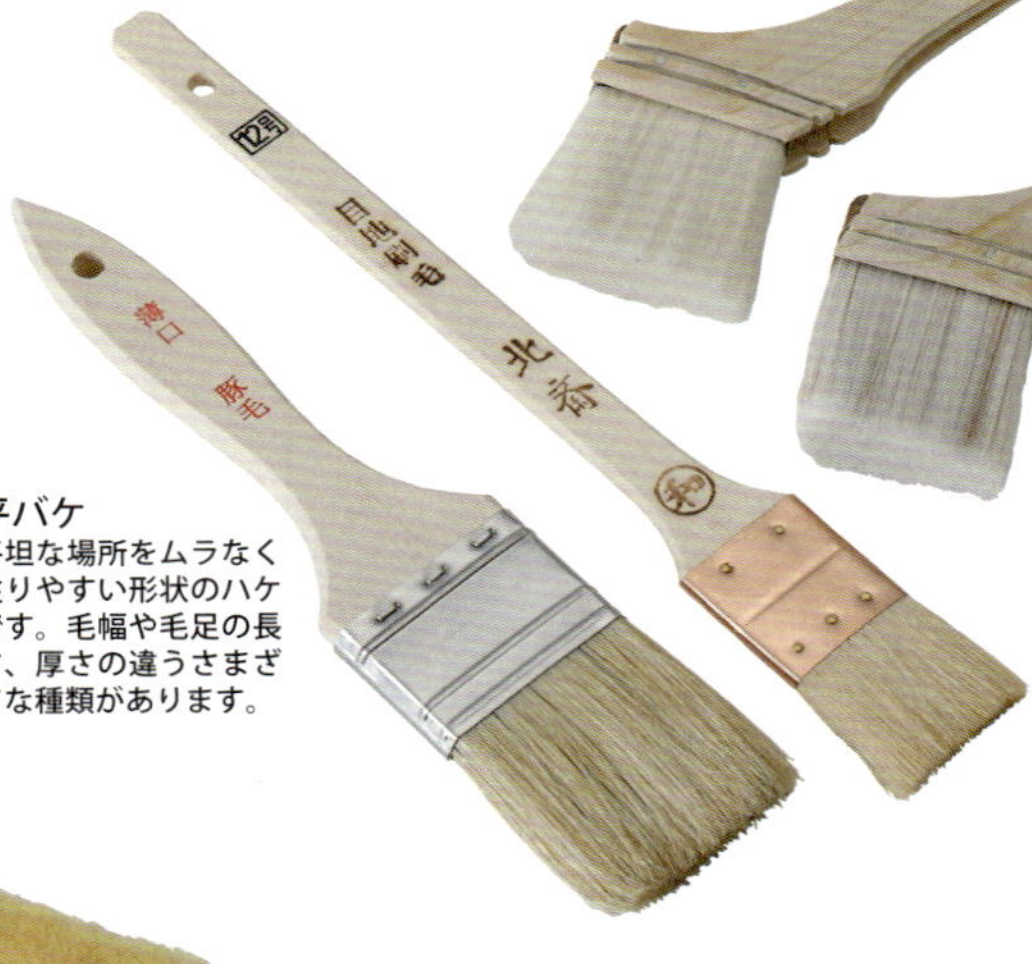

目地バケ
せまい目地の間や溝、細かな部分などを、きれいに塗れる小回りのきくタイプです。

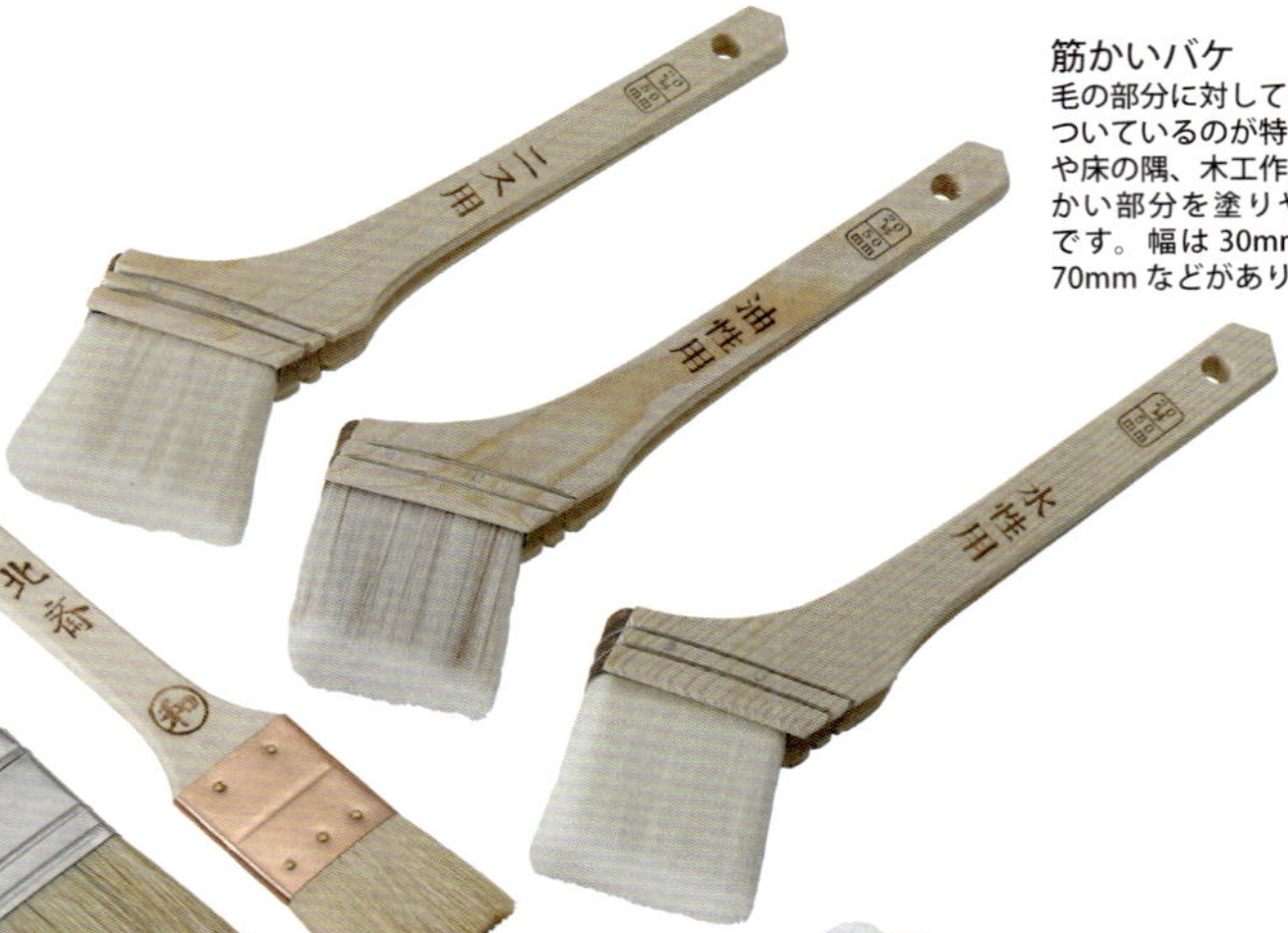

筋かいバケ
毛の部分に対して柄が斜めについているのが特徴です。壁や床の隅、木工作品など、細かい部分を塗りやすいハケです。幅は30mm、50mm、70mmなどがあります。

平バケ
平坦な場所をムラなく塗りやすい形状のハケです。毛幅や毛足の長さ、厚さの違うさまざまな種類があります。

すきま用ハケ
金属の板にパイルが付属していて、ウッドデッキやフェンス、すのこなどのすき間を塗るときに便利です。金属の部分を曲げて使うことも可能です。

ローラーバケ
壁や天井などの広い面を効率よく塗れ、ハケ目も残りません。壁紙やブロックなどの凹凸面も、塗り残しなくきれいに仕上がります。

コテバケ
平らな面を効率よく塗るのに適しています。スピードではローラーバケに劣りますが、塗り上がりはコテバケのほうが滑らかです。パッド部分を交換できるタイプもあります。

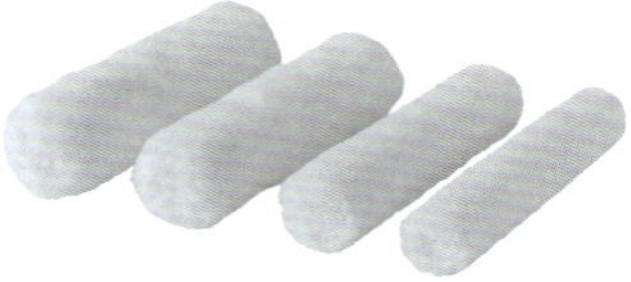

ローラーの毛の長さは、長毛、中毛、短毛などがあり、一般的な作業は万能タイプの中毛、仕上げは短毛などと使いわけます。

ローラーバケット
ローラーバケで広い面を塗るときに適した塗料容器です。ハケをしごく網や交換できる内容器を取りつけられるものもあります。

ローラートレー
ローラーバケットに比べてコンパクト。塗料が少ないときに、手軽に使えます。

塗装をきれいに仕上げるには、塗る場所に適したハケを使いわけることが大切です。

　小さいものを塗るには、筋かいバケが向いています。細かいところでも楽にハケを動かせるので、広い面を塗るときでも、ローラーバケで塗りにくい隅を作業する場合などに使います。水性用、油性用、ニス用と毛質の異なる3種類があり、塗料に合わせて選びます。

　広い面積を効率よく塗れるのはローラーバケです。ローラーは塗料持ちがよいうえ、凹凸面でも一気に作業できるため、壁やブロック塀などの塗装がスピーディーに行えます。ローラーは幅、太さ、毛の長さの違いで種類があるので、塗料の種類や塗装面の広さ、凹凸などに応じて使いわけましょう。

ハケを使うときの基本

塗り上手になるために知っておきたいポイント

ハケの使い方

ハケは鉛筆のような持ち方をし、あまり強く握らず、楽に動かせるようにします。塗る面に対して毛を立てて使うと、塗料がきれいに伸びます。

持ち方

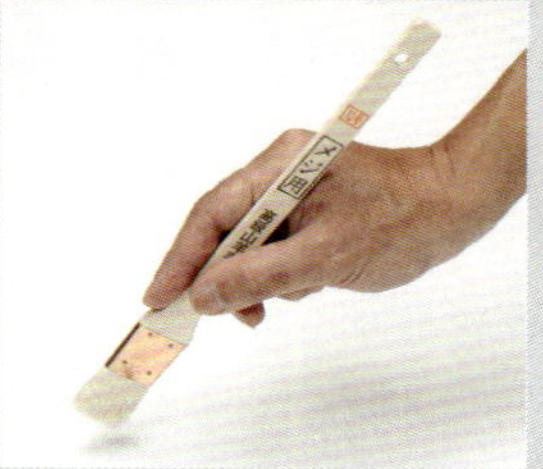

平バケは、首の近くを軽く握って動かします。

筋かいバケは、柄の後ろ側を持つようにします。

隅の塗り方

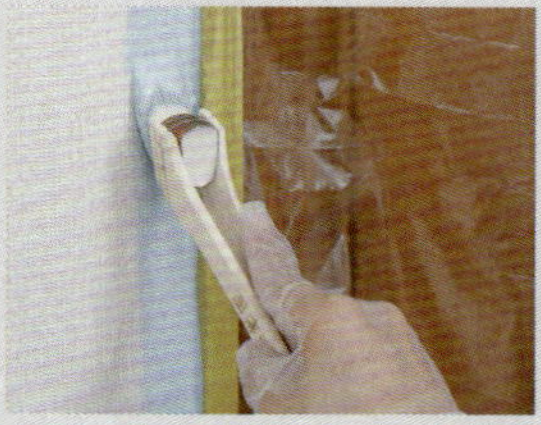

筋かいバケで隅やコーナーを塗るときは、ハケを縦に使うと塗りやすくなります。

塗料のつけ方

塗料をつけるのは、毛の半分から３分の２まで。余分な塗料をしごき落としてから塗ります。

ハケの準備

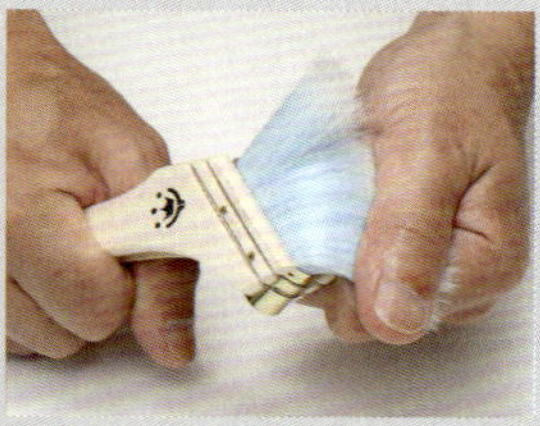

新品のハケは毛が抜けやすいので、手でしごいて浮いた毛を取っておきます。

ローラーバケの使い方

壁を塗る順序

壁の場合は上から順に、ローラーの幅の３分の１程度が重なるようにして塗り広げます。

塗料のつけ方

ローラーに塗料を含ませたら、網の上で一方向に転がして、余分な塗料を取ります。

継ぎ柄の利用も

天井や壁の高いところは、別売の継ぎ柄をつけると、足場を使わず安全に作業できます。

転がし方のコツ

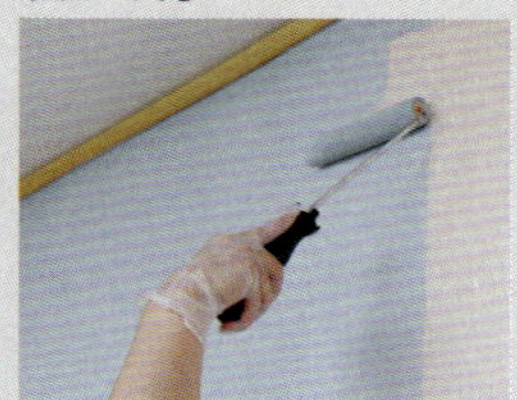

塗料が多いうちは軽く押しつけ、減ってきたら力を入れて転がすのが、きれいに塗るコツです。

ハケの後片つけ（水性塗料の場合）

ハケは正しく洗わないと、乾燥したときに毛が固くなり、使えなくなります。まず、ハケを新聞紙などにこすりつけて塗料を取ってから、流水で洗い流します。次に台所用洗剤かぬるま湯を使って、毛束の奥の塗料を残さないように、よくもみ洗いをします。最後に洗剤や汚れを洗い流し、毛を下に向けて陰干ししてください。

作業を中断するときは、ハケや容器をビニールやラップで包んで乾燥を防ぎます。

著　者
山田　芳照（やまだ よしてる）

1999年、（株）ダイナシティコーポレーションを設立し、DIY情報サイトDIYCITYを運営している。DIYアドバイザーの資格を取得し、DIY普及活動として、2005年から6年間、NHK Eテレ「住まい自分流」に講師で出演した。
以後、DIYをテーマにしたTV番組の講師及び監修、企画制作を行っている。2013年からは、ホームセンターに置かれているHowtoシートの監修と制作を行い、社員研修やDIYセミナー、DIY教室、体験講座などの企画運営を継続して行っている。

スタッフ

本文デザイン　吉田デザイン事務所
編集協力　木下 卓至
那須野 明彦
大野 晴之
カメラマン　鈴木 忍
島崎 信一
制作協力　山田 成子
鈴木 雅弘
迫田 明子
編集担当　原 智宏（ナツメ出版企画株式会社）

本書に関するお問い合わせは、書名・発行日・該当ページを明記の上、下記のいずれかの方法にてお送りください。電話でのお問い合わせはお受けしておりません。
・ナツメ社webサイトの問い合わせフォーム
https://www.natsume.co.jp/contact
・FAX（03-3291-1305）
・郵送（下記、ナツメ出版企画株式会社宛て）
なお、回答までに日にちをいただく場合があります。正誤のお問い合わせ以外の書籍内容に関する解説・個別の相談は行っておりません。あらかじめご了承ください。

ナツメ社Webサイト
https://www.natsume.co.jp
書籍の最新情報（正誤情報を含む）はナツメ社Webサイトをご覧ください。

これならできる！ DIY《ディーアイワイ》でマンション・リフォーム

2024年10月1日　初版発行

著　者　山《やま》田《だ》芳照《よしてる》

発行者　田村正隆

発行所　株式会社ナツメ社
東京都千代田区神田神保町1-52　ナツメ社ビル1F（〒101-0051）
電話　03(3291)1257（代表）　FAX　03(3291)5761
振替　00130-1-58661
製　作　ナツメ出版企画株式会社
東京都千代田区神田神保町1-52　ナツメ社ビル3F（〒101-0051）
電話　03(3295)3921（代表）
印刷所　TOPPANクロレ株式会社

ISBN978-4-8163-7616-0　Printed in Japan
〈定価はカバーに表示してあります。乱丁・落丁本はお取替えいたします〉